丛书主编·李伟

国务院发展研究中心
研究丛书2012

福利体制和社会政策的国际比较

AN INTERNATIONAL COMPARISON OF WELFARE REGIMES AND SOCIAL POLICIES

贡 森 葛延风 等著

中国发展出版社
CHINA DEVELOPMENT PRESS

图书在版编目（CIP）数据

福利体制和社会政策的国际比较/贡森，葛延风等著. —北京：中国发展出版社，2012.9

ISBN 978-7-80234-847-9

I. 福… Ⅱ. ①贡… ②葛… Ⅲ. ①福利制度—对比研究—世界
②社会政策—对比研究—世界 Ⅳ. ①D57 ②D50

中国版本图书馆 CIP 数据核字（2012）第 212500 号

书　　　名：福利体制和社会政策的国际比较
著作责任者：贡森　葛延风等
出 版 发 行：中国发展出版社
　　　　　　（北京市西城区百万庄大街 16 号 8 层　100037）
标 准 书 号：ISBN 978-7-80234-847-9
经 销 者：各地新华书店
印 刷 者：北京科信印刷有限公司
开　　　本：700mm×1000mm　1/16
印　　　张：29.25
字　　　数：400 千字
版　　　次：2012 年 9 月第 1 版
印　　　次：2012 年 9 月第 1 次印刷
定　　　价：55.00 元

联 系 电 话：(010) 68990630　68990692
网　　　址：http://www.develpress.com.cn
电 子 邮 件：bianjibu16@vip.sohu.com

"福利体制和社会政策的国际比较研究"
课题组

课题负责人 葛延风

执行负责人 贡　森

课题组成员

国务院发展研究中心社会发展研究部

　丁宁宁　苏　杨　王列军　佘　宇

　张佳慧　喻　东　张冰子

国务院发展研究中心办公厅

　王雄军

英国伦敦经济学院

　李秉勤

德国比勒菲尔德大学

　刘　涛

总　序

在保持经济平稳运行中谋求
转变发展方式的新进展

当前，中国经济正处于一个关键的历史时期。从国内来看，我们面临如何实现经济发展方式转变、成功跨越中等收入阶段、确保中国现代化进程持续向前推进的重大任务。从世界范围来看，全球经济进入大调整大变革阶段。金融危机持续发酵，发达经济体经济复苏一波三折；新一轮产业革命、技术革命迅猛推进，战略性新兴产业发展方兴未艾。这不仅对我国当前经济的平稳健康发展产生重大影响，也对我们创新比较优势、提高产业国际竞争力提出了严峻挑战。在这个紧要关口，确保我国经济社会平稳健康发展，加快实现经济发展方式的转变，显得尤为重要，也更加紧迫。

根据国内外复杂多变的严峻形势，中央提出把"稳中求进"作为2012年工作总基调，强调要在保持经济发展和社会大局稳定的前提下，取得转变经济发展方式新进展。从前三个季度经济运行的实际情况来看，中央这一决策是完全正确的。

我们不仅保持了宏观经济的基本稳定，在结构调整方面也取得了一些积极的进展，当然，这些成效还只是初步的。

展望今后一个时期，国际金融危机深层影响可能还会进一步显现，世界经济复苏的不确定不稳定性将更加显著，国际市场持续低迷，对我国出口的不利影响可能会长期存在。与此同时，国内刺激消费、扩大内需一时难以取得明显成效，经济发展中不平衡、不协调、不可持续的内在矛盾和问题也将更加凸显，经济增长依然会面临较大的下行压力。

在这种情况下，通过宏观政策的适时调整，保持经济平稳运行仍是今后一个时期我们面临的一项重大课题。当然，必须清醒地看到，要保持经济长期平稳健康发展，还必须在转变经济发展方式上取得新进展。特别值得注意的是，要着力处理好稳增长和调结构、转方式的关系。一方面，要在稳定经济增长的同时努力为调结构创造必要的、宽松的条件，尽可能多地采取那些既有利于扩大需求，又有利于优化结构、改善供给的政策，确保经济增速处在与增长阶段转换相适应的合理区间，防止过度的需求扩张对结构调整可能带来的不利影响，防范和化解经济下行中可能出现的各种风险。另一方面，要积极推动体制改革和制度创新，破除资源优化配置障碍，激发市场活力，为经济长期平稳健康发展奠定基础。

在保持经济平稳运行中实现转变经济发展方式新进展，有许多理论和政策问题需要作深入系统的研究。国务院发展研究中心作为国务院直属的政策研究和咨询机构，牢牢把握为中央决策服务的根本方向，立足国情，跟踪世情，发挥优势，积极推进建设"一流智库"，努力为中央决策提供高水平、高质量的政策建议和咨询服务。近年来，经过中心研究人员的不断努力，形成了一批水平较高、政策价值和社会影响力较大的研究报告。这些研究报告注重把握经济发展大局，关注前沿学术动态，既有涉及我国中长期经济发展的战略思考，也有涉及特定具体领域的专题研究，包括经济体制改革、产业结构调整、对外贸易、城镇化、社会管理、房地产调控、"三农"问题、财政金融风险等。

"国务院发展研究中心研究丛书"出版至今，已是第三个年头，受到了社会各界的广泛关注，尤其是体现全局性、战略性、长期性、前瞻性的研究成果，更是对有关部门、地方政府、相关企业、研究机构和社会各界产生了较大影响。例如，《"十二五"发展十二题》成为地方政府制订发展规划的重要依据。《中国城镇化：前景、战略与政策》《中国产业振兴与转型升级》《农民工市民化：制度创新与顶层政策设计》等著作，也成为有关部门和地方政府决策的重要参考，产生了良好的社会效益。这些研究成果的出版，对国务院发展研究中心打造一流智库，集束传播优秀学术成果，产生了积极的推动作用。

今年的"国务院发展研究中心研究丛书"共 12 本，包括《大变局——中国和平发展的国际经贸环境与总体战略》《民生为本——中国基本公共服务改善路径》等，这些著作主要是2011 年国务院发展研究中心完成的重大课题研究报告，也有部分优秀招标课题研究报告，体现了国务院发展研究中心为党中央、国务院决策服务，开展政策咨询研究的最新成果。

我们真诚地希望各级领导同志和广大读者对这套"国务院发展研究中心研究丛书"提出宝贵意见和建议，使之真正成为社会各界了解中国改革开放、经济发展的"权威窗口"！也希望社会各界积极支持我们的政策咨询研究工作，共同为推动我国经济发展方式的实质性转变，保持我国经济长期平稳健康发展献计献策，作出新的贡献！

国务院发展研究中心主任 李伟

2012 年 9 月

目 录
Contents

第三篇　专题报告

第四篇　分领域报告

第一篇
总 报 告

福利体制和社会政策的国际比较及启示

内容提要

福利体制是由人力资本政策、劳动力市场政策和社会保障政策等组成的社会政策体系。在发达经济体中有三种福利体制，分别是以西欧为代表的普惠型、以美国为代表的补缺型和以东亚为代表的发展型。除组成要素基本相同外，不同福利体制也都包括机会均等、基本需要满足和社会问题管理等政策目标，并且都将机会均等置于优先位置。不同的是，普惠型体制强调通过政府和社会动员资源为全体公民提供全面保护；补缺型体制中，政府直接动员的资源只为弱势人群提供基本保护，通过激励市场动员更多的资源为劳动者及其家属提供全面保护；发展型体制则强调经济发展和社会福利的整合，以及个人赋能和保护的并重。相比较而言，发展型福利体制较为符合新型工业化国家的政治经济和社会形势，对政府管理和组织能力的要求适中，在对老龄化较为敏感的养老和医疗问题上的承诺不高，较为适应全球化的激烈竞争和不稳定的周边安全局势。

按照发展型福利体制的逻辑思路，除"以人为本"的经济政策外，我们在社会政策领域应采取更加积极的人力资本政策、互利共赢的劳动力市场政策和稳妥可靠的社会保障政策。有关国家的成功经验，可以为我国完善相关社会政策提供参考。

在人力资本政策领域，可按照经合组织国家的平均投入水平，加大学前教育投入，创新服务提供模式，释放和创造更多的就业机会；借鉴日本、韩国教师流动的经验，以试点省的教师轮岗和财力均等为抓手，优先推进义务教育均等化；借鉴丹麦、德国等国家的经验，在重视实际技能培训的同时，不放松对职业技术学校学生一般性知识和能力的培养；汲取经合组织国家的教训，发挥体制优势，将新增财政投入主要用于初级卫生保健。

在劳动力市场政策领域，借鉴老龄化较快的西欧国家经验，尽早启动提高退休年龄进程，采取多种措施，缓解劳动力数量萎缩的冲击；借鉴韩国、日本和芬兰的做法，提高教师薪酬水平，借鉴日本和法国的做法提高医生的薪酬水平，充分反映人力资本价值和职业贡献；汲取美国等经合组织国家的经验教训，在公共部门谨慎推广绩效工资；借鉴经合组织和东亚一些国家和地区的经验，在最低工资和工资谈判问题上，要充分考虑劳动生产率和企业竞争力。

在社会保障政策领域，借鉴瑞典等国家实行养老金名义账户和新加坡等国家实行公积金的经验，对社会保障个人账户存款加息，确保待遇的安全可靠；汲取欧美国家的教训和日本等东亚国家的有益经验，养老服务体系要坚持"家庭养老为基础，社区养老为依托和机构养老为补充"的原则；借鉴我国台湾地区和美国的经验，适当提高社会救助水平，同时实行更加严格的资格条件或者自我瞄准制度。

福利是一种人类福祉状态，包括发展机会最大化、基本需要充分满足和社会问题得到有效管理（Midgley，1995，1997）。按照这一概念框架，福利体制主要是由人力资本政策、劳动力市场政策和社会保障政策等社会政策所构成的。但是，正如翻译的文献《21世纪的社会政策》（Piachaud，2011）所指出的那样，社会政策自身的能力有限，需要与经济政策相协调，才能实现这种美好的福祉状态。因此，本报告从福利体制与经济增长的关系入手，着重比较不同的人力资本政策对机会均等、不同的劳动力市场政策对就业促进及收入分配和不同的社会保障对基本生活满足及社会管理的影响，最后总结国际经验对我国的启示。

一、福利体制与经济增长

很难绝对地评价不同福利体制的优劣，但是在深度全球化和快速老龄化的现实背景中，发展型福利体制较好地兼顾了经济增长、个人发展和社会保护，而且较为适应新型经济体社会治理能力不强的现实条件。

1. 发达经济体的福利体制可分为补缺型、普惠型和发展型

根据政府在生活和收入保障中所起作用的不同，西方国家的福利体制可分为补缺型和普惠型，前者通常与美国相联系，后者与西欧相联系。补缺型福利体制的支持者主张政府进行有条件的干预，培养高度的个人责任感，支持非营利组织积极参与，并充分利用市场机制满足社会需求。他们认为政府的职责应当仅限于为那些无法自力更生的人提供社会安全网，为公民中小部分无法在市场机制下维持生计的人提供短期有限的资源。而普惠型体制的支持者则认为政府的社会政策应当覆盖每一位公民并为所有的公民普遍提供福利和社会服务。他们赞成政府广泛参与经济和社会事务，实施全民覆盖的社会福利保障，长期为公民提供福利。西欧普惠型福利体制又可细分为斯堪的纳维亚的社会民主主义福利国家模式和欧洲大陆的"保守主义"福利国家模式。前者更加重视社会均等，后者侧重社会差别。

根据新型工业化国家，特别是东亚国家和地区生产型福利体制的经验，一些学者总结提出了发展型福利体制（Midgley，2006）。发展型福利体制不同于补缺型体制和普惠型体制。发展型体制所倡导的不是基于资源转移理念的静态措施，而是强调福利政策要有利于经济发展和经济参与，同时强调经济政策要有助于社会福利的改善。虽然他们承认补救型和维持型社会政策的必要性，但是认为现行福利政策过多地关注收入补贴和服

务，未能有效促进经济参与，并且还增强了社会排斥。发展型福利体制还认为，虽然经济发展是社会变革的助推器，但是他们认为只有把经济政策和社会政策结合起来才能减少工业国家的贫困和社会排斥问题，才能实现广大人民群众共享经济增长成果。

发展型福利体制经常与东亚地区相联系。有关东亚模式，可参见 3 篇重要论文，分别是《东亚福利模式》（Aspalter, 2006）、《生产型福利资本主义：东亚的社会政策》（Holiday, 2000）和《韩国社会发展的问题、成就与前景》（Kim, 2006）。1995 年，韩国政府首次提出"生产型福利"，其主要目的是为了追求经济和社会福利之间的平衡发展，它是一种推动福利受益者自我支持并同时提高社会生产力的方法。其具体实现策略有两条：一是满足社会中最弱势阶层的最基本生活，这样可以鼓励他们找到在社会中生活的意义并希望参与到社会中去；二是将福利津贴与就业和人力资源的发展联系在一起。"生产型福利"与"发展型福利"的主要区别是前者对社区资本、社会资本的重视不够。总的来看，"生产型福利"与"发展型福利"是一致的。

2. 包括减免税及私人支出在内，美国和西欧的福利总支出差别不大

据世界银行研究报告《恢复欧洲的光亮》（Gill and Raiser, 2012）的计算，目前欧洲国家政府支出占 GDP 的比重，平均比其他地区同等收入国家高出 7～10 个百分点，并且这一差距基本上来自社会保障支出的不同。以西欧为例，2007～2008 年政府支出所占比重平均为 47%，比美国、加拿大、澳大利亚和日本高出 10 个百分点左右，其中 9 个百分点是来自社会保障支出的差距。纵向比较，在 1980 年至 2010 年期间，瑞典政府支出所占比重平均为 59%，而同期美国所占比重只有 37%，大约是瑞典的 3/5。

从一般性政府税收收入（包括社会保险缴费收入）占 GDP 的比重来看，西欧的税收负担明显高于美国。2006 年，美国的税负是 GDP 的 28%，欧盟 15 国的平均水平是 40%，其中最高的瑞典超过 50%。但是，考虑到税收体制的影响并综合私人部门和公共部门的总支出，美国和欧洲在典型

政府职能方面的支出差异实际上微乎其微。(Jacob Funk Kirkegaard, 2009)

从典型政府职能来看，美国和西欧的总支出占 GDP 的比重很接近。2005 年，美国一般政府支出与私人教育支出、私人卫生支出的总和，占到 GDP 的 47.4%，而欧盟 14 国平均值和欧元区 11 国平均值分别是 50.0% 和 50.4%。

单从教育和卫生领域的支出看，美国公共支出占 GDP 的比重与西欧基本相同，但美国私人支出明显高于西欧的平均水平，特别是美国的私人医疗卫生支出明显偏高。2005 年，美国和西欧的教育公共支出都略低于 GDP 的 5%，卫生公共支出都略高于 GDP 的 7%。但在私人支出方面，两个经济体的差距很大。2005 年，美国私人教育和私人卫生支出分别占到 GDP 的 2.3% 和 8.1%，而西欧两者的比重分别只有 0.3% 和 2.0%。

再从社会支出来看，相对于西欧，美国的公共支出占 GDP 的比重较低，但税后的公共净支出与私人支出的总和所占比重较高。按照 OECD 的口径，社会支出是各种社会福利支出的统称，不包括教育支出。据统计，2005 年，美国公共性社会支出大约是 GDP 的 16%，这一水平比欧盟国家的平均值低了 10 个百分点。但是，美国公共部门和私人部门社会支出净额高于绝大多数欧盟国家。这是由于西欧的社会福利现金待遇一般也需要缴税，而美国则普遍实行减免，并且由于美国私人医疗保险和私人养老金所占份额较大，得到的税收减免支持较多。2005 年，美国的税后社会支出总额达到 GDP 的 26.4%，欧盟 13 国平均值为 25.0%。实际上，美国的水平高于法国和德国之外的所有欧盟国家。

3. 政府直接支出超过一定界限，持续增加有可能对经济增长产生不利影响

政府规模及其对经济的影响，一直是个有争议的问题。有的经济学家认为，把从一部分纳税人那里征得的税款支付给低收入者，会降低工作和创业热情，同时造成低收入者的福利依赖，进而减少国家产值，造成"无谓损失"(deadweight loss)。有的经济学家则认为，尽管税收改变市场结果，但

它们又是必不可少的。没有税收，政府不能履行市场经济不可或缺的核心职能。政府规模多大合适，在理论上难以解决，只能依靠实证数据说话。

关于政府规模对经济增长的整体影响，世界银行研究报告《恢复欧洲的光亮》提供了最新证据。据测算，在过去 15 年中，很高的政府支出很可能导致较低的经济增长。在政府支出比重超过 40% 的国家中，这一负面影响尤为明显。在欧洲，政府支出占 GDP 的比重每上升 10 个百分点，就会导致 GDP 年增长率下降 0.6～0.9 个百分点。而由于在非欧洲地区政府支出较低，从全球整体来看，没有证据表明政府支出损害经济增长。另从福利支出结构和资金来源构成来看，欧洲的社会保障支出阻碍增长，公共投资促进增长；西欧的税收体制比盎格鲁—撒克逊国家的体制更有利于增长，因为前者的税收是以较高的个人收入所得税和劳动征税、较高的间接税为主，辅以较低的公司税率。

欧洲社会保障支出对经济增长有不利影响，根源在于劳动生产率的相对下降以及工作时间的相对减少。从 1995 年至 2009 年，美国的劳动生产率每年增长 1.6%，日本增长 1.2%，而西欧只增长 1%。在 20 世纪 50 年代，西欧人每年的工作时间比美国多一个月；70 年代，两个地区的工作时间大体相等，而今大美国人比西欧人要多一个月以上。在每年工作时间快速下降的同时，西欧人终身的工龄也在快速缩短。与 50 年前相比，经合组织国家的平均寿命延长了 4 岁左右，法国、匈牙利、波兰和土耳其等国的实际退休年龄都降低了 8 岁以上，而美国、澳大利亚和加拿大等国只降低了 4 岁。

4. 大政府不一定损害经济增长，瑞典就是一个很好的例证

北欧，特别是瑞典的例子表明，大政府是可以与健康且充满活力的经济相伴生的。不过，要实现这一目标，大政府必须是高效的。以瑞典为例来说明。如《恢复欧洲的光亮》报告所总结的那样，瑞典有很好的商业环境，让经营者办事很容易；创造条件，让 80% 的劳动年龄人口就业；提供高质量的社会服务，让纳税人感到物有所值；修订养老金规则，让早退休

变得艰难；培养社会信任，让慷慨的社会安全网和透明政府成为可能。由于一般国家很难同时做到这些来提升效率，因此，这份世界银行的研究报告给欧洲的建议是，最好在提高效率的同时，适当缩小政府规模。

不过，有的学者认为，福利不影响经济增长是发达民主国家的常态。《为何福利国家看似免费午餐?》一文（Lindert，2002）发现，在很多发达民主国家，税收支持的高社会支出没有导致明显的 GDP 净损失。对于这个"免费午餐"之谜，作者给出了解释。首先，不论是与直观感觉相比，还是与补缺型福利国家相比，高预算福利国家选择的税收组合更有利于经济增长，并且高福利国家税收的累进性也没有想象的那么高。世界银行的报告也承认这一点。其次，现实中，福利国家一般采取了一些措施，防止年轻人不愿工作及不愿参加培训。因此，合理设计的福利待遇，降低了社会转移对就业的抑制作用。再者，支付提前退休的政府补贴给 GDP 带来的负面影响很小，部分原因是由于相对昂贵的提前退休制度安排实际上是为了淘汰那些生产率最低的人群，从而提高整个社会的生产率。同理，相对较大的失业补偿项目对 GDP 的影响也不大。这些项目确实降低了就业率，但同时也提高了在岗人员的平均生产率。最后，除了税收的不利影响，社会支出对 GDP 通常也会产生很多积极影响。不只是公共教育和卫生等公共投资项目，很多社会保障项目也能提高人均 GDP。

《为何福利国家看似免费午餐?》一文认为，很多高福利国家之所以能够不断得到矫正和完善，是由于民主制度可以防止政客不负责任的行为，或者防止采纳对 GDP 损失较大的方案。但是，我们有关欧洲主权债务危机的案例研究表明，民主制度不足以杜绝这类行为的发生。

5. 不能因为主权债务危机，简单地否定欧洲福利体制

希腊公众一般认为（Matsaganis，2011），主权债务危机是贪婪投机商和腐败政客的过错。世行研究报告《恢复欧洲的光亮》则认为，慷慨且僵化的社会保障和劳动力市场制度是一个重要的影响因素。首先，从 2002 年到 2008 年，希腊、意大利、葡萄牙和西班牙等南欧国家的新增就业，主要

是在低生产率的部门如建筑业，或者是在微型企业。微小企业为主导的经济结构难以适应日益扩大的欧洲统一市场的需要。其次，较高税收、较多规制和低效管理，不利于吸引国外投资和改善企业规模结构。而且，南欧社会保障税后支出在欧洲发达经济体中是最高的，就业保护法规降低了劳动参与率并减少了就业。最后，相对于其他西欧国家，南欧各国很难建立社会共识，福利改革步伐很缓慢。瑞典等西欧国家已经对其养老保险进行了全面改革，德国、丹麦等也对劳动力市场制度进行了调整，以减弱对就业的不利影响。本课题组的国别报告对此有详细介绍。

正如希腊专家（Matsaganis，2011）所总结的那样，从欧洲其他国家和地区、北美以及全球其他地区的经历来看，社会支出攀升的趋势是可以逆转的，而且相关改革并不会对基本公共服务和社会保障待遇造成重大影响。但是希腊等南欧各国的实践表明，福利体制实际上是难以改革的。以养老保险改革为例，过去二十年里，大多数欧洲国家已经采取措施应对人口结构转型的不利影响，这些措施基本上已经拆除了养老金这颗"定时炸弹"上的引线。但是，2007 年希腊公共养老金支出已经占到 GDP 的 13%左右，预计 2040 年将上升到 21% 以上。即使面对这种惊人的预测数据，希腊养老保险改革仍然难以达成共识。希腊改革努力的失败是由于工会、专业协会和特权阶层的反对以及政治意愿的缺乏。对于希腊危机，诺贝尔奖获得者克鲁格曼（Paul Krugman，2010）这样评论道："如果希腊是一个富有凝聚力的社会，有类似于奥地利议程那样的集体工资谈判机制，那么希腊也可以通过集体协商降薪，即'内部贬值'来应对危机。遗憾的是，希腊没有这种机制。"因此，与其说希腊危机在很大程度上是福利危机，不如说它是希腊政治或治理危机。

在总结一些西欧国家教训的同时，还要看到西欧模式的优点。这一模式的基石是社会凝聚力和包容性发展。另外，在经济繁荣以后，美国人追求更多的商品和服务，而欧洲人追求更多的休闲。按照世界银行另一份研究报告《东亚的复兴》（An East Asian Renaissance）（Gill and others，2007）的统计，1987 年以来有 20 多个国家跨越了"中等收入陷阱"，成功转型为高收入国家，其中有一半在欧洲。另外，按照《恢复欧洲的光亮》的分析，欧洲的追赶型国家只要成为庞大的欧洲趋同机器（convergence machine）的一部分，并且能够自律，就一定能够成功转型。相反，其他地区的成功跨越者要么很幸运地找到石油，要么得像东亚成功者那样高度紧张工作和残酷竞争。当然，在经济深度全球化和人口结构加速老龄化的新时代，很多欧洲国家需要对其过于慷慨和僵化的社会保护制度以及过于休闲的生活方式进行调整。正如我们的专题报告《欧洲国家福利与主权债务危机的关系研究》所指出的那样，我们切不可低估绝大多数欧洲国家的自我修复能力。

6. 将中等收入陷阱归咎于高福利或民粹主义，缺乏有力的证据

在过去 20 多年成功跨越"中等收入陷阱"的国家中，多数是欧洲高福利模式的追随者。这至少说明较高的社会支出与落入陷阱没有必然联系。

"民粹主义"泛指为了增强统治的正当性或者拉选票而不顾国家的长远利益，简单迎合大众的经济、社会、政治方面短期利益的政治行为和政策主张。除了大众民主外，现代"民粹主义"还包含社会经济方面的具体内容，比如，①通过强制性的全员就业，实行就业保护；②强制提高工资或实行补贴政策，大规模实施普惠制的社会福利制度；③针对殖民主义和外国资本的"民族主义"，限制外资和外国企业的发展；④国有化，或强烈地偏向公有企业，歧视私营企业；⑤在通货膨胀发生时，用控制价格的办法干预经济，保持名义工资水平（Greskovits，1995）。

通过对菲律宾的案例研究，我们有两点发现。第一，民主政治与"中等收入陷阱"没有必然联系。1982～2002 年，菲律宾在陷阱中挣扎了 21 年之久。其中，1982～1986 年及之前的十多年一直是独裁统治；1986～2002 年及之后的十多年才重新走上民主政治之路，并且很难说其民主政治是大众民主。第二，"民粹主义"在某些方面延迟了脱离中等收入陷阱的时间。主要表现在三个方面，一是就业保护过强，菲律宾的劳动力成本过

高，但是劳动生产率并不高，而且失业率较高；二是社会保障支出过高，菲律宾的社会保障支出逐年提升，但是既没有促进经济增长，又没有缓解贫富差距；三是过度城市化，与较低的工业化水平不相匹配。

从各项社会经济指标来看，阿根廷是在 20 世纪 70 年代中后期落入中等收入陷阱的，这种困境延续了近 30 年。据本书专题报告的分析，长期实行进口替代的工业化战略、超前的消费以及庞大的军费开支导致了债务的不断增长乃至经济危机。没有证据表明债务危机与福利支出之间有直接关联，而且政府公共支出的增长并没有导致劳动参与率的下降和"养懒汉"的问题。此外，从时间上看，1946～1955 年民粹主义执政期间及其后相当长的时期，并没有发生危机，1973～1976 年民粹主义执政结束之后才发生危机，这表明即使二者有某种关联也需要其他条件的配合。

7. 东亚发展型福利体制重视社会政策与经济政策的协调以及个人保护与赋能的协调

东亚福利体制有一个显著特点，它为经济系统提供内在支持，即东亚社会政策首先是为了支持和实现潜在的经济增长（Aspalter, 2006）。东亚福利体制非常重视促进经济增长、提升政治稳定性和政府合法性的社会投资，特别是在教育、医疗卫生、住房、工作经历和培训方面的投资。这一体制的主要政策方针是促进经济参与。主要政策措施有三条：一是市场措施，保持较低税收、相应较高的就业和净工资收入；二是公共投入，大量投资于教育、健康和住房；三是适当承诺，国家对社会保障和福利的承诺要适度，并且社会保障和福利大多是基于职业和企业的项目。在本质上，东亚福利体制是要促进市场和家庭提供福利，国家发挥监管和补充提供的作用。

基于东亚福利体制的特征，很多学者将其命名为"东亚生产型福利体制"（Holiday, 2000）或者"东亚发展型福利体制"（Midgley, 2006；Kim, 2006）。对于东亚福利体制的成因，一般认为（Holiday, 2000；Aspalter, 2006）它是较为紧张的安全形势、全球化的经济和儒家文化传统共同作用的产物。正是由于较低的社会支出和较为适应全球化的形势，东亚福利模式的活力和影响力得到了广泛肯定。随着经济发展，东亚地区一定会扩展其社会权利，同时可以肯定这种扩展也将会在生产型福利体制的范围内进行。另外，随着经济全球化的深入以及老龄化的加速，西方社会政策的领地可能不得不适当收缩，或者需要与经济政策更好地协调，因此东亚发展型福利体制"可能成为 21 世纪的某种国际标准"（Holiday，2000），或者"为西方发达国家提供了一个有力的样板，可以同时实现经济高速增长和社会可持续发展"（Aspalter，2006）。

二、人力资本政策与机会均等

从经济增长来看，教育和卫生政策影响人力资本的积累和提升；从个人发展来看，教育和卫生政策关乎起点公平。从教育总支出与高学历者在新增就业人口中所占比重的关系来看，北欧国家和美国的教育产出效率位居前列，南欧各国和冰岛位居末位，其他欧洲国家位居中等。相对欧洲整体而言，美国教育总支出和毕业率都处于较高水平。但美国与北欧（特别是芬兰）相比，后者教育支出的效率更高，以较少的资源投入取得了与前者基本相同的教育产出。无论是从健康预期寿命，还是从儿童死亡率与人均卫生总费用的关系来看，与美国更为私营导向的医疗保健体系相比，欧洲社会化的医疗保健体系的效率水平要高得多。

1. 儿童早期干预和教育的投入产出率很高，家庭服务与专业服务同等重要

童年时期的营养不良会直接对儿童的健康及学习成绩产生严重影响，进而产生长远的负面影响。贫血可能导致认知障碍、脑功能改变和身体残疾（Yip，2001）。除了直接、眼前的影响外，研究表明在发达和欠发达国家中，儿童营养不良都会对学习表现造成严重负面影响（Nokes，1998）。

童年时期的营养不良会对成年后的健康、人力资本和工作阶段的生产效率产生负面作用。

发达国家和发展中国家的经验表明，儿童的早期发展与教育投资会带来高额经济回报，是打破贫困代际转移最具成本效益的战略，并且能够提高未来的劳动生产率和社会凝聚力[1]。从图1可见，接受过1年及以上学前教育的学生在国际学生测试（PISA）中的得分显著高于没有同等教育背景的学生，在发达和欠发达国家中都是如此。

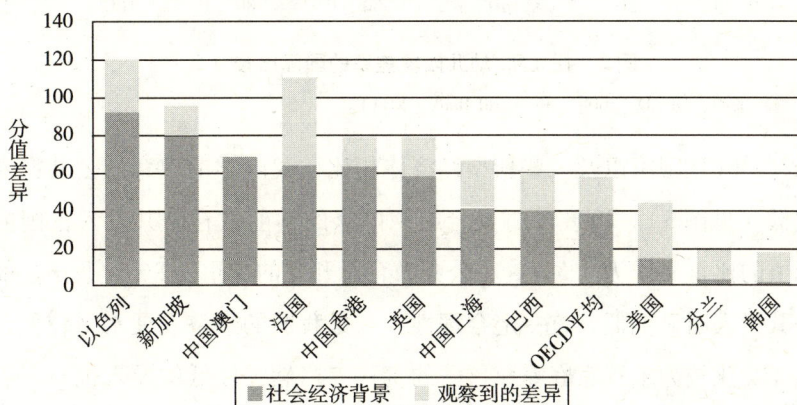

图1 家庭背景和接受1年及以上学前教育对中学生PISA成绩影响

资料来源：OECD（2010）。

中国学前教育的覆盖率明显低于高收入国家和一些主要中等收入国家，并且城乡差异显著。2009年，大约有51%的中国儿童接受了学前教育，这一比例远低于墨西哥和巴西等新兴经济体（见图2）。并且，农村和城市儿童在接受学前教育上存在巨大差异。尽管2009年全国城市地区的覆盖率达到了80%，但在农村地区这一比例只有30%左右，明显低于印度40%的学前教育全国平均值。

---

① 美国的研究表明，对儿童的早期发展与教育进行投资的回报率很高，此外发展中国家的研究也得出了类似结论，包括哥伦比亚（参与儿童早期发展与教育计划的全部儿童，升学可能性都更高）、土耳其（青少年入学率高出20个百分点）和孟加拉国（标准化测试成绩提高58%）。

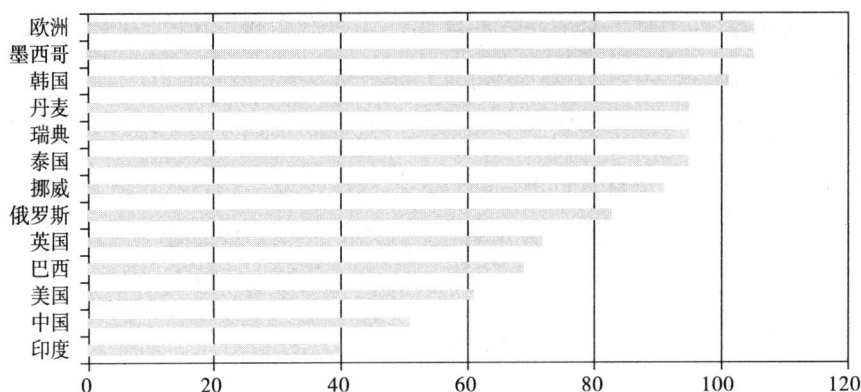

图2 托儿所/幼儿园覆盖率的国际比较（%）

资料来源：OECD（2008）和 World Bank（2011）。

与 OECD 国家以及一些新型经济体相比，我国学前教育的公共投入水平偏低（见图3）。2008 年，经合组织国家的学前教育公共投入占国内生产总值的比重平均为 0.5%，占公共教育总开支的比重是 8%。我国学前教育公共投入明显偏低，有一定合理性：一是我国的经济发展水平较低，二是东亚文化较为重视家庭养育孩子的责任。当然，较低的投入也与我们对学前教育的认识偏差有关。

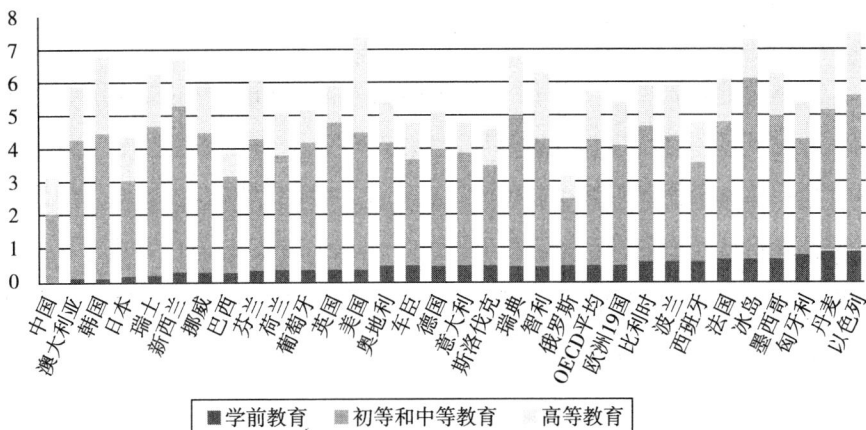

■ 学前教育　■ 初等和中等教育　高等教育

图3 2008年各级教育公共支出的比较（占国内生产总值的比例，%）

资料来源：World Bank（2010）。

学前教育不一定都要采取全日制集中式教育，也可实现弹性教学和由家庭承担责任。按照"福利提供主体多元化"的思路，学前教育的供给可以采取灵活的方式。拉美国家创新学前教育的经验表明，弹性教学模式既可以取得实效，又具有很好的成本效益。（World Bank，2011；Vegas and Santibañez，2010）大多数孩子每周参加 15～30 小时、每年 9 个月的集中式学前教育就可以提高认知能力；低收入家庭的孩子甚至获益更多。由于亲子班和正规幼儿园等集中式学前教育服务的成本较高，政府补贴不仅可以投向正规的学前班，也可以支持社会和家长提供此类服务（例如为看护者提供津贴）。

2. 韩国、日本和芬兰的基础教育很成功，主要得益于教师较高的社会地位和相应的社会责任

根据国际学生评估项目（PISA）的结果，在 30 多个经合组织国家中，芬兰、韩国和日本的学生表现最好。在这 3 个国家，不仅学生平均成绩名列前茅，而且学生成绩的均衡度也名列三甲。这意味着他们最接近于教育机会均等。从图 1 还可看出，在韩国和芬兰，家庭社会经济条件对中学生的成绩影响较小。

芬兰学生在升入高中前并不参加任何标准化考试。他们确实有考试，但是考试是由自己的老师出题，而不是由管理部门或者跨国考试公司出题。在九年全日制教育期间，芬兰学校是"无标准化考试地带"，老师鼓励孩子们"去了解、去创造、保持天然的好奇心"，学生能力没有存档记录。与现在美国倡导的"全球教育改革运动"（简称为"GERM"）相反，芬兰没有考试、特许学校、教育券、绩效工资等竞争性措施，也没有根据学生考试成绩评价老师的做法。在过去 40 年中，芬兰建立起一套不同的教育体系，集中精力改善教师队伍，把学生考试限制在最低数量，把责任感和信任摆在教师的绩效之上，并且把学校和区一级的领导权交给教育工作者。芬兰的老师都受过良好教育，准备充分，而且受人尊敬。芬兰教师刚入职时与美国同行一样，与其他大学毕业生的收入差不多。但是芬兰有 15 年教龄的教师比美国同行的收入要高。

从 20 多个 OECD 国家中小学教师年工资与该国人均 GDP 的比率来看①，2/3 国家的水平在 1 以上，最低是挪威为 0.66，最高是韩国为 2.01，中位数是荷兰为 1.14，日本在 1.5 左右。在韩国，教师的高工资也反映了国家的战略意图。教师职业成为最有吸引力的职业之一，聚集了几乎最优秀的人才。韩国的教育质量也因此较高，在历次国际学生评价项目（PISA）中，韩国学生的成绩一直名列前茅，在 2009 年的测试中整体位居第一。教师是义务教育阶段影响教学质量的最重要因素，日本和韩国都是通过立法建立教师定期流动制度来均衡校际教育质量。日本和韩国的教师"定期流动制"都已经运行了 50 年以上。另外，在日本和韩国，义务教育阶段的就近入学是"毋庸置疑的公理"；在韩国，大多数国民支持高中阶段"就近入学"的传统做法。近年来，韩国一些精英人士认为，高中阶段教师和学生的均等化，不利于培养和选拔人才。我们访谈的韩国教育专家认为，没有证据表明重点学校体制更有利于人才成长。不过，韩国在高中阶段还是实行了"一般科目混班和特殊科目分班"的折中做法，在坚持社会融合的同时缓解了对人才成长环境的担心。

《芬兰的经验：世界能从芬兰的教育变革中学到什么》一书认为，美国推行的市场化改革办法是一种病毒，它不仅传染了美国，而且传染了英国和许多其他国家。布什总统的"不让一个孩子掉队"法案和奥巴马总统的"力争上游"计划是全球教育改革运动的典型。他们两个人都认为标准化考试是测验学生、老师和学校成功与否的最可靠的手段，学校通过把管理交给私人部门、课程标准化和以考试为基础的问责制（如高分奖励、低分学校关闭、开除分数低的老师）等手段实现"私有化"。考试成绩可以用来断定学习中存在的问题。但是当考试成绩对学生、老师和学校来说成了最为重要的事情，就有可能产生不良后果，比如作弊、降低标准、减少非考试科目的授课时间等问题。

---

① 参见专题报告《公共部门薪酬激励的国际比较及启示》。

3. 扩展免费教育，改革职业教育，有助于中等收入国家跨越"陷阱"和受教育者适应市场变化

从中等收入阶段成功过渡到高收入阶段的国家与那些落入"中等收入陷阱"的国家相比，一个关键区别在于人力资本投入的水平、质量和公平性。日本和韩国在各自发展过程中，不约而同地将几乎所有的学生都送入了高中。相比之下，那些在中等收入水平上停滞不前的国家，如阿根廷、伊拉克、墨西哥和埃及，其差距就在于人力资本投入相对低于同等收入国家的平均水平①。

与同等收入国家相比，我国普通高中的就学成本明显偏高（Rozelle，2011；World Bank and DRC，2012）。研究表明，以墨西哥为例，一个学生三年的学费总额只相当于同期人均收入的 4% 左右，而在中国，三年学费总额相当于同期农村家庭人均净收入的 82%②。如果把读高中所需的住宿和伙食费用加在一起，这些费用总额可能两倍于学费水平。所有这些都只是直接成本，尚未考虑近几年来非技术工人实际工资水平大幅提高后，不参加工作带来的机会成本上升。

越来越多的国家重视职业技能教育与普通教育的接轨，注重培养职校学生的通用性"核心"和学术能力。在过去 10 年中，北欧、德国和韩国推行了允许技校学生进入普通教育系统的改革措施。挪威和奥地利等国家实行了双重证书制度（Van Adams，2007）。尽管让学生为眼前的就业做好准备（例如用人单位与职业技能培训学校的订单体系）可能是一个很吸引人的短期策略，但由于具体能力需求会不断变化，学生在中长期不一定能够适应劳动力市场。认识到这一风险，经合组织国家自 20 世纪 90 年代开始推行职业技能培训改革，促进职业与学术课程的整合。具体做法是，职业学校的学生接受更多的文化课程，而普通学校的学生要提高所学知识的

---

① OECD（2007）；关于亚洲国家，参见 Zhang & Zhang（2008）；关于阿根廷，参见 Miguez（2006）；关于墨西哥，参见 Hanson（2010）。

② 关于墨西哥，参见 World Bank（2008）；关于中国农村人均收入，参见中国国家统计局（2008）。

实际应用能力。这一改革措施促进了两个系统之间的互通。韩国就是一个正面例子，韩国高中阶段职业技能培训与普通高中教育之间有75%的课程是一样的（联合国教科文组织，2005；Van Adams，2007）。这一点与经合组织国家教育体制中延后引入职业课程的发展趋势是一致的。另外，经合组织国家更加注重让学生获得核心基础能力，例如沟通、问题解决、团队合作等方面的能力。

4. 预防保健更有益于健康，但卫生资源配置调整的阻力很大

初级卫生保健不仅是改善人口健康指标的一个有效方法，而且是控制医疗费用上涨的一个关键性策略。由于人口老龄化和疾病模式的转变（Blank and Burau，2004），更多地依靠基层卫生技术人员的服务成为许多发达国家卫生改革的一项重要选择。大量证据[①]表明：人均期望寿命指标的改善主要取决于医学以外的领域，包括饮水卫生、营养状况和居住环境的改善，以及教育水平的提高、预防保健知识的普及和不良生活方式的改变等等。在医疗领域，有关研究（Soltman，Rico and Boerma，2006）表明，一个强有力的初级卫生保健系统是使卫生保健得以有效提供的最重要因素，并且能够帮助解决卫生服务缺乏连续性和反应性的问题。有初级卫生保健承担"守门"作用的卫生系统，其运行费用明显低于更加"开放"的卫生系统，并且前者的健康状况更好。在经合组织国家中，卫生费用占GDP比重最高的美国同时也是全科医生比例最低的国家（见图4）。

各国强化初级卫生保健的努力遇到了多方面的阻力。本书"分领域报告"《卫生保健制度建设的国际经验及对我国的启示》列出了6个主要方面：一是患者选民的眼前利益；二是活跃的老年选民的既得利益；三是个人选择生活方式的自由；四是专科医生的强势地位；五是雇主利益，不愿在工作场所开展预防保健；最后，西方文化高估了现代临床医学的效果，

------

① 本报告后面所说的基本卫生保健和初级卫生保健是基本一致的，但前者更强调是由经过培训的专业技术人员提供的。

特别是大众传媒的乐观主义报道倾向误导了大众。

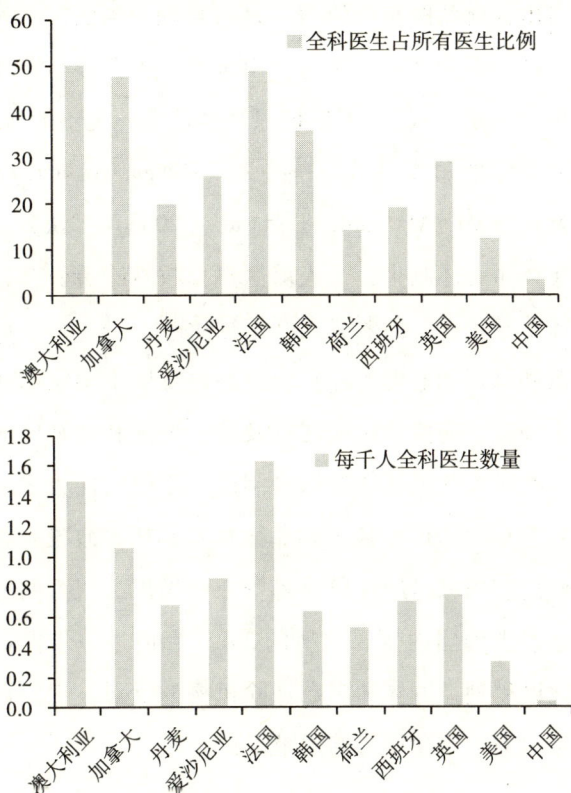

图4　2007 年全科医生分布密度指数（中国为 2010 年数据）

资料来源：OECD（2010）；中国数据来自 World Bank（2011）。

5. 公费医疗制度更有益于控制费用和改善公平，但前提是征税能力较强

与社会保险制度相比，基于税收的公费制度优势明显。据"分领域报告"《卫生保健制度建设的国际经验及对我国的启示》的不完全统计，在基本实现了全民医疗保障制度的国家和地区中，60% 实行的是国家卫生服务制度（简称"基于税收的制度"，或者通俗地称为"公费制度"）。从全民保障制度较为成熟的西欧地区来看，保险制度比公费制度花费了更多的资金和资源投入，带来的额外产出并不是较高的健康水平，而是公众在就

医选择方面较高的满意度。因此，两项制度比较的核心问题是，保险制度多花钱换来的自由快捷就医是否值得，是否合理？当然，有人从社会学的角度解释西欧的社会保险制度，认为自由选择、工会参与管理是西欧大陆一些国家的一种"生活方式"，不应该只算经济账，也不能光看成本效果。但是，同样从社会学的角度，另外一些人（Oliver, A. and Evans, J. G., 2005；Fotaki, M., Boyd, A. Smith, L. et al., 2005）却认为，在公费制度和保险制度等集体主义体制中，个人就医选择权意味着教育、收入和社会地位较高的群体受益较大，而弱势人群相对受损。

征税能力低和既得利益者的存在，是一些发展中国家选择保险制度的真正原因。亚太地区、南撒哈拉地区以及拉丁美洲和加勒比地区的征税能力较低，其中一些国家和地区选择保险制度是不得已而为之。近年来亚洲部分国家（包括泰国、印度、越南和菲律宾）利用财政投入大幅扩大了医保覆盖面。虽然这些国家已经在税收筹资方面做出了很大的努力，用于卫生的一般税收已经占到国内生产总值的 3.2%，但进一步提高征税能力的难度很大。加之既得利益群体和多数保险机构的反对，它们在短期内进一步增加税收筹资以取代工薪筹资的困难很大。

三、劳动力市场政策与就业促进及收入调节

关于劳动力市场制度对宏观经济表现、就业、收入分配和其他变量的影响，人们仍然有不同看法[①]。然而，回顾国际经验，可以形成的一个共识是，劳动力市场的弹性对就业有一定影响，在工资决定上的制度安排对一个国家内部甚至国别间的收入分配有重大影响（Freeman, 2007）。

---

① 劳动力市场制度对就业率、失业率等指标的影响是仍存争议的一个问题。相关文献见 Freeman (ibid)；Layard, Nickell and Jackman (1994)；Nunziata and Ochel (2005)；Bassanini and Duval (2006)；Blanchflower (2001)；Baker (2005)；Howell et al (2006)。

1. 不能将高失业率简单归咎为劳动力市场刚性

一直以来，高失业率困扰许多发达国家。人们倾向于认为，问题的根源在于劳动力市场的僵化，或者说保护性的劳动力市场制度，其中危害最大的是失业保障金、就业保护法律及工会。并且一般认为，欧洲的就业市场是刚性的、缺乏灵活性的，结果就是高失业率；美国的就业市场是动态的、灵活的，结果就是低失业率。《劳动力市场改革及失业：证据是否支持传统观点?》一文（Glyn, et al, 2005）坚持认为，没有可靠的证据证实"僵化论"。而《失业与劳动力市场的刚性：欧洲与北美的对比分析》一文（Nickell, 1997）认为，"僵化论"过于简单。历史数据表明，经合组织内近1/3的欧洲成员国的失业率低于美国，且失业率较低的欧洲国家（奥地利、德国、挪威、瑞典和瑞士）并不以它们的劳动力市场灵活性著称，而在欧洲最具有灵活性的英国，其平均失业率高于一半的欧洲邻国。

尽管不能将高失业率归为劳动力市场的僵化，但是正如《失业与劳动力市场的刚性：欧洲与北美的对比分析》一文总结的那样，高失业率确实与某些"刚性"特征相联系。一是慷慨的、长时期的失业救助，同时失业者找工作的压力很小，以及缺乏旨在提高失业者工作能力和意愿的积极干预；二是工人加入工会比例高，而且在工资谈判上没有工会之间的协调和雇主之间的协调；三是影响劳动力的总税负高，或者年轻人较高的最低工资与高薪资税并存；四是劳动力市场低端人口的受教育水平较低。

2. 早退休是一个普遍性问题，经合组织国家已经有了一些对策

国际比较表明，中国城镇人口就业年限显著低于其他国家。图5显示了韩国、印尼、英国和美国年纪较大劳动力的参与率。虽然这些国家妇女退出劳动力市场的时间都要早于男性，但不管男性女性，他们退出劳动力市场的时间都明显晚于中国。这些发现清楚表明了中国劳动力市场和政策面临的挑战，随着人口老龄化，如果不及时对其加以解决，这些挑战会变得更加艰巨。造成这一现象的原因既有对男性和女性过早退休的强制规

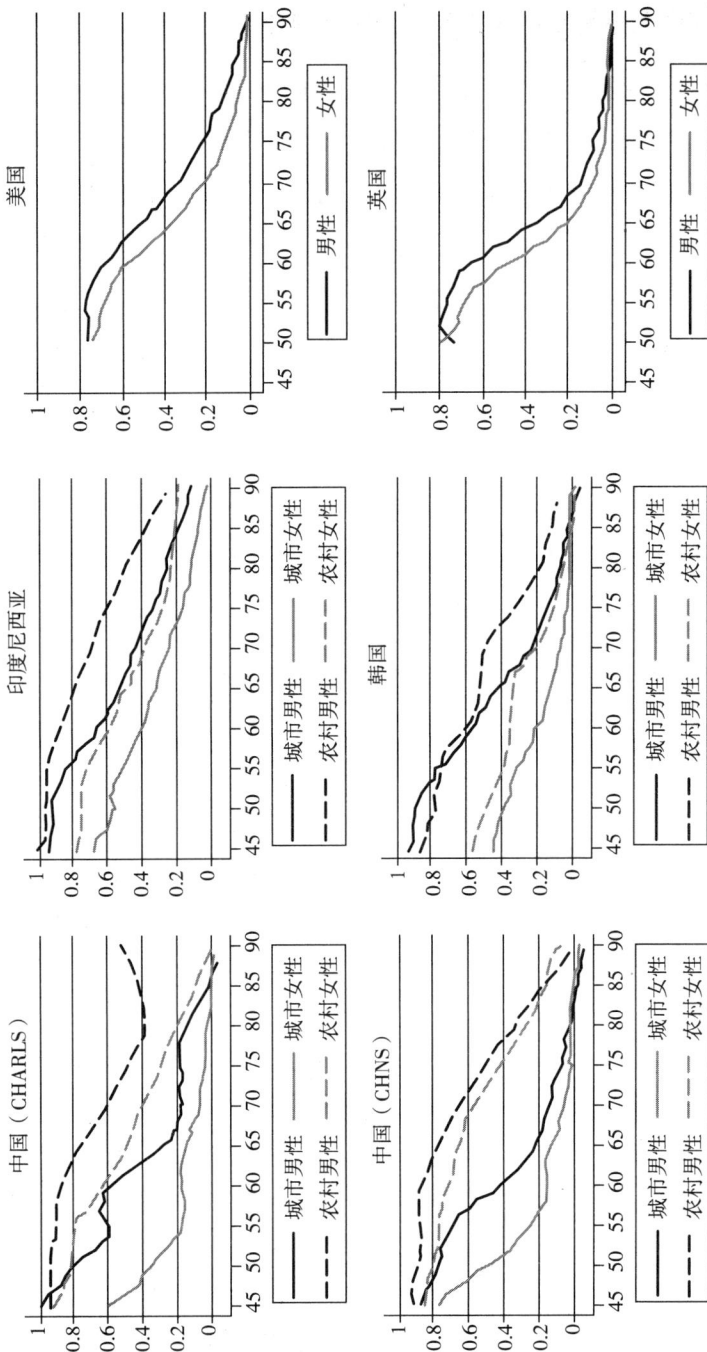

图 5 中国、印尼、韩国、英国和美国不同年龄和性别人口的就业率

Lowess Plot bw=0.3

资料来源：引自World Bank and DRC（2012）。

数据来源：中国：2009 CHNS & 2008 CHARLS试点；印尼：2007年印尼家庭生活调查；韩国：2006年老龄化面板资料调查；美国：2008年健康与退休情况调查；英国：2008/09年老龄化面板资料调查。

注：横坐标为年龄，纵坐标为劳动参与率。

定，也与用人单位不愿雇用年纪大的工人，同时年纪大的就业者缺乏更新技能、进行"终生学习"的机会等有关。

针对高龄劳动者过早退出劳动力市场的问题，国际上已有很多较为成熟的措施和办法[①]，包括提高退休年龄、提供兼职工作和灵活工作安排、在职业生涯中期扩大技能培训和升级。近年来很多经合组织国家和转型国家都提高了法定退休年龄，各国的提升速度有所不同，经合组织国家的提升较为缓和，每年提高 1～3 个月，很多转型国家则每年提高 6 个月。如果中国可以在"十二五"期间启动这项改革，按每年增加 3 个月这样的中等速度，到 2030 年男性退休年龄可以提到 65 岁，而女性退休年龄要提高到这个水平则需要更长时间。经合组织国家进行就业政策实验的一个重要领域是为年纪较大的劳动者提供灵活工作安排，同时取消强制退休年龄的规定。前者包括"工作共享"，将一份全职工作分割成多个工作机会（例如在德国）以及提供更多兼职工作机会。这样的安排特别有助于促进妇女的劳动参与，而后者正是中国面临的一项重要挑战。劳动者到了五十多岁以后，用人单位可能会觉得对他们进行技能升级的回报率太低。在这方面，经合组织国家的经验表明，在职业生涯的中间阶段进行技能升级，既可以提高用人单位的投入回报率，又可以在劳动者尚具备学习能力的情况下及时加以干预。

3. 在公共部门实行绩效工资，效果不明显，有可能导致不合理的激励

尽管经合组织国家公共部门实行绩效工资的历史和经验都在不断增加，但绩效工资的可取性和结果始终面临较大争议，而且宣称的效果与实际效果之间的差距往往很大。截至 21 世纪头十年中期，2/3 的经合组织国家已经在公共部门雇员中实施或正在实施绩效工资（OECD，2005）。各国

---

① 见 OECD，《寿命更长，工作更久》（2006）。Murragarra（2011）讨论了拉美国家应对类似挑战的做法。

引进绩效工资制度的目标不尽相同，除了激励员工个人表现的目的之外，往往还与在更大范围内推行组织或管理变革相关。各国实行绩效工资的范围也各不相同，但一般都更侧重于公共部门管理人员和特殊部门。此外，绩效的实际评估对象也有所不同，在某些系统中从不或很少评估个体。总体来看，经合组织国家实行绩效工资有以下特点：最强调绩效工资的国家往往也是人事和预算管理责任放权程度最高的国家；越来越多地使用团队或小组绩效作为绩效工资评估的基准；绩效工资只是激励员工努力工作的多种因素之一，他们往往看重其他因素，如工作带来的满足感、工作安排的灵活性以及晋升和其他形式的认可等；绩效工资的比重普遍不大，很少超过公共雇员基本工资的10%，但管理级人员的绩效奖金比例接近20%。

4. 在最低工资制定和工资协商谈判中，首要因素是劳动生产率和产业竞争力

在修订最低工资标准时，多数国家和地区考虑的首要因素是生产率的提高和竞争力的保持，而中国的最低工资主要考虑基本生存标准。表1给出了部分经合组织国家以及中国香港地区和中国台湾地区在设定最低工资时考虑的主要因素。虽然通胀等因素也很重要，但最低工资水平的调整主要是反映生产率的提高。中国目前的政策中已经纳入了这种方法的部分因素，但在以生活需要为基础的方法和以生产率为基础的方法之间权衡时，仍然偏向于前者。

表1　21世纪头十年末期各国（地区）确定最低工资的方法和标准

地区	确定方法	确定最低工资的主要标准
澳大利亚	工资最低水平	生产率；企业竞争力；相对生活费用比例；劳动参与率
韩国	工资最低水平	生活费用；经济增长率；平均工资水平；劳动生产率；失业率；居民消费价格指数和收入分配。这些因素的权重不固定，其相关性由议会讨论决定，不同时期不一样
中国台湾	工资最低水平	国民经济发展状况；价格指数；国民收入和个人平均收入；不同行业和不同就业形势下的劳动生产率；不同行业工人工资；居民收入和支出调查和统计

续表

地区	确定方法	确定最低工资的主要标准
美国	工资最低水平	制造业生产力；企业的承受能力，生活费用；工资水平
英国	工资最低水平	薪酬差距；通货膨胀；企业经营成本；竞争力；就业情况；经济条件
法国	生存工资	整体工资和收入；消费物价指数；经济条件；工人和家庭的需求
中国香港	工资最低水平	总体经济状况：最新的经济表现和预测；劳动力市场条件：劳动力的需求状况、工资水平和分配、工资差别和就业特征；竞争力：生产率增长、劳动力成本、企业的运营特点、创业、营商环境和偿债能力、经济相对自由度和竞争力；生活水平：就业收入的变化和通货膨胀

资料来源：World Bank and DRC（2012）。

在工资协商谈判方面，成熟市场经济国家也会优先考虑产业或企业竞争力。以挪威为例（参见本书"国别报告"），劳资谈判从国际竞争性行业开始，根据比较成本优势，确定工资涨幅，然后其他行业以这一涨幅为上限，协商确定本行业的涨幅。这样可以确保本国经济的国际竞争力和国际竞争性行业留住最优秀的人才。

5. 与西欧国家相似，中国的劳动税负偏高

按国际标准来看，中国职工的"税楔"[①] 高于大多数经合组织国家，更明显高出其他东亚国家。图 6 显示了中国城镇地区一个平均收入水平的典型职工的"税楔"与其他国家的对比情况。包括住房公积金在内，中国的税楔高达 45%。实际上，中国社保缴费在总税楔中所占比重远高于这些国家，因为大多数国家的税楔还包括了个人所得税，而中国普通职工不用交所得税。

---

① 税楔的计算方法为（总劳动成本 – 净工资收入）/总劳动成本。对中国而言，假定工资支出为 100 人民币，那么总劳动成本是（100 + 42）= 142；劳动者的净工资收入为（100 – 22）= 78，因此税楔为（142 – 78）/142 = 45.1%。对很多国家，也计算了社保缴费抵扣后的个人所得税，经合组织也允许将州一级的转移支付计算在内（如所得税抵免）。而对中国典型城镇职工的税楔计算中这两项都没有包括在内。

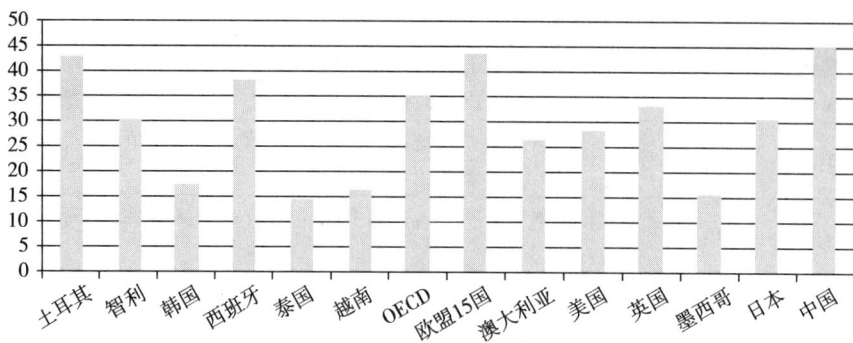

图6　2010 年不同国家正规部门典型工人的税楔

资料来源：OECD, 2011。

四、社会保障政策与基本生活水平及社会管理

社会保障政策的主要目标有两个，一是保障基本生活水平或保持既有生活水平不受各种社会风险的影响，二是对保障对象的行为进行管理和控制。

1. 公务员的老年及住房保障与其他劳动者的统一，是国际趋势

在全球一半的国家，公务员有独立的养老金项目，但政治上和经济上都难以持续。在理论上，除了军人的项目，很难说明公务员等公共雇员项目独立的合理性。在实践中，公务员养老金支出日益攀升。从公平、管理效率和劳动力市场弹性的角度来看，国际上的普遍趋势是公务员和其他劳动者的养老保险制度融合度日益加深，或者是完全整合，或者是在整合的基础上对公务员有补充性的附加制度（Palacios and Whitehouse, 2006）。与公务员养老金研究相似，有关公务员住房的专题报告的基本结论是，没有充足的理由证明公务员应享受特殊的住房保障。

2. 提高退休年龄，是世界各国解决代际分配矛盾的最可靠出路

经合组织国家男性和女性的平均退休年龄分别为 63 岁和 62 岁。挪威、

冰岛的法定退休年龄男女均已达 67 岁；美、英、德、法等多数经合组织国家也先后出台了将退休年龄提高到 67 岁或以上的法案。即使如此，按照经合组织的研究，仍难以支撑因寿命延长带来的养老压力。为此，经合组织建议，2050 年，理想的法定退休年龄目标应当是 70 岁。很多国家之所以努力或不得不推迟退休年龄，理由很简单，即随着出生率降低和寿命延长，较低的退休年龄无法保持养老体系安全。退休年龄过低且老龄化加速，简单来看是使养老保障（保险）体系在财务上不可持续，更实质性的问题是代际分配矛盾难以解决。说到底，养老问题是当期财富在工作者与退休者之间的分配。如退休年龄过低，抚养比过高，要确保老年人权益，只能通过高税（费）方式，必然会严重影响当期劳动者的利益，劳动力参与率低也会严重影响经济的正常运行；而要保障当期劳动者利益，老年人的权益则难以充分保障。过去一段时间，一种较为流行的观点认为，以积累制代替现收现付制的筹资模式改革可以解决代际分配矛盾。理论和世界各国的经验已经证明，这解决不了问题。最可靠出路是通过推迟退休年龄，降低抚养比，也就是降低工作者和退休者之间的比例关系来解决。

平滑过渡和弹性选择是各国提高退休年龄坚持的两条原则。平滑过渡有两个政策要点，一是当期出政策，等待若干年后才真正发挥作用。比如，美国延长退休年龄的法案是 2000 年出台的，其规定是，1963 年以前出生的继续执行 65 岁退休的老政策，1964 年以后出生的执行新政策。也就是说，美国 2000 年的法律设置了长达 30 年的等待期，这对于当期的大部分人是没有影响的。二是执行新政策的人按照出生年龄早晚，逐级提升退休年龄，级差细化到月。比如 1964 年出生的人，退休年龄为 65 岁零 1 个月；1965 年出生的人为 65 岁零 2 个月，依此类推。这又大大减少了相关人群可能的反对声音。当然，由于退休年龄的起点和老龄化压力不同，各个国家的调整空间和力度会有很大差别。比如，法国 2010 年通过的延迟退休年龄法案设置的等待期只有 1 年，级差是 3 个月，远没有美国从容。弹性选择空间的政策要点是规定全额领取养老金的法定年龄。对于提前退休者，根据离法定年龄的长短，在养老金水平上给予一定折扣调整。同时，鼓励到达年龄后的人继续工作，并通过提升养老金水平进行激励。

3. 在基本保障领域，政府保证积累基金较高的利率是通行做法

各国政府要么直接控制社保基金使用并给予较高的实际收益，要么规范资本市场，帮助参保人取得合理回报。在实行养老保险名义账户的国家，按照工资或经济的增长率对名义存款计息，由年轻人缴费、经济增长和养老金领取年龄提高来保证退休人员的高收益和基金平衡。在采用社会保障实账户的国家，政府发行债券控制基金使用，通过投资于国家基本建设和资本市场，给予参保者较高的实际收益。在保证基金较高实际收益率的同时，政府投资组合及其收益分配有必要兼顾国家经济社会发展目标，但要取之于民，用之于民。

政府放开社保基金投资运营，参保人的收益不一定高于管控体制下的回报。尽管新加坡公积金准许个人自主投资，但不到1/3的成员这样做，其中只有10%~20%的投资者的收益率高于国家给予基金的利率。从更大范围来看，在全球金融危机之前的一二十年时间里，美国、英国乃至智利的养老基金私人投资确实取得了骄人的成绩。但在当前的全球金融危机中，这些国家的个人账户储存额都经历了大幅度贬值。另外，肯尼亚、香港地区等都有过养老基金私有化投资亏损的经历。

4. 由于福利体制和文化的不同，经合组织国家在老年照料服务的筹资、提供与监管方面的做法大相径庭

在老人长期照料的总支出水平以及公共部门和私人在其中负担的比例等方面，各国都有很大差别（图7）[1]。经合组织国家在使用公共资金用于老年照料方面的做法差别很大，有的基本上完全使用政府一般性财政收入（如斯堪的纳维亚国家），而有的则采取基于保险的方式。在保障对象问题

---

[1] 长期照料服务不同于老年照料服务。老年照料包括各种类型的服务，但是长期照料往往是老年照料中资金需求较大的一块。

上，经合组织成员国的做法也各有不同，有的是通过政府一般收入或是由保险缴费筹资提供全民享有的养老服务制度（欧洲大多数国家、日本及韩国），有的则是以家计调查为基础的救助制度（美国、英国和澳大利亚）。

% GDP

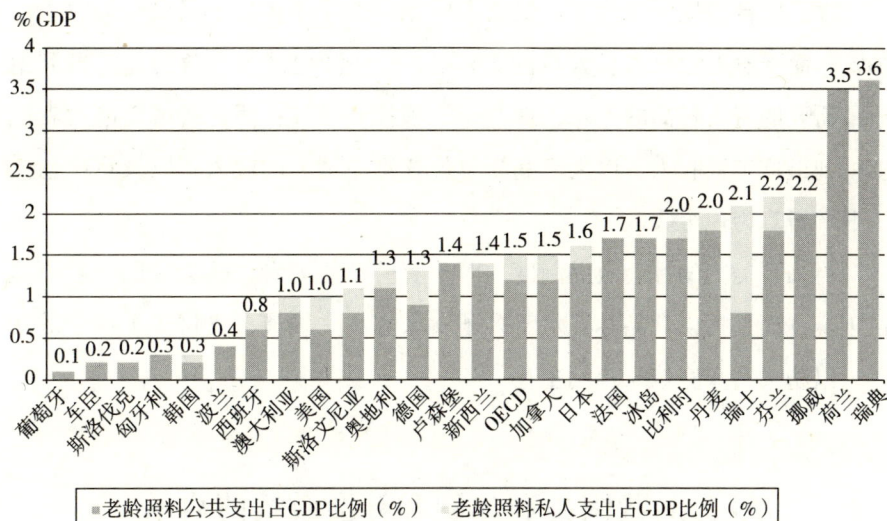

老龄照料公共支出占GDP比例（%）　老龄照料私人支出占GDP比例（%）

图7　2008 年经合组织国家长期照料服务支出（占 GDP 的百分比）

资料来源：OECD Health Care Data 2010。

　　越来越多的经合组织成员国开始补贴需方，把补助直接发给家庭，这样家庭可以在居家养老、社区养老或机构养老中自主选择（OECD，2011）。在老年照料问题上，家庭和非正规养老安排——包括基于社区的养老安排在内——都扮演着重要角色。如荷兰专门用于老年人养老服务支出的全面保险之一 AWBZ 计划，最初的经费支出项目主要是对养老福利设施的补贴和对养老照料服务的资助。自 1994 年开始，荷兰政府改变了资助方式，将照料服务的补贴经费直接发给老年人个人，由老人自己选择服务方式和服务机构，目的在于鼓励老年人居家养老。有资料显示，荷兰拆除了部分养老机构，机构照料容量降低了 25%（桑永旺，2006）。

　　申请获得养老服务需要经过健康状况和经济状况评估。大多数国家对护理服务实行分级管理，机构养老服务的护理等级是最高的。由于公益性养老服务都有政府税收或全民保险经费的支持，因此在享受服务之前都需要经过健康状况评估和收入状况调查，以确保将服务提供给最需要者。

5. 一个国家和地区的社会救助制度安排一般最能反映其主流价值观

以我国台湾地区为例，最低收入保障标准大体相当于居民平均收入的30%，而受益人数只占总人口的2%左右。台湾地区社会救助能够做到给予最需要的穷人较高的保障，得益于3项控制条件：假定有劳动能力者能够得到最低工资收入；以大家庭为单位核算申请人的收入；以及将申请人的财产折算为现金收入。

再来看美国的社会救助制度。对于有劳动能力者，社会救助一般不提供现金，而是提供食品券；对于多子女家庭，一般最多支付3个孩子的费用，以防一些家庭依靠福利生存。

五、对我国福利体制和社会政策的启示

1. 按照发展型福利体制的逻辑思路完善我国的福利体系

传统社会政策对经济政策关注不足。无论是补缺型福利体制还是普遍型福利体制都不能直接解决经济问题。这两个体制建立在这一理念上：公共资源应当转移给有需要的人。补缺型福利模型要求为那些无法在劳动力市场中自给自足的人提供短期有限的资源；而普惠型福利体制则呼吁为更多的人提供长期的资源转移，两者都忽略了福利与发展的相互促进。发展型福利体制强调发展过程中的社会政策和经济因素协调一致，将推动经济增长作为社会政策的重要目标，同时又提供整体、包容性的经济和社会政策以解决贫困和社会排斥等问题。

按照发展型福利体制的逻辑思路，我国的社会政策发展方针应包括更加积极的人力资本政策、互利共赢的劳动力市场政策和稳妥可靠的社会保障政策。同时，经济政策也要更加突出社会效益。当然，具体经济措施超出了本书讨论范围。

2. 加大学前教育投入，创新服务提供模式，释放和创造更多的就业机会

为实现学前教育普及目标，要大力提高政府对学前教育的公共投入水平，逐步缩小与大多数经合组织国家的差距。尽管在短期内达到经合组织国家平均水平（学前教育公共投入占国内生产总值0.5%）可能不太现实，但鉴于中国目前非常低的支出基数，还存在很大的扩展空间。如果中国公共教育总开支的比例要达到经合组织国家水平（即8%），那么学前教育开支到2020年将占到GDP的0.3%以上。目前政府对扩大整体教育预算的承诺和正在缩小的儿童规模，都为改变学前教育投入不足的现状提供了契机。

在加大投入的同时，要创新学前教育服务模式，由国家、社会和家庭共同承担责任。国际经验表明，这种模式既可以取得实效，又具有很好的成本效益。（World Bank，2011；Vegas and Santibañez，2010）在"十二五"时期，我国可按照"福利提供主体多元化"的指导思想，试点、评估并逐步推广符合当地财政和其他条件的不同学前教育模式。

3. 以试点省的教师轮岗和财力均等为抓手，优先推进义务教育的均等化

首先是各级政府要明确，当前教育领域最优先的事务仍然是义务教育均等化，政府相关管理部门的工作，应该体现出这个优先性。教师素质和财力的不均等是当前推进均等化的主要障碍，但我国各地区间发展差别太大，所以很难从全国层面一刀切地推进。考虑到我国义务教育各项经费投入中省级政府正在成为主角，并结合江苏等省的教师轮岗试点经验，可以认为，在某个省内，如果解决了学区划分障碍、教师收入和发展机会障碍，并将教师轮岗作为担当教师工作的必要条件，就可能在这个省内率先实现均等化。国家相关部门可以根据条件和自愿程度，鼓励和扶持一些省份率先开展这项试点工作，为未来建立全国划一的制度提供经验。

4. 在重视实际技能培训的同时，职业技术学校也要注意培养学生的一般性知识和能力

随着在价值链上的位置不断上升，中国要保证源源不断的具备适当能力的技术工人，就需要改革职业技术培训课程设置，以保持通用"核心"能力和技术能力间的平衡。这要求职业技能培训的教育方式作出重大转变，同时还要促使高等教育更加重视实际应用能力的培养。芬兰和韩国的经验可以帮助中国推行这方面的渐进式改革。这种改革将包括学术/技术资质双重认证改革，以及允许学生由职业技术学校转到普通学校时能够转移学分。

职业技术培训的改革要在短期可雇性和长期适应性之间取得平衡，后者有助于保证劳动者在整个生命周期中不断适应经济的迅速变化，找到合适的工作机会。国际经验表明，从学习到工作身份转换的初期，职业技术教育毕业生就业率确实要高于普通高校毕业生。但随着年龄增长，能力缩水或者过时，这些高职毕业生适应职业变化和进行终生学习的能力就出现了困难①。在技术发展迅速的国家，职业技术培训优势消逝速度更快。今后，随着中国迈入高收入国家行列，职业技术教育面临的这种短期可雇性和技能的长期灵活性之间的权衡将越来越重要。

5. 将新增卫生财政投入主要用于初级卫生保健

在缓解人民群众"看病难、看病贵"问题的同时，要将医药卫生改革的重点及时转到预防保健上来。与公费制度相比较，保险制度花费了更多的资金和资源，却没有带来较高的国民健康绩效；虽然增进了患者的选择性，减少了排队时间，但在公平性方面则略逊一筹；另外，保险制度还可能对劳动力市场产生不利影响。况且高科技手段大量地引入医疗领域，并没有改变人类对很多疾病无能为力的局面。因此，无论是保险制度还是公费制度，都不具备无限救治的保障能力。为了保障全体国民的健康，还是

---

① Hanushek, Woessmann and Zhang（2011）采用了国际成年人读写能力调查 18 国数据。

要坚持"预防为主"的方针。国家基本卫生服务的重点，应当放在预防保健和常见病、多发病的治疗上。

6. 尽早启动提高退休年龄的进程，采取多种措施，缓解劳动力数量萎缩的冲击

要借鉴西欧国家的经验，促进城镇年长就业者的劳动参与。适当降低劳动税费，增加城镇正规部门就业。这些都有助于减缓劳动力数量萎缩的冲击。更为重要的是，要尽早启动提高退休年龄的进程。

我国养老保险的潜在压力远远大于其他国家。实施了30多年的计划生育政策，加上改革开放后生活与医疗卫生条件的迅速改善，使得我国的老龄化速度几乎超过了所有国家。同时，因我国的法定退休年龄低，且退休年龄调整又必须采取逐级过渡方式，事实上留下的时间空间已经很小。因此，必须抓住有限机会，尽快且稳妥地进行调整，否则会给未来留下隐患。我国目前的退休年龄过低，且老龄化压力更大，决策过程要加快，政策实施的等待期要短且级差要更大一些。

7. 教师和医生的薪酬水平应反映人力资源价值和职业贡献

从相对薪酬水平的国际比较来看，我国教师的薪酬水平是基本合理的。但是，中国作为一个人均自然资源较为匮乏的国家，需要更加重视培育人力资本优势，在教师薪酬水平上应向日、韩看齐。国家不久前提出要确保教师平均工资水平不低于当地公务员平均工资水平，这是正确方向，宜长期坚持，稳步提高教师薪酬水平。

我国医生的相对薪酬水平，虽然存在数据可比性问题，但还是可以下结论说平均水平是较低的。产生这种现象的原因比较复杂，但显然，在制定医生工资标准和医疗服务价格的时候，低估了医生的人力资源价格。虽然不能说是这种价格的扭曲直接导致了医生普遍谋取灰色收入，但显然是有重要影响的。建议在严格监控医生灰色甚至非法收入的前提下，提高医生的工资标准和医疗服务价格，真正体现医生的人力资源价值。可将医疗

事业单位的工资标准制定从整体事业单位中独立出来，单独制定。

8. 绩效工资在公共部门能够发挥的作用是有限的，要谨慎推广使用

从 OECD 国家的经验来看，绩效薪酬对于提高公共部门绩效的作用是有限的，甚至还可能产生消极影响。主要原因在于公共部门的绩效测量是非常困难的。前些年，我国医生、教师的工资普遍与机构甚至个人的创收挂钩，这种"绩效"激励显然是错误的。从 2009 年开始推行的事业单位绩效工资改革试图制止这种现象，并用正确的指标来考核绩效。这种努力是值得赞赏的，但想要找到正确的指标是极其困难的，即使找到了可能正确的指标，也很容易被扭曲。因此不能寄希望绩效薪酬解决公共部门的诸多问题。

9. 对社会保障个人账户存款加息，确保待遇安全可靠性

在资本市场不太成熟以及国家基础设施建设仍然需要大量资金的条件下，我国社保账户存款要坚持政府控制使用，但无论是政府还是委托的基金投资人都要承担起更大的保值增值责任。政府确定的记账利率，应综合考虑经济增长率、国民收入调节目标和物价因素，以及不同账户的资金属性。在政府及国有公司承担更大责任的同时，要研究试行社保存款入市方案，稳妥推进基金投资多元化。这是分散风险的需要，也是为了在国家不需要大规模基建资金时，减轻国家保值增值的直接责任。在投资私有化问题上，要注意跟踪研究英美等发达经济体如何化解金融危机对养老基金的冲击。

10. 养老服务体系要坚持"家庭养老为基础，社区养老为依托和机构养老为补充"的原则

最新的政策文件将"机构养老为补充"改为"以机构为支撑"。我们要吸取欧美国家过渡机构化的教训，更多地向东亚国家和地区学习，适度

发展机构养老。

在保障对象上，应首先满足最贫困人口的需求，条件较好的家庭可以自己出资享受质量更高的养老服务。中期面临的挑战是，对那些既不是特别贫困又没有能力完全自筹资金获得养老服务的"夹心层"而言，公共资金应承担起什么样的责任。需要注意的一点是公共资金不应对非正规养老和社区养老产生挤出效应。至少公共资金不能引导人们偏向于选择某种养老模式，对选择自己照顾家中老人或选择社区养老的家庭都应该一视同仁。对那些选择家庭照料或社区照料的贫困家庭甚至中等收入家庭，可以提供"照料者补贴"。

11. 适当提高最贫困群体的保障水平，配套实行更加严格的资格条件或者自我瞄准制度

与国际上相当于平均收入 30% 左右的救助水平相比，我国的低保标准明显偏低。要逐步提高农村低保标准，最终与扶贫标准相一致，以保证确有需要者适当分享经济增长成果。

另一方面，我国低保对象人数占到总人口的 6% 左右，达到高收入经济体的平均水平，而明显高于东亚地区的水平。对此，可参照我国台湾地区的做法，全面计算低保申请者大家庭的各种收入，防止有劳动能力者、有家庭供养者以及有财产者滥用公共福利。对于有成年子女的申请人，一定要通过用人单位调查其子女的经济状况。

同时，要适当保持社会救助的标签性质，设计特殊形态的救助产品和服务，防止福利滥用。对于有劳动能力者的低保待遇，可以按照美国的做法，发放食品券，而不是现金。此外，申请医疗救助的住院者所在病房应是多人合住的大病房，保障性住房宜使用小面积住房，等等。

贡　森　执笔

参考文献

［1］ Andrew Glyn, David R. Howell and John Schmitt (2005): *Labor Market Reforms and Unemploy-ment: Does the Evidence Tell an Orthodox Tale?*, http://www. noapparentmotive. org/papers/GHS_ reforms［1］. unemployment. jan15. 06. pdf

［2］ Arts, Wil and John Gelissen (2009): *Models of the Welfare State*, in Castle, Francis, Leibfreid, Ste-phan, Lewis, Jane, Obinger, Herbert and Pierson, Christhoper (eds), (2010): The Oxford Hand-book of the Welfare State, Oxford University Press, Oxford.
Christian Aspalter (2006): The East Asian Welfare Model, *International Journal of Social Welfare*, Vol. 15: 290 – 301

［3］ David Piachaud (2011): *Social Policy for the 21st Century*, speech at Hellenic Social Policy Associa-tion, Athens, November 9

［4］ Esping – Andersen, Gosta (1990): *The Three Worlds of Welfare Capitalism*, Polity Press, Cambridge

［5］ Fiszbein, Ariel and Norbert Scady (2009): *Conditional Cash Transfers: Reducing Present and Future Poverty*, World Bank, Washington DC

［6］ Francis G Castles (2010): Black Swans and Elephants on the Move: the Impact of Emergencies on the Welfare State, *Journal of European Social Policy*, Vol. 20: 91

［7］ Hanushek, Eric, Ludger Woessmann and Lei Zhang (2011): *General Education, Vocational Educa-tion, and Labor Market Outcomes over the Life Cycle.* Working Paper 17504, National Bureau of Eco-nomic Research, Cambridge, MA

［8］ Holliday, Ian (2000): Productivist Welfare Capitalism: Social Policy in East Asia, *Political Studies*, Vol. 48, Issue 4, pp. 706 – 723

［9］ Indermit S Gill and Martin Raiser (2012): *Golden Growth: Restoring the Lustre of the European Eco-nomic Model*, World Bank, Washington DC

［10］ Jacob Funk Kirkegaard (2009): Did Reagan Rule in Vain? A Closer Look at True Expenditure Lev-els in the United States and Europe, *Policy Brief* No. PB09 – 01 of Peterson Institute for International Economics

［11］ James Midgley (2006), Developmental Social Policy: Theory and Practice, *Asia Journal of Social Policy*, Vol. 2/1: 1 – 22

［12］ Johanson, Richard, and Arvil V. Adams (2004): *Skills Development in Sub – Saharan Africa.* Washington, DC, World Bank

［13］ Kim, Young – Hwa (2006): Social Development in Korea: Problems, Achievements and Prospects,

Asian Journal of Social Policy, Vol. 2/1: 23 – 45

[14] Manos Matsaganis, The Welfare State and the Crisis: the Case of Greece (2011), *Journal of European Social Policy*, Vol. 21 No. 5 501 – 512

[15] Midgley, James, *Social Development*, London: Sage Publications, 1995

[16] Midgley, James, *Social Welfare in Global Context*, London: Sage Publications, 1997

[17] Organization for Economic Cooperation and Development (2006): *Live Longer*, *Work Longer*, OECD, Paris

[18] Peter H. Lindert (2002): *Why the Welfare State Looks like A Free Lunch*, 27 November 2002 draft

[19] Stephen Nickell (1997): Unemployment and Labor Market Rigidities: Europe versus North America, *The Journal of Economic Perspectives*, Vol. 11, No. 3, pp. 55 – 74

[20] Taejong Kim, Ju – Ho Lee and Yong Lee (2008): Mixing versus Sorting in Schooling: Evidence from the Equalization Policy in South Korea, *Economics of Education Review* 27: 697 – 711

[21] World Bank (2011): Early Childhood Development and Education in China: Breaking the Cycle of Poverty and Improving Future Competitiveness, *Report No.* 53746 – *CN*, Human Development Sector Unit, East Asia and Pacific Region, World Bank, Washington DC

[22] 国务院发展研究中心和世界银行（合著）:《2030 年的中国》，即将出版

[23] Paul Krugman. The Conscience of a Liberal, Greek End Game, May 5, 2010

[24] Gill and others. *An East Asian Renaissance*. Washington D. C. : World Bank. 2007

[25] Christian Aspalter, The East Asia welfare model, *International Journal of Social Welfare*, 2006, Vol. 15, pp. 290 – 301

[26] Oliver, A. and Evans, J. G.. The paradox of promoting choice in a collectivist system, *Journal of Medical Ethics*, 31: 187. 2005

[27] Fotaki, M., Boyd, A. Smith, L. et al. *Patient Choice and the Organisation and the Delivery of Health Services: Scoping Review*, Manchester: Centre for Policy and Management, Manchester Business School. 2005

[28] Palacios, Robert and Edward Whitehouse. Civil – Service Pension Schemes around the World. *SP Discussion Paper*, No. 0602. Washington DC: World Bank. 2006

[29] 桑永旺. 国外养老服务经验可鉴. 社会福利, 2006（11）

[30] World Bank and DRC (2012). *China* 2030. （forthcoming）

第二篇
国别报告

北欧福利国家模式评述

北欧福利国家主要是指位于欧洲西北部一个狭小区域的挪威、瑞典、芬兰、丹麦和冰岛五个民族国家，人口约 2500 万。这些国家在经济发展与社会公正之间保持了相对平衡，成功实现了社会经济协调发展，包括持续的经济增长、稳定的民主政治、充分的个体自由和全面的社会保障体系。由于历史、制度、文化和政治等方面原因①，上述国家在社会经济模式、政治制度和社会保障制度等方面表现出很强的共同性，从而形成了所谓的"北欧福利国家模式"，并在国际上引起对这一模式的广泛兴趣。

一、北欧福利国家模式的发展脉络

北欧福利国家模式的形成与发展离不开特定的历史、社会、政治、经济和文化条件。有关这一模式的观念可以追溯到 20 世纪 30 年代甚至更早，国家文化、宗教②和行政传统等因素是福利国家得到发展的重要前提。

---

① 北欧地区制度化的政治合作始于 20 世纪 50 年代，如护照联盟、自由北欧劳动力市场以及"社会联盟"的形成。

② 北欧福利国家总体上可以被解释成世俗化路德教的产物。

1. 独立农民阶级的崛起

这是农业个体化与和平的农业革命带来的结果。北欧以家庭农场为基本农业生产单位的发展不同于大多数西欧国家（大规模的经济农场）和东欧国家（农民契约的准封建制大庄园），这使得北欧小农阶级在前工业化时期获得了越来越强势的地位。与此同时，由于国内危机和国际冲突的共同作用，加之国王的干预措施，地主的地位每况愈下，掌握政权的贵族的地位也遭到削弱，二者逐渐变成城市中的官僚阶层。由于不存在种族和宗教上的分化，北欧政党政治在很长时期都是由城市上层阶级、工人阶级以及农民阶级这三极阶级结构支配。

2. 特殊的管制资本主义

19世纪晚期以来，北欧的经济一直相对开放并高度依赖出口。为了应对国际经济波动和危机的风险，社会规范方面的国家制度即所谓的福利国家逐渐形成。需要指出的是，北欧福利国家模式不仅仅是面对结构发展和外部压力的产物，更是为了调节与缓和难以驾驭的市场力量所带来的残酷后果。因此，这一模式可以被描绘成一种特殊的管制资本主义（regulated capitalism），即一方面是基于工业现代化的发展、充分就业和经济增长，另一方面是通过引进众多的社会服务、社会保障计划和政治妥协对现代化发展的结果进行控制。从20世纪30~40年代开始，这一发展模式往往被贴上介于资本主义和社会主义之间的"第三条道路"的标签。

3. 独特的意识形态元素

总的来说，福利国家的历史交织着三种具有北欧现代化进程特色的意识形态元素，即自由独立农民的理想化传统、资本主义精神以及社会主义乌托邦理想。这一政治、文化背景促进了基于公民身份的社会权利理想和雇佣劳动标准这两大原则的相互巩固和调节（20世纪50~80年代尤为明显）。在北欧福利国家的历史上，同时强化雇佣劳动和社会公民权这两项原则的显著标志就是构建了广泛的公共社会服务。这些服务满足了卫生、照顾和教育的需求，具备普遍社会权利的特征，同时又为普及雇佣劳动的标准创造了前提。

4. 阶级妥协与国内共识

自农业革命以来，北欧民众对国家干预普遍持积极态度。20 世纪 30 年代是所有北欧福利国家的政治分水岭，达成了所谓的"斯堪的纳维亚式阶级妥协"①，即各国在工业利益和农业（初级部门）利益之间（即社会民主党和农民党之间的政治合作），以及通过主要的雇员组织（工会）和雇主组织在劳资双方之间都达成了全国范围内的阶级妥协（即劳动力市场中劳资谈判和集体协议等）。这些妥协也反映在议会和政府层面，代表不同阶级或经济利益的政党之间也纷纷达成政治妥协。

此外，从政治决策的方式来看，北欧国家普遍采取民主治理的形式②，即把解决冲突和寻求政策合法性作为政治决策的基础。这一形式的特点是，在议会和政府正式作出决策之前，公民社会组织以各种方式（通常是制度化的方式）积极参与政治过程，最典型的就是通过政府、工会和雇主组织（或农业中的类似组织）三方协商达成共识。

5. 跨国合作与北欧认同

北欧各国在社会政策领域的持续合作以及北欧身份的巩固也是北欧福利国家模式发展的有利因素。早在 1907 年，北欧各国议会之间就已经开始正式合作，在政策领域召开了众多高层政治行政联席会议（第一次会议于 1919 年在哥本哈根举行）。这些进展开创了很多跨国地区性合作的先河（如 1946 年建立的北欧社会统计制度），至今仍在公共政策领域中得以保持。

---

① 在各种文献中，"斯堪的纳维亚"和"北欧福利国家"或"北欧福利模式"等概念都被频繁交替使用。

② 这种治理体系可称为"协商治理"或"共识型民主政治"，基本上符合了 20 世纪 30 年代中期以来特别是 1945 年以后的发展趋势。

二战后，虽然由于不同的战争经验及地缘政治的现实，北欧各国外交政策倾向性各有不同，但这些合作还是得到了加强。这说明"北欧身份"在历史上的分量以及战前长期以来在不同层面合作关系的延续，同时也说明了在冷战思维盛行和国际关系发展早期，北欧政治合作可以高度制度化。苏联解体后，北欧各国与北约和欧盟的关系仍然不尽相同，但对北欧身份的共同认同开始盛行。这种持续合作与北欧认同促进了北欧各国在社会权利方面的互通。通过持续交流社会知识、互通和相互比较，更多的政策被制定出来，各国社会保障体系之间的差别逐渐缩小。

表1　　　　　　　　　北欧福利国家模式发展阶段一览表

	丹麦	芬兰	冰岛	挪威	瑞典
19世纪末~20世纪20年代	以市场、济贫法和慈善事业为主导，国家立法开始依照节约原则进行；意识形态是自由主义的自主原则、基督教保守主义的社会道德，并逐渐受到社会民主主义改革的影响	国际比较、经验借鉴在制度构建中发挥了尤其突出的作用；将社会政策的预期作为国家建构的理念	家长式福利的传统社会保障和社会控制制度的瓦解，更加自由主义的社会立法被引入	工业化进程伴随着社会辩论；济贫体制的修订；所有法规都体现了劳动是主要的援助方式这一理念；强调城市在社会福利方面的责任	劳动力市场问题、劳工和睦以及失业成为重要议题；普遍主义思想或至少是关于广泛的大众化解决方案的思想开始出现（以新的社会保险为标志）
20世纪30~50年代	国家介入越来越多，市场和慈善机构的影响日渐式微；综合的社会立法以公民的社会权利原则为基础；社会民主主义改革居主导地位；社会工程及活跃的公务员成为决策者；对性别和家庭问题的关注与日俱增	议会民主政治作为一种政治制度得以维系；采取系统性更强的社会分类法和更强烈、集中的社会控制	以社会和经济安全成为公共政策的主要目标；"重建政府"，即对社会保障等领域社会政策大刀阔斧的改革	更具有包容性的团结观念的新倡议取代旧体系，福利体系推广到尚未获得收入损失保障的团体；团结一致和建立新的国家社区的理念；福利只是辅助性的，接受者应该工作，高度强调工作作为主要收入来源的重要性	高赋税和扩大公共部门；早期的主流社会政治思想及助人自助的开放性自由主义原则，逐渐被替换成为一种国家进行统筹的普遍主义制度；启动新的失业政策和经济政策即"工作原则"；以公共养老金立法为代表的社会政治改革

续表

	丹麦	芬兰	冰岛	挪威	瑞典
20世纪50～70年代	构建福利国家的关键时期，国家/公共部门占绝对主导地位；作为一项总战略的福利包括社会中的所有普遍主义原则为基础的部门；社会科学扮演着将社会往更好道路引导的角色；福利国家的意识形态成为介于极端资本主义和共产主义之间的第三条道路	社会政策更加受到所谓国民经济必要性的支配；扩大社会政策与实现经济增长之间良性循环的信念、"以增长为导向"；有意识地将社会政策发展成为更广泛的"社会的政策"；社会政策去政治化成为主流导向	就权利和覆盖范围而言，社会服务和社会保险基本达到其他北欧国家水平；由劳资谈判引起的劳动力市场、经济政策的变化	人人有工作、增加产量和公平分配劳动成果成为最重要的目标；改善现有的福利体系而不是发展新政策，即通过提高现有福利缴费水平将资源集中到问题群体、建立一个普遍、全面的社会保护制度；政党之间建立了广泛的协定；国家接管一部分先前指派给地方议会的福利任务	经济高速增长；收入保障原则在所有社会保险中得到贯彻；一系列改革和立法促进了福利国家的扩张；对不民主、官僚化、等级化的决策以及福利国家物质主义的平等主义、民主化的批判开始出现
20世纪70～90年代	福利国家遭遇危机，试图通过重组获得突破，表现为经济层面出现危机，选举和意识形态方面对福利国家的支持遭到侵蚀；没有出现彻底的转型；市场开始回归，国家仍占主导；以"志愿社会组织"为表现形式的慈善事业复归；普遍主义遭到激励抨击；社会科学和复兴的社会道德成为纯粹福利向"工作福利"转变的争论内容	工薪族的视角在各种社会保障形式的发展中被再三强调；各项社会保险的覆盖率和补偿水平与其他北欧国家差别缩小；改革时代的开始，巩固了劳资谈判、集体协议等做法及劳动力市场协议与经济、社会政策间的新型关系	对服务机构化的批评与日俱增，转而强调家务服务和居家养老；不断增加与扩大社会保障福利范围，社会支出急剧上升，公共医疗保健领域出现最大规模的扩张	福利国家在意识形态和经济上遭遇挑战，削减公共支出的愿望；工业的重大解构，"团结选项"新政的提出，即要求雇主组织、雇员组织和政府之间就工资和收入政策的严格规定方面展开更加紧密的合作；福利国家核心元素私有化的第一次辩论	经济危机使得公共部门出现巨额预算赤字，民众强烈要求厉行节约、减少公共部门开支并要求更高的效率，呼吁私有化和新的福利国家方案；新自由主义批评不断增多，政治共识日渐衰退；劳资双方的关系被"再政治化"

续表

	丹麦	芬兰	冰岛	挪威	瑞典
20世纪90年代至今	以积极的劳动力市场政策为基础的福利国家进行重组；强调公民在领受社会福利和服务的同时也要承担责任；面临全球化和欧盟的挑战，但"福利"仍保持超意识形态的地位		公共部门在医疗和教育体制都占主导地位，并吸收越来越多的公共福利支出份额；社会福利与收入之间的联系越来越小；更多的竞争被引入国内生产市场和劳动力市场	私营企业、志愿组织与国有、市政机构等各方力量之间的竞争与日俱增，政府仍然通过公共资金和责任保障公民的权利；建立在市场基础上的福利机构是一种微小现象，公共机构和志愿机构之间的互补多过相互竞争；政府的主要目标之一是改革公共部门、改善服务并降低开支，更加以消费者为本	再稳定化新政，即从各种来源的张力中挽救福利国家，包括尽力对一种解除管制的经济增长新模式背后各大社会利益之间的社会妥协重组、对社会制度进行大量的重建、重新构建有关福利国家的社会规范

资料来源：[挪威] 斯坦恩·库恩勒、[中国] 陈寅章、[丹麦] 克劳斯·彼得森、[芬兰] 保利·基杜伦主编，许烨芳、金莹译：《北欧福利国家》，复旦大学出版社2010年5月版。

二、北欧福利国家模式的主要特征

北欧福利国家模式与西欧另外两种福利模式的理想类型（盎格鲁—撒克逊模式和欧洲大陆模式）形成了鲜明对比。这些模式之间的两大本质区别在于：哪些人被纳入福利体系；怎样被纳入。比较而言，北欧福利国家模式提供更多、更全面的服务，其保障范围比欧洲大陆模式更广，所提供的福利额度比盎格鲁—撒克逊模式更慷慨。顺便指出，中欧和东欧国家大致上糅合了以社会保险计划为主的欧洲大陆模式和以服务为重的北欧福利国家模式的特点，但总体上福利水平不够高，涵盖范围也不够广。

表2   三种福利模式比较

	北欧福利国家模式	益格鲁—撒克逊模式	欧洲大陆模式
政治意识形态	社会民主主义	自由主义	保守主义
欧洲代表国家	瑞典	英国	德国
本质区别	全体人民都有权获得实物和现金福利	只有属于"值得救济的穷人"这个群体（主要是失去工作能力者和单身母亲）以及暂时有经济需要的人才能通过社会救助性质的计划得到援助	只有体制内的人才能通过社会保险获得收入保障

关于北欧福利国家共同特征的说法很多，比如社会保障福利的普遍主义原则、基于税收的福利和服务、公共医疗保健和教育，以及享受各种福利项目的权利等，这里不一一罗列。但是，北欧模式的鉴别通常会涉及福利国家的制度安排（国家性；普遍主义）和制度效果（平等性）等方面，即这一模式特征可以被概括为以下三个方面。

1. 国家性（Stateness）

北欧福利国家模式正是建立在政府广泛参与福利安排的基础之上。相比于市场和公民社会，政府承担更加重大的社会责任，这反映在全面性的公共政策之中。北欧各国的国家性具有长期的历史渊源，并且国家与公民之间具有一种非常密切而积极的关系。国家性意味着中间结构（教会、志愿者组织等）的影响力相对较弱，但是它包括"相对强大的社会公民身份和相对统一完整的公共服务机构等要素"。北欧各国格外强调以国家为中心，拥有强大的干预型政府、强势的官僚机构以及就业人口数量庞大的公共部门。

国家的作用体现在广泛的公共服务、公共就业以及众多基于税收的现金福利项目中，不过，社会服务大多是在地方层面由众多的小市政当局组织实施的。地方政府和市政部门在福利提供方面发挥了重要的作用，大多数公民是在地方层面上接触到福利国家的。通过这一方式，决策者和民众之间实现了密切且频繁的互动。

表3 北欧各国在中央福利职能组织方面的比较

	丹麦	芬兰	挪威	瑞典
小学教育	地方政府	地方政府	地方政府	地方政府
中学教育	国有学校	地方政府	郡议会	地方政府
初级卫生保健	地方政府	地方政府	地方政府	郡议会
医院	地区	地方政府（通过强制医疗保健区）	区域性国有医疗公司	郡议会
面向个人和家庭的社会服务	地方政府	地方政府	地方政府	地方政府
社会保险	地方政府（委托任务，地方政府执行国家的指导方针）	国家保险机构	国家保险机构	国家保险机构

2. 普遍主义（Universalism）

这是北欧福利国家模式的关键特征。北欧国家往往具有覆盖到全部人口的计划，这些计划赋予所有公民（常常是对所有居民）按照身份条件（或"成员资格"，如老年人、单身母亲）可享有的社会权利。在北欧，普遍社会权利的原则推及全体人口，服务和现金补助不仅面向穷人，而且也覆盖中产阶级。换言之，所有公民都有权通过获得实物型和现金型福利，享受基本的社会权利。

表4 北欧各国引进普遍或强制性社会保障项目的起始年份

	丹麦	芬兰	挪威	瑞典
工伤保险	1898 1916	1895 1917	1894 1901 1921	1901 1916
健康保险	1933 （半强制性）	1963	1909 1953	1955
养老保险	1891 1922 1933	1937	1936	1913
失业保险	—	—	1938	—
子女补助	1952	1948	1946	1948

注：此表格仅仅罗列了有关强制性保险（和/或强制性缴费的社会保障计划）的法律。最终它们都是普遍的，但是最初的法律在工人或人口覆盖率上基本都具有局限性。1913年瑞典的养老保险和关于子女补助的法律是例外，这两项从一开始就是覆盖全民的。

资料来源：Flora & Alber, 1981; Kuhnle, 1981：140; Flora, 1986 (4)：12, 23, 81, 88, 144, 210。

北欧国家的普遍主义特征可以追溯至 19 世纪与 20 世纪之交的前后若干年，即在形成早期社会立法的这一时期。首先，社会保障项目是在北欧各国政治、经济现代化进程早期启动的，并且"普遍主义的理念至少是'国家建构'工程的一个潜在元素"；其次，贫困农民和贫困工人拥有相似的生活机会（life chance），这有助于他们认可一些共同的风险和社会权利；第三，尤其是在二战之后，北欧出现了一种避免排斥生计贫乏人群的强烈趋势；最后，还有一种极具实用主义的趋势，即通过支持普遍性计划而不是进行大规模的经济状况调查来实现管理成本的最小化。

3. 平等性（Equality）

北欧各国的政策往往致力于促进不同性别、年龄、阶级、家庭状况、种族、地区群体之间的机会均等和结果均等。北欧通向现代阶级斗争的道路，是由小农阶级具有强势地位、地主居于弱势地位以及工人阶级和平并轻易进入议会系统与劳动力市场谈判这三个条件铺就的。在对抗贫困和收入分配不公等方面，北欧各国都相对成功，进而成为世界上最平等也是贫困率最低的国家之一。这既有经济增长和财富增长的因素，也是立法及政治决策主动干预的结果。

表 5　　　　2005 年前后欧洲不同福利国家的收入不平衡程度
以及贫困率（未加权的平均值）

	基尼系数（OECD）	贫困率（卢森堡收入研究组织）
丹麦	0.23	6
芬兰	0.27	7
挪威	0.28	6
瑞典	0.23	7
北欧国家（平均）	0.25	6.5
欧洲大陆国家	0.28	7.4
南欧国家	0.35	13.7
英国	0.34	12.0

注：国家分类：欧洲大陆（奥地利、比利时、法国、德国、荷兰），北欧（丹麦、芬兰、挪威、瑞典），南欧（希腊、意大利、葡萄牙、西班牙）。

资料来源：OECD，2008：51，53，154。

　　此外，北欧各国还以性别差距较小而著称。由于市政当局在照顾儿童、老人和残疾人方面承担了大部分责任，且妇女就业率较高，因此两性差异在北欧各国产生的作用要小于其他发达国家。北欧各国常常被描述成"对妇女友好"的福利国家，通过国家干预家庭政策和强大的妇女运动，性别平等问题和妇女的劳动力市场参与率被置于政治日程的优先地位。

表6　　　　　　　　北欧国家女性（15～64岁）的就业率（%）

	1985 年	1990 年	1995 年	2000 年	2005 年	2007 年
丹麦	67.4	70.6	67.0	72.1	70.8	73.3
芬兰	69.8	71.5	59.0	64.5	66.5	68.5
冰岛	—	—	76.8	81.0	81.2	81.7
挪威	63.3	67.2	68.8	74.0	72.0	74.6
瑞典	74.8	81.0	70.9	72.2	71.8	73.2
OECD 总计	49.3	53.9	53.2	54.9	56.1	57.5

　　资料来源：OECD Factbook，2009。

　　需要指出的是，除了以上共同特征外，冰岛与其他几个北欧福利国家之间存在着非常显著的差异，其福利体制相对落后且范围较小（只有二战之后的短暂时期例外）。由于某些原因，冰岛的福利体制并没有致力于实现社会平等，只是停留在强调市场方法和依靠自助（以及大量家庭援助）的社会政策。就公民的基本权利而言，冰岛与北欧福利国家模式颇为接近，但从其较低的待遇水平来看，其更类似于澳大利亚、爱尔兰、英国和新西兰等国实行的可谓是廉价版的贝弗里奇报告。

　　对于冰岛福利体制发展的例外，主要有三种解释：第一种观点认为，1890～1946年间福利国家形成时期，冰岛现代化、工业化进程起步较晚，不仅导致社会福利需求与其他国家有所不同，而且也限制了政府采取福利措施的组织能力和财政能力。第二种观点认为，冰岛的政治结构比较特殊，左翼力量相对较弱，而政治倾向居中偏右的独立党则十分强大，且战后一直在政府中占支配地位。第三种观点认为，冰岛文化中主流价值体系崇尚的高度职业道德、自助或自我依靠精神等更像是美国式个人主义价值，而不是北欧国家盛行的赞成福利的态度。

三、北欧福利国家模式的积极方面

1. 促进了社会公平公正

根据国际比较，北欧各国是世界上最平等的社会之一，其基尼系数和贫困率都处在世界最低水平上。从挪威、瑞典、丹麦、德国、英国和OECD 国家的对比中可以看到，21 世纪前十年，北欧国家挪威、瑞典和丹麦的基尼系数、最高十等分组与最低十等分组收入之比（P90/P10）、中等收入组与最低十等分组收入之比（P50/P10）都低于其他三者，表明从各个角度衡量都可以认定北欧国家的社会公平程度较高。

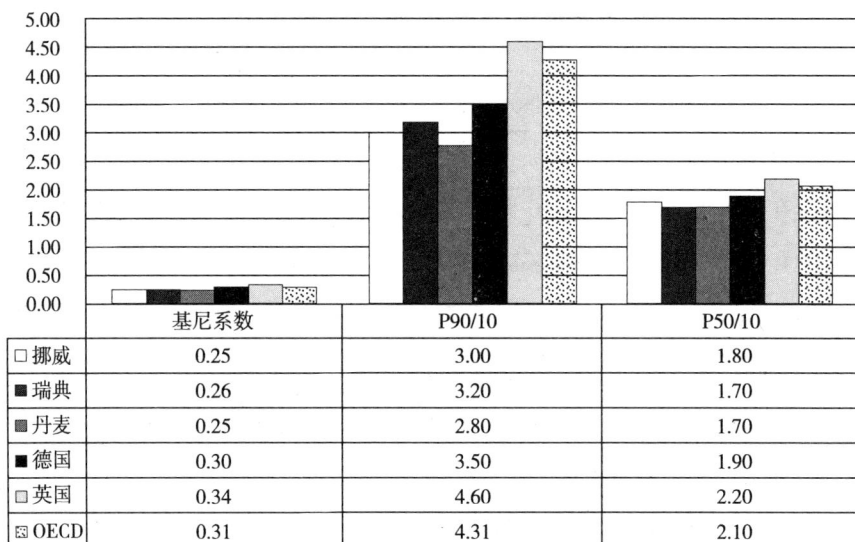

	基尼系数	P90/10	P50/10
□ 挪威	0.25	3.00	1.80
■ 瑞典	0.26	3.20	1.70
■ 丹麦	0.25	2.80	1.70
■ 德国	0.30	3.50	1.90
□ 英国	0.34	4.60	2.20
▨ OECD	0.31	4.31	2.10

图1　21 世纪初期欧洲不同福利国家的收入不平等程度

注：在 OECD – 30 内部排名：基尼系数（挪威 3，瑞典 7，德国 15，英国 28），P90/P10（挪威 3，瑞典 8，德国 15，英国 26），P50/P10（挪威 5，瑞典 1，德国 14，英国 23）。

资料来源：OECD Factbook 2011。

从 OECD 国家 21 世纪前十年的基尼系数比较中可以看出，五个北欧国家的均衡程度都处在前列。其中丹麦和挪威分别位居第三和第四，瑞典和芬兰分别位居第六和第七。北欧所有国家的基尼系数均在 0.3 以下，而墨西哥和智利的基尼系数则超过了 0.45，为 OECD 国家中的最高值。

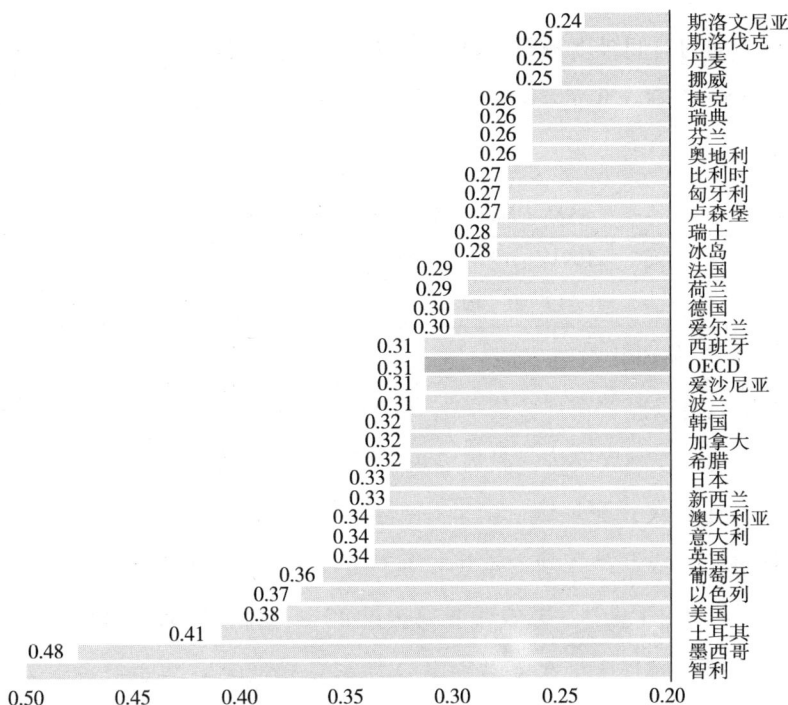

0.24	斯洛文尼亚
0.25	斯洛伐克
0.25	丹麦
0.25	挪威
0.26	捷克
0.26	瑞典
0.26	芬兰
0.26	奥地利
0.27	比利时
0.27	匈牙利
0.27	卢森堡
0.28	瑞士
0.28	冰岛
0.29	法国
0.29	荷兰
0.30	德国
0.30	爱尔兰
0.31	西班牙
0.31	OECD
0.31	爱沙尼亚
0.31	波兰
0.32	韩国
0.32	加拿大
0.32	希腊
0.33	日本
0.33	新西兰
0.34	澳大利亚
0.34	意大利
0.34	英国
0.36	葡萄牙
0.37	以色列
0.38	美国
0.41	土耳其
0.48	墨西哥
	智利

图 2　21 世纪初期 OECD 国家的收入不平等程度

资料来源：Society at a Glance 2011，OECD。

从贫困率这一指标来看，北欧国家在 OECD 国家中的公平性排位分别是第一（丹麦）、第二（瑞典）、第五（挪威）、第七（冰岛）、第九（芬兰），在所有 OECD 国家中也是名列前茅。其中，丹麦的贫困率不到 6%，芬兰的贫困率不到 8%，而在贫困率最高的墨西哥，这一指数则超过了 18%。

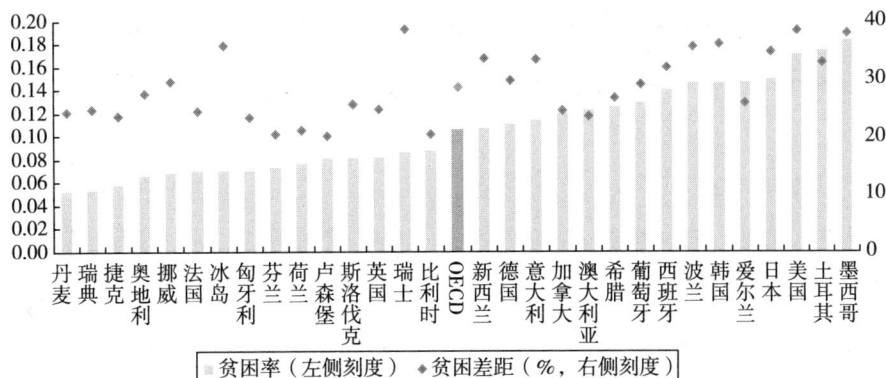

图 3　2005 年前后 OECD 国家的贫困率及贫困差距

资料来源：OECD Factbook 2010。

从纵向的时间维度来看，以挪威为例，其贫富差距不仅较小而且相对稳定。1986～2006 年的 20 年间，除 2005 年之外，挪威的基尼系数均在 0.28 以下。

表 7   1986～2006 年挪威的收入不平衡程度

年份	1986	1991	1996	2001	2002	2003	2004	2005	2006
基尼系数	0.208	0.217	0.240	0.223	0.258	0.267	0.276	0.319	0.235

资料来源：挪威统计局。

挪威之所以能够在社会公平上有如此卓越的表现，主要归因于其在社会领域中的各项制度安排，具体表现在以下几个方面。

（1）在初次分配领域，就业率高且群体间工资差距小。在挪威，社会福利服务的特点是劳动力市场参与程度很高。通过国际比较可以看出，2008 年 OECD 国家中，挪威就业率接近 80%，排在冰岛、丹麦、瑞士这些国家之后，但高于绝大多数 OECD 国家。对丧失劳动能力者、失业人员，尽可能使其重新回归劳动力市场，并通过教育和医疗服务来提高和增加人力资本。对因疾病而请假 90 天后仍不能正常工作的人，政府会帮助制定相应的康复计划，有的会长达几年。对失业人员，政府会提供再培训，以提高其技能，适应新的就业需要。根据 2008 年第三季度统计，挪威73.4% 的 15～64 岁人口活跃在劳动力市场，与其他国家相比，这是一个相当高的比例，主要归因于女性的高就业率。在挪威，76.3% 的男性和69.7% 的女性活跃在劳动力市场。挪威的失业人口非常少，据 2008 年第三季度统计，仅有 2.6% 的劳动力处于失业状态，而且在性别间的分布很平均。

从 1984～2009 年欧洲四国（德国、挪威、瑞典、英国）的历时性比较中可以看出，挪威的就业率在稳定中保持上升趋势，1994 年之后超过瑞典，成为四国中就业率最高的国家。2008～2009 年，在全球金融危机的大背景下，挪威的就业率依然逆势而上，2009 年的就业率接近 80%，体现了其就业政策的强大生命力。

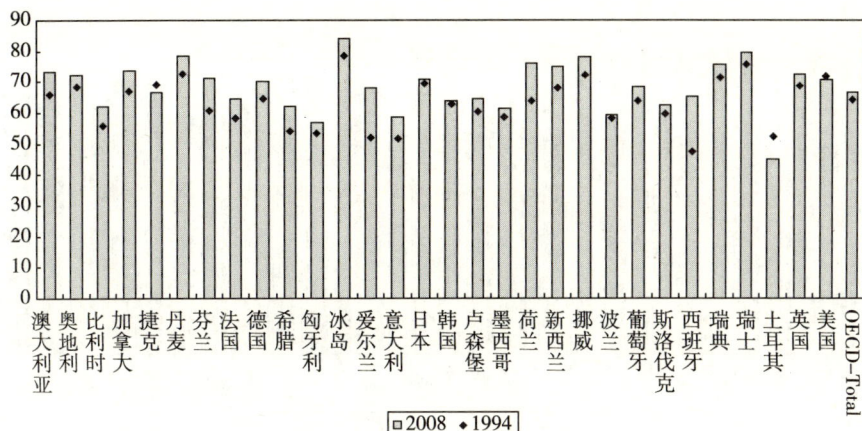

图4　2008 年 OECD 国家的就业率（%）

资料来源：OECD Factbook 2010。

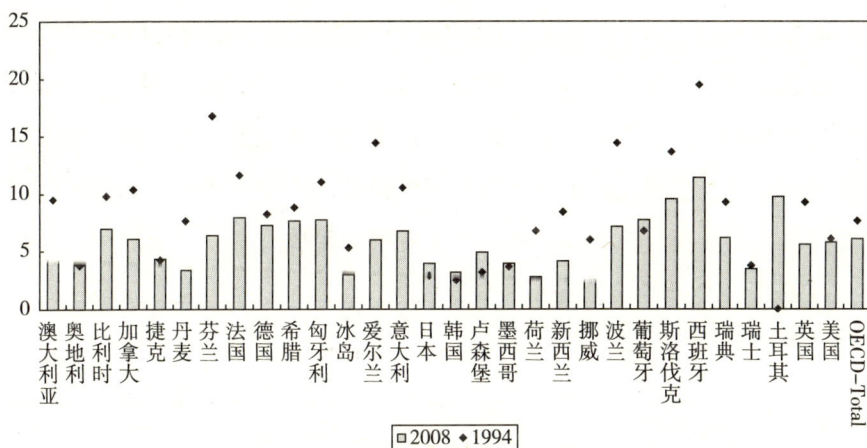

图5　2008 年 OECD 国家的失业率（%）

资料来源：OECD Factbook 2010。

　　在工资方面，挪威有着世界上最扁平化的工资结构。这归功于劳动力市场的对等谈判、充分就业的政策目标以及慷慨的福利安排。正如图 7 所显示，基于 2005 年全职工作的工资数据，与瑞典、德国、英国、美国等经合组织国家相比，挪威最高收入 10% 人群和最低收入 10% 人群之间的工资差距非常小。虽然挪威没有最低工资制度，但是挪威、瑞典这些北欧国家采取集中的工资集体谈判来保护劳动者。从表 8 中可以看到福利国家集体

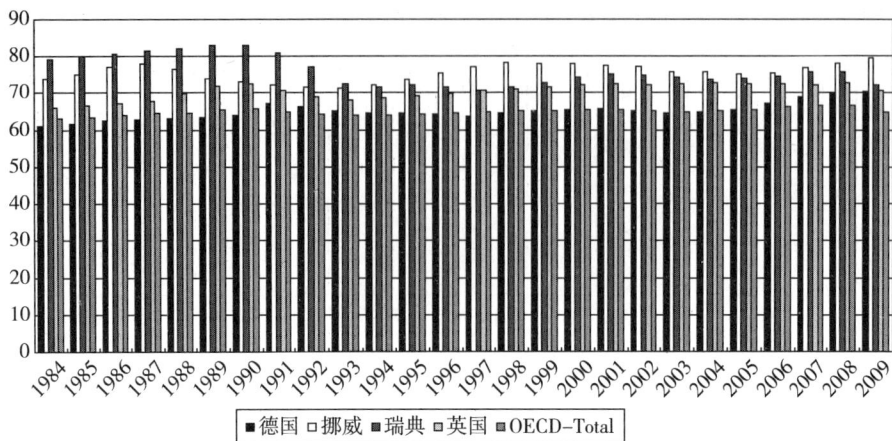

图 6　1984~2009 年欧洲不同福利国家的就业率（％）

资料来源：OECD Factbook 2010 & OECD Employment Outlook 2010。

谈判的覆盖率、层次和内容等具体情况。挪威、丹麦、瑞典等国家 2007 年的集体谈判覆盖率超过了 70%。而且行业以上层次的集体谈判成为北欧国家集体谈判的特点。挪威主要采取国家层面的集体谈判，在全国一级开展集体协商，为企业雇主和工会组织之间的协议关系奠定基础，成为基层各类集体协商的前提，从宏观层面调控工资水平和结构。

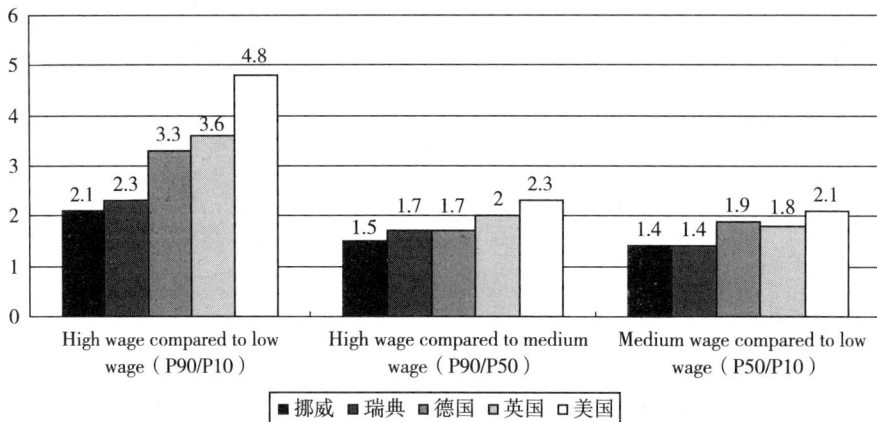

图 7　2005 年前后不同 OECD 国家的工资差异程度

注：数据年份：挪威（2002），瑞典（2004），德国（2005），英国（2006），美国（2006）。

资料来源：Distribution of gross earnings of full – time employees，OECD。

表 8   **部分 OECD 国家集体谈判比较**

国家	集体谈判覆盖率（%）	集体谈判层次	是否有多雇主代表	集体谈判是否能够低于法律标准	集体谈判是否相对法律条文对雇员更有利	
					解雇金	个体职员解雇的告知期限
德国	63	行业	有	可以	对于正常解雇的员工没有规定解雇金。但是一些行业的集体合同出于对任期时间长的老员工的保护，而给予一定金额的离职金。不同行业的数额不一样，一般为 1 至 12 个月的工资	集体合同根据员工的任期和年龄来规定告知期限。与法律规定的 1~7 个月相比，集体合同中一般规定为 6 天到 12 个月
英国	35	企业	无	不能	没有	没有
挪威	72	国家/行业	无	不能	煤矿、制造业、电力、建筑、运输等行业的集体谈判对于解雇金的规定相对法律规定更为有利，但是仅仅是针对 50 岁以上的员工	除了公共管理和服务性行业，集体合同中关于解雇告知期限的规定是与法律规定一致的
丹麦	82	行业/企业	无	不能	没有	对于蓝领工人没有强制性的告知要求，但是对于工作时间多于 9 个月的工人，集体合同中需要包含 3 到 10 天的解雇告知时间期限
瑞典	92	行业	无	不能	没有	没有

资料来源：OECD Social, Employment and Migration Working Papers。

根据国际劳工组织发布的全球工资报告 2008/09，在集体谈判高覆盖率国家（集体谈判覆盖率高于 30%），工资弹性较高，即人均国民生产总值每增长 1%，平均工资增长 0.87%。而且，集体谈判的层次和各级间的协调也很重要，集体谈判越分散，导致的工资差距就越大。丹麦、芬兰、瑞典等拥有高覆盖率和较低的工资不平等水平，而匈牙利、波兰和英国有低覆盖率和较高的工资不平等水平。

但是，在北欧各国之间国家权力机构对集体谈判的干预程度却有所不同。在挪威和丹麦，国会不仅可以对集体谈判的程序进行干涉，而且是最终决定集体合同的主管机关。而瑞典长期以来形成了独立性很强的工会和雇主，很少依赖政府干涉劳动管理问题；这与瑞典的发展环境有关，即雇主和工会组织比较成熟，用于调整劳动关系的手段较为完备，而且立法体系较为完善，劳资争议的解决途径趋于制度化、法律化，而且社会保障水平逐步提高，三方格局已经形成。这些都为劳资关系的稳定创造了有利条件，也为政府放松管制提供了前提。

在挪威，2008～2009年总收入中工资的份额占50%（全球工资报告，2011），并且不同群体间工资的分布在近些年也保持了相对稳定，显示了非常高的社会平等程度。但是由于资本性收入的不平等，近些年不同群体间收入水平的差距也在拉大。

（2）再分配领域，筹资和待遇结构设计更有利于社会公平。北欧各国国有经济比重不高，且主要集中在提供公共服务的行业部门，政府职能主要是提供公共产品和服务，政府制定原则，保证普遍服务的实现。福利国家以提供各种社会保险和服务为目标，所有社会政策都可以归结为再分配。在所有的社会政策体系中都可能存在以下几种再分配：①水平再分配，即贯穿整个生命周期对收入进行分摊，养老金、子女补助金和父母补助的情况都是如此；②垂直再分配，即取之于富人，还之于穷人，通过税收和各项福利使财富从富人流向穷人；③风险再分配，即与社会保险联系在一起，如医疗保险、工伤保险和失业保险，这些风险不均衡地分布在整个人口中间，它们的分配也意味着某种程度的垂直再分配，因为疾病、工伤和失业的风险在处于最低收入等级的人群中是最大的；④不恰当的再分配，即无意识地从穷人流向富人的再分配，例如由于公共交通设施不足或使用费过高等原因导致穷人无法同等享用医疗保健体系，可能造成的结果是该体系主要向富人提供服务，而这些服务的资金却来自各个收入群体所缴的税收。

一个国家如果其富人也能受益于基本养老金，那么它在解决老年人的贫困问题上比那些只将其基本养老金定位于穷人的国家更加容易获得成功。可能有两个因素导致了这一结果：一是普遍性的福利提供具有更好的调整作用；二是普遍性方案可以成功地建立起拥护高福利水平的广泛联盟。

全民福利和社会保险的其他选项对利益动员和社会融合也具有意义。如果强制保险仅限于基本保障的提供，大量群体就会趋向于依靠专业或公司保险项目，由此私营保险就会导致间接的阶层分化。瞄准模式不仅会在穷人和非穷人之间造成分化，还与标签化和贫困陷阱等问题有关。认识到这一背景将有助于理解北欧的成就。

北欧各国通过二次分配缩小贫富差距，实现社会公平。一是建立惠及广大民众的社会福利制度，使社会中的每一个人都能享有最低的生活保障；二是实施高就业政策，通过对失业人员的培训和资助，使每年占全国劳动力总数约2%的失业者在接受转岗培训后重新就业，成为世界上就业率最高的地区；三是调节收入分配，经过税收和福利的调节之后，收入最高10%人群和最低10%人群的收入差距由原来的10：1降到大约4：1；四是缩小地区差距，政府在落后地区扩建基础设施，发展中高等教育，开办高科技产业，为这些地方的企业提供优惠贷款、税收减免、运输补贴、工资补助等（叶庆丰，赵虎吉，2007）。

实行普遍社会福利和高比例的社会支出的基础和前提是高税收。由于实行累进所得税，个人收入的边际税率很高。从图8可以看出，挪威的税收占GDP的比例超过40%，在OECD国家中处于上游水平。2008年国家税收占GDP排名前十的OECD国家中，北欧国家占了四个，表现出其显著的国家性特征。

从挪威、瑞典、德国、英国于2000～2008年的历时性比较中可以看出，挪威税收占GDP的比例非常稳定，保持在42%～43%之间。

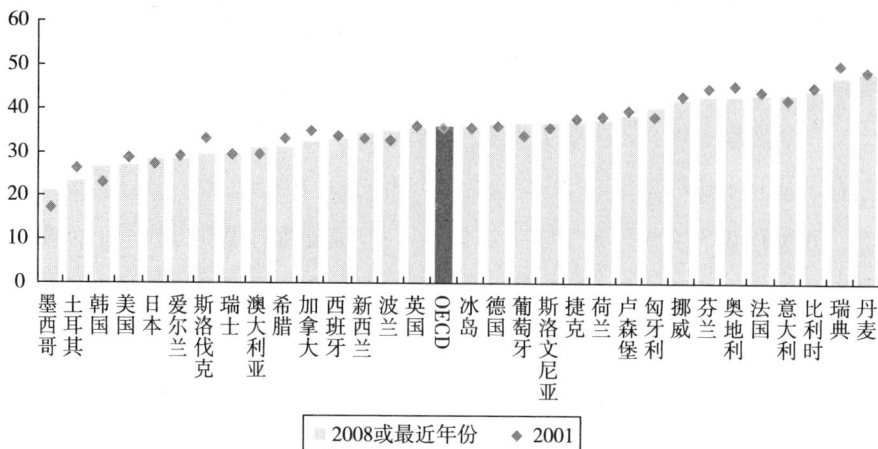

图8 2008年前后OECD国家的税收占GDP比重（%）

资料来源：OECD Factbook 2010。

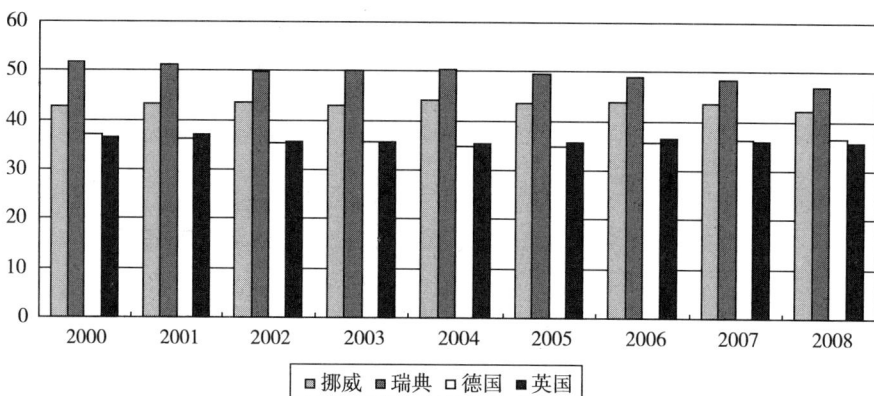

图9 2000~2008年欧洲不同福利国家的税收占GDP比重（%）

资料来源：Country statistical profiles 2005－2010，OECD。

要测评政府税收以及收入分配政策的效果，可以比较征税前后基尼系数的变化情况。21世纪初期，通过税收和收入再分配政策，挪威基尼系数降低了15个百分点，而OECD基尼系数降低了14个百分点。

支出方面，北欧国家社会支出占GDP的比重都在20%以上，丹麦、芬兰、瑞典在25%以上。北欧国家在社会支出上的一个普遍特征是公共支出占据主导地位，而私人支出只占较小的比重。这也表现出北欧国家社会福利显著的国家性特征。

基尼系数

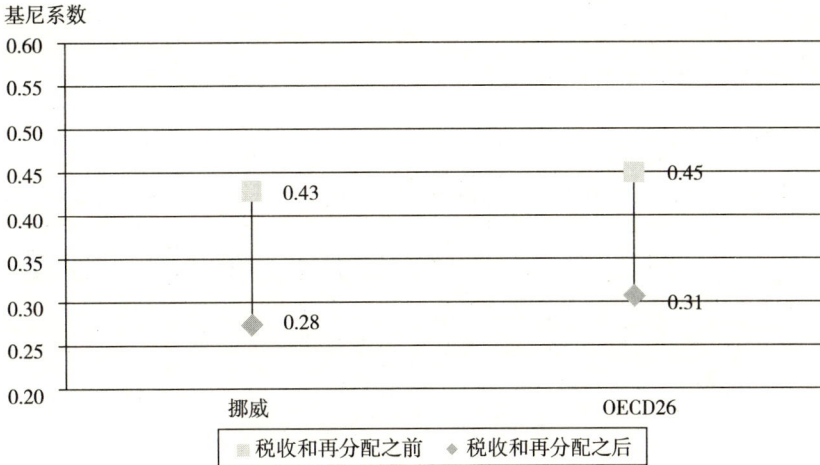

图 10　挪威与 OECD 国家基尼系数变化情况

资料来源：Government at a Glance 2011 Country Note：NORWAY。

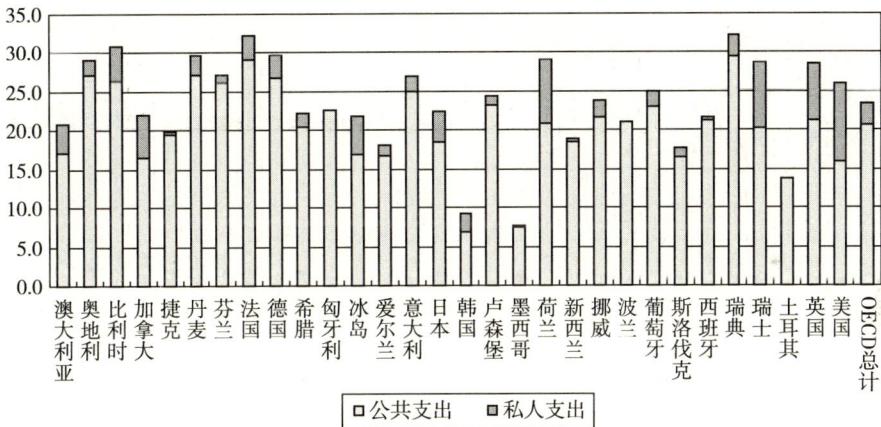

图 11　2005 年 OECD 国家的社会支出占 GDP 比重（%）

说明：因 2005 年数据缺失，葡萄牙采用 2004 年数据。

资料来源：OECD Factbook 2010。

从分领域的支出情况来看，各国在健康支出上都表现出了私人支出所占比重较大的特征，表明各国普遍认为在健康问题上个人要承担更多的责任。而教育支出则恰恰相反，公共支出的比重占据了绝对的主导地位，表明各国认为保障基本受教育权利属于政府的责任。在养老金问题上，各国差异较大，芬兰的养老金几乎全部由国家承担，冰岛则由个人承担主要责任，其余三国虽然也是国家占据主导，但是私人支出也占有不少份额。

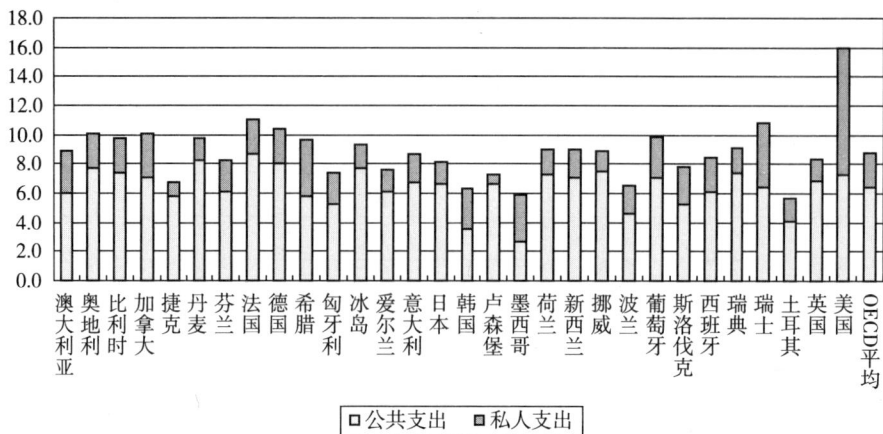

图 12　2007 年 OECD 国家的健康支出占 GDP 比重（%）

资料来源：OECD Factbook 2010。

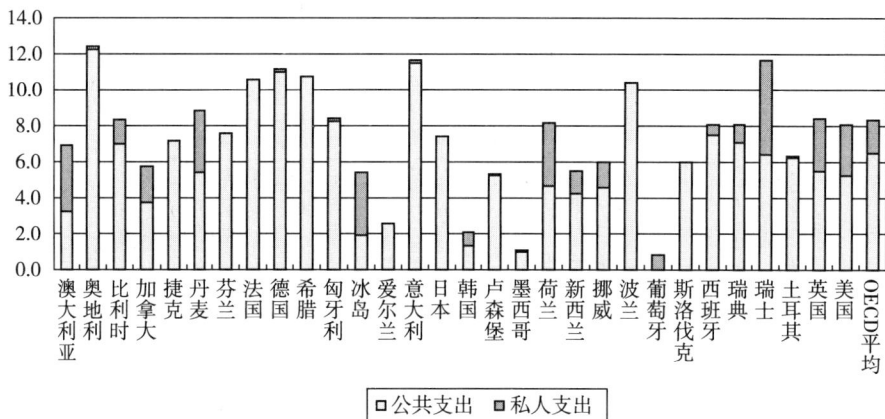

图 13　2005 年 OECD 国家的养老金支出占 GDP 比重（%）

资料来源：OECD Factbook 2010。

具体来看挪威政府的支出构成：挪威政府将 38.2% 的财政支出用于社会保障体系，高出其他 OECD 国家近 5 个百分点。同时，其在医疗健康方面的财政支出也高于其他 OECD 国家。

从公共社会支出效果来看，图 16 对公共社会支出和基尼系数进行了回归，发现公共社会支出越高，基尼系数越低。而且挪威、瑞典、芬兰等北欧国家均位于回归线之下，表明在同水平的公共社会支出下，其收入均等化的效果更佳。

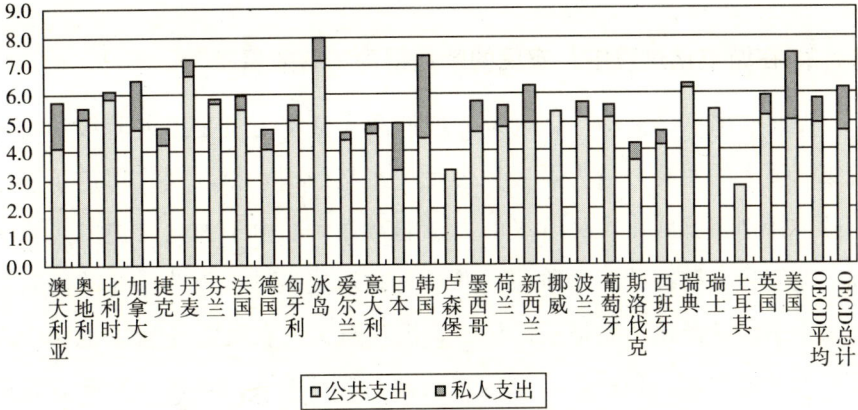

图 14 2006 年 OECD 国家的教育支出占 GDP 比重

说明：因数据缺失，卢森堡未包括高等教育数据。

资料来源：OECD Factbook 2010。

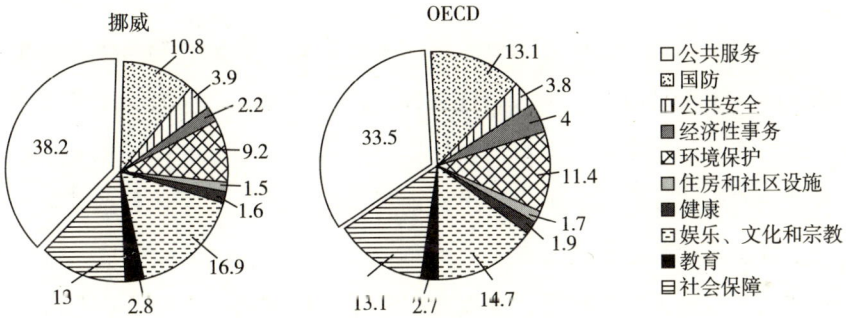

图 15 挪威与 OECD 国家的财政支出构成

资料来源：Government at a Glance 2011 Country Note：NORWAY

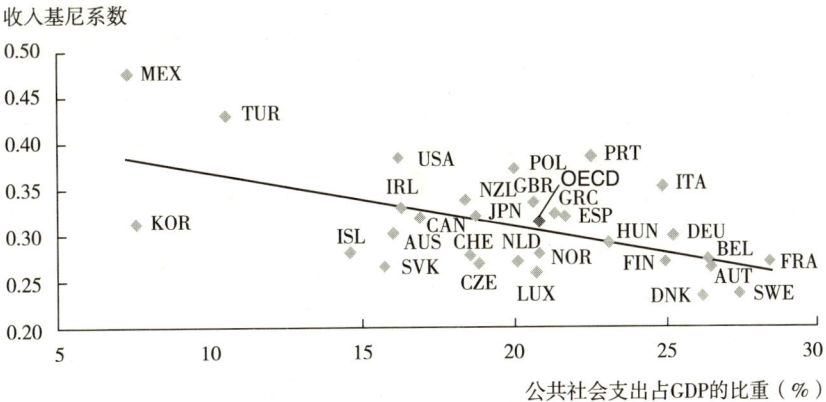

图 16 2007 年 OECD 国家公共社会支出占 GDP 比重

资料来源：Society at a Glance 2011。

2. 在城市化过程中，农民的待遇得到了有效保障

在北欧国家，推动社会政策发展的两大基本力量是工人阶级和农民阶级，强大的左翼力量为发展社会民主主义的国家福利模式奠定了阶级基础。特别在挪威，农民阶级的力量非常强大。由于独立自主的小农组成了他们自己独特的社会阶层，并具有政治代表性，因此，北欧的阶级结构并不是两极化，而是三极化的。相对强大的农民党（后来也叫中央党）制约着北欧早期社会政策制定。他们自己的政治代表性意味着政府在规划社会政策措施时，不能忽视农村人口的利益，必须建立覆盖到全体人口的国民保险，而不是像许多中欧国家那样建立只覆盖产业工人的劳工保险。

出于自身利益的考虑，没有工资收入的农民、渔民和妇女等担心他们会被排除在主要针对产业工人的社会保险模式之外，因而发起了主张普遍主义福利模式的民众运动。他们偏好以税收为基础的社会津贴项目，排斥以缴费为原则的社会保险项目。虽然前者会阻碍社会保险项目的发展，但有利于普惠式社会政策的发展。

使农村与城市一样富足，农民获得和城市居民同等的公共产品和公共服务，是北欧社会福利制度的重要理念和原则。在建立社会福利制度时强调城乡之间的均衡，主要基于以下考虑：防止人口过度向城市转移后可能带来的社会不稳定和城市贫困；出于政治和国土安全的考虑，要保持人口在全国的平均分布；让人们安居家乡，避免流离失所、背井离乡；在政治上则是因为选举制度向人口稀少的地区倾斜。从保障农民权益的制度设计看，国家政权的组织方式确保议会只有在大多数农民代表同意的情况下才能通过有关法律，这就给了农民及其代言人阻止法案通过或变更法案的独特机会。

四、北欧福利国家模式面临的挑战

由于北欧福利国家模式比欧洲其他福利模式更为慷慨，许多经济学家认为，这将导致经济增长放缓、通货膨胀加剧，从而降低经济繁荣程度。例如，降低了人们努力参加工作的动力，人为提高了工资，并导致失业率上升，经济活力不足。他们由此预言，北欧福利国家将比欧洲其他福利国家更早、更快走向消亡。但是，这样的观点并不能找到实证证据（Atkinson, Anthony& Gunnar V. Mogensen eds, 1993）。不过，当谈及未来，北欧福利国家模式已经或即将面临一系列的重大挑战，诸如全球化、欧洲一体化、劳动力市场结构的改变、新的家庭类型、人口变化、新老社会问题以及福利国家的受欢迎程度下降等。尽管大多数挑战也适用于其他福利国家，但北欧福利国家更有理由关注这些挑战。其中最大的挑战莫过于以下几个方面。

1. 经济全球化

经济全球化不断加深意味着资源、商品和资本跨越国界流动的速度越来越快，流动成本比任何时候都低，更多的手段将被采用以激励降低生产成本、提高国际竞争力，这将触发要求降低工资、税收以及雇员、雇主社会缴费的潜在压力，并解除对工作条件（工作环境、工作保障等）的管制。目前北欧并未像盎格鲁—撒克逊模式国家那样采取解除管制和弹性工资等策略，因为这些策略的实施尽管带来了高就业，也带来了低工资、不平等、贫困和社会不安等问题，与北欧福利国家模式的理念背道而驰。

但是经济全球化是北欧福利国家模式一个潜在的金融威胁，在某种程度上预示着国家收入的减少，由此导致的结果是，要么财政和福利体系遭到破坏，要么转而提高对其他对象的税率。可以想象，以工资和工作条件方面的竞争为基础的社会倾销（Social Dumping）① 将会减少福利国家的收入基础，并可能造成更大的问题；同时，对劳动力征收高税收会带来人才外流的风险。当然，全球化是否真的会导致这些结果，一部分取决于商品、服务、企业和个人等税种的制度设计以及所在国的工作条件和工资水平，另一部分则取决于消费者、企业和员工的实际行为，特别是他们到税收和关税较低的国家购物或生活的倾向。

2. 人口老龄化

在过去 25 年中，北欧超过退休年龄（65 岁）的人数增加了 130 万，经济活动人口（15~65 岁）增加了 140 万。随着出生率的降低和普遍寿命的延长，老龄化问题即将凸显。特别是随着年轻人加入劳动力市场的时间越来越晚、老年人离开工作岗位的时间越来越早，经济活动人口将承受越来越大的压力。

表 9 1961~2006 年欧洲不同福利国家中 65 岁及以上人口占总人口的比例（未加权的平均值,%）

	1961 年	1970 年	1980 年	1990 年	1997 年	2006 年
丹麦	10.8	12.3	14.4	15.6	15.0	15.3
芬兰	7.4	9.1	12.0	13.4	14.6	16.3
挪威	11.1	12.9	14.8	16.3	15.7	14.7
瑞典	11.9	13.7	16.3	17.8	17.4	17.3
北欧国家（平均）	10.3	12.1	14.4	15.8	15.7	15.9
欧洲大陆国家	11.3	12.8	13.4	14.4	15.2	16.9
南欧国家	8.4	9.9	12.1	14.0	15.6	18.0
英国	11.7	12.8	15.1	15.7	15.2	16.0

注：国家分类：欧洲大陆（奥地利、比利时、法国、德国、荷兰），北欧（丹麦、芬兰、挪威、瑞典），南欧（希腊、意大利、葡萄牙、西班牙，其中希腊的数据从 1996 年开始）。

资料来源：OECD（1974）StatExtracts，1961~1972 年劳动力统计数据（pp. 128 - 369）；OECD（1998）1977~1997 年劳动力统计数据（pp. 177 - 467）；OECD（2008）OECD2008 年数据，人口统计：http://www. stats. oecd. org（2009 年 2 月 16 日）；OECD. Stat 劳动力统计数据，年度劳动力统计数据（ALFS），ALFS 汇总表，人口与劳动力：http://www. stats. oecd. org（2009 年 4 月 16 日）。

---

① 社会倾销是指一个高工资的工业化国家进口相对低廉的外国产品，而这些产品之所以廉价是因为出口国没有为工人提供合理的工资、利益以及其他方面的社会保护。通过使用廉价的和缺乏社会保护的劳工，出口国能以远低于一般市场的价格在进口国销售产品，这就将其社会问题"倾销"到了进口国，其形式就是使进口国工人失去就业机会，迫使进口国降低工资和劳工福利，以使其价格结构更具有竞争力。

目前，北欧各国老年人的比例已经接近欧洲平均水平。人口老龄化给福利国家带来了一系列的挑战。国家的首要任务是实现适龄人口就业最大化，即所有能够工作的人都必须工作。因此，必须通过国家财政支持，减弱人们过早离开劳动力市场的动机。同时，也需要继续将重点放在确保年轻人（无论是目前还是将来）都能在劳动力市场有工作机会之上。

此外，由于养老服务需求越来越大，而达到就业年龄的人口越来越少，福利国家还面临着人员招聘的问题。给予社会工作者更多接受继续教育的机会，是吸引和留住劳动力、提高生产率和改善服务质量的一种方式。北欧国家在这些方面还有很多工作要做。

3. 社会异质化

20世纪30年代以前，北欧国家（主要指丹麦、瑞典、挪威）还以向外特别是向北美移民而著称，这种情况在二战之后的两次移民潮下发生了逆转，北欧逐渐成为国际移民（战后最初的几十年主要是劳工，70年代以后开始是难民、政治避难者和寻求家庭团聚的移民）的输入国。移民不仅来自南欧，如今更有来自更加遥远的南方和东方的难民，这种移民形式是从南到北的全球迁移的一部分，并且随着90年代大量人口从饱受战争之苦的南斯拉夫、伊拉克和索马里涌入北欧得到进一步加强。北欧社会不再是单一民族社会，而是变得高度异质化。这对阶级结构（大多数新到的移民最初都是工人阶级）和福利国家也都产生了影响，国家必须付出巨大的努力使这些移民融入北欧社会。

在所有北欧国家，福利国家模式一开始就是包容新移民的工具，但这一工具逐渐变得富有争议性，同时发生了总体的社会改革，其中政策调整被认为是避免落入依赖陷阱和"过度消费"所必需的。慷慨的福利模式可以包容每一个人，但也会因为负担过重而遭到破坏，这就要求对来自其他地方的潜在性新成员进行筛选和界定，权利越多就要越谨慎。福利国家应该是普遍性的，但仅限于它所界定的范围之内。当整合政策被引入北欧（芬兰一直没有出台移民融合方面的积极国家政策，冰岛也几乎没有融合方面的政策）时，作为关键原则的"选择自由"逐渐覆盖了大多数社会政策领域。

但与此同时，政府却接二连三对移民的生活空间加以限制，移民政策越来越证明这样一种信念，即教育、信息和标准立法能改变人们的行为和态度，移民应该得到帮助，也应受到塑造和教化。社会福利总是具有双重性的，它将人们联系在一起，又将人们割裂开来，同时制造了融入和排斥。在移民问题上，国家同时致力于推行平等待遇和特殊待遇，这里有很多两难选择，如保持独特性的权利可能会破坏被平等对待的权利。

4. 劳动力市场

北欧国家的一个特点在于其劳动力市场的自治，即劳动力市场的运行主要由组织良好的雇主协会和雇员协会（工会）之间的谈判加以调节，这一模式的前提条件是劳资双方的组织程度较高。政府作为第三方推动劳动力市场雇佣双方达成妥协（政府最重要的责任在于阻止或避免劳资冲突产生严重的破坏，即危及生命、个人安全、健康等），而工会组织和雇主组织则对劳动力市场政策以及相关的社会、经济政策施加不可小觑的影响力。由于低出生率而导致的人口老龄化、由于寿命延长而导致的个人老龄化以及参与劳动力市场的年龄层变化共同作用，将导致未来北欧就业人口比例锐减。

经济全球化和技术的发展需要弹性的、高质量的劳动力。社会的快速发展导致对劳动力的需求越来越大，从广泛意义来看，对教育、劳动力市场政策的要求也越来越高，劳动力必须具有良好的素质并一直接受教育或培训，这样才能满足同样的工作和新的工作。虽然北欧国家在保持人力资源方面具有优势（在北欧，人人都享有免费教育并能通过广泛的劳动力市场培训计划和激励措施实现终身培训），但这并不意味着其劳动力市场没有压力。年轻人受教育的时间变长（为了更好满足劳动力市场的更高要求，以及减少或避免在劳动力市场被边缘化的危险），进入劳动力市场的时间越来越晚；与此同时，越来越多45岁以上的人口自愿选择提前离开劳动力市场去享受退休生活，提前退休现象对福利国家的经济基础来说并非好事。

妇女进入劳动力市场也许是 20 世纪北欧最伟大的一场变革，妇女由过去只能从事兼职工作向全职工作转变。虽然很难判断这一发展趋势背后的驱动力究竟是主观愿望还是客观需要，但导致北欧妇女劳动力市场参与率较高的部分原因仍在于福利国家模式。首先，妇女往往从事社会、卫生和教育领域的工作，福利国家本身自然而然就成为重要的雇主；其次，由于国家为儿童和老人提供了广泛服务（或政府补助），因此以照顾家庭为传统职责的妇女现在可以实现工作、家庭两不误。从这个意义上说，北欧福利国家模式既创造了大量就业机会，又促进了生育率的提高。随着妇女进入正式劳动力市场，双薪养家模式已经成为了北欧主流的家庭形式，与此同时，妇女经济实力的提高也意味着夫妻之间日益相互依赖（甚至丈夫更加依赖参加工作的妻子）。另一方面，与过去相比，如今更多的人生活在各种不同类型的家庭中，单亲家庭和破碎家庭等过去被视为"非典型性家庭"的增长尤为迅速，并呈现出个体化和多样化的特点。这对福利国家模式的挑战在于，如何在不增加经济和社会成本的前提下，允许人们有不同的家庭形式。

表 10　按年龄划分北欧各国进入公共儿童保育机构的儿童比例（%）

年龄组（岁）	丹麦	芬兰	冰岛	挪威	瑞典
	2007 年	2007 年	2006 年	2007 年	2007 年
0～1	17	1	7	4	—
1～2	90	40	80	69	70
3～5	96	72	95	94	97
6	90	69	—	—	86
0～6 总计	82	52	64	—	75

资料来源：NOSOSKO（2008），Social tryghed i de nordiske lande 2006/2007，Table 3.12，（Kobenhavn）。

与劳动力市场相关的另一个挑战就是新移民的问题。正如前面所分析的那样，大量国际移民的涌入使得北欧国家从人口高度同质的社会逐渐变得高度异质化，并带来了一系列的挑战。但从另一个角度来看，新移民似乎可以成为北欧劳动力市场的一股新生力量，但劳动力市场的融入需要越来越长的时间，且不再处于雇主和工会的掌握之中。断断续续参与或根本没有参与劳动力市场，会导致更大的福利需求，但是享受这些福利的权利则变弱。移民（特别是初到之时）在很大程度上比大多数人更加依赖于暂时的福利补助，也难以具备享受应得福利（失业保险、养老保险）的资格，因此，劳动力市场融入日益成为"公共部门的一项负担"。

虽然政府积极执行了一项多元化的社会融入政策，却招致了各种批判：一方面，批判外来移民会被包括地方政府在内的同质性市民社会中的主流团体过度同化（因为他们没有意识到自己具有歧视性的话语和做法）；另一方面，政府对那些尚未参加有薪酬劳动的新移民过分仁慈（慷慨大方的全面福利国家为除了无证人员之外的所有居民提供不加歧视的社会保护）也引起了民众的普遍反感，他们强烈要求移民正式掌握当地的语言。移民政策无疑已经成为一个高度敏感的政治问题，而这种移民政策背后并非完全没有福利国家"沙文主义"或排外性（内部的融合与外部的排斥），这也可能会继续困扰北欧福利国家。

五、围绕北欧福利国家模式的争议

1. 是否影响国家竞争力

（1）工会的谈判实力。经过长达半个世纪的社会建设努力，北欧国家构建了一个以法团主义为基础，各阶级、政党和利益群体相互妥协和博弈的制度。这一机制的本质是阶级妥协和社会改良，通过各政党和利益集团相互博弈，形成利益谈判机制，从而达到阶级妥协的双赢或多赢的结果。这一机制形成于20世纪30年代。在瑞典，工人协会与资方组织在20世纪30年代的工资谈判中取得了积极的成果，达成了"历史性的妥协"。

在以法团主义为特征的集体谈判模式下，北欧国家工会有着非常强大的谈判实力。工会和雇主会达成共识，首先是从出口导向的行业开始谈判，然后是国内的。决定挪威工业总体竞争力的因素就是需要平衡出口工业和国内工业。如果国内的工业以及公共部门先谈判的话，他们所提出的一些要求，会受到国有企业和国内产业规模的影响。但是由于这些产业规模非常大，可能对出口行业就不那么有利。在工会代表方面，与德国工会代表由中央工会任命不同，挪威大公司的工会代表是从所在的公司或者行业工人中选出的，能够真正代表工人利益，与其他国家工会代表不同，这些代表对于公司在谈判中的地位有很大影响。

（2）经济的发展速度。由于工会的强势地位，不少人担心北欧国家的经济发展速度和国家竞争力会受到影响，但是事实是，近年来北欧各国经济持续增长，劳动生产率明显高于其他欧洲国家。北欧各国高度重视提高生产效率，一方面通过调整产业结构，尽快淘汰设备陈旧、效率低下的企业；另一方面制定优惠政策，激励高科技企业增加积累和投资，更新设备和技术，提高企业国际竞争力。从20世纪90年代中期开始，北欧各国经过政策调整，经济发展速度和劳动生产率不断提高，特别是邮政通讯、能源和交通等行业竞争力明显高于大部分欧洲国家，爱立信、诺基亚等是北欧在高技术领域的杰出代表。

从图17中可以看到，除冰岛之外，2008年北欧国家的劳动生产率水平都超过了OECD国家的平均水平，挪威在所有OECD国家中排名第二，显示其经济政策是卓有成效的。

2004年，世界经济论坛在评选全球最有竞争力的经济体时，排名前六位的国家和地区中有四个是北欧国家。2012年1月11日著名信用评级机构穆迪投资者服务公司（Moody's Investors Service）发布的评级信息，维持了对瑞典AAA主权债务评级最高级，给予其稳定的评级展望。穆迪称，该国经济具有活力，且公共债务水平较低，出口行业竞争力强，汇率灵活，对本国经济构成重要支撑。

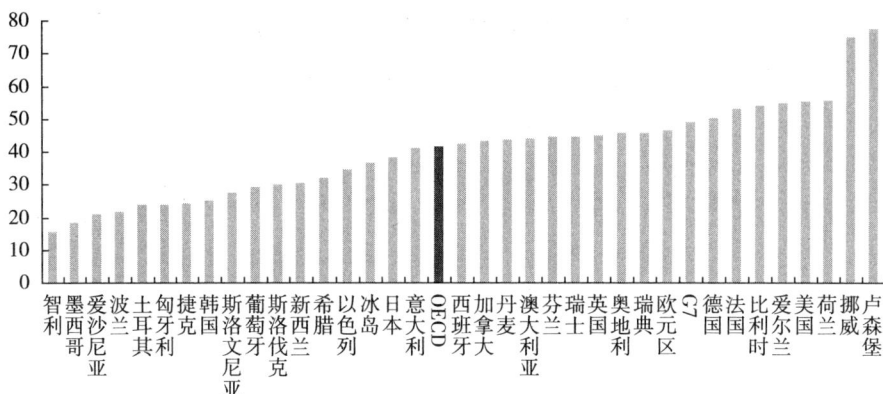

图 17　2008 年 OECD 国家的劳动生产率水平

注：劳动生产率是单位工时的 GDP（购买平价，现价美元）。

资料来源：OECD Factbook 2010。

图 18 显示，2008 年北欧国家中除丹麦以外，其他四国的经济都保持稳定增长，挪威的表现在所有 OECD 国家中位居上游，是经济运行与社会福利同步发展的典范国家。

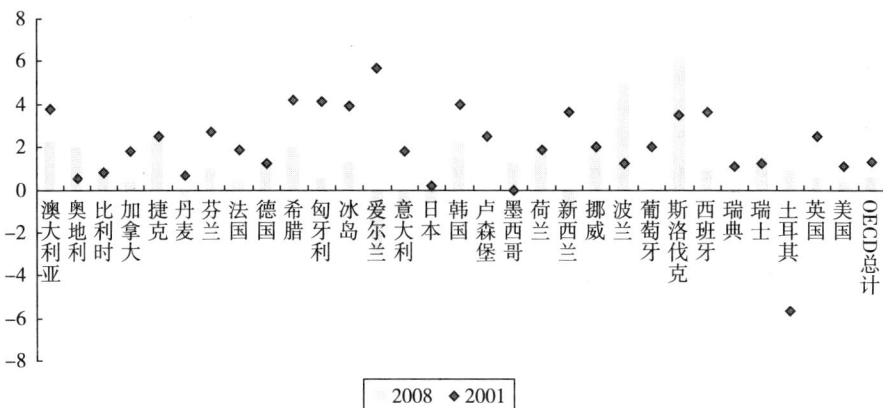

图 18　2008 年 OECD 国家的实际 GDP 增长率

资料来源：OECD Factbook 2010。

从 1983～2008 年的历时性比较看，各国经济增长都经历了很大的波动，但总体上看，挪威和瑞典的经济运行情况并不逊于德国和英国，特别是挪威在很多年份里的 GDP 增长率均在四国中处于领先地位。受到 2008

年全球金融危机的影响，各国经济都出现了下跌，但挪威是四国中跌幅较小的，表明挪威经济体系具备较强的抵御风险能力。

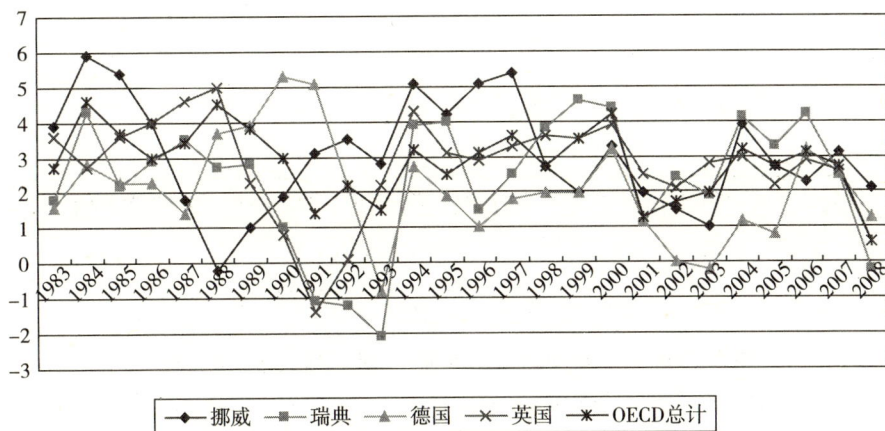

图19 1983～2008年欧洲不同福利国家的实际GDP增长率

资料来源：OECD Factbook 2010。

（3）储蓄率和消费率。质疑北欧福利国家影响国家竞争力的又一理由是对其储蓄率和消费率①的批评。在诸多关于20世纪90年代北欧福利制度改革的评价中，往往特别强调税制改革（详见后文）对储蓄和消费倾向的改变，即储蓄率的提高有利于促进资本的合理配置。例如，瑞典家庭的储蓄率（储蓄占家庭可支配收入的百分比）1990年为－2%，1994年上升到10%；同期，家庭的消费总需求则明显下降，下降额为GDP的6%。这些评价背后的逻辑是，北欧过低的储蓄率、过高的消费率与90年代福利国家危机有着某种必然联系，进而影响了北欧经济发展和国家竞争力。

事实果然如此么？居民储蓄率和国民储蓄率是两个不同的概念。相对于较低的居民储蓄率，北欧的国民储蓄率其实并不低，且明显高于英国和德国。如果说较高的储蓄率更有利于促进资本的合理配置，从而推动经济发展，那么北欧的情况并非以往评价中的那样糟糕。挪威、瑞典这种与居

---

① 关于储蓄率和消费率对经济发展影响的理论很多，究竟什么水平的储蓄率和消费率更有利于推动经济增长，不同理论有不同观点。一般而言，需要综合考虑发展阶段、消费构成等诸多因素。对此，本文不展开讨论。

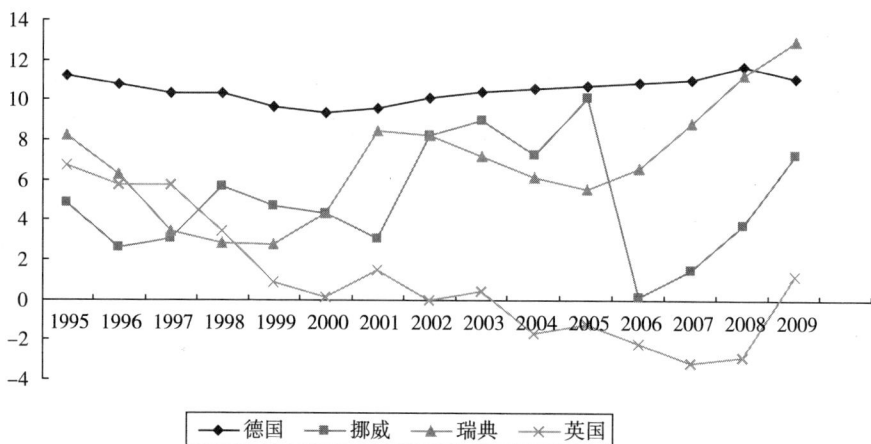

图20 1995～2009年欧洲不同福利国家的居民储蓄率（%）

注：居民储蓄率：Net household saving rate。

资料来源：National Accounts at a Glance 2011，OECD。

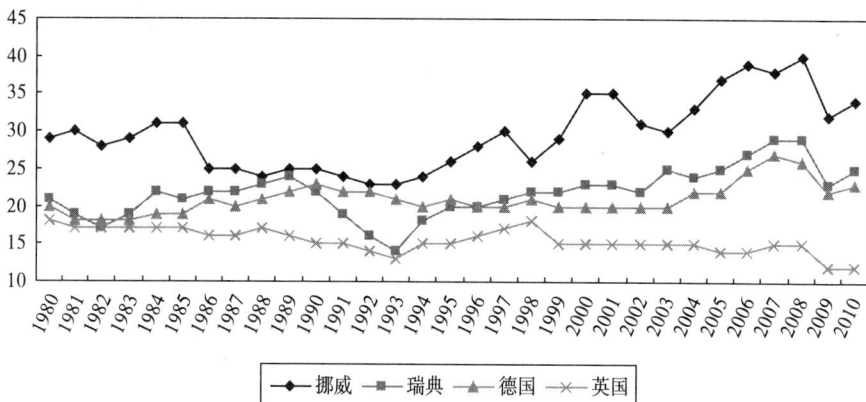

图21 1980～2010年欧洲不同福利国家的国民储蓄率（%）

注：国民储蓄率：Gross savings（% of GDP）。

资料来源：World Development Indicators 2011，World Bank。

民储蓄率截然不同的国民储蓄水平，使得两国能够调动更多资源实现经济增长。

值得注意的是，瑞典的国民储蓄率在1989～1993年间大幅下降了10个百分点，从1989年的24%降至1993年的14%。这一变化与瑞典当时为应对福利国家危机而推行的以减税为重点的"世纪性税收改革"密切相关（详见后文）。危机过后，瑞典的国民储蓄率从1994年开始又逐年提高，于 1997 年再次超过德国的水平并保持至今。

进而，似乎也可以对北欧这种相对偏低的居民储蓄率进行解释，即在通过高税收提供高福利的北欧国家，既然能够普遍享受各种社会福利服务项目，公民也就不需要太多的储蓄（这一储蓄倾向在 20 世纪 90 年代以后虽有所改变，但总体水平仍然不高）。

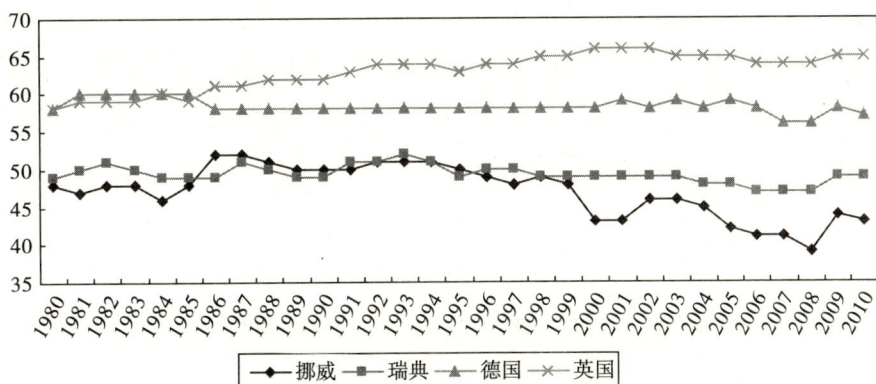

图22　1980～2010 年欧洲不同福利国家的消费率（%）

注：消费率：Household final consumption expenditure, etc（% of GDP）。
资料来源：World Development Indicators 2011，World Bank。

最后，从国际比较来看，1980～2010 年间，北欧国家的消费率并不比其他福利国家高。即便是 90 年代福利国家危机爆发前后，挪威、瑞典的消费率与德国仍相差近 10 个百分点，与英国的差距更大。在以往的评价中，过度消费通常被认为是导致危机的重要原因，但北欧消费率的实际水平却并不支持这一观点，更不能据此得出北欧福利模式影响经济发展和国家竞争力的结论。

2. 是否存在鼓励养懒汉的倾向

对福利国家的一个重要质疑是这种体制是否存在鼓励"养懒汉"的倾向。对这一问题的分析主要结合劳动参与率、退休年龄和劳动时间等指标进行。

（1）劳动参与率方面。劳动参与率是衡量一个国家的人民愿意参与工作的程度，劳动参与率越高，表示这个国家的经济活动人口愿意工作的程度越高，也就是说越不懒惰。

从长期情况来看，在性别方面，妇女劳动参与率是检验"福利"和"懒惰"关系的更佳指数，因为在福利国家中，妇女的福利往往比男人多，妇女生养小孩可以领取许多相应的福利。如果妇女是懒惰的，她们完全不必去工作。数据显示，与 1980 年相比，2009 年挪威各个年龄段的男性劳动参与率都有所下降，但是 65 岁以下女性劳动参与率却大幅上升，女性劳动参与率上升是整个北欧国家在 20 世纪最大的变革。虽然很难判断这一发展趋势背后的驱动力究竟是主观愿望还是客观必要，但导致北欧妇女劳动力市场参与率较高的关键原因仍在于福利国家模式。

分年龄段来看，1990~2009 年间，15~24 岁的劳动参与率保持了大致稳定，虽然有一些波动，但只是在 60% 左右小幅波动。25~54 岁的劳动参与率有了略微的增长，增长幅度在 2 到 3 个百分点之间浮动。55~65 岁的劳动参与率则涨幅较为明显，大约有 5 到 6 个百分点。总体来看，挪威的劳动参与率在 1990~2009 年之间是有小幅增长的，并不存在短期所显示的那种劳动参与率下降的趋势。福利国家会使人"懒惰"，使人"依赖国家，不思进取，不对自己的行为负责"的说法缺乏实证根据，从福利国家的劳动参与情况来看，福利国家国民没有表现出"懒惰"的倾向。

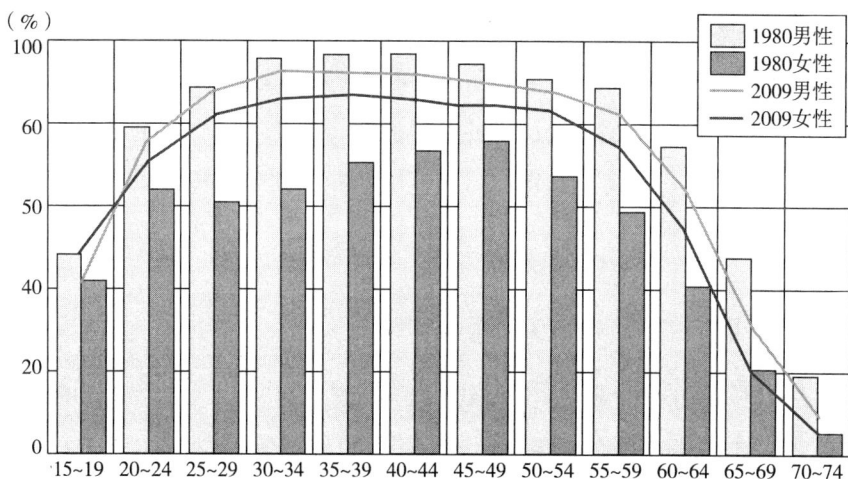

图 23　挪威各年龄组的劳动参与率情况比较

资料来源：挪威统计局。

（%）

	1990	1994	1999	2000	2001	2002	2003	2004	2005	2006	2007	2008	2009
■15~24	60.5	55.4	63.9	64.7	63.1	64.2	62.6	61.6	60.2	58.1	59.4	62.7	58.5
□25~54	85.9	85.1	87.6	87.6	87.4	87.1	86.2	86.5	86.6	87	87.5	88.5	88.1
▨55~64	63.1	63.3	68	68	68.5	69.7	69.5	68.8	68.8	68.2	69.7	70	69.5
□合计	77.1	76.4	80.6	80.7	80.3	80.3	79.3	79.1	78.9	78.2	78.9	80.2	79

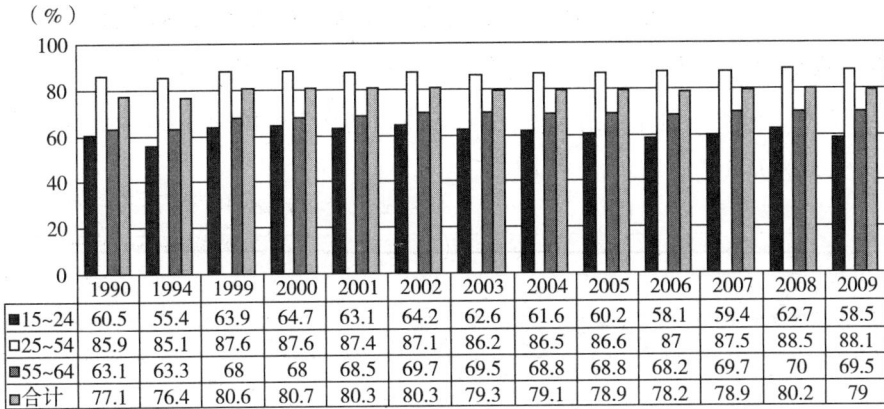

图 24　1990～2009 年挪威各年龄组的劳动参与率

资料来源：OECD Employment Outlook 2003～2010。

从国际比较来看，1990～2009 年间，四国中只有德国的劳动参与率有较大幅度的增长，从 67.4% 增长到了 76.4%，涨幅接近 10 个百分点，其他三个国家以及 OECD 国家的平均水平都没有大的变化。挪威和瑞典的劳动参与率基本维持在 80% 左右的高水平（这比 OECD 国家平均水平高出了近 10 个百分点）。因此，国际比较也不能说明挪威福利国家模式存在鼓励"养懒汉"的问题。

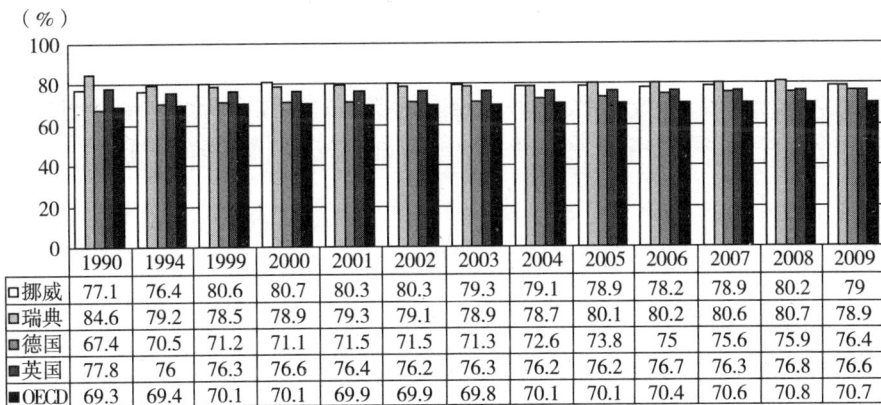

（%）

	1990	1994	1999	2000	2001	2002	2003	2004	2005	2006	2007	2008	2009
□挪威	77.1	76.4	80.6	80.7	80.3	80.3	79.3	79.1	78.9	78.2	78.9	80.2	79
▤瑞典	84.6	79.2	78.5	78.9	79.3	79.1	78.9	78.7	80.1	80.2	80.6	80.7	78.9
▨德国	67.4	70.5	71.2	71.1	71.5	71.5	71.3	72.6	73.8	75	75.6	75.9	76.4
■英国	77.8	76	76.3	76.6	76.4	76.2	76.3	76.2	76.2	76.7	76.3	76.8	76.6
▦OECD	69.3	69.4	70.1	70.1	69.9	69.9	69.8	70.1	70.1	70.4	70.6	70.8	70.7

图 25　1990～2009 年欧洲不同福利国家的劳动参与率

资料来源：OECD Employment Outlook 2003～2010。

（2）退休年龄方面。挪威、瑞典都存在普遍的提前退休问题①。2001年，挪威提前退休人员占劳动力的比例为 1.3% 。虽然正式退休年龄规定为 67 岁，但实际退休年龄平均仅为 57 岁，尚在工作的 65～66 岁的人当中有 63% 的人认为自己不适宜继续工作（王翔，2003）。

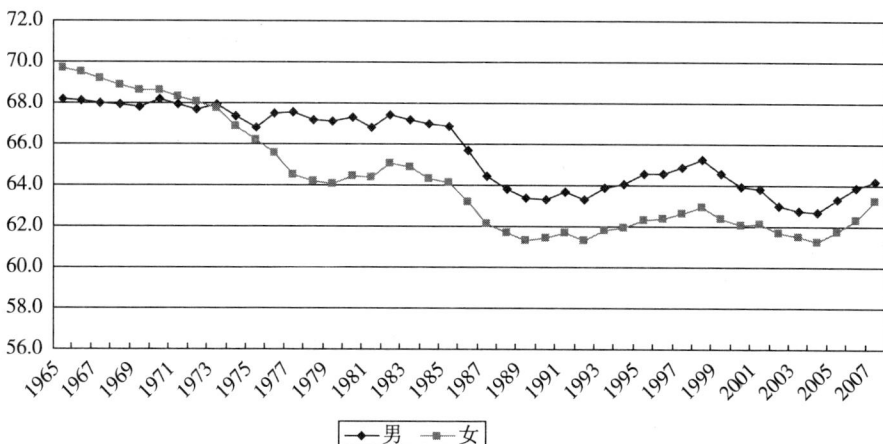

图 26　1965～2007 年挪威实际退休年龄变化情况

资料来源：Society at a Glance 2008，OECD。

1965～2007 年，挪威实际退休年龄有了较大幅度的下降，男性退休年龄从 68 岁左右降为 64 岁左右，女性退休年龄从 70 岁左右降到了 64 岁以下。

从国际比较来看，1976～2007 年间，挪威的男性实际退休年龄和女性实际退休年龄都存在下降的趋势，但与其他 OECD 国家相比，挪威的实际退休年龄并不低。2007 年挪威男性的实际退休年龄低于瑞典而高于英国，女性的实际退休年龄比英国和瑞典都要高。从 1997～2007 年的平均值来看，无论男性还是女性，挪威的平均退休年龄都高于瑞典、德国、英国和 OECD 国家的平均水平。这表明挪威人并不比其他国家的人"懒惰"。

---

①　在瑞典，提前退休可领取工作时工资的 80% ，在经济危机期间可领到 70% ，但目前工会仍然认为太低，要求将这一比例提高到 90% ，这使得提前退休的人数也增多了。

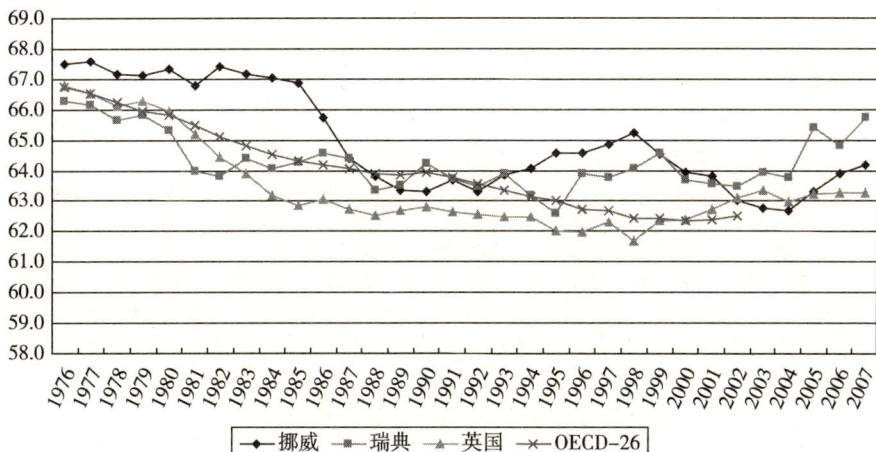

图27　1976～2007年欧洲不同福利国家的男性实际退休年龄

注：①挪威、瑞典、英国数据均到2007年，OECD-26数据仅到2002年。②现行法定退休年龄（男性）：挪威67岁，瑞典65岁，英国65岁。

资料来源：Society at a Glance 2008，OECD。

（3）劳动时间方面。批评北欧福利国家存在鼓励"养懒汉"倾向的又一理由就是人们的劳动时间不足（比如普遍存在请病假的问题）。2001年，瑞典连续请假30天以上者达到27万人，约占全国劳动力总数的7%左右，且请假理由多为心理压力、情绪等方面的原因；在挪威，连续病假者占劳动力总数的6.5%（王翔，2003）。但是，请病假是否一定意味着劳动时间不足？

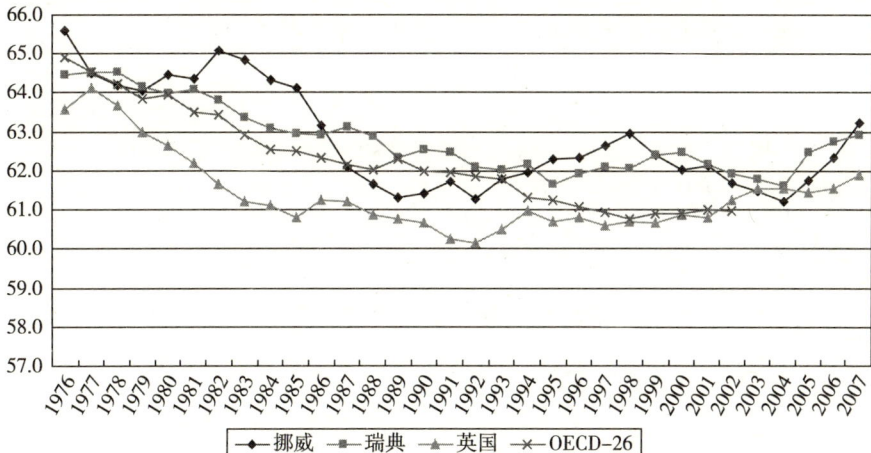

图28　1976～2007年欧洲不同福利国家的女性实际退休年龄

注：①挪威、瑞典、英国数据均到2007年；OECD-26数据仅到2002年。②现行法定退休年龄（女性）：挪威67岁，瑞典65岁，英国60岁。

资料来源：Society at a Glance 2008，OECD。

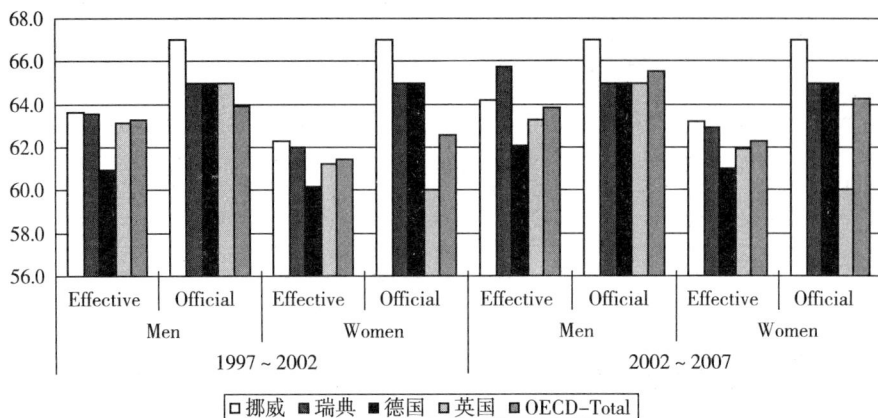

图 29 1997～2007 年欧洲不同福利国家的退休年龄比较

资料来源：Society at a Glance 2008，OECD。

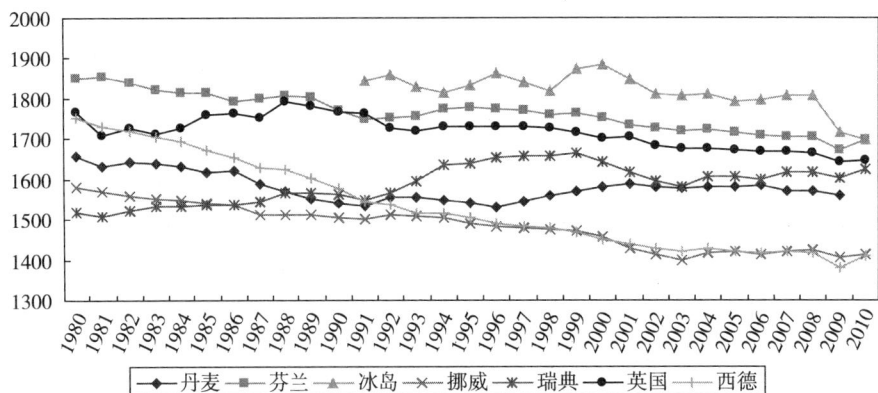

图 30 1980～2010 年欧洲不同福利国家的平均劳动时间（小时）

资料来源：National Accounts at a Glance 2011，OECD。

注：冰岛 1991 年之前数据缺失，丹麦 2010 年数据缺失；为保持数据一致性，德国采用的是西德数据。

一般而言，随着经济社会发展，人们的平均劳动时间总体上呈现减少趋势。从国际比较来看，1980～2010 年期间，冰岛、芬兰的平均劳动时间明显高于英国和德国。与其他福利国家的变化趋势相反，瑞典的平均劳动时间呈现缓慢增加的趋势，与英国的差距大幅缩小，并逐步接近冰岛、芬兰的水平。即便是平均劳动时间相对偏低的挪威，在 20 世纪 90 年代以后也逐渐接近德国①，甚至部分年份还高出德国的水平。即便存在普遍请病假的问题，但从平均劳动时间来看，北欧各国并不逊色于其他福利国家，相关数据也不支持"养懒汉"的批评。

3. 是否可调整：打破福利制度的刚性？

2010 年 7 月 1 日瑞典北欧斯安银行（SEB）首席战略分析师 Henrik Mitelman 表示，北欧国家在国际金融危机中受到的冲击最小。2012 年 1 月 11 日，著名信用评级机构穆迪投资者服务公司（Moody's Investors Service）发布的评级信息，维持了对瑞典 AAA 主权债务评级最高级不变，给予其稳定的评级展望。这也意味着，作为北欧国家的代表，瑞典的高社会福利水平并未引发主权债务危机。

高福利一直是北欧国家的特点，同时也是其最受质疑的地方。高福利水平是否必然给经济带来的负面影响，以致产生经济危机或经济衰退呢？20 世纪 90 年代，北欧福利国家曾出现了严重的经济危机，突出地表现为失业率高、社会保障财政赤字规模大、某些社会政策加剧通货膨胀等（经济合作与发展组织秘书处，1990）。这些引发了对北欧国家福利制度或社会保障制度的抨击与诟病。

对此，政府采取一系列相应改革措施调整福利制度。但是危机是否由过高的福利水平一手造成的呢？国际劳工组织专家不赞同将危机算在社会保障制度的头上，社会保障存在的危机并非社会保障结构的危机，而是经济基础由于运营不良而受到侵蚀所造成的危机，并进而认为社会保障既非经济危机的起因，也非经济衰退的起因（国际劳工局，1988）。

法国总理府经济分析委员会主席 Chritian De Boissien 认为瑞典之所以在最近这次（2008～2009 年）金融危机中受影响很小，失业率也比较低，甚至 2011 年、2012 年公共财政还略有盈余，是因为瑞典等北欧国家在 20

---

① 从平均劳动时间的变化趋势来看，德国（西德）的减少幅度相对较为剧烈，从 1980 年的 1751 小时减少到 2009 年的 1379 小时。

世纪 90 年代经济危机之后采取了一系列福利制度改革。概言之，当时的改革措施主要有如下几点。

（1）权力下放。在社会福利制度地方化改革方面，强调中央政府权力下放，使地方政府成为社会福利的主要提供者，目的是减轻中央政府社会福利支付的负担，充分发挥地方政府在社会福利实施和管理中的积极作用。瑞典按照"贴近居民生活和了解居民需要"的程度，建立了中央、郡、市镇三级公共服务体系①，并进行了相应的职能划分。挪威中央政府和地方政府之间也有非常明确的分工，市级主要负责劳动密集型服务，中央主要负责收入再分配和其他集体性服务。一般情况下，大约 70% 的劳动者福利以及 75% 的公共部门雇员工资由地方政府支出；行政管理、国防、养老金等，中央政府支出占绝大多数。因此，福利政策的实施者主要是地方政府。

（2）调整福利结构。在养老金改革方面，主要侧重结构调整，改革目标是使养老金制度更加灵活机动，领取养老金者和就业人员共同分担和分散风险，改变目前风险完全由就业人员承担的现状。例如，瑞典于 1984 年成立养老保险改革委员会，对现行制度进行审查。1991 年建立改革工作组，成员包括国内所有政党。1994 年初工作组提出改革养老金制度报告，同年 6 月国会对改革方案②进行讨论并一致同意通过。

（3）适当引入私营机制。在医疗健康方面的改革重视完善医疗保障制度，通过引进私人投资来减轻医疗福利支出的压力，目标是提高医疗水平，减少医疗保障中的不平等现象。瑞典医疗保障制度首次立法于 1931

---

① 第一级是中央政府，主要负责全国社会福利和社会服务方面的法规建设和发展的规划。第二级是郡政府，负责国家福利和社会服务政策方针在本地区范围内的细则和补充，并提供医疗保健服务的管理。第三级是市镇政府，负责中央政府和郡政府上述方针政策在本辖区范围内的补充，以及负责各类社会服务、金融支持等事务。

② 这一方案，一是改变了过去实行的养老金一视同仁，所有人退休后都拿工资的 60% 的做法，规定养老金额要按照个人年龄、国家经济情况计算，因人而异，而且实行退休越晚，养老金越高的办法。二是对养老金从现收现付制度转变为现收现付与基金积累制相结合。其主要内容是将 18.5% 的总缴费一分为二：16% 被划入到现收现付型的养老金制度，2.5% 被划入到一个强制性的基金账户，进行投资增值，以减轻养老金支付的压力。

年，现行立法是 1991 年的《病假工资法案》。瑞典几乎全部的医疗卫生事业均由政府举办，私人开业医生只占全国医生人数的 5%。90 年代瑞典的私人健康服务支出有了很大发展，占总健康服务支出的比重由 1980 年的7.5% 上升到 1997 年的 16.7%。当然，这种变化并没有改变瑞典以公共投资为基础的健康保障制度。其公共投资的比例仍远远高于其他国家的平均水平。私人健康开支的日益增长，一方面是政府财政选择的结果，另一方面是引进的新治疗方法导致药品价格在 1990 年开始成倍增长，病人不得不分摊一部分药费。同时瑞典也出现一些私营化公共服务机构，而官方社会保障系统的膨胀得到了抑制。适当的引入私营机制，能够减轻官方系统的压力并提高社会保障系统的行政效率。

（4）税制改革。在税制方面，多年推行的所得税及工资税等的税率偏高，严重影响了公司投资和个人发展的积极性，并且阻碍劳动生产率的提高。因此，减税就成为北欧各国税制改革的一个重点。1989～1990 年的"世纪性税收改革"中，瑞典政府将个人所得税的最高税率从 1989 年的72% 降低到 68%，公司所得税也从 50% 降低到 30%。1991 年实施的第二阶段改革试图建立"低税和广泛税基"的新体制，税制改革目标是降低边际税率，以利于激活以微观经济为主体的劳动供给，提高储蓄和资本投资等。财政方面的变化是 1994 年边际税率增加 5% 的额外税，社会福利收入来源也越来越向雇员倾斜。1997 年瑞典的社会保障税占税收总额的29.2%，占 GDP 的 15.2%，仍然高于同期欧盟平均水平 11.8%（瑞典是由雇主承担主要的税制负担，改革措施就会偏重于让雇员承担一部分税收）。挪威在 1992 年的税制改革中将普通劳动者、个体经营者和公司的所得税从 57.8%、62.7%、50.8% 分别降到 48.8%、51.7%、28%，并进一步扩大了税基。此外，在 20 世纪 90 年代初，芬兰、挪威和瑞典还引进了双重所得税系统。其主要指导原则在于将对劳动收入的累进税率与对公司和资本收入的不变税率相结合，从而形成了广阔的税基和相对低的税率。

（5）社会服务改革。在社会服务方面，致力于减少由于福利制度的漏洞而导致的资金浪费，使享用社会服务的各种条件更加严格，同时，提高社会服务的水平和效率，真正实现对弱势群体的保护，促进平等。在瑞典，削减社会服务支出、严格福利享用条件的措施更为显著。例如，工伤保险享受条件进一步严格，从 1993 年 7 月 1 日起，工伤保险和医疗保险待遇相同，工伤的大部分费用从工伤保险基金中支付，1993 年从补充退休金中拨出 83 亿克朗，用于工伤保险。因公受伤造成长期休养或不能继续工作者，可提前退休，领取伤残养老金。残疾福利也在改革范围之内。1970～1993 年间，申请残病保险金的人数从 3% 上升到 7%，表明雇主、工人和医生们滥用了这一制度，因此于 1993 年底增加了条款和要求。另外，各种名目的社会救助申请者从 1980 年的 4% 上升到 1992 年的 8%，而实际花费是这一时期的 3 倍。

针对这一问题，国家健康和事务委员会建议成人津贴率从基本金的 116% 降到 100%，地方当局也应当执行这一规定。瑞典用于社会服务的公共支出在 1990～1997 年期间下降了 4%，其社会服务主要由地方政府承担。在地方政府中，从事社会服务的工作人员在 1990～1997 年间下降率超过 9%。就业人员的减少并不意味着服务质量的下降，就业人数减少在一定程度上受到科学技术发展的推动：技术的进步以及新医疗方法的采用，大大缩短了病人在手术后的住院时间，从而减少了人事方面的浪费。与医生和护士人数削减的趋势相反，医疗工作实际参与和工作效率不断提高。

（6）就业改革。北欧福利国家的一个重要特征就是"充分就业"，基本含义就是对"工作权利"的确认与确定。20 世纪 90 年代以来，北欧各国开始引入强调"工作义务"的新就业政策，着眼于提高就业率、增加就业机会。例如，瑞典针对中青年失业人数增加、长期失业人数增加的新特点，为了减少公共开支，建议制定 5 天的等待期①，再次就业率从 90% 调整到 80%，此方案 1993 年生效。然而，政府为了减少失业补助金上的赤字，建议从 1994 年初雇员要缴纳其收入的 1% 用于这一计划，1995 年此费

---

① 1993 年 9 月 6 日起，失业者须经过 5 天的等待期才能领金，领金额度相当于原工资的 80%，但每天不能超过 564 克朗（每周 5 天），55 岁以下者领金时间不超过 300 天，55 岁以上者不超过 450 天。

用上升到2%。对大批失业者政府给予了一定的帮助使他们渡过难关，但在"职业生涯发展项目"① 中，付给失业者的津贴也比过去减少②，1992年7500名年轻失业者接受再就业培训，其培训发展也比过去减少。此措施旨在降低劳动力价格，尤其是青年劳动力价格。1995年挪威政府在"福利白皮书"中明确宣布将"收入扶持"政策中"消极的扶持"改为"积极的联系"，鼓励津贴领取者"自立"，强调权利与义务之间的联系，强调每个公民既享有给付的权利，又有工作的义务。

综上，北欧福利制度的调整，打破了以往福利制度的"刚性"，在一定程度上削减了福利支出，扩充了社会保障资金来源。这进一步调整了福利国家的组织模式，改变了国家行为并加强了社会的政治自我调节，目的是减轻政府负担、激发企业活力、培养个人社会责任感，鼓励个人对自己的行为负责，建立一个国家、企业、个人彼此协调负责、良性互动、充满创新和活力的福利国家。而在国家、企业、个人这三者的关系中，重点是培养和提升个人的社会责任感和就业能力。

北欧福利国家改革既体现出与其他西方国家福利制度改革的一致性，如实行社会福利支出紧缩政策；也有不同于其他西方国家福利制度改革的独特性，如社会福利地方化改革成为北欧福利国家改革的重要政策措施；也没有像英、美那样将社会福利私营化作为改革的重要目标，而是通过在社会福利中引入竞争机制，以提高福利国家制度的效果。改革并未动摇福利国家社会保障制度的根本，而是结构性变革，且确实取得了一定的成效③。

---

① 这个项目的服务范围从教育扶助一直延伸到社区工作，受益者可以获得一份培训津贴，数额与失业救济金相等。

② 在失业保险方面，1988～1993年期间，不存在等候期，并且补偿水平为以前收入的90%，最高限额略低于蓝领平均工资水平。从1993年7月起，政府重新设立了为期5天的等待期，补偿水平也降低到以前收入的80%（有一段时间为75%）。

③ 从经济增长来看，以瑞典为例，其在1990～1993年的危机期间GDP呈负增长状态，通过改革，已于1995年恢复到1990年的水平。政府财政赤字占GDP的比重从1993年超常的13%下降到1995年的8%和1997年的2%。由于税负的减轻和工资替代率的下降，人们的工作积极性有所提高。福利制度改革，特别是税制改革还改变了人们的储蓄倾向和消费倾向。

　　还需要指出的是，北欧福利国家的改革并不意味着这一模式已经过时，它迄今仍是其公民引以为豪的社会制度安排。因此，这一改革是对福利国家模式的自我调整与完善，而不是放弃。改革是要解决对福利的滥用问题，使福利从过度回到适度，以便实现福利增长同经济增长之间的平衡、社会保障内部收支出（供求之间）的平衡。所以，北欧福利国家模式并没有禁锢于福利的"刚性"，而是有活力、有弹性的，可以有效应对危机。当然，这还涉及北欧的协商民主制度，即不同的组织与政府之间可以达成一种共识，不同的利益可以得到协调，成为一种"社会合作伙伴"模式，从而使北欧福利制度具有一定的可持续性。

佘　宇　执笔

参考文献

[1] 丁建定. 瑞典社会保障制度的发展. 北京：中国劳动社会保障出版社，2004

[2] ［挪威］斯坦恩·库恩勒，［中国］陈寅章，［丹麦］克劳斯·彼得森，［芬兰］保利·基杜伦主编，许烨芳，金莹译. 北欧福利国家. 上海：复旦大学出版社，2010

[3] 王翔. 北欧国家社会福利制度的观察与思考. 财经论丛，2003（6）

[4] 中国（海南）改革发展研究院考察团. 北欧独特的经济社会制度安排. 经济社会体制比较，2004（3）

[5] 郑秉文. 社会权利：现代福利国家模式的起源与诠释. 山东大学学报（哲学社会科学版），2005（2）

[6] 袁群，安晓敏. 北欧福利国家的改革及对我国的启示. 经济问题探索，2006（11）

[7] ［丹麦］彼得·亚伯拉罕著，殷晓清译. 斯堪的纳维亚模式终结了吗？——论北欧国家的福利改革. 南京师大学报（社会科学版），2007（5）

[8] ［德］斯坦因·库勒著，罗志强译. 福利社会与发展中的斯堪的纳维亚福利国家. 南京师大学报（社会科学版），2007（5）

[9] 叶庆丰，赵虎吉. "北欧模式"的特点和启示. 科学社会主义，2007（6）

[10] 刘玉安. 福利国家与社会和谐. 文史哲，2008（5）

[11] ［芬兰］安内莉·安托宁著，陈姗译. 北欧福利国家遭遇全球化：从普遍主义到私有化和非正式化. 社会保障研究，2010（1）

［12］林卡，张佳华．北欧国家社会政策的演变及其对中国社会建设的启示．经济社会体制比较，2011（3）

［13］Atkinson, Anthony & Gunnar V. Mogensen（eds.）（1993）. The Welfare State and Work Incentives, London, Clarendon

［14］经济合作与发展组织秘书处编．危机中的福利国家（序言）．北京：华夏出版社，1990

［15］国际劳工局编．展望21世纪：社会保障的发展．北京：劳动人事出版社，1988

德国福利体制与社会政策

一、德国教育制度综述

联邦德国的幼儿机构分为针对 3 岁以下儿童的托儿所和针对 3 岁以上儿童的幼儿园。德国的幼儿机构和学校机构都是半天制的，一般上课时间从早上 8 点到下午 1 点。由于缺乏全天的照养机构，双方均为全职工作者的父母不可避免地会受到影响。而且由于州政府和社区所能提供的托儿所的位子非常有限，父母申请此类托儿所的位子非常不易。据统计，3 岁以下幼童上幼儿园的比例仅有 13.6% 左右，西部各联邦州的比率甚至均低于 10%，而东部的联邦各州由于受到过去民主德国制度的影响，3 岁以下孩童入托比率较高，其中比率最高的是萨克森—安哈尔特州，3 岁以下幼儿入托比率达到 50%。总体而言，德国保守主义福利模式在幼儿供养方面具有较多缺陷，这与北欧的社会福利国家对儿童教育全面综合的投入形成了鲜明的对比。

德国幼儿园教育的权限也随着德国的联邦制度下放到各个州，而各个城市的社区最终决定本地上幼儿园的具体费用。因此，并不存在着全德统一的机制，而是根据各个社区的设置和安排有所不同。多数情况下各地方的社区对低收入家庭的儿童上幼儿园实行免费，而对于中等收入和高收入家庭则按收入累进原则收取上幼儿园的费用。例如，2009～2010 年对全德100 个社区的调查发现，上幼儿园缴纳的费用从全年 0～1752 欧元不等（当父母年收入达到 45000 欧元时，缴纳上幼儿园费用约为一年 1752 欧元）。如果父母收入达到全年 8 万欧元的时候，上幼儿园费用则高达一年2520 欧元。

需要指出的是，德国的教育制度受到德国联邦制度架构的影响较为显著，教育权限一般下放到州政府的手中，连义务教育的法律定义都是由各个州政府自行决定的。德国义务教育一律免费。大多数联邦州都规定了 12年的义务教育，即 6～18 岁的青少年必须接受义务教育。德国多数州的小学教育为四年，小学教育后摆在学生面前的是多种中学的选择。根据学生本人的兴趣和志愿，参考父母的观点和愿望，同时主要考虑到老师的评估，学生可以在普通中学、实科中学、文理中学和综合中学之间选择。其中，普通中学的学制为 5～6 年，普通中学对学生进行一般的普通教育，在中学教育结束后一般转到职业学校进行技术培训，以为将来进入职业生涯做好准备。实科中学的学制为 6 年，除了进行扩展的普通教育以外，还需要进行结业考试，成绩优良者可以申请专科院校和高等专科学校的入学资格。文理中学一般为 9 年制，也就是从 5 年级到 13 年级，学生可以选择语言文学艺术、社会科学、自然科学等不同领域，文理中学毕业后可以直接申请进入大学接受高等教育。综合学校则是德国 20 世纪 60 年代的产物，主要是结合了上述三种中学的共同特点，学生在选择上也具有更多的灵活性。

让德国傲视全球的是德国发达的职业教育体系，联邦德国实施的是一种双元的职业教育制度，其中的核心要素为企业和职业学校的紧密配合。学生在企业当学徒期间，必须每周参加职业学校的理论课程。可以说，企业和国家共同对职业教育负责，其中，政府对职业教育的每一个环节都有详细的规定和监督管理措施。职业教育涉及机械装备、化工、电器装备、汽车技工等领域，450 多个工种，堪称世界上最为完备和全面的职业教育体系。根据德国联邦劳工局的统计，截至 2010 年 6 月，该年总计有 51.1万人次提出职业教育的申请，而职业教育的位子为 40.5 万个。在某些行业出现了供不应求的状况，而某些冷门的行业则有较多空余位子。

德国高等教育在改革前与英美国家的模式具有显著的区别。首先，德国高校完全免费。其次，德国高校的学制是硕士和博士的双元体制，其中文科类别的硕士被称为 Magister，理科类别的硕士被称为 Diplom。硕士阶段分为硕士的初级阶段和硕士的高级阶段，在两个阶段之间存在着期中考试，初级阶段的考试通过后才能获得进入高级阶段学习的资格。德国的硕士花费的时间较长，含金量较高，在国际上享有盛誉，但缺点是一些学生成为终生的"大学生"，也就是某些大学生利用德国大学免学费而不断注册，一生都不进入职业市场，缺乏上进的动力。21 世纪以来，德国对大学学制进行了重大改革，开始参照英美国家的模式实施了教育的三元制，类似英美的学士—硕士—博士体系取代了德国原有的 Master/Diplom—博士的双元体系，德国的学科设置中增加了更多的激励机制以及面向实践工作的内容。同时，德国进行了收取学费的改革。由于教育的权限下放到德国各个州政府，因此德国各个州收取学费的标准不一，一般为每个学期收取500 欧元左右。由于收取学费的改革遭到了德国大学生的普遍抵制，同时也引发了学生的抗议和游行等，因此一些已经实施了缴纳学费的州又取消了学费。

二、德国社会医疗保险体制综述

德国是俾斯麦模式的发源地，俾斯麦时期的德意志帝国在世界历史上率先建立了社会保险模式的公共健康医疗模式。

1. 德国社会医疗保险的基本特征

德国从 19 世纪末建立社会型的医疗保险制度以来，医疗保险的筹资机制采取的是与其他社会保险险种相同的原则，即雇主雇员的"保费缴纳均等原则"（Paritätsprinzip），也就是雇主和雇员同时缴纳保费，双方缴纳的份额各为一半。这也成为俾斯麦模式的社会保险类型国家的一种基本筹资方式，社会保险的各个险种除了工伤保险以外均采取这一原则。这一法定医疗保险的筹资方式和"劳资双方对等参与"的结构历经德国各个历史阶段，几乎被原封不动地保留了下来。二次世界大战以后，德国经历了建立"社会国"的历程（Sozialstaat），其独有的社会市场经济模式（Soziale Marktwirtschaft）既有别于北欧的福利国家模式，也与盎格鲁—撒克逊模式的自由市场制度大相径庭（Kaufmann 2003）。从这个角度来分析德国法定医疗保险的模式就可以加深我们对德国体制独特安排的理解。

除了我们提到的"保费缴纳均等"这一总体原则以外，医疗保险的管理、筹资安排还有许多细节安排需要解释清楚。

首先，德国社会保险领域实行的是社会管理（Soziale Verwaltung）和社会自治（Gesellschaftliche Autonomie）的原则，也就是社会保险的经办机构并非国家机构，而多为"中间协调性"机构（intermediäre Instanz）。这些中间协调性机构属于公法团体，可以完成特定的国家任务，但就其本身而言，它们是具有自治性质的社会组织，由这样的社会组织与社会团体承担着联系社会和国家之间的责任，因此被称为"中间协调性"机构（Kaufmann 1997）。社会保险领域内的法定医疗保险的经办机构是公立的医疗保险公司与保险所（gesetzliche Krankenkasse），而医保费用的筹集也是通过法定医疗保险公司来完成的。

第二，在 2009 年医疗保险结构改革之前，根据分属医疗保险公司的不同，医疗保险的参保者缴纳的保费是不同的，这构成了德国医疗保险领域内的一个差异原则。1970 年，德国尚有 1815 个法定医疗保险所，到 2011 年法定的医疗保险所下降为 154 个。在 2009 年以前，根据参保的医疗保险所的不同，各个不同职业群体缴纳的保费也不完全相同，这是德国作为法团式的福利国家所带有的制度特色（Esping - Andersen 1990）。举个例子，2008 年德国法定医疗保险的费率为雇佣人员收入的 14%，按照"保费缴纳均等"原则，雇主和雇员各缴纳工资收入 7% 的保费，但这仅仅是一个平均值，根据参保的保险公司的不同，每个人实际缴纳的费率在 14% 上下浮动，例如 AOK（普通医疗保险公司）的费率为 14.43%，BKK（企业医疗保险公司）的费率为 13.99%，IKK（手工业同业工会医疗保险公司）的费率为 13.19%。

第三，德国法定医疗保险规定了法定医疗保险的"缴费（收入基数）上限"（Beitragsbemessungsgrenze），也就是在一定的收入界限以内征收保险费用，凡超过这个收入界限的部分免除缴纳医疗保险的保费。法定医疗保险的缴费上限每年都随着生活水平的变动而不断浮动变化，例如 2010 年度的缴费基数上限为每月 3750 欧元，也就是当一名雇员的收入超过 3750 欧元后，超过的部分不再缴纳医疗保险。2011 年，法定保险的缴费上限微调为每月 3712.50 欧元，全年为 44550 欧元，2012 年度的法定医疗保险缴费上限为每月 3825 欧元，全年 45900 欧元。

第四，虽然法定医疗保险实施的是由雇员和雇主对等缴纳保费的总体原则，但对于大量不具有正式社会就业关系的民众和社会弱势群体，德国的社会法典作了较为详细的补充规定和特殊安排，基本做到了兼顾社会各个群体，并尽量实现法定医疗保险的全民覆盖的原则。这些补充安排包括：①家庭成员连带保险原则：如果夫妇有一方的工作属于低收入雇佣关系（Mini Job）（这里指的是一个月收入在 400 欧元以下或从事职业为非雇佣关系的独立就业且每月收入在 365 欧元以下），而另外一方享有全职工作，那么收入较低的一方可以参加家庭保险，免除缴纳医疗保险费用。如果家里有孩童，那么孩童也可以跟着父母一起参加家庭医疗保险，免除缴纳医疗保险保费的义务。②大学生不具有雇佣关系，但根据法律义务必须被强制参加针对大学生的法定医疗保险。只是根据大学生的承受能力，医疗保险公司确定较为优惠的保险费用，而保费则由大学生本人全部承担。年过 30 岁的大学生必须缴纳较为昂贵的医疗保险费用。目前，德国大学生每月缴纳的医疗保险保费约为 77 欧元左右。③养老保险人员的医疗保险由本人和法定养老保险机构对等分担，各缴纳医疗保险费用的一半，当退休人员获取养老金的时候，本人缴纳的医疗保险费已经从养老保险金中自动扣除。通过这样的安排，德国的法定医疗保险制度解决了退休人员的医疗保险的参保问题。④对于领取失业金 1 号的失业人员，其医疗保险保费由失业保险的经办机构——联邦劳动事务所（Bundesagentur für Arbeit）完全承担，失业者本人不再缴纳保费。通过这样的安排，国家将失业人士纳入了法定医疗保险的范围。⑤对于领取失业金 2 号和社会救济、社会福利对象，本人也不再缴纳医疗保险费用，他们或者可以免费参加家庭医疗保险，或者由联邦政府承担其医保费用。通过这样的方式，国家将领取社会救济的人士①纳入了法定医疗保险的范围。⑥凡是低收入者，即月收入在 400 欧元以下的雇佣人员，其医疗保险费用完全由雇主承担。通过这样的安排，国家将低收入者、临时工和季节工等也纳入了法定医疗保险（Bäcker, Bispinck, Hofeman, Nagele 2000, 2008）。

第五，德国法定医疗保险力争实现全民覆盖，但是根据社会法典规定，也有极少数的自雇人员例如企业主、艺术家、餐饮业主、高收入人士等，可以根据自愿的原则参与私人医疗保险（Private Krankenversicherung）。私人医疗保险由私人医疗保险公司经办，截至 2011 年，德国有 50 家左右的私人医疗保险公司。参与私人医疗保险的人员缴纳的费用根据私人医疗保险公司的风险精算而得。由于各个医疗保险公司的经营状况和提供的服务项目不同，因此缴纳的保费无法得到统一，这与法定医疗保险相比具有较大差别。

从德国医疗保险的主体——法定医疗保险来看，德国实行的是医疗卫生领域里强制的社会保险制度，并通过各种特殊安排将各种非正式就业人群、弱势群体、老人和儿童都纳入一体的法定医疗保险中来，因此，其筹资主要是以社会保险费用为主。但对于社会弱势群体，例如领取社会救济的人士，事实上是国家运用其财政收入来支付这部分无力参与医疗保险人士的保险费用，这有点类似于我国的医疗救助制度，同时家庭保险和儿童连带参保也是与国家财政的部分补助相联系的。因此，全面地说，德国法定医疗保险的筹资结构是以保险费用为主、国家的财政收入为辅的一种制度安排。

---

① 德国的基础保障制度和社会救济制度相当于我国的最低生活保障制度。

2. 2009 年德国医疗保险改革的主要内容

2009 年德国在黑黄联盟——即基督教民主联盟和自由民主党联合执政的第二届任期中，根据自由民主党人士菲利浦·吕思勒（Philip Rösler）的主张，德国联邦政府对其整个医疗卫生制度，包括法定医疗保险进行了多项重大改革。

首先，经过 2009 年的针对法定医疗保险的改革，德国社会福利国历史上在社会保险领域实施了近 128 年的"保费缴纳均等原则"（Paritätsprinzip）被彻底打破。根据新的改革，2009 年开始，雇员缴纳的法定医疗保险的保费为工资毛收入的 8.2%，而雇主缴纳的保费为 7.3%，双方共同缴纳的保费为工资收入的 15.5%。这样，德国历史上传统的雇佣双方均等担负保费的原则宣告终结，替代的是雇员担负的保费第一次超过了雇主，对自身的医疗保险承担更大的责任。2012 年度法定医疗保险的保费费率与 2011 年相同。

表 1　　　德国法定医疗保险费率的变化（1970～2011 年）

时间	医疗保险费率（%）		分配（%）
	平均		
1970 年	8.2		雇员和雇主各缴纳费率的一半
1975 年	10.5		
1980 年	11.4		
1985 年	11.8		
1990 年	12.5		
1995 年	13.2		
2000 年	13.5		
2002 年	14.0		
2003 年	14.3		
	医疗保险统一费率		雇员	雇主
	普通费率	优惠费率（针对自愿参保的自雇人员）		
2009 年 1 月 1 日起	15.5	14.9	8.2	7.3
2009 年 7 月 1 日起	14.9	14.3	7.9	7.0
2011 年 1 月 1 日起	15.5	14.9	8.2	7.3

数据来源：表格由作者根据 Grabka（2004）和 SGB V（2011）自制。

表 1 显示的是德国法定医疗保险费率的变化。在 2009 年改革前，由于实行的是"保费缴纳均等原则"，同时各个公立医疗保险公司可以自主决定费率，因此在这一时期并不存在全德统一的医保费率。因此，费率都是经过综合各个法定公立保险公司的费率而得出的平均费率。例如，1970 年的平均费率为 8.2%，这意味着雇主雇员平均各缴纳雇员收入的 4.1% 作为医疗保费；1980 年度平均费率上升为 11.4%，雇主雇员双方分别缴纳 5.7%；到了 2003 年法定医疗保险的平均费率上升为 14.3%，雇主雇员分别缴纳的平均费率为 7.15%。2009 年 1 月 1 日经过改革，法定医疗保险的费率发生变化，雇主雇员对等参与的结构也随之变化，总计费率为 15.5%，其中雇员缴纳 8.2%，雇主缴纳 7.3%，这一费率调整为全德统一的费率，适用于各个公立的医疗保险公司。2009 年 7 月 1 日又进行了微调，保费费率更改为 14.9%，其中雇员缴纳保费的 7.9%，雇主缴纳保费的 7.0%，而在 2011 年以后，医保费率又改为 15.5%，其中雇员缴纳 8.2%，雇主缴纳 7.3%。根据德国联邦卫生部最新的统计，2011 年前三季度德国"卫生基金"筹资总收入达到 1356 亿欧元（含医保费和少量的联邦财政税收），2011 年前三季度联邦层面的"卫生基金"总计下拨 1342 亿欧元到各个医疗保险公司，同一时期健康支出达到 1337 亿欧元，德国法定医疗保险在 2011 年前三季度根据收支状况来看略有盈余（BMG 2012）。

德国改革"保费缴纳均等原则"的主要理论基础在于，法定医疗保险中除了涵盖治疗疾病、预防和康复等项目以外，还包含了雇员在生病以后，法定医疗保险必须支付的病假金（Krankengeld），即雇员因病休假后仍然在一段时间得到工资补偿给付的制度[①]。而主张改革法定医疗保险的专家认为这并不合理，法定医疗保险中，雇主缴纳的费用应该仅限于疾病治疗和康复等，而针对雇员生病期间续付工资的"病假金"部分应该完全

[①] 根据德国的劳工法律和社会法法典，当雇用人员因病不能工作时，雇主负有法律责任续付工资六个星期（Entgeltfortzahlung），当职员依然因病不能进行工作时，德国医疗保险有法律义务支付接下来三年内最长时间为 78 周的病假金（Krankengeld），其金额占工资毛收入的 70%，但不得超过生病前该雇用人员净工资的 90%。

由雇员本人承担。具体而言,法定医疗保险保费为 15.5%,而这其中有 0.9% 的"病假金"完全由雇员承担,另外 14.6% 的费用则由雇主和雇员按照各 7.3% 来分担。也就是说,当前德国医疗保费 15.5% 可以简化成为雇主 7.3% 加上雇员 7.3%,再加上雇员要单独缴纳的 0.9% 的病假保险,这样,保费总计为工资收入的 15.5%。除此之外,自雇人员如果想要自愿加入法定医疗保险时,其缴纳的保费要低于雇员,费率约为 14.9%,这是因为理论上自雇人员无需再单独缴纳"病假金"这一部分(因为其本身就是企业主),在这样的情况下,他们可以按照特殊优惠费率缴费(详见表1)。

第二项对于德国法定医疗保险筹资结构带来影响和变化的是,过去德国法定医疗保险的经办机构——公立医疗保险公司可以按照每个医疗保险所实际的财政情况来征收保费,各个医疗保险所的费率可能会有细微差别。2009 年医疗保险改革后,各个医疗保险所必须将征收到的保费基金首先上缴到联邦层面的统一的"卫生基金"(Gesundheitsfonds),然后由这一"卫生基金"(Gesundheitsfonds)将费用分别调拨到各个公立的医疗保险公司。根据新的医疗保险改革,各个公立保险公司的费率得到了统一。也就是说,全国各个医疗保险公司的费率统一为 15.5%,各个医疗保险公司不能单独更改国家统一制定的费率。而当各个医疗保险所的年度收入不抵支出的时候,其可以征收"额外保费"(Zusatzbeitrag)。例如某些医疗保险公司具有权限向被保险人征收每个月额外 8 欧元的保费,如果仍然不能平衡该医疗保险公司的赤字,那么医疗保险公司可以继续提高保费的一个百分点。这可以理解为德国法定医疗保险改革首先在于机制的统一,包括保费费率的统一和基金统筹的加强。但是在统一费率的基础之上,各个公立医疗保险公司可以根据其财政状况决定"额外费率",从这个角度而言,各个法定医疗保险公司又具有一定的自主管理权限。

德国医疗保险领域内筹资结构的变化反映了德国面临一系列社会和人口结构变迁而采取的适应新时代的变革。例如,德国人口结构的变化包括出生率的下降、平均寿命提高带来的人口结构的老化问题,以及医疗技术不断进步和新的医疗技术手段不断涌现带来的医疗费用上升的问题。另外，老龄化人口结构带来了额外的医疗费用上涨，这些都反映在德国的法定医疗保险费用的不断上升等方面（参见表1从1970～2011年的医疗保险费率的上升）。同时，医疗保险费用不断扩张也导致了对个人责任意识的更多强调，这也反映在对雇主和雇员缴纳费用份额的调整上。但从筹资结构来看，德国法定医疗保险制度保持了就整体意义而言的团结和社会整合的功能，通过实施家庭连带参保、降低大学生参保费率，并且通过对退休人员、失业人员、无业人员和低收入人员的特殊安排，德国法定医疗保险制度在现有的筹资结构中尽量实现了全社会应保尽保，法定医疗保险的覆盖率从1883年的低于10%扩展到了现在接近总人口的90%（Ullrich，2005），成为全球备受关注的一种模式。同时，德国过去的筹资结构根据职业团体不同而具有"法团主义"的特征，但德国并不存在根据地区不同而自行决定本地费率的状况。通过改革，德国实现了筹资结构集中化和联邦化的特征。过去按照职业团体和参保医疗保险所不同而征收不同的费率，通过改革出现了医保费率"中央集权"的趋势，全国实现了费率统一，同时筹资所得优先上缴到联邦中央，这无疑大大增强了征收费用的全国统筹性，防止了各个医疗保险所"苦乐不均"的局面，这些具有创新意义的改革都非常值得我们探讨和借鉴。

三、德国劳工市场改革综述

德国劳工市场政策从产生和建立初期就与德国的社会市场经济紧密联系，劳工市场的政策主要是促进全面就业，降低社会福利待遇的领取者人数，因此，德国在某种程度上发展成为工业绩效型（Titmuss，1974）的福利国家，其制度起源并非无原则地鼓励高福利，其政策实质还是要促进经济发展和社会政策的综合平衡。然而，随着20世纪70年代西方在二战后经济普遍发展的黄金时期结束，失业人数不断攀升，全面就业的理想随之变得越来越不可能。这之后，德国领取失业金的人数不断增加。由于德国的失业保险制度规定较为宽松，根据雇员缴纳保费的金额和年限，保险者可以首先领取失业保险金，在 12 ~ 36 个月的失业保险金领取结束后，失业人士可以领取失业救济一直到退休年龄，而失业救济由国家的财政收入支付，占失业人士之前工资收入的 53% ~ 57%。由于失业保险的政策较为宽松，一个直接的后果就是长期领取失业救济的人数不断上升，同时长期失业人士的就业意愿较为低下。在 2005 年改革以前，德国失业人数长期徘徊在 500 万线上的高峰（德国总人口为 8200 万），因此，德国一度被称为"欧洲病夫"。

2005 年在施罗德政府执政的红绿政府期间，德国联邦政府对德国的劳工市场政策和失业保险进行了重大改革，相关改革被称为哈茨四号改革①，其正式法律名称为"工作市场现代服务的第四法案"（Viertes Gesetz für moderne Dienstleistungen am Arbeitsmarkt）。哈茨四号改革将过去制度中的失业救济与社会救济制度合并，新组合而成的制度被称为"求职者基础保障制度"，长期失业者和具有就业能力的待业人员统一领取"失业金 2"。这意味着过去的失业救济被彻底取消，其待遇水平实质性地降低到社会救助的水平。对于过去领取失业救济的长期失业者来说，这意味着获得给付待遇的锐减，更为重要的是，这意味着过去领取失业救济人员身份地位的急剧下降，因为他们领取的不再是社会保险中的"失业救济"待遇，而是社会救济。同时，过去具有就业能力却领取社会救助待遇的人员现在也被重新定义为"求职人员"，其名称的改变意味着社会文化和社会心理的显著调整，含有鼓励领取社会救助但具有工作能力的人员重新进入职业市场的政策调整。过去领取失业救济和社会救济的人员现在都必须积极配合劳工

---

① 彼得·哈茨博士（Dr. Peter Hartz）原为德国大众公司的副总裁，参与设计了 2005 年度施罗德政府执政期间对劳工市场、失业保险和社会救济制度的改革，其相关改革被统称为哈茨改革。由于哈茨博士在此之前曾协助施罗德政府对失业保险和就业政策进行了一系列改革，分别产生了"哈茨一号"、"哈茨二号"和"哈茨三号"的改革方案，因此这次改革按顺序被称为"哈茨四号"改革方案。"哈茨四号"改革，"里斯特养老金"改革和新医疗改革成为千禧年后德国社会保障制度改革的里程碑式的重大事件（参见哈茨系列社会改革的官方网页：http://www. hartz‐iv‐iii‐ii‐i. de）。根据 2010 年 2 月 9 日德国联邦宪法法院的裁决，"哈茨四号"改革部分违宪，德国政府必须重新设计该制度使之符合宪法（德国宪法法院的判决参见：http://www. bundesverfassungsgericht. de/ entscheidungen/ls20100209_ 1bvl000109. html）。

局的个人辅助计划，积极参与培训课程，发挥和挖掘个人的就业潜力，并通过临时工、季节工、短期工等多种工作方式进入劳工市场，而具有工作能力却拒绝培训和工作安排的民众则面临给付待遇缩减和取消等各种日趋严厉的惩戒规制措施。在哈茨四号改革之前，哈茨一号到三号的改革已经为劳动市场的灵活化铺平了道路。国家在工作市场的政策干预日益对具有劳动能力的待遇领取者不利，而更加偏向工商企业界的需求。同时，国家的干预开始重新塑造一种新的职业文化，鼓励社会传播"就业本身就是有尊严的"的理念，同时通过促进个人就业和创业的系列措施，促进就业市场产生了大量非正规的、临时性的和低收入的就业岗位，力求从整体上遏制就业总人数不断下降的被动局面。根据德国联邦劳工局的统计，2011年度德国失业总人数已经降到300万人线下，停留在270万左右。考虑到改革前德国劳工市场的严峻状况以及当前金融危机和风暴对所有发达国家的影响，德国逆势创造了一个新的"德国奇迹"。

四、德国养老保险、社会救助等保障制度综述

与我国对社会保障制度内部制度划分相类似，德国的社会保障制度可以划分为社会保险、基础保障和带有社会福利性质的津贴制度。

1. 德国社会保险的组织管理

德国的社会保险制度包括养老保险、医疗保险、工伤事故保险、失业保险和长期护理保险制度。德国是历史上最早建立社会保险制度的国家，同时也在1995年率先建立了社会保险式的长期护理保险制度。德国的社会保险制度在财政来源上遵行雇主和雇员对等缴纳保费的原则，其中，工伤保险由雇主单独一方支付，构成了社会保险制度中的例外。根据联邦政府2011年的最新规定，2012年度各项险种的保费占工薪收入的比率分别为：养老保险19.6%（其中雇主和雇员各缴纳9.8%）；失业保险3%（其中雇主和雇员各缴纳1.5%）；医疗保险15.5%（其中雇员缴纳8.2%，雇主缴

纳 7.3%）；护理保险 1.95%（其中雇主和雇员各缴纳 0.975%）。在社会保险制度的管理上，德国实行社会自治的原则，一般由各个公法团体自主管理社会保险。这些中间协调机构承担着衔接社会和国家关系的任务。例如工伤保险由按照职业团体划分的同行业公会进行管理，养老保险则由各个州自治的养老保险机构管理，联邦层面的德国法定养老保险经办机构则负责统筹共济，失业保险原来是由联邦层面的联邦劳工局管理，2005 年德国哈茨四号改革后，则转化成为联邦劳动事务所和地方的社区福利机构共同管理。医疗保险是由各个医疗所来管理医疗保险中的保费基金，新近的改革改变了这一局面，雇员及雇主缴纳的保费会先上缴到联邦层面的"卫生基金"，然后再由"卫生基金"分配费用到各个医疗所。在覆盖层面上，德国的社会保险实质上已经超越了单纯的"雇佣人员"的社会保险，而将学生、孩童、失业者、非典型雇佣关系者、退休者和领取社会救助人士都纳入了社会保险。在待遇给付上，社会保险的待遇一般与保险者缴纳保费的年薪和金额高低挂钩，实现保费和待遇之间的对等原则，而在医疗保险和护理保险上则实现了"需求原则"，主要是根据病患和有护理需求人士的需求来给付待遇。

2. 2001 年起开始的"里斯特"养老金改革

除了医疗保险内部的改革以外，养老保险领域内最出名的是"里斯特改革"（Riester Reform）。其中，国家鼓励和补助的私人自愿退休养老金计划是这一改革的重要内容，俗称里斯特退休金。里斯特（Walter Riester）是前德国劳工和社会部长，他在 2001 年提议和首倡该项退休养老计划。雇员只要同保险公司、银行或基金签订私人退休养老金合同，就可以得到国家的补助，国家的补助金额自 2002 年以来不断增加。2007 年，只要一位雇员将其纯收入的 3%，至少 60 欧元（但最高不能超过 500 欧元）缴付签约的里斯特退休金，这位雇员就可以从国家得到 114 欧元的补助，此外，国家还为每个子女支付 138 欧元。

该项改革的出发点是德国的人口老化导致当前的养老保险制度无法维

持，除了延迟退休年龄以外，只能继续提升养老保险的保费。鉴于这两方面改革的余地均日益变小，那么自然的逻辑后果就是降低养老保险的待遇，也就是降低养老保险的替代率。"里斯特"养老金的着眼点在于基本养老金替代率由过去的 70% 降低到 67%，降低的部分由私人养老保险来替代。"里斯特"养老金实质上是国家给予补贴和税收优惠待遇的、个人支付保费的、基金市场投资的一项制度，在这项制度中，国家、个人和市场均同时参与养老保险产品的生产，国家修改了过去承担全责和大包大揽的角色，更多将自己定义为管理者、协调者和待遇保障者，这构筑了社会福利国中创新的一面。"里斯特"养老金的最新规定，凡是每年度缴纳占全年收入 4% 的费用到该项积累式养老保险计划中的，可以获得国家给予的 154 欧元全年的基础津贴，而有孩子的家庭可以再获得每个孩子每年 300 欧元的"儿童津贴"。另外，参与"里斯特"养老金的费用可以申请免税优惠。而私人养老保险基金负责投资增值，国家实现对私人养老保险基金的监管。德国政府采取补贴和减税等措施鼓励民众参加里斯特退休金，试图改变德国退休金制度结构。但国家补助的钱直接进入退休金合同，并不是给个人的，而且也不同个人收入挂钩，在 60 岁之前这笔养老金是不能动的。但是，目前这一代退休人员的养老金不增加。德国大联合政府各党还决定将法定退休年龄从 65 岁提高到 67 岁：2012～2035 年间，退休年龄将逐步提高，每次提高一个月。同时，"50 以上倡议"将改善中年雇员的就业机会。

不过，消费者权益保护组织认为，受到国家补贴的里斯特养老金计划正在走入死胡同，呼吁进行根本性的改革。根据权威测评组织"生态测试"的分析：里斯特养老金政策交出的成绩单是极为毁灭性的，其运营成本几乎将国家补贴全部吃光。

3. 社会救济制度的改革

德国在哈茨四号以及一系列劳工市场的改革之前有一个覆盖全体国民的社会救济制度，新制度被更名为"基础保障"，现在通过改革分成了四个不同的部分，分别为：老年人的基础保障、丧失工作能力人员的基础保障、儿童的基础保障以及求职者的基础保障。基础保障制度实质上仍是带有救济性质的制度，为需求审查型的制度，其财政完全来源于国家的税收。该制度的基本原则还是收入在一定界限以下的民众有权申请补差金额，完全没有收入的人员可以获得全额的基础费用，国家另外对暖气和水电等费用进行补贴。另外，该项制度还针对不同的群体例如孕妇、工作失能人士、残障人士等进行专项特殊补贴。2011 年，单人家庭或成人获得的每月标准基础费用为 364 欧元，其他水电和暖气费用等额外补贴为每月300 ~ 400 欧元不等，其他家庭成员和孩子也获得相应补贴。

与过去社会救济制度不同的是，现在的制度划分更加精细，专门项目更加有针对性，对所有处于工作年龄阶段和具有工作能力的人士申请基础保障，则增加了门槛和条件。德国在从"哈茨一号"到"哈茨四号"的改革中，实施了一系列促进就业、增加和激励工作机会和就业岗位、惩罚和规训拒绝就业者的措施。从机构设置的层面来看，德国的"联邦劳工局"更名为"联邦劳动事务所"（Bundesagentur für Arbeit），从名称上塑造社会改革的心理氛围。过去"联邦劳动事务所"的地方办理机构现在更名为"就业中心"（Job - Center），内部设置专门机构来针对失业人士进行再就业的定向协助。在这一系列的改革中包含了大量促进灵活就业和新兴就业的措施，包括所谓的"微型工作"（Mini - Jobs）、"中长工作"（Midi - Jobs），也包括临时工和季节工等。政府促进失业人员创业开办"一人公司"（Ich - AG），由国家给予创业者相当数量的启动资金补助等。尤为重要的改革是：失业者在失业后负有举证责任以证明失业不是由本人原因引起的，而且要持续证明本人不负有阻挠接纳新工作岗位的责任。失业四个月以后，失业人员就必须做好准备接受"就业中心"的相关就业安排。单人家庭的失业者甚至必须接受"职业介绍中心"安排，离开本市到全国任何一个地方去工作（相关改革措施参见哈茨系列社会改革的官方网页：http://www. hartz - iv - iii - ii - i. de）。同时，针对领取"失业金 2"的人群，国家成立专门的"职业中心"，针对每个失业者提供专业定向辅导的

"对话伙伴"，又被称为"特殊境遇职业介绍人"。专职的职业介绍人从过去的每一人协助八百名失业者下降到每一人针对性协助七十五名失业者。职业介绍人和失业者将根据失业者的个人情况共同制定具体针对个人的"职业计划"和"再就业战略"，并根据个人的特长和心理特点，广泛联系就业市场。"职业中心"将为领取"失业金2"的人员提供广泛的职业培训计划，如无抗拒性因素，失业者必须参与职业培训计划，并必须积极配合职业介绍人与其共同制定就业规划。"职业中心"一旦提供相关的岗位，如无正当理由和明显可抗拒的因素，失业者必须接受这样的就业安排。

德国其他带有需求审查型的社会救济制度包括住房津贴、青少年救济和儿童救济等。带有社会福利性质的普惠型制度包括儿童金、父母金等，主要是介入家庭领域，鼓励提高生育率，其中儿童金由国家支付每月184欧元的补助，第三个孩子和第四个孩子的儿童金则相应浮动上调（其中第三个孩子每月190欧元，第四个孩子每月215欧元）。这些社会救济和社会福利的费用均由国家财政支付。

五、德国社会支出的统计数据

德国社会支出占GDP的比例从20世纪60年代以来就不断攀升，从1960年的20.8%逐渐上升到1975年的28.8%。20世纪80年代曾一度下降，但随着90年代两德统一进程的开始，德国的社会支出比例逐渐超过了30%。这就意味着，在德国的社会分配中，社会支出的比例占国民生产总值近1/3。历经2000年以来一系列社会保险制度和社会救助制度的改革后，德国的社会支出仍然在30%上下徘徊（参见图1）。2009年欧洲各国社会支出占本国GDP的比较显示，德国以30.1%的社会支出比例处于相对前列的位置。社会支出高于德国的仅有法国和北欧国家如瑞典和丹麦，相对而言，东欧和波罗的海国家的社会支出则远远低于西欧特别是德国的水平（参见图2）。

（%）

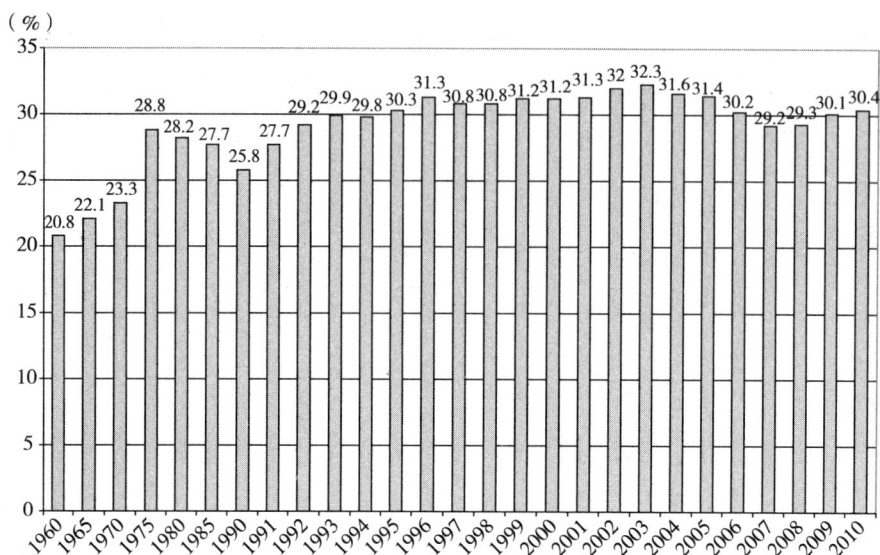

图1　联邦德国社会支出占 GDP 的比例：1960 ~ 2010 年

数据来源：联邦德国劳动和社会事务部 2010 "Sozial Budget 2010"。

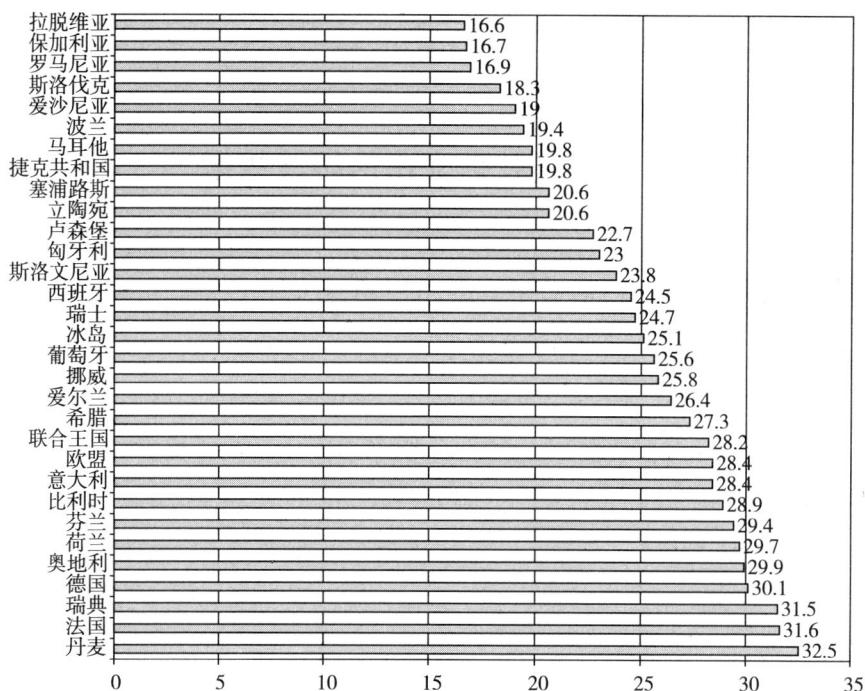

图2　欧洲各国社会支出占 GDP 比重的比较

数据来源：Data Eurostat 2011。

在德国各项社会支出中，养老保险和医疗保险仍然是重中之重，其中养老保险以 31.9% 的比例占了整个社会支出的近 1/3，养老保险和医疗保险的支出超出整个社会支出的一半还要多。其他社会保险如失业保险、护理保险和工伤保险的支出分别为 4.6%、2.8% 及 1.5%。而三项社会救济的项目也占了整体社会支出的 12% 以上，其他社会支出还包括家庭投入、儿童津贴、公共服务和企业年金等（参见图3）。

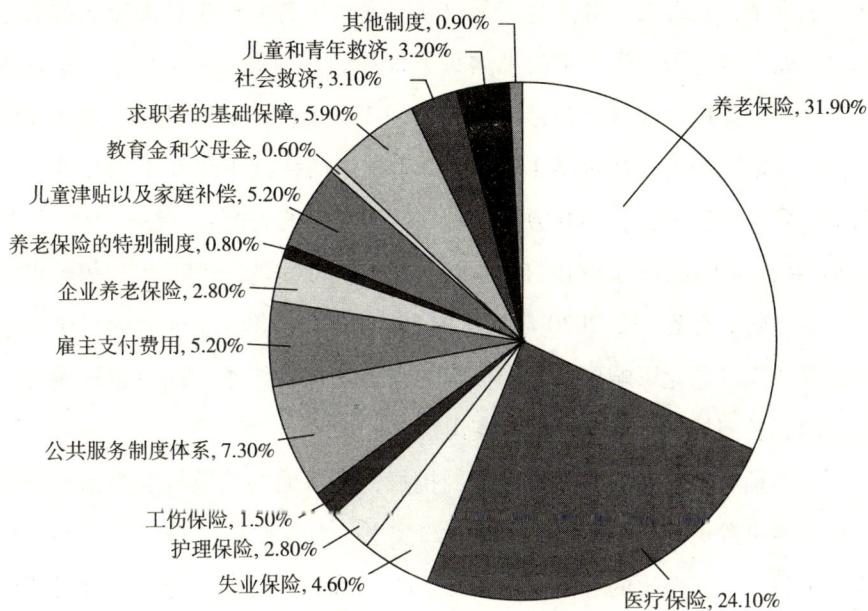

图3　联邦德国 2010 年各项社会支出占总社会支出的比例

数据来源：联邦德国劳动和社会事务部 2010 "Sozial Budget 2010"。

六、德国社会政策面临的挑战

德国是一个以社会市场经济和社会福利及保险而闻名于世的国家，在经济领域和社会政策领域分别被冠以"莱茵资本主义"和"俾斯麦模式"的称号。德国在 20 世纪 70 年代以来也面临着严峻的挑战，首先是人口结构转型带来的挑战。埃斯平-安德森曾提出这样的问题：福利国家为其自身制造了多少问题？人口生育率的不断衰退与经济福利发展构成负相关的关系，这本是世界的通例，并不仅仅是德国的问题。但是保守式福利国家重视养老保险，长期忽视育婴和儿童照养机构是造成德国生育率不断下降的重要原因。正如德国社会学家考夫曼总结的那样：养老的成本实现了100%的社会化，而养育儿童的成本却只实现了25%的社会化，儿童养育几乎成为个人的私人事务。这正是福利国家对生育率产生负面影响的典型案例。如今，德国的生育率为平均每个育龄妇女约有1.4个孩子，这远远低于一个社会正常人口结构延续所需要的2.1个孩子的标准。这意味着每个世代，德国的人口将锐减1/3。人口生育率的持续下降和平均预期寿命的不断攀升导致了社会福利缴费者和领取待遇者的失衡。观察每100个15到64岁劳动年龄人口负担的65岁以上老年人口数量，1957年的德国尚为17，现在则上升到33，2030年将达到50，2050年将超过60。人口生育率的下降和人口老化影响到了养老保险的支付和保费缴纳，同时也影响到医疗保险和长期护理保险等领域的支出。

社会福利不仅面临着人口因素的挑战，经济的持续放缓和当前的金融危机也不可避免地影响到社会政策。事实上，西方世界从1970年的石油危机以来就面临着严重的经济衰退和棘手的"滞胀"局面，经济黄金时代的结束带来的是低经济增长率和高失业率，这首先影响到失业保险内部的平衡关系并带来支付危机，同时又跨越失业保险影响到整个社会福利的财政基础。当前，不断深化的金融危机和欧元区危机势必对社会福利体制造成史无前例的冲击，其后果恐怕要等到数年后才日渐清晰。

第三大挑战是全球化的挑战。由于社会福利国产生于民族国家的范围，其基本条件是资本受到民族国家政府的规制调节。而20世纪70年代美元与黄金体系的脱钩以及1986年英国"Big Bang"式的金融系统改革使得资本全球大规模流动和整合成为可能。当越来越多的大型企业和跨国企业跨越民族国家的边界流动到生产成本和社会成本较为低廉的国家的时候，流动的就不仅仅是企业，而且是与之相关的带有社会保险缴费义务的工作岗位以及国家税收和社保费用的基础。经济和资本的全球化带来的另外一个显著后果就是形成了劳资之间不对称和不平等的权力结构。资方可以威胁将产业转移到劳动和社会费用低廉的国家，如果本国产业界不相应地降低社会和人力成本，资本家就要"出走"。权力关系的改变削弱了工人的组织力量，特别是削弱了工会的力量，使得工人和企业家之间的"权力鸿沟"日益扩大。

第四个挑战则是后工业化社会的挑战，俾斯麦模式的实质为一种社会保障与工作雇佣关系相联系的模式，民众的标准生涯其实就是标准工作生涯和标准养老金生涯。然而在后工业化社会，随着雇佣关系日益扁平化、灵活化、小型化，全职工作在现代社会变得越来越稀少。产业工人占人口的比率逐年下降，而职员的比率则不断攀升，同时，临时工、季节工和低收入工作的全面崛起也导致了长期不间断地缴纳社会保险费变得越来越不现实。另外，后工业化社会生活方式日益多元化，例如高学历引导下的长期学习、终生学习理念的扩展，啃老族群体的崛起等，都导致全职雇佣关系的不断减少。

七、德国社会政策对中国的启示

德国社会政策的发展和变革对我们的启示就是福利国家的安排对于社会的和谐与可持续发展具有重要意义。在金融危机中德国"一枝独秀"就展示了一个适度而又与经济充分配合的社会政策如何适应了时代的挑战。但德国的教训则为福利国家的建设不可过度，由于福利国家的建设面临着刚性支出、能上难下的局面，因此在不断健全社保和社会福利体制的同时，要前瞻性地防止"福利过度"和"权利意识过度膨胀"等问题。而德国的改革中心点则为福利国家、福利社会和福利市场的有机结合和相互整合，以力争达到多元角色的平衡发展。这一过程中并不是鼓励福利国家的退出，而是国家角色的转变，更多从直接干预者转变成为立法监管者、协调者和组织者，国家的功能和责任实质上是加强了，但更多体现为现代管理和服务的角色。

虽然德国和中国的社会政策的路径不完全相同，但是德国的经验非常值得我国借鉴。诚然，德国属于"福利国家过度扩展"类型的国家，相对而言，我国"福利制度"的发展还处于"不足"的状态，远远谈不上过度发展，我国的社会保障制度，特别是社会保险、社会救助制度在国家未来的社会经济发展和社会现代化中的作用怎么估量都不能算是过分。社会保障制度和福利制度在我国经济转轨中有促进社会稳定和谐的作用，自然极为重要。但是放眼未来，我们应当未雨绸缪，在学习西方先进国家经验的同时，吸取西方国家发展道路上的教训也是非常必要的。西方的今天可能就是中国的明天，因此，我们必须因势利导，不断动态调节我国的现行制度，才能适应未来时代的需求。

具体而言，任何制度的发展，包括社会保险、社会救助和社会福利制度的发展，都有一个适度和适时的问题。当我国的社会保障制度缺乏和不足的时候，当其不能适应市场经济改革进程的时候，我们应当逐步建立制度；当制度还不成熟和完善的时候，我们应该努力使其完善，日臻成熟；然而当制度日趋完善后，我们又必须要前瞻性地防止其"过犹不及"，避免社会保障制度刚性发展对社会经济发展可能带来的负面效应。这期间的关键是要确定什么时候是"转折点"（turning point），在确立好转折点的同时，防范可能出现福利过度的现象和负面效应的产生。过去十年，我国的社会保障制度出现了超常规发展的现象，这是与我国社会领域的发展远远落后经济发展的状况相联系的。那么在未来十年、二十年，什么将是我国社会保障制度发展的方向和主流呢？当我国从中等收入国家逐步迈向高收入国家行列的时候，我们还能仅仅停留在"社会保障制度不断扩张"的思维中吗？根据德国的经验，一个适度和适时的社会政策，而并非大包大揽的福利国家应是较佳的选择。我国既要不断完善社会保险、社会福利和社会救助制度，同时也要在制度设计的初期就要防止未来"路径依赖"和"福利支出刚性上升"的局面，社会保障制度的给付不能过于慷慨，社会救助待遇的门槛不能过于宽松，不能完全将所有一切推给父爱主义的国家。总之，走适度的中间道路将使我们游刃有余，而不会单纯地被福利主义捆绑。在西方世界的经济危机中，德国完善的社会保障制度起着稳定社会的强大平衡器的作用，德国没有出现许多西方国家出现的动乱和骚动，在这一点上，其社会保障制度的确起了决定性的稳定作用。同时，适度合理的"中道"社会政策也使德国经济在西方世界一枝独秀，与西班牙、意大利、希腊和葡萄牙等国失业率不断飙升相比，德国的经济非常旺盛，失业率反而不断下降，在这里，社会政策、经济政策、劳动市场政策和社会稳定达到了一种较佳的"四角平衡"状态，社会政策既促进了社会稳定，又促进了经济增长和劳动就业。这里不得不再次提到前总理施罗德极具争议的"哈茨四号"改革的贡献。由于施罗德本人是社会民主党人，传统上社会民主党是站在劳工阶层一边支持社会福利扩张的，因此，其收紧社会救助制度的改革不为党内同仁理解，民众的反对，特别是传统社民党支持者的反抗更是强烈，该项改革成为后来施罗德政府倒台的重要原因。但历史从来都不是以一时一地的短期效应来评价的，政治家也并不必然是以"迎合大众"的"欢迎程度"和民粹主义来评价的，多数人的意见有时候并不一定正确。施罗德勇敢地进行了一场违背本党传统宗旨的改革，使他成为当时德国最不受欢迎的政治家之一，但是历史最终证明了他推行的改革是具有远见卓识的，是符合国家长远利益的，也最终符合了人民的长远利益。这样的改革需要巨大的勇气和非凡的魄力，尽管这样的改革并不被当时的民众所理解。德国经验非常值得今天的中国深思。

刘　涛（德国比勒菲尔德大学）　执笔

参考文献

［1］ Bäcker, Gerhard; Bispinck, Reinhard; Hofemann, Klaus; Naegele, Gerhard: Sozialpolitik und soziale Lage in Deutschland. Band 1, Wiesbaden: Westdeutscher Verlag, 2000, p. 206 – 211

［2］ Bäcker, Gerhard; Bispinck, Reinhard; Hofemann, Klaus; Naegele, Gerhard: Sozialpolitik und soziale Lage in Deutschland, Band 1, Wiesbaden: Verlag für Sozialwissenschaften, 2008, p. 317 – 322

[3] Bosch, Gerhard; Krone, Sirikit; Langer, Dirk: Das Berufsbildungssystem in Deutschland. Aktuelle Entwicklungen und Standpunkte. Wiesbaden: Verlage für Sozialwissenschaften, 2010

[4] Bundesministerium für Gesundheit : Finanzielle Entwicklung in der gesetzlichen Krankenversicherung, 2012

[5] Esping – Andersen, GØsta. : The Three Worlds of Welfare Capitalism, Cambridge: Polity Press, 1990

[6] Führ, Christoph: Das Bildungswesen in der Bundesrepublik Deutschland. Weinheim: Beltz, 1979

[7] Grabka, Markus Michael: Alternative Finanzierungsmodelle einer sozialen Krankenversicherung in Deutschland, Berlin, 2004, p. 27

[8] Kaufmann, Franz – Xaver: Herausforderung des Sozialstaates, Frankfurt am Main: Suhrkamp, 1997, p. 21

[9] Kaufmann, Franz – Xaver: Varianten des Wohlfahrtsstaats: Der deutsche Sozialstaat im internationalen Vergleich, Frankfurt am Main: Suhrkamp, 2003, p. 250 – 259

[10] SGB, Sozialgesetzbuch: Bücher I – XII, München: Deutscher Taschenbuch Verlag, 2010

[11] Statistisches Bundesamt: Arbeitsunterlagen der Sozialhilfe – und Asylbewerbleistungsstatistik, 2004

[12] Titmuss, R. M. (1974). *What is social policy*? In Abel – Smith, B. and Titmuss, K. (Eds.) Social Policy (pp. 23 – 33.) London: George Allen and Unwin

[13] Ullrich, Carsten G. : Soziologie des Wohlfahrtsstaates, Frankfurt/New York: Campus Verlag, 2005, p. 20 – 21

[14] Zacher, Hans F. ; Köhler, Peter A. : Ein Jahrhundert Sozialversicherung in der Bundesrepublik, Frankreich, Großbritannien, Österreich und der Schweiz, Berlin: Duncker und Humblot, 1981

英国福利制度的发展和面临的挑战

本文探讨二战后英国福利制度的发展状况。首先分析总体的趋势，然后关注不同领域的制度变迁。目的是关注各种制度建设背后的意识形态、政治基础、发展逻辑和可能产生的问题。

一、宏观层面的福利发展

英国现在的福利制度很大程度上沿用了 1945 年以后贝弗里奇倡导的社会保险制度。1945 年以前在住房、医疗、养老、济贫等领域也曾出现一些社会改革，但是人们还是公认 1945 年的《贝弗里奇报告》为英国现代意义上的福利国家的里程碑。英国福利国家之所以在战后发展起来，与当时的社会环境有很大关系。

1. 福利制度的发展与经济恢复

现代社会中，人们很容易把政府的福利开支增加作为经济增长的限制因素。看一下英国的历史数据①，结论却不是那么简单。

---

① 这一节的数据来自于英国公共支出统计网站。关于趋势的描述直接翻译自该网站的简报：http：//www. ukpublicspending. co. uk/spending_ brief. php. 其中的评论部分为笔者所加。

首先，英国历史上福利国家的出现并没有伴随经济增长率的下降，见图1。在两次世界大战期间，军费开支都占了很大的比重。但是，如果不看战争时期，第一次世界大战之前，公共支出维持在 GDP 的 15% 左右。在一次大战之后，达到了 25%。在 20 世纪 30 年代这一比重略有增加。在第二次世界大战之后，公共支出占到 GDP 的 35% 左右。这个支出水平持续到 20 世纪 50 年代。在 60 年代之后持续上涨，到 1980 年达到了 GDP 的 45%。随后，公共支出被大幅度削减，从 GDP 的 45% 削减到了 1989 年的 35%。但是因为英镑危机和经济衰退，又回到了 40% 的水平。在 2000 年又降到 36%。之后，公共开支快速增加，2008 年金融危机后，公共支出继续增加达到了 47%。

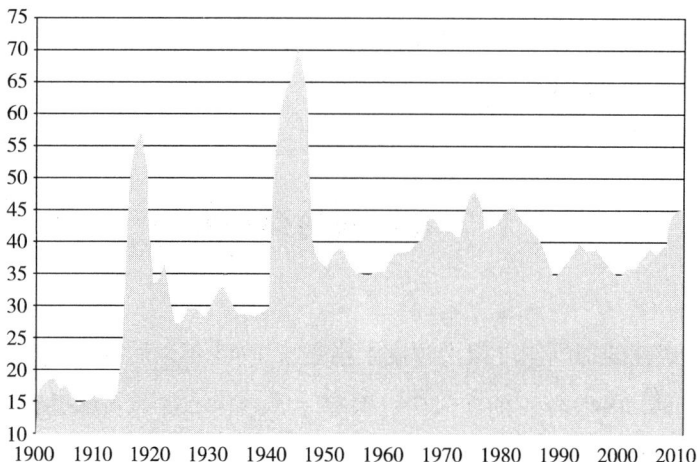

图 1 总公共开支占 GDP 的百分比（%）

资料来源：作者根据英国公共支出网数据绘制。

其次，从公共开支的结构看，英国在各个领域的公共开支保持着长期增长的趋势，但是短期趋势不稳定。

（1）教育。由图 2 可知，教育开支在战争期间确实有所减少，但是在和平时期持续增长，越过了几个台阶。政府的教育支出在 20 世纪初的时候不到 GDP 的 2%，1946 年以后就始终保持在 3% 以上。1956 年以后，教育支出持续增长，1960 年之后就没有低于 4%。1975 年达到最高峰，即

6.5%。20 世纪 70 年代后期和 80 年代，教育支出在 GDP 中的比重下降，1989 年降到 4.25%。20 世纪 90 年代初，教育支出重新增长，1995 年达到了 GDP 的 5.07%。1990 年以后，教育支出重新下降，1998 年回落到 4.33%。2000 年以后，教育支出持续上升，到 2010 年达到 5.95%。虽然此间英国经历了经济危机，但是由于教育预算是在危机前已经通过的，所以在危机初期教育开支并没有实质性的下降。从 2011 年开始，英国政府开始大力削减教育经费，所以很有可能在以后的几年里，教育开支保持回落的趋势。

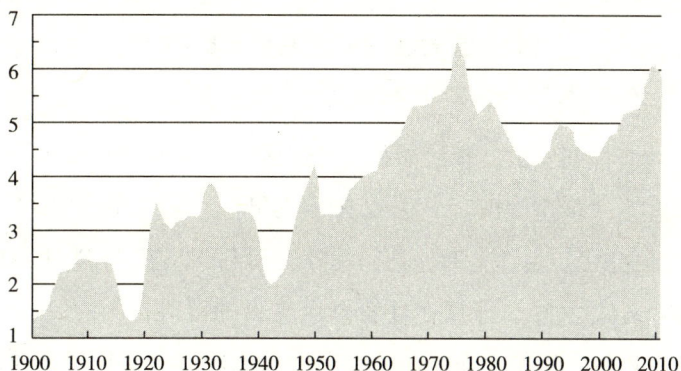

图 2 教育支出占 GDP 的百分比（%）

资料来源：作者根据英国公共支出网数据绘制。

（2）医疗卫生。由图 3 可知，政府的卫生开支在整个 20 世纪中保持了相对稳定的增长趋势。从上个世纪初占 GDP 的 0.3%，增长到 1980 年代的 6%。20 世纪 80 年代和 90 年代有所减少，2000 年以后快速增加，超过了 GDP 的 8%。1909 年国民保险法通过之后，卫生支出开始明显增长，1921 年达到 GDP 的 1.14%。1948 年国民健康服务（NHS）设立之后，上升到 3.07%。在 NHS 的初期，成本增加比较快，1950 年卫生支出超过了 GDP 的 3.6%。20 世纪 50 年代又回到 3.5%。1970 年重新攀升到 GDP 的 4.0% 以上，1975 年达到了 4.98% 的高位。卫生支出在 1970 年以后有所下降，但是在 1979 年以后又重新回升，1983 年达到 5.64%。1988 年以后快速上涨，在 1993 年出现了大幅下降，在 1998 年降到 GDP 的 4.91%。在 1999 年又开始增加，在 2010 年达到 GDP 的 8.43%。

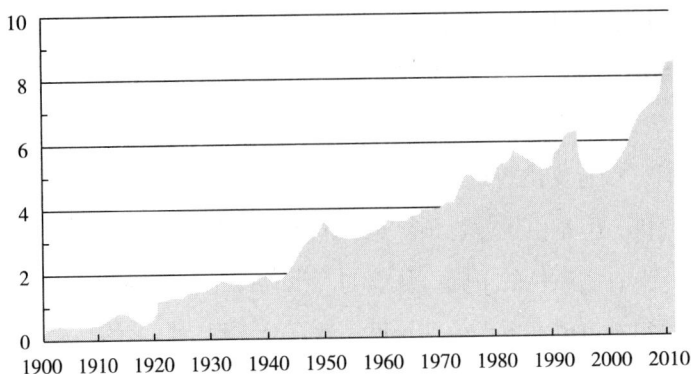

图3　医疗支出占 GDP 的百分比（%）

资料来源：作者根据英国公共支出网数据绘制。

（3）社会福利支出。其他福利支出包括了"家庭和儿童支出"、"失业救济金支出"、"住房支出"、"社会排斥支出"、"社会保护支出"和"社会保护研发支出"。总体上看，英国的社会福利支出在 1945 年以前主要是住房福利和收入支持（计算在社会排斥支出的范畴内）。工党在任期间，家庭和儿童支出、用于失业就业的福利增加比较多。而住房方面的支出在 20 世纪 70 年代保守党在位期间就被大大削减了。

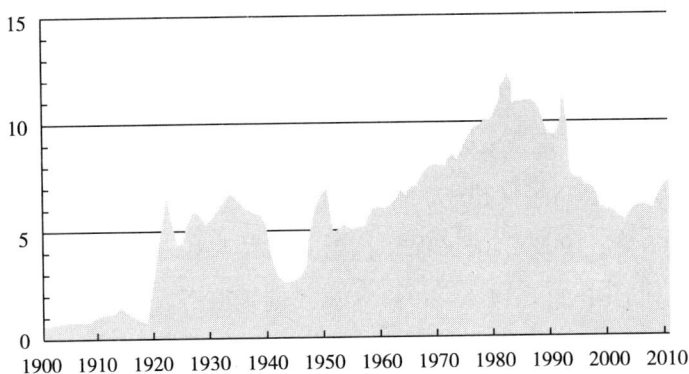

图4　福利支出占 GDP 的百分比（%）

资料来源：作者根据英国公共支出网数据绘制。

除了日益增加的福利"需要"之外，英国用于福利制度的支出增减在很大程度上受到政党政治的影响。几个里程碑式的改革包括 1948 年福利国家的建立、20 世纪 70~80 年代撒切尔的福利改革，还有布莱尔和布朗政府在 2000 年以后的福利增加。

从经济增长看，英国的实际 GDP 总额也是呈长期增长趋势。而且年增长率从 20 世纪 50 年代以来没有明显的变化，除了 20 世纪 70 年代末和 90 年代初的个别年份，基本上保持了低速增长的趋势。直到 2008 年经济危机之后，英国经济才出现了严重的负增长。人均 GDP 也在战后维持了相对稳定的增长。

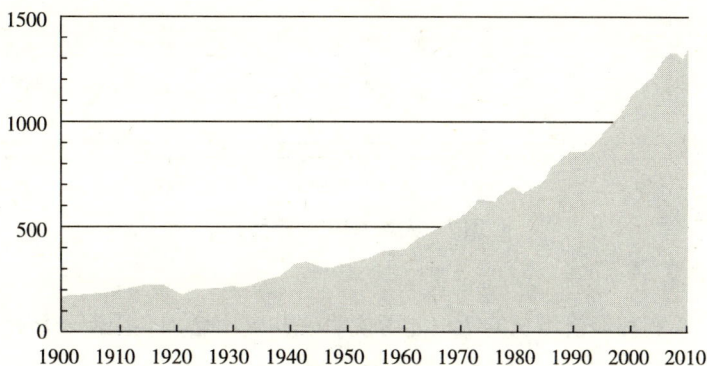

图 5　实际 GDP 总额（10 亿英镑）

资料来源：作者根据英国公共支出网数据绘制。

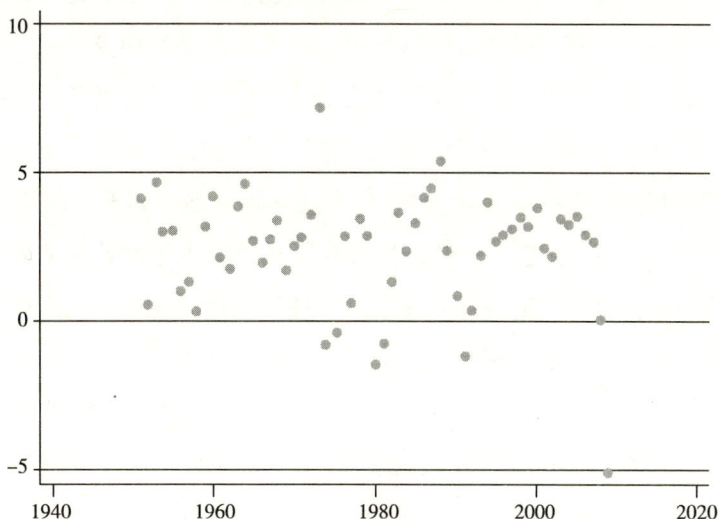

图 6　GDP 年增长率（%）

资料来源：本文作者根据 Penn World Tables 绘制。

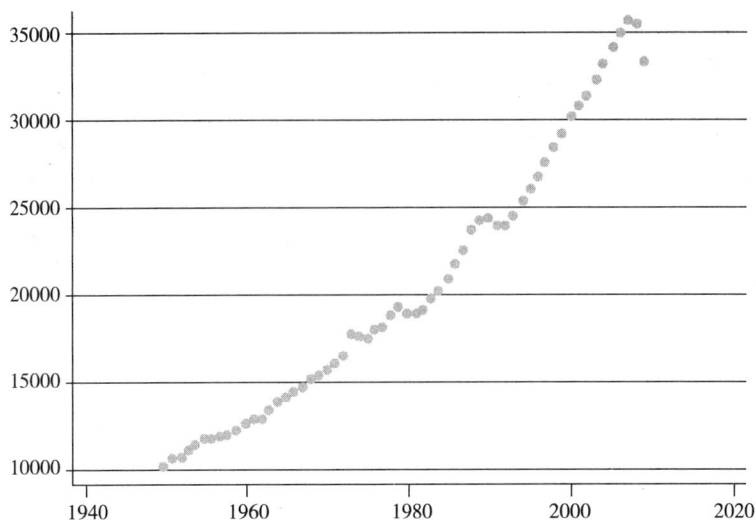

图7　人均 GDP（美元）

资料来源：本文作者根据 Penn World Tables 绘制。

上述福利和经济增长的历程能否说明公共支出增加会限制经济增长？恰恰相反，公共开支的增加大概是多年来维持英国经济相对稳定增长的一个重要因素，并帮助英国顶住了 20 世纪 60 ~ 70 年代以来的经济结构变迁的压力。

但是，确实需要注意的是，高公共支出也会造成高债务比率，如果不及时加以控制，就有可能造成债务危机。对于如何缓解债务危机，经济学家有不同的见解。有的人认为应该继续增加支出推动经济增长，最终使得债务得到偿还，这是典型的凯恩斯主义逻辑。但是，凯恩斯主义的政策主张在当年获得成功有一个背景条件，即债务削减已经变得非常困难。Krugman（2011）提出，凯恩斯的经济刺激政策是因为当年的英国债务水平达到前所未有的高度，政府在此之前尝试了各种政策均无效，在走投无路的情况下被迫扩张支出而实现绝地反击。

现在英国保守党削减公共支出的借口是减少公共支出有助于减少债务。首先，现在的英国债务还远远没有达到 20 世纪 20 ~ 40 年代的水平。所以，并没有那样严重的"债务危机"。其次，要削减公共开支，需要证明这样的削减会有助于减少债务。而 Harrison（2011）的分析表明，削减开支对降低债务水平有一定作用，但是并不像保守党宣传得那么有效。

公共支出的增加确实对战后的经济增长作出了一定的贡献。但是，很难确定这个贡献是因为公共部门就业本身的增长，还是因为公共部门支出增加刺激了其他经济部门的增长。可以肯定的是，近期的经济衰退到来之后，虽然保守党一直在谈削减福利，但因为失业问题严重，最终的福利支出反而有增无减。

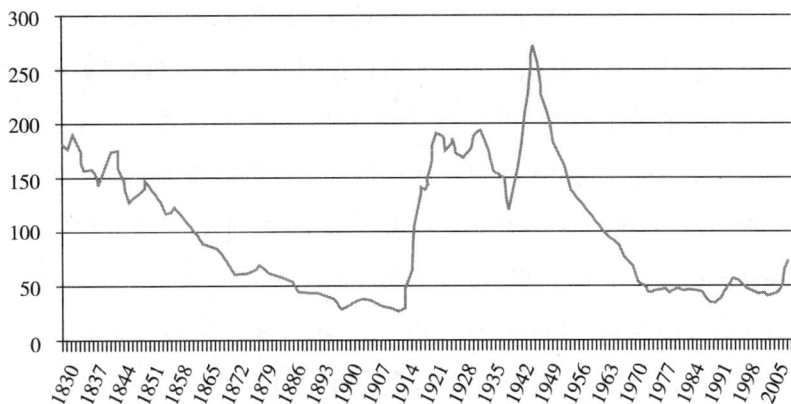

图 8　英国政府债务占 GDP 的百分比（%）

资料来源：作者根据英国公共支出网数据绘制。

2. 福利制度与社会整合

从理念上看，以社会保险为主的福利制度很大程度上是建立在社会团结、互助责任的基础上的。所谓的社会团结是社会成员有一定的归属感，它使得成员间乐于帮助与自己没有直接关系的人。在社会团结性比较强的社会中，人是这个团结的社会网络中的一分子。如果追溯社会传统的话，强调社会团结应该来自于基督教的互助传统。传统意义上的社会团结认为，人们之间的关系决定了他们在一个社会中所能享有的权利。传统的社会团结是局限于较小范围内的，强调成员之间的彼此信任。德法的社会保险体系把这种信任关系扩展到了比传统社会更为广泛的群体——就业者群体，即只要有工作的人就能够加入社会保险。而英国贝弗里奇的福利设想力图把这个社会团结的范围更进一步扩大到全民，让更多的人享受到社会保险体系的保护。

　　另一方面，对外战争把社会各阶层的利益更加紧密地结合起来。两次大战不再是传统意义上的贵族根据传统社会契约保卫国家、保卫属民的征战，而是全民（包括妇女、工人阶级）参与的保家卫国的战争。这一点在二次大战中表现得尤为突出。

　　在战时，为了充分调动资源，人民对政府的资源调配和动员能力有了前所未有的信任。在此基础上，贝弗里奇提倡通过社会保险来构造福利国家。社会保险的做法是单一费率的缴纳和单一水平的享受。他并不支持资力审查的社会保障。在贝弗里奇理想中的社会保障体系中，个人在就业的时候缴费，失业的时候获得福利。缴费换取福利，而不是国家提供免费资助。福利的成本中很大一部分来自于不考虑收入的缴费，这样才有可能支撑起对所有人的福利（Beveridge，1942）。再分配性质的社会福利只是极小的一部分。建立在缴费原则上的福利制度的好处是，因为缴费义务和享受权利挂钩，即使是中等收入者也能够从福利国家中获益，最终使得福利国家能够得到多数缴费者的支持，真正成为形成社会凝聚力的重要手段。

　　但是，贝弗里奇的福利制度建议从一开始就没有得到全盘接受，他本人受到了来自各方面的批评。很多人认为单纯从社会团结角度来考虑福利制度对有认同感的"圈内"社会成员会很好，但是对"圈外"社会成员则带有很强的排斥性。最终的结果很可能是没有缴费能力的人就不能享受到社会福利。面对多方批评，英国福利制度最终的结果是一个社会保险和资力审查相结合的制度，而且资力审查占了非常重要的地位。英国现在的社会福利，虽然也是基于缴费原则，但是已经是一种比较弱的缴费原则：缴费与收入挂钩，而待遇水平是统一的。目前，英国只有国家第二养老金（State Second Pension）不与收入挂钩[①]。Hills（2003）认为，英国现在的福利制度（养老保险、失业救济）所体现出来的权利义务之间的联系是非常弱的。一个人可能从来没缴费也能享受缴费性福利，因为现在的缴费制

---

　　① 工党政府2002年推出，目的是为了让低收入群体也有可能享受到一定标准的退休金。

度假定人迟早都会工作并且最终缴费。而有些人缴费了，却有可能从来得不到福利的照顾，因为他的收入从来没有低于福利享受的收入标准。越来越多的证据表明，在经济向好、资源充裕的时候，对弱势群体有好处的资力审查的福利能够得到更多的支持。但是当经济状况恶化的时候，就会有越来越多的人对政府向没有缴费记录或者没有缴费能力的人提供慷慨的福利表示不满，从而形成福利削减的政治压力。从这个意义上看，原本为了将所有社会成员融合在一起的福利制度本身就有可能成为分化社会的因素。

自2007年的危机以来，社会团结的减弱在社会福利方面主要表现为对失业者和移民的态度变化上。公众话语中越来越多地提到"底层社会"这个词。在经济繁荣的时候，政府和社会较多地把失业者不能就业的原因归于社会排斥，即各种各样的社会原因从多个环节对弱势群体进行剥夺，使其边缘化而无法参与到社会主流中。这其中的一个重要表象就是失业，甚至是长期失业。而现在，从政府到大众传媒都更多地强调失业者就业意愿不足。另外，对于移民群体的意见也越来越多。更多的人认为移民抢走了本地人的就业机会，挤占了公共资源，社会底层的人认为移民剥夺了他们获得公共住房的权利。联合政府也借着民意的变化撤销了工党在位期间设立的社会排斥局（Social Exclusion Unit）。同时大力调整失业救济金和社会保障政策，一些不能坚持找工作的人有可能失去社会保障，甚至失去社会住房。同时移民在英国就业的难度加大，英国本土的企业被要求首先考虑雇用本地工人。

二、中观层面的福利制度框架和面临的挑战

观察英国公民的社会发展机会，可以从提供公平起点、帮助处于不利地位的群体摆脱贫困的角度来看，也可以从分人群的待遇角度来看。后者涉及了针对性别歧视的立法（1975）、关于公平薪酬的立法（1970和

1983）、关于种族关系的立法（1976）、关于残疾人歧视的立法（1995）和关于人权的立法（1998）。本文不详细讨论这些，而是重点关注利用社会政策消除贫困和起点不公平。当然，上述几个方面是不可能完全分开的。

社会服务的均等化被视为公平起点的重要政策，甚至比直接的现金福利更为重要。支持这个观点的人认为，社会服务有可能带有很强的地域性，或者具有某些公共产品的特征，或者索性不存在市场提供。这样，就有可能出现花钱也不一定能够买到所需要的服务，或者因为服务质量的差异造成实质性的不平等。所以，仅仅向贫困者发放现金福利补充其收入不一定能解决不平等问题。而社会化的公平的服务就有可能在一定程度上修正单纯依靠现金福利所无法实现的公平起点问题。

英国的社会服务早年主要集中在基础教育和卫生领域。现在，随着更深入的家庭劳动社会化和对平等过程的更多认识，不仅教育和卫生领域的社会性服务得到了大大的扩展，也出现了更多新型社会服务，比如老年照顾和围绕住房的各种改变居民生存环境和就业机会的社会性服务。

1. 教育

教育在英国社会政策中占有非常重要的地位。英国历史上是一个阶级分化非常严重的社会。经过多年的实践，一个普遍的社会共识是：要打破阶级分化的藩篱，让来自底层的人有向上流动的机会，教育是很重要的途径。二战后到 20 世纪 60 年代的经济发展造就了有体面收入、就业稳定的工人阶级，他们的孩子不仅在经济上有所保障，而且有可能通过上高中、大学，最终步入中产阶级的行列。在选举中走民粹路线的布莱尔进一步把"教育、教育、教育"作为自己的竞选口号。这个政策导向就是为了通过教育的普及，部分改变个人发展条件或者说"坏运气"，比如家庭经济条件差、家长教育能力差等。

（1）义务教育。英国在 1944 年以前基本上没有义务教育，特别是小学以上的教育，不属于公民权的范畴。1944 年初中教育普及了，但是很不平等。对于大多数家庭的孩子来说，当时的文法学校（grammar schools,

学术类的学校）是遥不可及的。这样的学校对最优秀的学生有益，但是80%以上没有通过 11 年级考试的学生不得不去上"现代初中"（secondary modern schools）。这些学校要求很低，很少毕业生能够取得深造的资格。直到 20 世纪 60 年代，只有 15% 的学生得到 5 个 O – levels（初中毕业考试）成绩，5% 的学生接着上大学。中产阶级的家长带头对此感到不满，并最终促成了 20 世纪 60 年代和 70 年代的教育改革，将"现代初中"最终改成了综合性中学（comprehensives）。地方政府确实想通过统一教学来实现教育公平，但结果是各个学校的教学千篇一律，不能适应学生的能力差别，学习效果反而更差了。20 世纪 80 年代，英国政府引入了全国教学大纲，目的是让所有的学生都能享有基本的受教育权利。同时又引入全国性的考试和定期的独立检查。同时学校可以申请教育拨款，这样他们有更多的自由来安排师资力量。但是因为没有将教育经费和通货膨胀挂钩，直接导致 20 世纪 90 年代教育经费紧张。

工党上台以后首先把教育经费的增长提高到通货膨胀以上的水平。引入了学术性学校，学校能够根据自己的需要申请相应的资金支持，增加了自主性，这样能够为年轻人提供更为个性化的教育。同时在教育的供给方面也有了改革。在全国范围内进一步强化教育指标管理，利用各种考试和检查来保证基本的教学质量。工党的基本理念是，为了达到底线公平，还是需要有一些自上而下的标准。此外，教师工资得到提高，教师供给也有所增加。

布莱尔改革的后期，在教育体系内引入了市场机制，让学生能够择校入学。学校的经费按照人头分配，家长能够自行判断学校优劣。这样做的目的是给家长用脚投票的权利，提高他们监督学校运作的积极性。通过准市场机制，提高学校改善教学的积极性，对家长的要求能够做出更为及时的反应。由于学校需要争取到生源才能获得资源，这也有助于独立于政府体制之外的学校加入竞争。

上述改革确实在一开始明显改善了学生的考试成绩，但是改善的程度受到保守党的质疑。他们怀疑学生成绩提高是因为考试变容易了。而

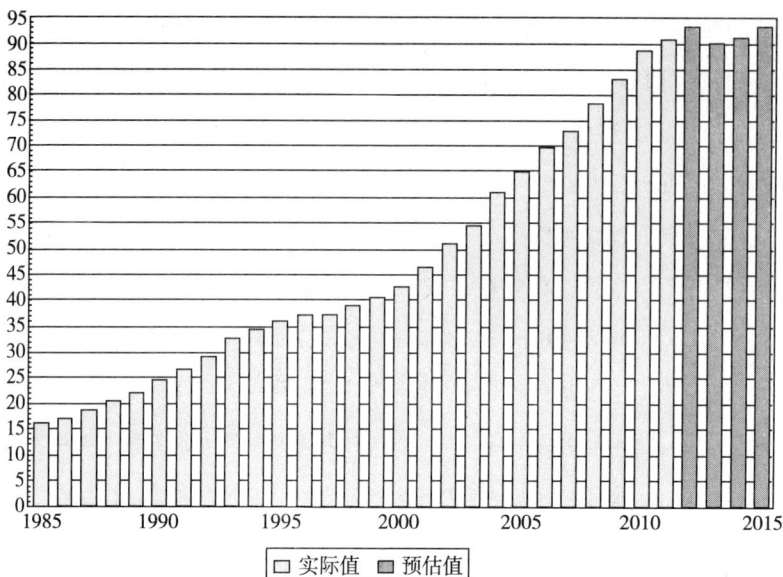

图9 英国教育公共支出金额（10亿英镑）

资料来源：英国公共支出网。

且，为了说服更多的学生来上学，学校教育越来越走向应试教育，把更多的力量放在最容易提高成绩的学生身上，而不是最需要帮助的学生身上。除此以外，表现好的学校聚集了更多想报名的学生，学校规模扩大，资源更加丰富。同时因为需求大，倾向于录取成绩好的学生。而在表现不好的学校，学生越来越少，资源也变得更少。没有选择能力的学生只能在这些资源匮乏的学校里学习。他们往往来自贫困社区。当一所学校表现很差而不得不关闭的时候，学生不得不被重新分到其他学校。因为需要重新适应新的学校，或者上学路途变远，这些学生最终仍然会处于不利地位。

（2）幼儿园教育。相比小学和初中的教育，托儿所和幼儿园在福利国家的发展中出现得更晚一些。英国在20世纪90年代工党上台之后才把它列入议事日程。它的目的总体上来说有两个：①起点公平。越来越多的研究结果表明，如果从小学阶段才开始追求教育公平，由于儿童在人生成长的最初阶段已经因家庭条件的影响造成了很大的差别，比如有些家长疏于对孩子的早期教育，通过小学教育来弥补差距已经为时过晚。②妇女的社会参与。托儿所和幼儿园作为一种社会对家庭的服务还得到女权主义者的推动。一方面，很多妇女因为需要在家里照顾孩子，而不得不放弃自己的事业；另一方面，单身母亲缺少托儿服务和家庭的支持，往往不得不变成依赖社会救济的人，造成更深刻的社会问题。

英国的幼儿园教育相对于欧洲其他国家发展得比较晚，这是因为英国的福利制度最初建立在男性养家糊口、女性在家照顾子女的家庭分工基础上。20世纪60~70年代的女权主义发展起来以后，越来越多的女性参加到劳动大军中去，儿童养育和照顾等社会化服务的缺乏就成了妇女就业的瓶颈。到了90年代末，英国在政府提供幼托方面远远落后于欧洲大陆国家。在1998年以前，英国只有2%的3岁以下儿童得到国家资助的托幼服务，而比利时是30%，荷兰是80%。英国只有60%的3~6岁儿童得到国家资助的幼托服务，而意大利为91%，法国为99%。私人儿童教育机构确实不少，但是价格很高（平均每周达到180~200英镑）（Smithers，2007）。很多妇女需要把工资收入的一多半甚至全部用来支付托儿费。这样，她们就宁可在家带孩子，而不去上班了。这样的生活安排对父亲来说也不一定合适。20世纪90年代末的统计显示，英国有孩子的男性平均每周工作长达47小时，是整个欧盟范围内最长的（Shackleton&Britain，2008）。在英国，有27%的雇主在孩子出生的时候为雇员提供一些产假以外的额外帮助；10%的雇主在托幼方面为雇员提供一些实用性的帮助，比如在工作场所设置托儿所，或者给雇员发放补贴或者代金券用于购买私人托儿所的服务。但是，这些都无法满足家庭托儿的需要，特别是很多尚未就业的妇女和低收入群体的家庭很有可能因为子女照顾的负担而无法进入工作岗位或者不得不辞职。

为了解决这个问题，工党政府通过福利局推出鼓励便于家庭就业（family‐friendly employment）的"在职家长"（Parents at Work）计划。由政府出资补贴幼托。这项政策有多方面的内容。

①儿童照顾法（Childcare Act）。这是第一部关于早期教育和托儿的立

法。这部法律要求地方政府承担提供儿童照顾的责任，要求他们提高托儿所的质量，并且做出多方面的改善。地方政府在幼托领域居于主导地位。他们要和公共部门和私人公司一起确保更高的幼托服务标准。地方政府还要保证在规划和提供新服务的时候倾听家长的意见。这样，每个地区的新项目和业务能够反映家庭的实际需要。法案规定：所有 5 岁以下的儿童都享有高质量的早期教育和照顾，有更多的机会享受免费的早期教育和照顾，为有需要的 3 ~ 4 岁孩子的家长提供更灵活的服务。为低龄儿童提供高质量的学习和发育框架，开发出低龄儿童基础阶段计划。所有提供早期教育的机构都要按照这个框架来执行，以便实质性地改善低龄儿童教育和发育的结果。地方政府为低龄儿童提供的服务应该通过儿童服务中心统一配套提供。在职家长将会有更多的幼托选择。对幼托机构的监管进行改革，以便提高家长对幼托机构的信心。

②每个 3 ~ 4 岁的儿童可以在每年的 38 周里享受每周 15 小时的免费托儿所服务，直到他们到了法定入学年龄（5 岁生日后的第一个学期开学）。免费早期教育可以是学前班、托儿所、儿童中心、日托中心和游戏小组等，或者用于支付家庭保姆的服务。如果由于特殊原因家长无法获得免费服务，还可以申请特别的资金支持。

③除了直接服务之外，孩子家长还可以享受儿童津贴和各种税收减免。单亲家长可以获得额外的补贴。此外，离婚的单亲家长可以通过政府的帮助从原配偶那里获得儿童扶养金等。

教育改革的执行情况通过一系列的指标和考核来测定。在工党结束任期的时候，根据 John Hills 的报告，穷人家庭的孩子仍然与富人家庭的孩子在入学准备方面存在一定的差距。社会背景仍然有很重要的作用。2005 ~ 2006 年上小学的孩子（4 岁）中，低收入家庭的孩子在入学准备、词汇水平、行为问题和多动症方面的表现都比高收入家庭的孩子差（Hills et al.，2010）。

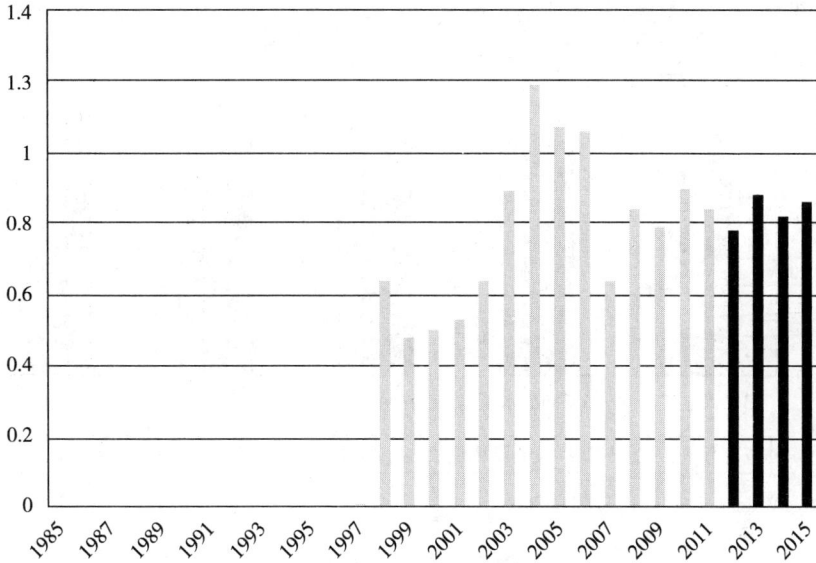

图 10　学前教育和小学教育政府支出金额（10 亿英镑，深色为估计值）

资料来源：英国公共支出网。

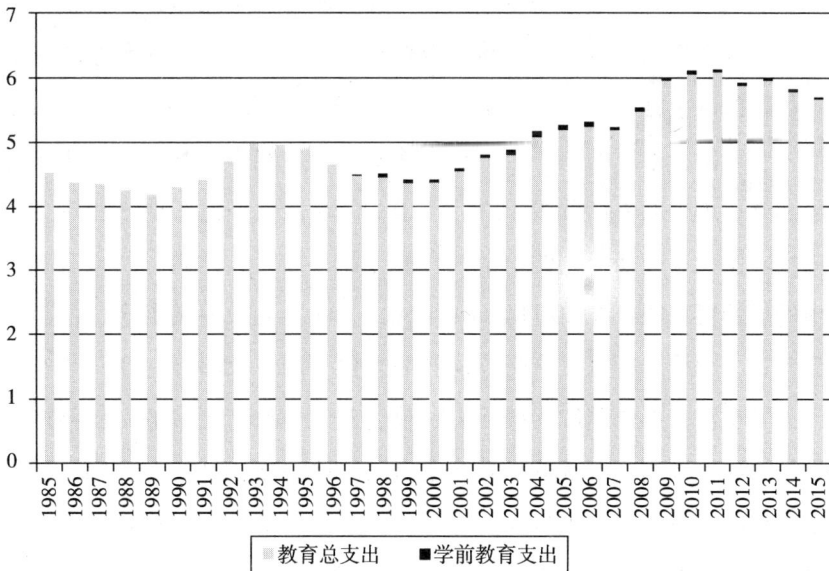

图 11　教育总支出占 GDP 的百分比

资料来源：英国公共支出网。

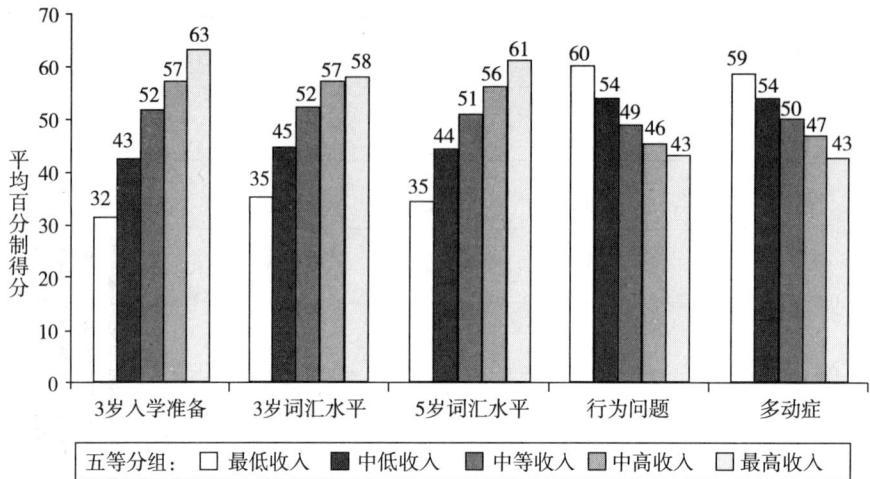

Source:Waldfogel and Washbrook(2008).

图 12　入学准备状况

资料来源: Hills, J., Brewer, M., Jenkins, S., Lister, R., Lupton, R., Machin, S., Mills, C., et al. (2010). An anatomy of economic inequality in the UK。

（3）大学教育。大学是否应该成为社会服务的一部分，一直存在很大争议。英国高等教育在过去走精英教育路线。上大学的一般是家境好的学生。传统的阶级社会分化意味着工人阶级家庭出来的孩子上大学比较少。当然，中产阶级家庭的孩子也不是都能上大学。绝大多数工人阶级家庭的孩子和学业不好的中产阶级家庭的孩子，毕业之后通过职业教育进入劳动力市场。由于有前面提到的中学教育的分流，接受大学教育的人口在总人口中的比例很有限。在 20 世纪 70 年代，大学得到政府的资金，但是很少受到监管，学校老师可以享受终身教职。但是随着 20 世纪 70 年代经济滑坡，大学也没有办法继续支撑下去。政府对学校设定更多的考核指标，要求学校完成各项指标，大学教师不得不更加努力地工作，同时减少浪费。但是这样的改革遭到了很多人的反对。没完没了的考评、检查、评审使得很多大学疲于应付，专门投入人力物力来应付各项审查。学校之间互相派人检查、繁琐地填表，大量的文章必需印出来供检查员阅读。经过两次评审的所有打印出来的文件和论文因为无处保存，动用了一家报废的民航飞机专门存档用于查阅。大学老师把更多的时间用于填写各种表格而不是和学生在一起。最终伦敦经济学院带头拒绝参加评审，迫使评审制度得到改革。政府在教学上的各种控制还直接导致一些大学不再愿意招收更多的本科生，甚至放弃本科教学。

布莱尔上台之后，决定放松对大学学费的管制，允许大学提高学费，同时扩招。改革的目的有两方面内容。一方面，为了让更多的学生有上大学的机会，布莱尔设定的目标是让50%的中学毕业生有机会上大学；另一方面，则是给大学更多的自由空间。但是这个改革并不彻底，在他的第一任期，学费上涨到每年1000英镑。但是他拒绝了大学自行制定学费的要求。贫困学生则可以得到各种减免。同时，学生的生活费补助也变成了低息贷款，要求学生在毕业后收入达到一定水平的时候偿还。2003年，布莱尔政府通过立法允许大学收取每年3000英镑的学费。同时，学生贷款的偿还收入上限得到提高，家境不好的学生重新得到助学金。大学改革遭到了强烈的抵制，最后勉强通过立法。在布莱尔任期结束时，没有实现预定的学校扩招的效果。

联合政府上台后，经济危机后果严重，英国财政陷入困境。高等教育经费受到严重削减，许多大学不得不裁员，甚至关闭一些学科。政府直接削减对高等教育的支出，高等教育支出将出现在的72亿英镑下降到2014/2015财年的42亿英镑。政府会继续补贴科技和理工科的研究，但是会对研究经费进行更加严格的上限控制。

为了让大学能够继续生存，政府允许大学提高学费至9000英镑。同时，通过税收政策使得大学实际上很难收取7000英镑以上的学费。在允许大学提高学费之后，给予创办私立大学更多的空间，希望通过私立大学和公立大学的竞争来促使学校提高质量。

到目前为止，受大学改革和经济衰退的共同影响，英国本土学生的大学入学率已经有所下降。最新的统计结果表明（Shepherd，2011），在学费上涨之后，大学报名人数下降了12%。这些数据没有根据收入分类，所以对于公平性的更具体的影响还需要明年正式录取之后才能判断。但是可以肯定的是，女性申请人数下降速度超过男性，在职学生申请人数下降速度超过应届学生。

需要澄清的是，英国高等教育的改革并不像很多人想象的那样因为学费增加导致更多的穷人上不起学。事实上，真正改革的是先交钱后上学的制度。学生是在毕业找到工作后才归还贷款。归还的收入起点是每年收入高于 21000 英镑。低于这个收入水平则不用归还。学费归还的比率是高度累进的。收入越高的人每月还款的金额越大，还款速度也越快。收入低的人则有更多的时间，每月以更少量的钱来还学费。

从理论上讲，这项制度的好处是，人们不用担心大学毕业后因为收入不高而无法还贷。这样，学生就业收入前景不是特别好的专业也不至于无法维持。这样的政策对这个国家文化传承非常重要的专业，比如文史哲，是很重要的支持。除此以外，获得贷款的学生在入学的时候并不交学费，而是工作以后还贷。这改变了由家长攒钱支持孩子上大学的思路，让学生用自己的未来收入支持现在的学习，反而有可能让家境不是很好的学生进入大学学习（Barr，2004）。

但是在实践中，政策的影响有一定的偏向性。第一，穷人家的孩子因为学费增长而放弃上大学的比重高于富人家的孩子。有研究表明，学费涨到 7000 英镑之后，将会有 14% 的穷人孩子放弃申请，而收入好一些的群体只会有 9% 的孩子放弃。第二，因为学生的未来就业收入预期不一样，学费增加对不同学科的影响也不一样，人文学科的学生报名大大减少。第三，著名学府和热门专业不太会受学费上涨影响，而其他的学校和专业会面临生存困境。第四，虽然贷款允许收入较低的学生放慢还款，但是如果把通货膨胀和利息变动的风险也计算进来，很可能高收入群体最终的还款金额会低于低收入者。对于那些年收入达不到 21000 英镑的毕业生来说，恐怕上大学的赚钱能力还不如不上。不用提前交学费的制度最初有可能吸引他们上大学，但有可能因为失去了三年赚钱时间，反而比没上大学损失更大。第五，新的政策没有考虑到大量在职学习的学生情况。他们将不会得到学费贷款。学费较低的时候，他们往往能从雇主那里得到学费支持；而学费迅速提高，雇主支持员工在职上学的意愿也会减小。

2. 健康

英国目前的医疗卫生体系是由税收支持的非营利医院为主、私人医疗保险和税收共同支持的私人医院为辅的制度。英国医疗大体上遵循的还是免费看病的原则（门诊收取少量处方费）。所有的公民和永久居民都能够享受基本免费的医疗。

1949～1969年，英格兰和威尔士的卫生服务体系是由三部分所构成的。一是医院服务，由14个地区性医院董事会负责管理医院，此外还有教学性的医院，由单独的董事会管理。二是初级卫生保健，其主体是并不领取固定工资的家庭医生。他们的收入根据病人人数多少获得。三是社区服务，负责生育、接生、卫生访问、卫生教育、防病防疫、急救和环境卫生等。

20世纪70年代，英国经济不再像60年代那么乐观，政府面临着削减财政支出的压力，其思路就是提高支出的使用效率。1974年，医院和地方政府提供的服务归到地区卫生局的管辖之下。从80年代以来，由于经费紧张，加上人口老龄化造成的支出压力扩大，NHS一直在进行改革。20世纪80年代，英国很多公共服务领域都引入了现代管理的手段（一般性管理）来取代原来的共识管理。一般管理强调责任明晰，要求医生参与到医院的管理中来。1987年以后，NHS也急于引入内部市场改革。在内部市场中，全科医生成了资金持有者，他们代病人向医院购买服务。NHS信托基金会（Trust）成了提供方。这样，不同的医院之间形成竞争格局。这项改革提高了医院的积极性，但是却造成了地方之间的差异无法在更高一级得到平衡。

工党上台后对内部市场提出了批评，认为这就是保守党企图将NHS私有化的做法。工党希望取消准市场，减少各种管理成本，把这些钱用于治病。同时确立全国性的医疗标准，以便提供公平的服务。但是改革没有什么进展。到了第二任期，布莱尔决定还是通过强化准市场来使NHS更加现代化。工党的改革包括制定非常细致的服务标准，严格制定资金预算，明

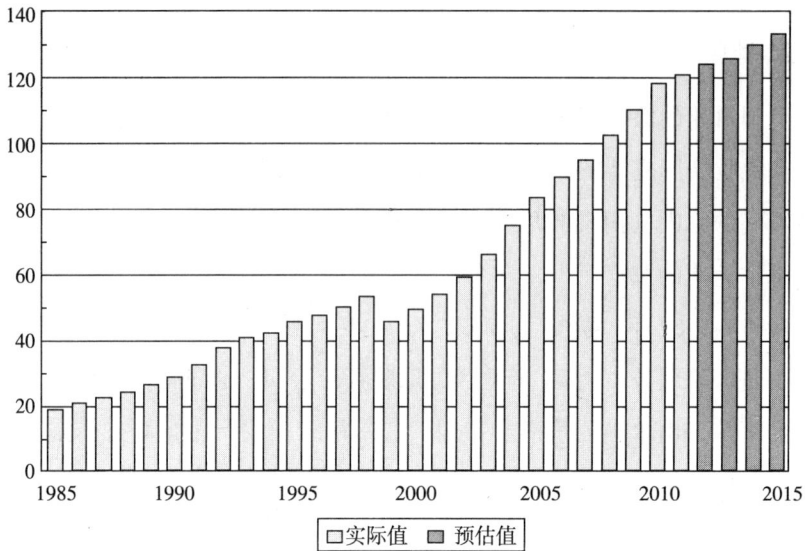

图13 英国政府的医疗费支出（10 亿英镑）

资料来源：英国公共支出网。

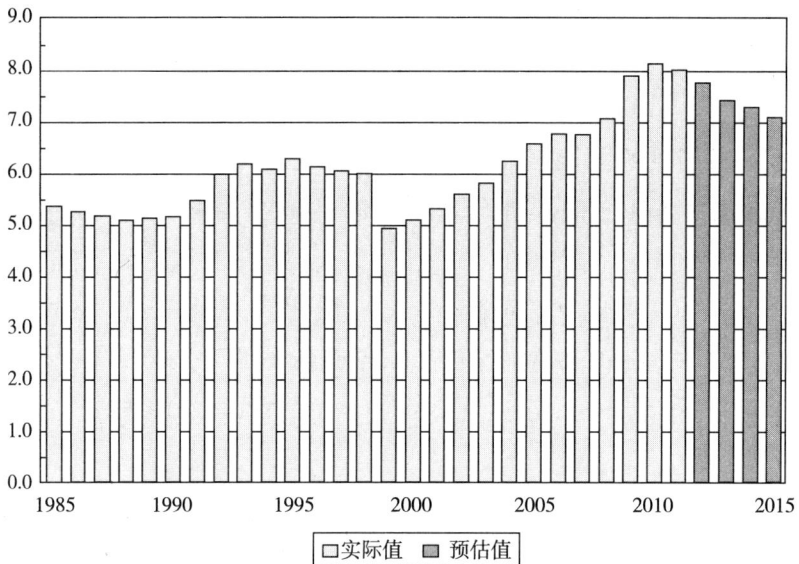

图14 英国政府医疗费支出占 GDP 的百分比（％）

资料来源：英国公共支出网。

确岗位责任，重新引入"资金持有"制度，关闭多余的设施，强调强有力的诊所和法团治理。此外，对医务人员培训也进行了重新调整，但是医务人员培训改革的效果很差，造成了严重的人员供给不足问题。此外，还增加了一些需求管理的服务，其中包括了 NHS 的信息网站（NHS Direct）。另外还对人员进行了改革，让医务人员的晋升制度得到统一。

除了强化内部市场之外，布莱尔政府还鼓励向私人医院和其他私人部门购买服务。不仅私人医院的数量增加，而且公立医院里面的一些服务，比如病人伙食也承包给私人部门来经营。这个改革的结果就是公立医院的医生和护士人数减少，病床数也相应地减少了。

在 2005 年，大约有 3% 的 NHS 病人通过家庭医生的推荐到私人医院看病。这部分人的费用由 NHS 负责。到 2008 年，这个比率上升到 10%。政府还要求 NHS 初级卫生信托基金会把 15% 的初级护理交给私人部门或者志愿组织。另外，NHS 还要投入到更为积极的具有社会意义的政策领域中来，其中包括吸烟和肥胖等问题。

布莱尔政府在位期间，NHS 还经历了信息化改革。但是这项改革进展很慢，阻力很大，并且严重超支，至今仍然无法实现一体化的信息管理。按照英国政府的估计，从 2006 年开始的 10 年中，资金总投入量大约为 124 亿英镑。在 2006 年将首先投入 23 亿英镑。但是，因为英国各家医院和各个地方卫生当局的信息系统一向各自为政，要把所有的子系统统一起来难度非常大。此外，公众和医院都认为病人信息通过网络共享有可能造成信息外流，侵犯病人隐私。种种因素加在一起，使得工作推进非常困难，而且成本非常高。2007 年，英国下议院公共账户委员会对此进行调查，发表报告承认这个工程的最终耗费将会大大超过预期，达到 200 多亿英镑。

总体上看，布莱尔当政期间英国的卫生改革有几个方面的主要思路：①通过全科医生资金持有控制资金总量，同时实现医院之间的竞争，并给予病人更多的选择；②通过将医生的收入和个人绩效挂钩，提高医生的积极性和医院的支出效率；③通过达标管理提高服务质量；④通过信息化管理来提高医院资源配置效率。

这些改革在理论上比较符合经济学的思路，但却产生了很多的教训：①新政策出台过于频繁造成高昂的改革适应成本。每一项政策在出台之后都要有一定的磨合期，在 NHS 这样大规模的机构中，任何改革措施都需要一定的时间来适应。改革者不能一见到效果不好马上就出台新的政策。上一轮的政策没有度过磨合期就被淘汰掉，但其实新的政策同样也需要磨合。这样频繁的变化令改革成本提高，容易造成各种误解和混淆，为政策执行带来很大难度。②收入与绩效挂钩的做法首先假定医务人员都是完全自私自利的群体，寻求个人收入的最大化。这样，收入刺激就有可能提高医生的积极性。但是，这个假定与现实中医生的想法并不一致。在 2004 年绩效收入改革前，全科医生即使没有加班费也会看完前来就诊的病人才下班。自从支付加班费之后，出现了两种情况。有些医生变成不给钱就不加班。还有些医生觉得加班费不值得赚，所以索性不加班。结果是，和改革前相比，全科医生原来的免费加班时间变成了计报酬的加班，所以即使不增加额外的工作时间，他们的收入也会大大增加。这导致英国的全科医生在短短的几年里收入达到 OECD 国家的最高水平。NHS 的服务成本因此大大提高。③指标管理虽然在一定程度上改进了对医务人员的激励，但是指标如何设计才能够更加合理是一个非常困难的问题。为了争取选民的支持，政府倾向于选择病人最为热衷的指标，比如：缩短等候时间。改革后病人等候时间确实大大缩短了，但是也出现了各种下有对策和舞弊的行为。实际结果是，医疗的质量不一定真正提高了，反而增加了管理成本。

3. 公共部门就业和就业机会均等化

（1）公共部门就业与经济。根据英国国家统计局的统计，到目前为止，23% 的英国劳动者在公共部门就业，占全部 16~65 岁劳动年龄人口的 17.7%。不同部门的统计口径不同，结果也有所差异。如果看劳动力月度调查的结果，则有 20.7% 的劳动力在公共部门就业。基本的趋势是，1992 年保守党在位时公共部门就业率反而比较高；工党上台以后，公共部门就业率一直保持着较低的水平；2008 年联合政府上台之后反而又有所增加。

这个波动背后有深层次的原因。1992 年英国正在经历经济衰退，经济出现了罕见的负增长，失业率很高。2008 年英国也在经历经济危机。2008 年的公共部门就业增长恰恰是因为个别大银行被政府拯救，变成了国有银行。这些雇员也成了公共部门的雇员。在这两个峰值之间，恰好是英国经济繁荣、失业率比较低的时期。这就反映了英国公共部门的一个重要职能，在经济状况不好的时候，公共部门就业在一定程度上起到了劳动力蓄水池，缓解危机对个人的冲击的作用。这个政策得益于大萧条时期凯恩斯主义的出现。危机时期政府利用扩张性政策创造就业的最为直接的影响，就是失业者直接加入到纳税人群体中来，如果经济得到带动，政府增加的支出也会得到税收增加的冲抵。即使经济总量没有增长，也会形成更具活力的经济和更有凝聚力的社会。

不过，扩张性政策在 20 世纪 70 年代因为造成通货膨胀而受到质疑。Cooley 和 Ohanian（1997）对战后美国和英国经济恢复进行比较后发现，凯恩斯的主张是战后经济恢复的主要原因这个说法其实是一个神话。至少在英国，凯恩斯主义虽然得到接受，但是在执行的过程中因为一些政客的反对，并没有得到有效的执行。凯恩斯本人还因此抱怨过这些政客过于保守，阻碍了"进步"。但是 Cooley 和 Ohanian 指出，支持凯恩斯政策的人实际上忽略了一点，他的政策是和当时的战争策略紧密结合的。Cooley 和 Ohanian 的测算表明，恰恰因为凯恩斯的政策没有得到有效的执行，才使得英国经济得到更快的恢复。如果忠实地执行其政策主张，战后恢复的成本会很高，而且速度会大大放慢。这个研究结果因为没有实际的反例可以用来构造一个反事实（counterfact），所以还是不足以对扩张性政策的影响作出定论。

在最近一次经济危机到来的时候，英国政府再次面临扩张性政策与紧缩性政策的选择。一方面，反对政府干预的人认为，就业负担由政府来承载的状况只能维持一段时间。当经济进一步下滑，政府税收继续下降，不得不削减财政支出的时候（如 2009 年以来英国的状况），政府就业也会随之削减。凯恩斯的政策背景是当时经济长期低迷，需求极度虚弱，其他的经济政策毫无作用。然而，历史上那样规模的经济危机确实很少。多数危机都不需要那样的扩张政策就能够恢复。而另一方面，支持凯恩斯观点的人，包括 Krug-man，则提出：①欧洲特别是英国目前的债务水平并没有达到战后的最高水平。政府强力削减财政赤字的做法恐怕更多的是基于保守党的意识形态，而不是真正的债务负担。②自由主义经济学家提出的通过削减财政支出来拯救危机的一个前提条件是失业率很低。在面临高失业率的时候，增加公共就业方面的支出有可能让更多的人回到劳动力市场。③自由主义经济学家认为，经济萧条期人们的收入会减少，从而形成劳动力需求扩大，最后自动调整。但是凯恩斯假定工资刚性，即使在经济衰退的时候，收入水平也不会轻易下调，结果就是就业不会自动增加。从 2008 年以来的经济危机的表现看，似乎是比较符合凯恩斯的理论而不能支持自由经济学家的理论。

这些经历的启示是：政府干预并不是不重要，但是人们往往在回答政府应该如何干预这个问题时，把某些人作出的错误假设和判断归结为政府不该干预。

（2）公共部门就业与平等就业。在福利制度建立之初，福利制度的设计者假定一个家庭的分工应该是男性工作养家、女性生育并从事家务劳动，因此很多社会政策并没有考虑到对女性就业的支持和劳动的补偿，甚至有可能限制妇女就业。这样的制度在 20 世纪 60 年代和 70 年代的女权运动中受到挑战。60 年代以后，妇女参与就业的人数越来越多，但是男女在收入方面仍然存在很大的差距，而且英国在男女平等方面做得比欧洲大陆国家要差。从 70 年代开始，英国的劳动法《公平薪酬法》（1970）和《性别歧视法》（1975）中都坚持了性别平等的原则。在 1972 年加入欧共体以后，英国签署了《欧共体条约》，其中也要求每个成员国确保男女同工同酬的原则。后来的各种公平法案都包括了男女平等的原则。

即使有了这些法案，政府对私人部门在招聘和工资待遇上的性别歧视其实是无能为力的。这种歧视不光是指用男不用女，或者是同工不同酬，而且还包括了男女所从事的职业的划分和就业的隔离。例如：有些岗位只有男性，有些岗位只有女性。Acker 认为，在今天的发达国家，不管政府如何作为，男女的就业岗位隔离和同工不同酬的现象仍然存在。这其实不光体现在雇主行为一个方面，还体现在个人选择、市场和谈判过程等多个环节，体现在家庭内部和各种大规模的制度过程中。因此，性别不平等是个人在日常生活中根据自己所体会到的"利益"所在，在家庭中、在工作岗位上和配偶、雇主、其他雇员以及政策制定者一起做出的决策（Acker，2011）。

从实践来看，近年来英国妇女的就业状况好于男性。这得益于公共部门中妇女就业比例较大。英国公共部门就业中妇女的比重达到65%以上，而私人部门就业中妇女比重不及45%。在经济危机前的经济繁荣期，妇女的就业好于男性，因为女性就业相对灵活，更愿意接受非全职、收入较低的工作；而男性失业者则对能够从事的职业比较挑剔，不太愿意做非全职的工作，结果反而是找不到工作。究其原因，这并不是男女平等的结果，反而是女性因为就业歧视因祸得福的效果。然而在公共部门，就业平等的政策执行比较到位，而且女性比较主动地选择公共部门的工作。和私人部门相比，公共部门的岗位虽然收入较低，但是工作相对稳定，而且很多岗位可以安排灵活上班时间。这样，对于女性来说，公共部门成了一个很好的避风港。

但是，这个避风港的地位因为经济危机以来联合政府的财政削减而受到削弱。2011年11月的统计表明，男性的失业人数有所下降（比上年同期减少了31000人），而女性的失业却有所增加（比上年同期增加了14000人）。男性领取求职津贴的人数连续下降了14个月，而女性救济金领取人数则连续增加了9个月。更重要的是，根据现政府的削减计划，如果保持现在的工资水平，很有可能在2017年初就会裁掉71万个公共部门的工作岗位。当然，各个地方政府还有可能通过降低工资不裁员的办法来应对财政削减。果真如此的话，因为女性是公共部门的主要就业群体，她们的平均收入水平就会随之下降。除此以外，联合政府的养老金政策也致力于削减对公共部门的养老金。但是，英国公共部门的平均收入水平实际上是低于私人部门水平的。人们能够接受这样的低工资的一个前提条件就是养老金相对比较丰厚，而且终身有保障。削减养老金意味着这些人在就业的时候同意得到较少的工资，在退休的时候却无法得到承诺的养老金。这样，受到联合政府政策打击最为严重的就是妇女群体了。

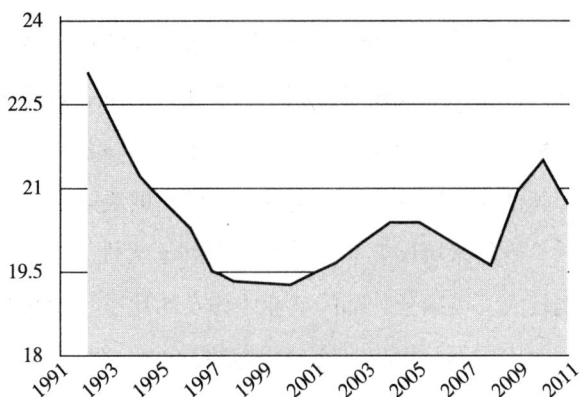

图 15　公共部门就业占全部就业人口的百分比（%）

资料来源：Guardian（2011）November。

三、英国福利制度面临的挑战和前景

综观英国福利制度的发展，它已经从贝弗里奇时代的福利制度走出了很远。早期福利制度依赖战争时期建立起来的社会共识，希望通过福利的提供进一步整合社会，消除贫困。它之所以能够得到人们的认同和支持，也得益于战后经济的稳定发展和人口出生率带来的人口红利的支持。但是随着经济和社会状况的改变，人们对福利的认同出现了认识上的差异。社会政策制定者的注意力不再是如何通过社会工程来设计一个"完美"的社会福利制度，即把越来越多的生活领域社会化，通过社会政策把越来越多的人类需要纳入到社会需要的范畴，并通过社会福利提供来保证公民的诸多权利。可以说，这样的制度从一开始就是一个梦想。这些年来，英国的福利制度只能是在某些方面靠近这个梦想，而在多数领域，随着福利制度的不断改革，反而与这个梦想渐行渐远了。

总体上看，福利制度的变化体现在几个方面。

①福利制度的慷慨程度不是日益提高，而是越来越与经济状况挂钩，而且反映了社会主流的价值取向。这种价值取向受到经济的影响。从这个

意义上看，社会政策越来越多地成为经济和不同社会阶层之间利益斗争的结果。

②用现代的社会政策眼光看，老工党所提倡的制度也是具有排斥性的。它保护工会成员的利益，却不顾非工会成员可能因此受到的损失；它支持男性养家糊口，却忽略了妇女经济独立的需要。相比之下，带有一定市场色彩的福利制度却有可能保护更多人的利益。

③从对政府公务人员的完全信任，转向强化监督管理。把更多的注意力放在如何能够提高福利制度的运行效率，使其不致成为经济的负担。经过尝试的各种手段包括达标审计、内部市场、公私合营、引入私人竞争等。

④国家对社会政策的直接控制有所减少。在有些政策领域（社会照顾）实行权力下放（到地区层面、地方政府甚至社区）；在有些政策领域（如平等、人权）则权力上移（到欧盟）；而有些领域的资金的持有则交给用户，通过用户的满意程度来监督和激励服务提供者。中央政府越来越多地关注标准制定和预算编制。

这些领域的改革还在继续，联合政府领导下的进一步改革的总体方向是减少公共开支，权力进一步下放，也就是所谓的小政府大社会。权力下放的理论基础是，经由地方自下而上的政策选择有可能会提高地方政府、提供者的积极性，提高用户的监督能力，提出的政策也有可能更加符合地方特色。但是，从目前的实施情况来看，一股脑地将权力下放，把很多政策推给没有相关管理经验的地方政府，同时地方政府还因为财政削减不得不辞退很多员工，结果就是更少的员工需要应付更多的社会服务管理。加上各个领域都在不断地进行政策调整，地方政府和服务提供者都感到无法应付。根据本文作者的初步访谈，有些地方政府已经不堪政策调整重负，目前的很多政策基本上无法执行。此外，权力下放不光是事权下放，在某些领域里还包括了财权下放，结果就是比较贫困的地区如果得不到额外的补贴，将会受到很大的打击。目前联合政府的改革还在进行中，最后的判断现在还为时尚早。

除了上述马上面临的问题之外，英国的福利制度还面临更深层次的问题。

第一，英国的经济结构目前是以服务业为主的。但是，服务业的一个特点是收入差距悬殊。在职业化的服务领域如金融、财务、媒体、医疗等行业，员工收入非常高，而在底层的服务领域如餐饮旅馆、清洁、美发美容、电话服务等，一线服务员的收入很低，甚至需要最低工资的支持才能挣得体面的收入。即使有最低工资，因为很多人不能维持全职就业，最终还是很难摆脱贫困。在过去30年里，英国原先能够挣得体面收入的产业工人越来越少。很多企业迫于全球性的竞争把生产部门搬到境外。在经济向好而且比较稳定的时候，这样的产业结构能够为英国人带来更多的高收入就业机会。事实上，很多年轻人不再去学习传统的生产技术，而是学习将来能够为他们带来更多收入的职业性的服务性专业。这样的结果就是，一方面英国在生产领域越来越不具有竞争性，另一方面这些领域的人才储备也极度弱化。除此以外，在低端服务行业，有大量的前东欧工人和其他发展中国家的人前来打工，他们在劳动力市场上竞争力很强，在很多行业里，比如水管、清洁等，都取代了英国本地工人。英国因此出现了外来人口在劳动力市场低价竞争，本地人有福利制度保护、宁可不工作的现象。这对前面提到的底层社会的形成和社会团结性构成极大的威胁。

目前，英国政府正在限制外来人口就业方面做着各种努力，但是在产业结构方面却没有更多的动作。有经济学家认为，英国重新回到20世纪50～70年代的产业经济是不大可能了，或许只能接受有大量的劳动者从事低收入的工作、就业并不稳定的现实了。如果真是如此，在短期内根据现在的收入再分配政策，必须有更多的支出才能保证不会有更多的人陷入贫困。

有些人以为，收入再分配有可能影响到经济的增长态势。一个贯穿英国社会政策改革的核心的问题是，收入不平等是否有必要通过政府税收来缩小。很多人认为，保持收入差距才能够保证经济增长和繁荣，因为高收入能给其他社会群体期望和奋斗的动力。相反，缩小收入差距会打击高收入群体的积极性，资金外逃，最终导致更多人失业。英国新工党和联合政府都是用这个借口来降低高收入群体的税收的。实际上，支持这个说法的人只看到了过去30年的数据，如果把过去30年和战后其他的时期相比，就得不出这个结论。过去30年恰恰是欧洲和北美的经济增长率逐渐放慢的时期，与此同时对高收入群体税收却逐渐降低。如果追溯到战后，政府对高收入群体税收水平相对比较高，高低收入群体收入差距比较小，经济增长的速度反而很快。虽然这不能说明高税收一定能带来经济繁荣，但是足以证明现在高收入群体享受的空前的低税收和经济增长是没有联系的，比现在小得多的收入差距也激发了比现在高得多的积极性和经济增长率。所以，虽然收入差距能够在一定程度上刺激经济，但像现在这样巨大的差距是没有必要的。事实上，如果我们回顾一下1929年大萧条以来的历史就不难发现，英国的经济高增长时期的税收再分配力度是高于经济低迷时期的。而且，经济大萧条到来之前，往往是政府的收入分配力度最小的时候，极少数高收入人群的收入在人口总收入中所取得的份额是最大的。这个时期的民怨也往往达到最大。如果进一步追溯到1900年左右，收入差距的峰值恰恰都是出现在大的经济危机爆发之前，1929年前的收入差距是最高峰，2007年危机前，北美更接近于1929年的收入差距水平，英国则更接近于战后的差距水平，但是离1929年的差距也不远了。这说明，不能指望较大的收入差距解决经济危机，它很可能成为经济危机的前兆。

第二，人口老龄化。和很多欧洲国家一样，英国也步入老龄化社会。这个变化影响到社会政策的各个方面，最为明显的是养老金制度尚且难以摆脱人口"定时炸弹"的威胁。虽然前些年通过引进年轻劳动力在一定程度上缓解了老龄化的紧迫性，但是有研究表明，外来劳动力迫于生计，同时入乡随俗，并不积极生育。这样只有可能延迟这个定时炸弹的爆炸，却无法彻底消除它的威胁。另外，人口老龄化对医疗和养老服务的需求增大。正如前面数据显示的，英国卫生开支由于老年人口的比重增加而直线上升。此外，老年人的住房需求也有一定的特点，特别是身体行动不便和有残疾的老年人，更是需要特殊的设施和照看。此外，从公房领域看，当子女从家里搬走之后，老年人则仍然居住在原先4~5个人居住的住房。人口老龄化意味着有越来越多的老年人居住在超乎他们需要的住房中，这对于公共住房空前紧张的低收入社区来说是一个很严重的问题。

对于生育问题，英国政府增加了对有子女家庭的儿童信贷和税收减免，希望能够缓解家庭人口增多带来的经济负担。同时托儿所的发展也便于减少工作妇女的后顾之忧。但是，总体上看，英国政府在这方面比欧盟其他成员国做得差很多。

老龄化的健康开支目前是一个难题。更多地提供社会化服务和居家照顾有可能为医疗体系节省一些资源，但是人的寿命越长，需要照顾和治疗的病症就越多。从住房需求方面看，很多地方的住房协会正在利用各种方式吸引老年人主动放弃比较大的社会住房，搬进较小的房子里面，这样可以把更多房子腾有需要的年轻人。具体的做法包括居住在定期合同住房的人，可以在同意搬进小房子之后获得终身住房合同；在新建房的时候，建设更适合老年人居住的平房或者有特殊设施的住房，这样虽然面积小一些，老年人也会愿意去住；还有的地方利用租金优惠来刺激，等等。这些基本上都是基层房协的创新做法。

第三，信息化体现在以下几个方面。

①信息公开和交流。各个政府部门都公开自己的数据和资料，任何公民都有权利要求调用相关政府部门的文献。当然，机密性的信息会提前经过删节。这样做的好处是，随着数据的不断丰富，学者的研究能够更有针对性地为政府提供对策和手段。不同的政府部门之间也有可能打破原有的信息壁垒实现信息共享甚至一定程度上的合作。当然，政府部门之间的合作最终还是取决于资源配置和制度安排，不可能奢望只靠信息化就能有真正的突破。但是，信息化可以算是基础设施类的投资，为将来的合作提供一定的物质基础。

②需求管理。比如：卫生领域中由NHS统一发布各种诊病信息，甚至病人可以在去医院之前，根据网站提示的各种症状，一步一步地作出初步判断（有人认为，可能会出现病人自我暗示的现象，但是病症的判断是分

步选择的，病人并不知道下一步会是什么结果，所以很难在判断过程中选择更严重的病）。这样可以一定程度上减少病人对医院的需求。此外，信息化还可以用于预约管理，减少人力，提高效率和公平性。

③信息监督。信息监督在某种意义上是和信息公开相辅相成的。一方面，政府、行业协会或者评级机构可以发布相对中立的评估信息，帮助监督服务质量。另一方面，用户可以通过公开的信息选择适合自己的服务。这在公共服务体系的资金分配权下放到用户手中的准市场结构中，大大便利了用户选择，从而激励服务提供者满足用户要求。

但是，信息化也存在很多的问题。

①成本高。在 NHS 体系内，原本各个医院都有自己的信息管理系统，即使实行全地区的联网，也意味着医生要改变现有的工作方式，对文献数据资料进行重新归档，建立统一的、新的检索标准，同时培训所有的相关人员。这个成本远远高于硬件的配置。所以，是否联网和在什么范围内联网才更有效，是非常难以确定的问题。到目前为止，英国 NHS 的全国联网严重超时超费，不得不暂时中止，被地方性的联网所取代。

②把服务的目标转向获取信息而不是提供服务。最有名的例了就是儿童家访社工到了被访者家里，只顾着按照清单打钩，却不去更仔细地看看孩子，或者询问清单以外的内容，造成很多非常规的问题无法发现。学校实行信息化管理，老师和学生见面都需要填表，结果令师生面谈的时间大大缩短。

③信息化不适用于所有的服务领域。例如：英国政府决定颁布地区犯罪数据之后，恶化了社会对某些社区的偏见。犯罪数据不能反映社区生活的全貌。而且，某些有着较高犯罪记录的地方，当地居民不一定就真的感受到那么不安全。犯罪记录统计的发布，直接加剧了对这些社区的丑化。英国很多服务原本就存在邮政编码歧视，比如贷款、信用卡发放等，这样的犯罪数据更便于实施这样的歧视，让原本安居乐业的当地居民开始对自己的社区产生怀疑甚至搬走。这些都直接破坏了社会团结。如果再算上媒体借此大力炒作，很可能让一个原本相对稳定的社区分化瓦解，走向衰落。

④对于隐私的侵犯。信息化更便于政府收集大量的个人资料，当然可以开展更有针对性的服务，但是也带来了掌握在政府手里的这些信息如何使用的问题。人们担心政府获得过多的隐私并不是没有根据的。20世纪70年代瑞典就出现了掌握个人信息的政府利用个人的记录为异见者就业制造各种障碍的现象。最近英国连续出现政府公务员丢失带有大量个人信息的存储设施的麻烦，还有政府官员和专门搞窃听的媒体大亨过从甚密。虽然最后这个官员失去了政府部门的工作，却在他协助过的媒体中继续任职。当然，技术本身是无辜的，技术使用者才是造成上述问题的祸首。但是这些丑闻确实让人们更多地思考，到底是否应该轻易地把个人的隐私交给国家管理。即使政府没有恶意，它在管理上的无能也有可能伤害到个人的自由和权利。

四、对中国社会建设的启示

过去，人们对欧美制度的思考往往只关注现在有什么、能不能为我所用。这种思维方式的问题是，剥离了制度的文化背景和发展历程，往往会出现水土不服。一旦出现水土不服，就又会过分强调路径依赖。实际上，很多人口中的路径依赖并不是这个概念的本意，而是"历史背景很重要"这个非常空洞的说法。这个说法的危害就是政策研究者不去关注别的国家的历史，因为对我们来说没有用处。

笔者认为，我们在看待英国这样的国家的福利制度时，注意力应该集中在各种制度建设背后的意识形态、政治基础、发展逻辑和可能产生的问题上。

综合英国福利制度发展的经历，我们需要关注的不光是国家怎么做、做什么，而首先应该关注的是国家能做什么、不能做什么，更进一步讲，是国家能承诺什么、不能承诺什么。Piachaud（2010，2011）认为，在过去很多年里，社会政策研究人员过多地把注意力放在如何让更多的人享受到更多的社会服务，结果社会政策变成了什么社会问题都能容纳的箩筐，仿佛社会政策能够解决一切社会病症。这样对政府、对社会的心态都不是很健康的。

第一，国家没有能力包揽一切。当政府承诺一切的时候，它面临的必然是没完没了的失败的信息。在这些信息中，公众对政府变得愈发不信任，从而上升到引起公愤。英国最明显的例子是一个家长虐待孩子致死的案例，在媒体的煽动下导致全社会对社会工作者的指责，仿佛社会工作者成了杀人的凶手。但是，很少有人意识到，英国社会工作者其实是非常敬业的，他们拿着低于平均工资的收入，很大程度上是在奉献自己的爱心。在这个案例出现之后，政府没有意识到一个这么大的国家这么多年出现这样一个例子并不能说明整个社工制度出现了问题。可是政府盲目地屈从于社会舆论压力，发誓要整治社工。结果是一个案例造成了9个社工和基层官员被撤职。确实是民心大快了，但是却打击了社工群体（多数是非全职的女性）的就业积极性，致使某些地方无法招到愿意提供服务的社工，一些服务项目不得不关闭。面对这样的情况，政府和研究人员都应该从处理繁琐日常事务的惯性中抽离出来，重新想一想，政府是否能够保证永远不出事？如果不能保证，就不要作出这样的承诺。面对社会舆论，应该有理性的引导。政府需要证明的不是它是万能的，而是要勇于说明它不是万能的。

第二，社会服务再改善也不一定能够实现更好的结果，因为社会政策不可能仅仅局限在国家承诺提供的几项社会服务上。以健康为例，医院的医疗只是最后的手段。人们的生活方式、工作方式等都会影响健康。只把注意力放在医疗体系的治病效率上，却不关注吸烟、饮食、环境、卫生习惯对健康的影响，看不到社会变迁对人口结构的影响，结果就是，医院运作越来越有效率，但是需要治病的人越来越多，整个体系最终也还是省不了钱，政府的卫生政策也得不到让群众满意的结果。这样，社会政策的制定者需要有更为宽广的视野，不但帮助社会公众认识到政府能做什么，同时也帮助自己认识到切合实际的政府职能是什么，同时设立一个比较现实的目标。

某些国内的自由派经济学家一味地强调减少政府干预就是支持自由。这个说法恐怕比美国右翼的思想更加偏激一些。或许这是他们根据中国政府与经济的关系得出的结论。但是，我们不应该忽略问题的另一个侧面。Amatya Sen 在他的《发展带来自由》一书中阐明，贫困和不平等本身就是限制自由的。当一个社会中的很大一部分人处于贫困状态，穷人是没有自由的，这个社会也不能叫做崇尚自由的社会。归根到底，即使是崇尚自由市场经济的国家，政府完全不承担任何角色的市场几乎找不到。此外，因为各国政府协调经济和社会发展的能力和传统不一样，一国政府在某一领域的无能不一定能轻易地推广到其他的国家。这也意味着在面临同样的经济挑战时，不同国家的福利制度所扮演的角色也会有所不同。因此，研究者的注意力需要放在：在本国的文化、政治、经济和社会背景下，如何形成政府与市场协调的社会共识，使社会政策能够服务于经济和社会发展的目标。

此外，很多人借口穷人要求加强再分配是嫉妒富人，是不正常的心理作用，所以没必要理睬。但是，他们往往没有谈到，整个经济学实质上都是建立在心理作用的基础之上的。嫉妒是一种心理，贪婪也是一种心理。贪婪和嫉妒往往是同时并存的。到目前没有什么理论能够给我们一个明确的解释，说明为什么一个社会要支持贪婪却打压嫉妒。不是收入差距大小有多重要，人们认为这个收入差距是否合理、是否能够接受才是最重要的。决策者只照顾人的一种心理，却压制另一种心理，表面上是支持自由，实际上也还是压制了人性。这样下去，经济得不到恢复不说，还造成了人们愤恨社会不公的状况，很可能越来越多的人跟着占领华尔街，结果就是大家都跟着受损。所以，政府如果不想办法修正，经济不但增长不了，连民心都恐失去。

李秉勤（伦敦经济学院） 执笔

参考文献

[1] Harrison, Mark (2011) The History of Britain's Public Debt Does Not Give Grounds for Complacency.

http: //blogs. warwick. ac. uk/markharrison

[2] Krugman, Paul (2011) The Conscience of a Liberal, New York Times.

http: //krugman. blogs. nytimes. com

[3] Beveridge, William (1942) "Beveridge report".

http: //www. spartacus. schoolnet. co. uk/2WWbeveridgereport. htm

第三篇
专题报告

金融危机与社会政策的国际经验

最近，国务院发展研究中心社会发展研究部与英国国际发展部联合召开了"金融危机中的社会政策国际研讨会"。来自韩国、泰国、印度尼西亚、巴西、阿根廷、南非、美国、英国以及我国台湾地区的专家学者，介绍了本国（地区）面临国际性的经济危机时，在社会政策领域采取的措施及相关社会政策体系适应危机的能力。现将主要观点归纳如下。

一、危机必然导致一系列的社会问题

经济危机通常会给各国（地区）带来失业率上升、贫困加剧、收入差距扩大等严重后果。如果处理不当，不仅严重影响当期稳定，而且社会矛盾的激化会进一步降低公众预期，阻碍经济复苏，形成恶性循环，导致更大的经济、社会危机甚至国际冲突。1929 年大危机的西方世界，20 世纪 80 年代债务危机时的阿根廷、巴西，1998 年金融危机的东南亚各国和我国台湾地区，在这方面都有过深刻的教训。

因此，政府对经济危机不能采取放任自流的态度，必须采取积极的干预措施，包括经济领域的刺激措施和社会领域的保护政策。二者不可或缺，而且可以相互促进。

二、危机是完善社会政策体系的契机

历史经验表明，经济危机往往能成为一个国家社会政策的转折点。1929 年大危机直接催生了美国工会法、社会保障法的出台；20 世纪 80 年代的南美债务危机带来了巴西的新宪法，为 90 年代以来巴西社会福利、保障体系的不断完善奠定了基础；1997 年的亚洲金融危机，促成了东南亚各国针对弱势群体的社会安全网的进一步完善等。我国的"三条保障线"（国有企业下岗职工基本生活保障、失业保险、城市居民最低生活保障制度）也是在亚洲金融危机爆发以后的 1998 年出台的。其原因是：危机带来的严重经济、社会后果，强化了民众对社会政策的关注，社会各界也容易在有关社会政策问题上达成共识。

三、经济刺激计划必须考虑社会保护目标

出台经济刺激计划，是 1929 年大危机以来各国政府应对危机的普遍做法。"罗斯福新政"的重要经验之一，是经济刺激计划与社会保护目标紧密结合。

国际经验主要有三点。一是投资的重点集中于公共工程项目，并全面实施"以工代赈"。美国 1929～1933 年大萧条期间的公共工程建设，吸纳了 360 万非熟练失业工人就业。二是要充分考虑经济刺激措施对就业、扶贫的贡献。本次危机中，美国等西方国家政府的经济刺激方案都把就业放在重要位置，美国共和党参议员明确要求取消对就业拉动不大的项目。三是经济刺激计划要有利于缩小收入分配差距。南非财长曼纽尔在 2012 年的预算报告中宣布提高个人所得税门槛，增加对低收入家庭的各种补贴、救济措施等。

四、劳动力市场政策调整要有利于增加就业

调整劳动力市场政策是应对危机的普遍做法，但各国在具体做法上差异较大。

1929 年大萧条时期，美国出台了工会法、最低工资标准和社会保障法，以强化工会力量，提高工人工资，来增加工人阶级购买力和有效需求。本次危机中，奥巴马总统上任半个月签署了 11 项行政法令，其中 4 项是帮助工会加强权力。他认为，劳工运动不是问题的根源，而是解决问题出路的一部分，没有强大的劳工运动就没有强大的中产阶级。

而在 1997 年亚洲金融危机以及本轮危机中，泰国、新加坡等国则采取增强劳动力市场弹性的政策，如降低劳工标准，延缓缴纳或者降低社会保险缴费等，以降低企业的成本，增加就业，增强本国企业的国际竞争力。

各国劳动力市场政策调整之所以差别较大，与其经济发展模式、劳动力市场特征、社会结构、税制等有很大关系。其共同点在于：劳动力市场政策的调整应有利于增加就业和工人的实际收入。

五、要统筹考虑短期政策和长期制度建设

短期救济措施包括扩大失业保险范围、降低享受资格（韩国 1998）、提高最低生活保障标准（美国 1975，台湾地区 2008：劳动收入低于一定标准，免所得税，给予现金补贴）、有条件的现金转移支付（80 年代的巴西、阿根廷，1998 年的泰国等东南亚国家：接受政府现金补贴的家庭必须保证子女接受教育和基本卫生保健服务）等。与会专家指出：在失业率大幅度上升的情况下，短期救济措施可以保障弱势群体的基本生活，有利于维护社会稳定和提升民众信心，因此应当优先考虑。

短期政策总体上还是消极性政策。相比而言，长期、稳定的社会政策体系建设意义更大。二战后西方各国福利国家体系的建立，使得它们在这次全球金融危机爆发时保持了本国社会生活的基本稳定。这在以前是不可想象的。1997 年亚洲金融危机过后，韩国政府用了 10 年左右的时间，对当时出台的社会稳定措施进行了筛选，将其中行之有效的措施保留下来，逐步系统化为比较完善的社会政策体系，实现了从消极社会政策向积极社会政策的转变。面对当前的国际金融危机，公众的不安全感大大降低。南美的巴西、墨西哥等国，也分别在上世纪 80 年代、90 年代的债务危机中建立起面向全民的义务教育、免费医疗制度，以及对贫困家庭的现金转移支付制度，大大提高了危机时刻的社会稳定度。

六、社会政策导致"养懒汉"的担心总体上没有必要

会上，少数专家提出了对社会政策"养懒汉"的担心，但绝大多数专家不认同。教育、医疗卫生等福利性社会政策因其服务的专用性不可能"养懒汉"，各种社会保险通常要与贡献挂钩，也不可能"养懒汉"。只有直接的现金补贴（如最低生活保障、失业保险、现金转移支付等）因为对通过就业获取收入有替代效应，有可能会导致"养懒汉"，但通过控制补贴水平、辅之以特定的责任条件等，这都是可以避免的。南美、南非等很多国家的相关实践结果表明，并没有出现所谓的"养懒汉"问题。退一步讲，在经济萧条时期，即使养一部分人，也要好于一部分社会成员生活无着。

七、社会政策体系的模式选择要符合国情

社会政策体系通常包括社会救助、社会福利和社会保险等不同内容。

优先发展什么、重点发展什么，与各国的国情和发展阶段有很大关系。西方多数国家是以社会保险和社会福利为主，社会救助为辅。传统东亚国家则是以社会救助为主，社会保险和社会福利为辅。以巴西为代表的南美国家近年来的改革则是以社会救助和社会福利并重，社会保险为辅。

尽管都叫社会救助、社会福利，发展中国家和发达国家的标准也大不一样，但内容是类似的。社会救助一般基于最低生活标准，针对特定人群（残疾人、老年人、儿童等）；社会福利则一般包括义务教育、免费的医疗卫生服务等。

与会专家学者指出：发展中国家之所以没有把社会保险作为最主要的社会政策工具，是因为社会保险要靠雇主、雇员缴费的办法来实施。受发展阶段的限制，这些国家的工薪劳动者比重太低，社会保险方式难以覆盖人口的大多数，无法发挥其防范社会风险的作用。

八、扩大教育、卫生投入，提升人力资本

扩大教育培训不仅可以缓解就业压力，也有利于提升人力资本，是国际上普遍使用的反周期政策。

1997 年亚洲金融危机中，泰国、印度尼西亚等国向经济困难的在校生提供奖学金或贷款，防止辍学。泰国为大学毕业生提供临时工作岗位，或让其接受培训。在这次危机中，台湾推出了企业和非营利组织的带薪培训计划（2006～2009 年），将为应届大学毕业生提供 35000 个实习岗位。

与此同时，在卫生保健方面，印度尼西亚、泰国等都投入大量资金为农村学生、学龄前儿童提供免费营养午餐、牛奶等，以保证青少年健康成长。泰国还向占总人口近 20% 的低收入人群发放医疗卡，凭卡享受低价医疗服务，以防止危机持续时间较长时，因医疗保健行为改变而形成国民健康隐患。

九、重视微观制度设计，避免结果扭曲和制度风险

世界各国社会政策发展过程中也有不少教训。

首先是微观政策设计偏差，导致逆向转移支付和制度风险。印度尼西亚在亚洲金融危机中曾发放石油补贴，动用了巨额财政资金，结果主要是补贴了富人。东亚、非洲不少国家的政策监管环节薄弱，公共救助资金普遍存在流失甚至被贪污、挪用等问题。

其次是对特定制度选择缺乏充分的研究和比较，简单采纳一些无论在理论上还是在实践上都缺乏足够依据的政策设计。其中的典型案例是拉美国家自 20 世纪 80 年代以来的养老金制度改革，过于简单地实施了从现收现付的统筹制度向个人基金积累制度的转轨。面对本次金融危机，养老金资产损失近半，对未来的养老安全和政府责任构成了巨大挑战。

很多情况下，成败都是由细节决定的。

葛延风 贡 森 王列军 丁宁宁 执笔

金融危机期间的社会政策改进建议

　　国际经验表明：应对经济危机的主要手段，是出台经济刺激计划和强化社会政策。在我国经济快速增长、收入差距不断扩大的情况下，强化社会政策有着更为积极的作用。危机时刻，民众更容易在社会政策问题上达成共识。而社会政策上的任何改进，都有利于提高民众的信心，实现社会团结安定与经济增长的双赢。

一、经济刺激计划中应当突出社会目标

　　经济刺激计划的核心是扩大有效需求。在经济刺激计划中突出社会目标，可以在增加投资需求的同时增加消费需求，而且有利于保持危机时期的社会安定。

　　第一，政府实施的积极财政政策，应当向社会政策领域倾斜；增加对公共基础设施、最低生活保障、教育、医疗卫生事业的投入，以提高中低阶层的收入和消费水平，为未来发展创造条件。

　　第二，公共基础设施项目应更多地选择关乎千家万户利益的民生工程。比如农村电网、乡村道路、农田水利设施以及改水改厕。这方面我们欠账很多，应利用目前机会大力推进。

第三，对所有建设项目提出明确的就业促进目标，并在实施过程中加以评估。特别是公共基础设施建设项目中，应尽可能地推行"以工代赈"。

二、企业削减成本要以最低工资标准为底线

应当看到，在出口依存度较高、出口迅速下降的情况下，企业降低工资，政府降低税率、缓缴或者降低社会保险缴费以削减营运成本的各项措施，作用十分有限。即使采取了以上措施，那些没有订单、转产又十分困难的出口加工企业还是难以支撑下去。

那些能够继续生存的企业，采取降薪措施来削减营运成本自然无可厚非，但应以地方政府已经公布的最低工资标准为底线，且不应随意降低工作场所的各项标准。否则，商务部和全国总工会2004年以来增强企业社会责任、消除血汗工厂的艰苦努力就会付诸东流。如果那样的话，将会大大增加世界经济复苏后我国商品出口的阻力。

三、继续完善以低保为核心的社会救助政策

在失业问题日渐突出的情况下，要进一步完善城乡最低生活保障制度的管理，尽可能解决目前存在的"漏保"、"错保"问题，使所有因危机而失去生活来源的家庭都能得到政府的救助。同时，借鉴巴西等国"有条件"援助政策，以实现最低生活保障和就业促进、儿童权益保护相结合。

此外，要通过提高政府投入水平将最低生活保障标准提高到合理的水平。在老龄化社会来临之际，应当在认真研究、试点的基础上，推进福利性的老年人保护政策。可以考虑对那些没有被制度化养老保险覆盖、达到一定年龄的老人，特别是农村的空巢老年人，在低保的基础上转变为领取国民养老金。

四、切实降低公众教育负担，完善职业培训

尽管政府在禁止教育乱收费方面已经尽了很大的努力，教育领域公众负担重的问题仍很突出，这对消费的影响也很突出。应进一步加大投入，实现资源均等化，严格学校收费管理，切实把居民教育负担降下来。同时，应考虑将义务教育年限逐步延长。对非义务教育，也需通过各种更为严格的价格控制和直接援助手段，全面降低家庭支出比例。

有关部门已经出台了大规模的免费职业培训计划。需要注意的是，一定要把培训项目和就业促进计划相结合，强化规划和评估，保证接受培训的人员中有一定的比例能够真正实现就业。另外，在失业保险金、最低生活保障金发放过程中，对有劳动能力者，可附加接受培训条款，实现生活保护和提高技能储备、降低社会排斥相结合。

五、实现基本卫生保健领域的改革突破

我国医疗卫生领域的改革正在推进。建议将公共卫生服务、限定诊疗项目与药品目录的基本医疗服务明确定位为公共品。即按照国际上的普遍做法：公共卫生服务免费，基本医疗基本免费（个人少量付费以控制浪费，对特殊困难人群实行减免），以更好实现人人"病有所医"的目标。这样做的政治、经济意义都十分重大。

依据我们过去的研究结果并综合 WHO 等国际组织的研究结果，用占GDP1%左右的投入，就可以实现公共卫生免费、基本医疗（通过社区卫生服务机构、乡镇卫生院和村级卫生室提供的常见病、多发病诊疗服务）基本免费，并能够解决80%以上的卫生问题。即使全部由财政投入，压力也不大。考虑到既有投入、个人和医疗保险分担因素，所需财政增量投入更

低；关键在于调整卫生投入支出结构、明确产品属性。

六、理顺中央和地方事权、财权上的责任关系

无论是贫困救助、就业促进，还是教育培训、医疗卫生，社会政策都要靠地方政府，特别是基层政府来实施。尽管由于地区发展差距大，中国还难以一下子实现地区之间救助同水平、福利同标准、保障同待遇，但中央政府的责任就是尽可能地维护各项社会政策的一致性，包括降低标准上的差别。为此，必须理顺中央和地方的责任关系。

理顺责任关系的核心，是完善中央与地方之间的财政转移支付制度。从国际经验看，在社会政策领域，凡是不容易核算成本的支出，大都采取中央政府一般性转移支付的方式，由地方政府承担具体的投入和支出责任；只有那些容易核算成本的支出，才能以专项支出方式由上一级政府来承担。在增加一般性转移支付的同时，中央政府要强化对地方政府的监督、评估和问责。

七、注重微观制度设计，确保政府投入变为公众特别是中低收入群体福利

一是要完善微观制度设计，避免可能出现的逆向转移支付以及潜在的"福利滥用"行为。除救助政策外，我国现行的各种社会保险政策以及教育、卫生政策，或多或少都有逆向转移支付特征，其中有制度设计问题，也有管理问题，需要引起足够重视。

二是要加强监管和评估，谨防各种可能出现的制度漏洞，提高公共资金的使用效益和保护的针对性。

三是要完善投入方式和定价机制，让政府投入体现在最终产品的定价

上，让公众获益。在这方面，我们有经验，也有教训。比如在近期的义务教育体制改革方面，先是明确提出"两免一补"目标，然后测算并实施投入，就非常好地解决了问题。相反，前些年一些地方对卫生事业的投入，往往只投基本建设，没有经常性费用支持，更没有将政府投入和服务价格下降联系起来，结果是百姓负担不降反升。有关经验教训需要认真总结。

八、扩大个人账户积累的做法值得进一步研究

养老保险是近些年来改革的重点。过去20多年里，企业养老金制度实现了从社会统筹向统账结合，从个人账户"空账运行"向"实账积累"的转变，但一直没有走出困境。近来，有关事业单位养老金改革的思路又受到较多批评。

金融危机发生以后，各国养老金个人账户积累的资金因资本市场的崩溃迅速贬值。据此我们认为：第一，要审慎对待"积累"问题；特别是在我国资本市场发育水平较低、管理不完善的情况下风险很大，南美国家的教训已经充分说明了这一点。第二，通过渐进方式，稳步提高养老金领取年龄，是确保养老制度可持续的最重要的手段，也是西方国家的普遍做法，我们应当认真考虑。第三，事业单位养老金改革上千万不能"做减法"，要形成合理的调整机制，避免过去随意性过大的问题。

九、重新考虑中国社会政策模式的长远选择

改革开放以来，受传统体制因素以及一段时期内社会政策要与经济体制改革配套的影响，改革后的我国社会政策总体模式是以各种社会保险为主，社会福利、社会救助为辅。但我国是一个发展中国家，受就业结构影响，这种模式在短期内很难实现"广覆盖"的目标。很多发展中国家的经

验也证明了这一点。

根据西方国家历史上的经验，建议重新考虑社会政策的总体模式。适当降低社会保险在社会政策中的比重，强化对低收入人群的直接援助，增加以教育、医疗卫生为代表的社会福利比重。这样不仅可以在短期内实现社会政策体系的"全覆盖"，而且可以更好地解决市场经济体制下的起点公平问题，增加民众消费信心。

葛延风 贡　森 王列军 丁宁宁　执笔

欧洲国家福利与主权债务危机的
关系研究

继 2008 年全球金融危机后，2009 年末发端于希腊的欧洲主权债务危机的影响也逐渐扩散，已由单一国家主权债务危机演变为整个欧元区的债务危机，进而影响欧洲乃至全球经济复苏。在探讨主权债务危机发生的原因时，不少学者都把目光投向欧洲各国普遍的高福利，认为其过高的福利水平乃是造成此次危机的罪魁祸首。本文旨在通过多方面的例证及数据来探讨福利体系在欧债危机形成和发展中的作用。

一、欧洲主权债务危机的发生、深入与扩展

主权债务危机，指一国政府以自己的信用为担保，向国际货币基金组织、世界银行、欧洲中央银行或其他国家举债，不能按时偿还该债务时发生的违约情况。评级机构作出的主权信用等级就是对中央政府作为债务人履行偿债责任的信用意愿与信用能力的一种判断。在确定或调整主权信用评级及评级前景时，一般主要考察该国的宏观经济状况及前景以及财政状况及货币政策。其中中央政府的债务负担（主要指外债）及偿债能力是主要的考察指标。目前比较权威的评级机构有标准普尔、惠誉和穆迪。

表1		欧债危机的主要进程
2009 年	10 月初	希腊政府突然宣布，2009 年政府财政赤字和公共债务占国内生产总值的比例预计将分别达到 12.7% 和 113%，远超欧盟《稳定与增长公约》规定的 3% 和 60% 的上限
	12 月全球三大评级公司分别宣布下调希腊主权评级	12 月 8 日，惠誉将希腊信贷评级由 A－下调至 BBB＋，前景展望为负面
		12 月 16 日，标准普尔将希腊的长期主权信用评级由 "A－" 下调为 "BBB＋"
		12 月 22 日，穆迪宣布将希腊主权评级从 A1 下调到 A2，评级展望为负面希腊主权债务危机就此浮出水面
2010 年	1 月 11 日	穆迪警告葡萄牙，若不采取有效措施控制赤字，将调降该国债信评级
	2 月 4 日	西班牙财政部指出，西班牙 2010 年整体公共预算赤字恐将占 GDP 的 9.8%。德国预计 2010 年预算赤字占 GDP 的 5.5%
	2 月 9 日	欧元空头头寸增至 80 亿美元，创历史最高纪录，欧洲股市暴挫，整个欧元区正面对成立 11 年以来最严峻的考验
	4 月底～5 月初	危机开始迅速向欧洲其他国家蔓延，葡萄牙、西班牙、意大利、爱尔兰等国同时遭受主权信用危机，形成了所谓的 "欧猪五国"（PIIGS），欧元区许多国家均受到不同程度的影响
2011 年	1～3 月三家评级机构再次下调希腊主权信贷评级	2011 年 1 月 14 日，惠誉下调希腊主权信贷评级由 BBB－级下调至 BB＋级，评级展望为负面
		3 月 7 日，穆迪将希腊国债评级从 "Ba1" 下调至 "B1"，评级前景为负面
		3 月 29 日，标普将希腊主权信用评级由 "BB＋" 下调至 "BB－"
	8 月 24 日	标普宣布由于爱尔兰政府救助金融业的成本迅速增长且超出预期，将该国的主权信用评级由 "AA" 下调至 "AA－"，评级前景为 "负面"。爱尔兰由此代替希腊，走到了第二轮欧债危机的最前沿
	11 月 25 日	惠誉下调葡萄牙主权评级至垃圾级，穆迪公司将匈牙利主权信用评级从 Baa3 下调一级至 Ba1，前景展望为负面。同日，穆迪下调匈牙利本外币债券评级一个级别至 Ba1，是垃圾级中最高一级，前景展望负面。该国目前在标准普尔和惠誉的评级均是投资级别中最低一级。尽管匈牙利并非欧元区国家，但引起了欧洲各国对债务危机的进一步担忧
	11 月 26 日	欧盟和国际货币基金组织（IMF）与爱尔兰达成协议，联合向该国提供总额为 850 亿欧元的援助贷款。至此，爱尔兰成为第二个正式申请国际援助的欧元区国家
2012 年	1 月 13 日	标普宣布下调 9 个欧元区国家的长期信用评级，将法国和奥地利的 3A 主权信用评级下调一个级别至 AA＋，同时将葡萄牙、意大利和西班牙评级下调两个级别
	1 月 27 日	惠誉评级公司 27 日宣布将欧元区第三大经济体意大利的主权信用评级下调两个级别至 A－，将西班牙的主权信用评级从 AA－下调两个级别至 A。此外，惠誉还分别调降了比利时、塞浦路斯以及斯洛文尼亚的主权信用评级，同时维持爱尔兰的评级在 BBB＋不变

二、关于高福利与主权债务危机关系的两种观点

欧洲主权债务危机的发生和蔓延引起了人们对欧洲经济模式，甚至社会模式的反思。高福利开始被很多人视为造成欧债危机的一个重要因素。

与全球其他经济体相比较，欧洲各国福利水平较高是一个不争的事实。而在这场程度深、范围广的欧债危机中，高福利究竟扮演了怎样的角色？是危机的缓冲器，还是危机的催化剂？是危机的始作俑者，还是外部诱发因素？学界对此看法不一。其中有两大主流观点：一是认定高福利是此次主权债务危机的内在根源；另一种观点则认为主权债务危机的成因相当复杂，而高福利并非造成欧债危机的根源性因素。

美国新闻周刊和华盛顿邮报的著名特约编辑 Robert Samuelson 在 2011年底发表言论："欧洲的动荡并不仅仅是一场货币危机。即使欧元区没有建立，它也是不可避免的。""它从根本上是一场福利国家的危机，这些福利国家的福利水平过高以至于在经济上难以支撑。"显然，Robert 已经把此次复杂的欧债危机彻底归因于欧洲各国的高福利。无独有偶，美国哥伦比亚大学教授、1999 年诺贝尔经济学奖得主、"最优货币区"理论的奠基人、被视为"欧元之父"的罗伯特·蒙代尔在 2012 年 2 月的一次演讲中也认为，高福利的社会模式对此次欧债危机有很大的影响。中国社会科学院世界社会保障中心主任郑秉文也于日前发表言论，提出高福利是欧债危机的重要诱因。

也有更多的学者对此观点表示异议。华盛顿邮报、彭博资讯的专栏作家，微软全国有线广播电视公司的出资人 Ezra Klein 直接对 Robert 的观点提出反驳。他认为福利从某种意义上说反而对经济有一定的裨益。由于高福利国家普遍存于欧洲国家，因此欧洲一旦发生危机，就会表现为福利国家发生危机。实际上欧元区的货币政策与欧债有着更为直接而不可忽视

的联系。就国内而言，中国人民大学教授、社会保障专家郑功成也提出，欧债危机并非福利惹的祸，而是一场经济危机、金融危机，这场危机又带来了福利危机，不应该本末倒置。

面对这样的争论，我们不禁要问：高福利就必然导致主权债务危机吗？在造成欧债危机的错综复杂的因素中，高福利真的是罪魁祸首？

三、高福利并非主权债务危机的根本成因

1. 瑞典、德国等福利水平较高的欧洲国家并未发生主权债务危机

如果高福利确实是造成欧债危机的根源，则社会福利水平越高，主权债务危机程度就应该越深，主权信用等级越低，国债负担率和赤字率也就越大。但以瑞典为代表的北欧作为全球社会福利体系最为健全的地区，绝大部分国家在金融危机和主权债务危机中受到的冲击都不大[①]。德国作为欧洲最大的经济体，在危机中也维持了稳定的经济增长和财政状况，并在欧洲应对危机的政策中起到了主导作用，而它同样有非常发达的社会福利体系。这里我们选取德国和瑞典这两个在欧债危机中表现较好的国家，与受危机冲击最严重的"欧猪五国"（葡萄牙、意大利、爱尔兰、希腊和西班牙）进行比较，简单考察欧洲国家福利水平的高低与其是否发生债务危机之间的关系。

从表2我们可以清楚地看到，7个国家中，福利水平较高的国家反而是债务状况较好的国家，而发生危机的几个国家都不是福利水平最高的国家。从社会支出占GDP的比重看，瑞典和德国的水平都高于希腊等五国。从财政赤字来看，希腊等五国财政赤字形势更为严峻。其中，爱尔兰的福

---

① 冰岛虽然在2008年经受了加大的危机冲击，但近几年恢复的情况很好。经合组织（OECD）最新预计，冰岛2012年经济将增长2.4%，该机构不仅预期冰岛将从2008年的危机中恢复，且认为冰岛的经济表现将好于其欧洲邻国。

利支出占 GDP 的比重在这七国中最低，仅为 16.3%，财政赤字却高达 31.3%。反观德国，从 1995 年以来，其政府赤字水平一直都控制在 GDP 的 4% 以下，2010 年仅为 3.3%，较低的财政赤字为德国各种宏观调控措施提供了回旋的余地。作为北欧福利国家的代表，在福利水平比其他五个国家高很多的情况下，瑞典的经济却保持着良好的发展态势，政府债务和赤字水平远低于《稳定与增长公约》中的要求，同时政府赤字情况也比较乐观。在欧债危机的风暴席卷欧洲多个国家时，三个主权信用评级机构依然给予瑞典极好的评价，保持 AAA 最高等级不变，且前景展望也比较好。

表2　　瑞典、德国和"欧猪五国"的社会支出和经济发展状况

数据＼国家	GDP（欧元）	社会支出占GDP比重（%）	政府债务（欧元）	政府债务占GDP比重（%）	政府赤字（欧元）	政府赤字占GDP比重（%）	主权信用评级
瑞典	3308061	27.3	1313150	39.7	7597	0.2	AAA
德国	2476800	25.1	2061795	83.2	−105860	−4.3	AAA
意大利	1556029	24.8	1842826	118.4	−71999	−4.6	BB
葡萄牙	172799	22.5	161257	93.3	−16863	−9.8	B−
西班牙	1051342	21.6	641802	61.0	−98166	−9.3	BBB
希腊	227318	21.3	329351	144.9	−24125	−10.6	CC
爱尔兰	155992	16.3	147988	94.9	−48837	−31.3	AA−

注："福利支出占 GDP 的比重"数据为 2007 年数据，来源于 OECD Factbook 2011：Economic, Environmental and Social Statistics。其他各项数据为 2010 年左右数据，来源于 European Commission Eurostat。

2. 关于高福利引发危机的路径猜测也未能得到证实

还有观点认为，在高福利国家，经济危机更容易引发债务危机。由于高福利国家的失业者过度依赖社会福利，经济危机会导致更为严重的失业问题，并且使得福利支出大幅增加，从而增加政府的债务负担，引发债务危机。从金融危机的影响看，经济衰退和政府收入减少造成的财政紧缩，确实造成了很多欧洲国家失业率或多或少的上升。但从七国的数据上看，金融危机的发生、失业率的上升、社会支出的增加和债务危机的产生四者之间的因果关系并没有得到充分的证实。

首先，金融危机和失业是否造成了社会福利支出的增加，在不同国家有不同的表现形式。图1为危机前后的2007～2009年七国的失业率和公共支出中的失业补助占GDP的比重。从失业率看，德国和希腊的失业率在2009年并没有明显上升，瑞典、意大利和葡萄牙三国的失业率有所上升，而西班牙和爱尔兰的失业率则大幅上升。从失业率与失业补助占GDP的比重看，在"欧猪五国"中的四国，葡萄牙、西班牙、爱尔兰以及意大利，二者都存在明显的线性关系（意大利的关系稍弱），即失业率升高会带来失业补助的增加，而希腊在2007～2008年甚至存在失业率下降而失业补贴占GDP的比重上升的现象。与之相反，德国与瑞典则能够在失业率稳定或下降的情形下促使失业补助占GDP的比重下降，这说明他们的失业补助体系更有弹性，政策的调整空间更大。

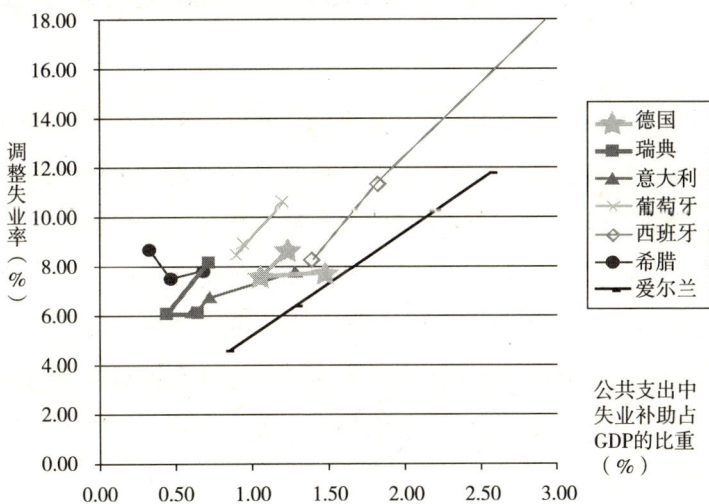

图1　主要国家公共失业支出与失业率的关系（2007～2009年）

数据来源：OECD Factbook 2011：Economic，Environmental and Social Statistics。

从表3的数据看，也很难认为失业补助的提高是造成主权债务危机的主要原因。2007～2009年，爱尔兰、希腊、葡萄牙、意大利和西班牙政府债务占GDP的比重分别增加了27、21、12、11和8个百分点，而失业补助占GDP的比重却分别只提高了1.7、0.36、0.25、0.67、1.52个百分

点。从支出增加的绝对水平上看，失业补助增加对主权债务的增加影响
不大。

表3   主要国家公共失业支出、失业率与政府债务的关系

	年份	德国	瑞典	意大利	葡萄牙	西班牙	希腊	爱尔兰
公共支出中失业补助占 GDP 的比重（%）	2007	1.23	0.65	0.61	0.95	1.40	0.33	0.85
	2008	1.05	0.45	0.72	0.90	1.82	0.47	1.27
	2009	1.47	0.72	1.28	1.20	2.92	0.69	2.56
政府债务占 GDP 的比重（%）	2007	39.55	36.41	95.63	66.62	30.02	105.67	19.83
	2008	39.55	33.70	98.09	68.88	35.56	110.62	28.00
	2009	44.21	46.03	106.78	78.73	38.10	127.02	47.07

数据来源：OECD Factbook 2011；Economic, Environmental and Social Statistics。

四、福利在危机中的角色：缓冲器还是放大器

高福利在危机中起的作用不是特定的，问题的关键在于各国的福利水
平和福利结构是否合理。在这方面，瑞典和德国都进行了很多探索和痛苦
的改革。瑞典 20 世纪 70~90 年代的福利制度改革以及德国前总理施罗德
在位期间进行的德国福利制度改革，都力图在保持社会福利的保障作用的
同时，促进福利制度的弹性。改革的推行也引起了国内较大的争论，但经
济危机过后两国的表现则证明了改革的成功。在社会福利政策的具体改革
内容上，二者虽有差异，但也有异曲同工之处。这些是很值得其他国家思
考和学习的。

首先，社会福利制度的完善并不是一味提高社会福利支出，而是根据
经济发展的实际情况制定或调整相应的社会福利支出。面对危机，瑞典实
施了社会支出紧缩政策，增强了社会保障支出发放的灵活性；德国则一方
面拓展了社会保障的项目并提高了标准，另一方面使得处于工作年龄阶段
和具有工作能力的人士申请基础保障的条件更为严格。这里涉及对福利的
合理定位问题，即在保障民众基本生活的基础上，更重要的是通过对社会
福利支出结构的调整来维护社会稳定、促进经济发展。因此，即使改革中

部分民众可能面临一定的福利损失，社会各界最终也能够达成一定的共识，并能使得其福利体系保持一定的弹性。

其次，充分发挥社会支出的实际效用，重视就业改革，着眼于降低失业率，以相关政策为引导，提高对福利支出的利用效率。20 世纪 90 年代初，瑞典的失业人数剧增且出现了新的特点，即中青年的失业人数增加，长期失业人数增加。政府为了减少公共开支，于 1993 年初，建议制定 5 天的等待期，把再次就业率从 90% 调整到 80%，此方案在 1993 年生效。同时还提供再就业培训，努力刺激失业人员的再就业。德国在这方面表现更为突出，从"哈茨一号"到"哈茨四号"的改革，通过了一系列促进就业、增加和激励工作机会和就业岗位、惩罚和规训拒绝就业者的措施，包括组织成立"劳动、培训和竞争力联盟"以协调劳动力市场；加快高新技术和 IT 产业发展，以便改善产业结构和就业结构；加强创业资助力度，鼓励创办企业，创造新的就业机会；实施青年就业"紧急计划"，解决青年就业问题；增加就业培训、进修和改行培训的机会，提高失业者的再就业能力。这些措施极大地增加了失业者的再就业机会及劳动意愿，有利于社会稳定及经济形势回暖。可以说，德国和瑞典在对失业者的救助方面不仅局限于为其提供失业期的经济救助，更重要的是重视失业者的"积极待遇"，试图确保失业个人能够并愿意工作。

此外，瑞典的福利制度改革还有自己的一些独到之处。如社会保障地方化、实行社会保障竞争机制、引入私人投资等。社会保障地方化既可以利用地方的信息优势极大提高福利支出的利用效率，又可以缓解中央的财政及政策压力；职业养老金的发展是引入社会保障竞争机制和私人投资的突出代表，这一措施使得中央政府的财政压力得到了有效的缓解。

总之，瑞典、德国不仅没有使社会福利变成"养懒汉"，反而强化"积极的社会政策"，力图提高人们参与劳动的动力和效率，使得社会福利转化成了刺激经济发展的动力。这也是两者与"欧猪五国"在具体福利结构上存在的差别。此外，两国的福利制度在进行改革以后，更具弹性，应变能力大大增强。在面对危机时，不仅不会被福利所捆绑，反而可以对福利政策进行适当的调整，进而发挥其在经济中的带动作用。另一方面，希腊等国在福利结构上存在很大的不合理性。①福利支出的结构和收益问题。社会福利政策不但应起到减少贫困、保障社会公平的作用，也是保障劳动力市场灵活性、增加人力资本积累、促进经济发展的重要方式。而希腊等国在福利体系的设计上过分注重福利的救济作用，忽视了其对经济增长的促进作用，甚至把社会福利支出作为衡量经济发展的一个标准，政治家把提高社会福利作为承诺来获取民意，从而扭曲了福利体系的作用。②福利政策的弹性问题。由于福利制度设计得不合理以及社会共识难以建立，在经济遭遇重创时，如金融危机的侵袭，福利对于这些国家就成为一种束缚。福利支出巨大，而削减福利开支也很难得到民众的支持，反而可能带来更大的社会动荡。

五、债务危机也成为各国福利政策改革的契机

正如不少学者在 IMF 中提到的那样，危机中的这场改革无可避免。但这是改革，并非革命；是对福利宏观设计的调整，而非整个社会目标的彻底转变。欧洲福利国家应当力求在不改变政府基本角色的前提下，适度削减福利开支，以期扭转局势，真正发挥福利对于社会的积极作用。这种改革的目标是：保持政府作为最低保障提供者的角色，同时提高个体的社会责任感，通过奖励机制提高效率，最终推动建立个人或集体型福利机制。目前一些国家已经开始推行渐进的改革措施。具体说来，福利国家可以从养老金、健康保障、教育、基础设施、公营企业等方面进行努力，这也可以成为对其他国家的启示。

在养老金的改革上，一系列的措施包括：提高退休年龄；通过养老金支付体系的调整减少提前退休；通过缩小大范围的指数化机制，缩小养老金的规模。IMF 中有一项研究探讨了推迟这项改革将会对典型工业国家带来的影响。据测，推迟 10 年实行这项改革将会使 GDP 对养老金的贡献率

永久增加 1%；推迟 30 年的话会使其增加 5%。诚然，这些只是学科上的假设，但养老金改革的必要性从中也可见一斑。

在就业保障的改革方面，应着力提高劳动力市场的灵活性。目前，一些国家的就业保障法和最低工资规定存在问题。好的就业保障除了关注失业工人的基本生活外，还应为失业工人提供培训，促进他们尽快再就业，并形成有效的刺激机制。正如上文中提到的，德国福利体系改革就更关注如何给整个劳动力市场带来活力进而带动经济发展的问题。

总之，对于欧洲福利国家而言，这场危机可以成为其福利改革的一个契机。对于福利政策的改革在此时显得很必要，也可能更容易形成社会共识。当前处于债务危机之中的国家应该考虑的是如何制定稳妥通盘的改革策略，把握好改革的力度和进程。建立起改革的决心，掌控好改革的方向和大局，不仅可以帮助他们度过这场危机，或许还能为其今后的发展提供新的道路和更为持久的动力。

六、结论：正确看待福利与主权债务危机的互动

主权债务危机的成因是比较复杂的。其中根本原因是经济结构和金融结构的问题。美国著名的经济史学家金德尔伯格曾经说过，一个国家的经济最重要的是要具有生产性。换句话说，其经济结构中第一、二、三产业要比例适中，尤其要保证第一、二产业占相对的比重。"欧猪五国"的工农业在国内生产总值中比重较轻，主要依靠非生产性的第三产业。而第三产业的伸缩性、居民需求消费的弹性比较大，很容易受外界的影响，具有较大的不稳定性。此外，欧元区货币和财政政策的协调机制上存在弊端。欧元区体制导致各国货币政策与财政政策分离的二元结构，货币主权属于欧洲中央银行，而财政主权依然掌握在各成员国手中。这使得如德国等劳动生产率较高的国家享受了货币相对贬值带来的收益。但希腊等国家一方面享受了更低的融资成本，增加了举债的道德风险，另一方面却需要面临

货币升值导致的产业竞争力下降，危及经济发展的可持续性。同时，面对危机时，他们不能通过货币贬值进行宏观调控，而财政政策这一调控工具的成本又被拉低，结果造成了严重的财政赤字，债务危机愈演愈烈。因此，这些国家自身的经济结构和欧元区的财政货币机制是欧债危机的根本原因，而金融危机则成为欧债危机的外部诱因。

上文已经对福利与危机的关系问题、欧债危机的成因问题进行了详细的探讨。高福利并不必然导致主权债务危机。社会福利可以促进经济发展，成为危机的缓冲器（如德国、瑞典）；却也可以给危机中的各国雪上加霜，成为危机爆发和加剧的催化剂（如希腊等国）。问题的关键在于，各国对于福利结构的具体设计是怎样的，福利机制是否具有足够的灵活性和弹性。这场危机也把福利中存在的问题暴露了出来，在危机中社会各阶层也有了更强的动力来启动改革，为完善福利体制提供了契机。

余璐（中国政法大学） 张冰子 执笔

参考文献

[1] 周茂荣，杨继梅 . "欧猪五国"主权债务危机及欧元发展前景 . 世界经济研究，2010（1）

[2] 张超，谭春彦 . 对希腊主权债务危机的思考 . 时代金融，2011（1）

[3] 徐思 . 论希腊主权债务危机及对中国的启示 . 时代金融，2011（2）

[4] 王辉 . 欧洲主权债务危机的根源、影响及启示 . 财政研究，2010（5）

[5] 余露 . 欧洲主权债务危机的演进、成因及对中国的启示 . 河南工业大学学报（社会科学版），2011（6）

[6] 邓小华，王宝宝，李颖 . 欧洲主权债务危机的原因、模式及启示 . 经济问题探索，2011（11）

[7] 宿玉海 . 欧猪五国主权债务危机：原因、影响及启示 . 宏观经济研究，2011（12）

[8] 陈晓东 . 希腊主权债务危机：根源、影响和启示 . 国际经济观察，2011（8）

[9] 马蔡琛，黄年吉，王文静 . 政府债务适度性与财政危机的有效化解——基于欧洲主权债务危机的视角 . 财政经济评论，2012（2）

西班牙、葡萄牙社会福利与经济政策的调整及其启示

应西班牙劳动和社会保障部、葡萄牙劳动和社会团结部的邀请,张玉台主任率团①于 2010 年 6 月 15 日至 24 日,以经济危机及老龄化背景下两国社会福利的可持续发展为主题,对西班牙、葡萄牙进行了考察访问。

在西班牙,代表团分别与劳动、移民和社会保障大臣以及社会保障国库总局、社会保险总局的负责人进行了座谈,参观了社会保障社区服务中心和公立学校等机构,还与西班牙华人企业联合会进行了座谈。在葡萄牙,代表团与劳动和社会团结部代部长、国务秘书进行了座谈,并参观了该部定点的托儿所和敬老院,考察了阿莫林软木加工厂。现将了解到的主要情况,特别是经济危机及老龄化背景下西班牙、葡萄牙社会福利与经济政策的调整情况报告如下。

一、社会福利体系是经济危机时期的社会稳定器

西班牙、葡萄牙两国社会保障主管部门都认为,社会福利体系与此次

---

① 成员包括:葛延风、孙兰兰、贡森、蒋希蘅、来有为。

主权债务危机无关，不仅如此，社会福利体系还是经济危机时期的社会稳定器，在失业率飙升的情况下维持了社会的稳定。

国际金融危机爆发前，西班牙财政平衡有余。国际金融危机爆发后，西班牙房地产泡沫破灭，建筑业受到严重冲击，失业率大幅上升。西班牙政府采取的刺激经济计划收效不大，国民经济缺乏新的增长点，陷入了经济衰退，2009 年财政赤字占西班牙 GDP 的比重上升到了 11.2%，主权债务总额达到了 GDP 的 67%。尽管也受到了金融危机的冲击，西班牙社保基金 2009 年仍实现盈余 85.01 亿欧元，这些钱都转化为社会保障储备基金。目前，西班牙社会保障国库总局管理着 620 亿欧元的储备基金，相当于 GDP 的 5.79%。在经济危机背景下，2009 年的参保人数只比 2008 年下降了 1.43%，违约率为 2.5%，比 2008 年略有上升。西班牙社保体系面临的主要挑战是低出生率、年轻人参加工作的年龄上升和人口老龄化。劳动、移民和社会保障大臣介绍说，西班牙执政的工人党坚决维护公立的社保体系，这一体系有专项的来源，有独立的征收渠道，保证了国家的稳定，到 2030 年仍会健康运转，不需要进行根本性改革。目前只是为应对人口老龄化等方面的挑战作一定程度的调整，这与国际金融危机和主权债务危机无关。

2009 年，葡萄牙财政赤字占 GDP 的比重也上升到了 9.4%，主权债务总额达到了 GDP 的 76.6%。葡萄牙劳动和社会团结部国务秘书 Pedro Marques 介绍说，葡萄牙追求社会保障与经济发展之间的平衡，社会保障支出与经济增长率挂钩，前些年社会保障收入高，支出低，实现了大量盈余。国际金融危机爆发后很多人失业，社保支出增加，收入减少，但这一体系仍能维持下去。他认为，主权债务危机并不是由社会福利体系导致的，与此相反，正是由于有这一体系，才保证了社会的稳定；应对危机的最重要的办法是政府开展财政运作，刺激内需。

社会福利体系不仅是经济危机时期的社会稳定器，在促进社会融合和市场统一方面也发挥了巨大作用。西班牙是一个多民族的、接近联邦制的国家，而且目前西班牙和葡萄牙都有很高比例的国际移民。前者的移民人口占到总人口的30%左右，后者也占到20%左右。基本公共服务和社会保障是促进社会融合与市场统一的重要工具。首先是教育。据西班牙劳动和社会保障部介绍，教育是促进外来人口社会融合的最有效途径。西班牙义务教育的核心教学内容是全国统一规定的，并且中央政府通过图书馆建设、新技术使用和移民插班等专项计划支持地方提供均衡公平的义务教育。另据我们在里斯本访问的幼儿园介绍，他们从小就帮助孩子认识社会多样性，并培养其包容意识。其次是一视同仁的社会服务，特别是全民医疗卫生服务。西班牙各个自治区可以自行决定是否征收高速公路维护费用，但是所有居民都可享受基本免费的、全国一致的健康服务。另外一个重要工具是中央垂直管理的基本养老保险体系，它既有助于全国统一劳动力市场的形成，又有利于社会团结互助。葡萄牙劳动和社会团结部的名称就体现了其使命。

西班牙通过加强社保管理机构的执行能力和多部门协调，保证社会保障法规的贯彻落实。西班牙社会保障国库总局和社会保险总局分别负责社会保障基金管理和待遇管理，具有庞大的管理队伍和先进的管理手段，在全国分别有1.36万和1.4万名公务员，基本实现了信息电子化管理。西班牙社会保障国库总局从1988年开始就获得了强制征收权，即不需通过法庭，就可请求有关部门配合，对恶意拖欠者采取强制扣缴手段。交通管理部门、房产管理部门和银行有责任向社会保障国库总局提供违规者的车辆拥有情况、房产和金融资产信息。

二、西班牙、葡萄牙两国政府采取措施积极应对主权债务危机

1. 努力削减财政赤字

在经济复苏前景欠佳、举步维艰的情况下，西、葡两国不得不依靠提高税收和削减开支，特别是劳动工资和福利开支的办法削减财政赤字。在

西班牙，众多的节支措施主要包括冻结新聘公共雇员；2010 年将公务员的工资平均降低 5%、部长的工资降低 15%；2011 年冻结退休金规模；从 2011 年开始，取消新生儿一次性 2500 欧元的补贴以及老人生活补助；降低公费医疗的药品开支；从 2010 年 7 月 1 日开始将增值税税率由 16% 提高到 18%；计划将退休年龄从 65 周岁逐步提高到 67 周岁（估计在 2014 年后才会实行）。葡萄牙的节支措施相对缓和，主要包括冻结公共部门的工资，降低高级公务员的工资，降低公共部门的养老金，以及进一步调低提前退休者的养老金。尽管削减赤字计划引起了部分民众的抗议，但西、葡两国的公务员、政务员以身作则降薪的做法，终究能够换来人民群众对削减福利的谅解。

2. 通过综合改革促进就业、支持中小企业发展并提升经济竞争力

2010 年 5 月份，西班牙失业率为 20% 左右，在发达经济体中是最高的。葡萄牙的失业率接近 11%，大学生的失业率为 20% 左右。由于国内缺少就业机会，很多葡萄牙年轻人到法国等欧盟国家工作。

在西、葡两国，失业者至少有两条保障线：一是失业者最长可以领取两年的失业保险金，待遇水平与就业时的收入挂钩，替代率在 70% 左右；二是过了领取期以后，失业者可以申请社会救济金。正规就业人员在失业时还可从用人单位那里得到与工龄、工资挂钩的解职金。西班牙的标准是每工作一年，员工可得到相当于工资收入 45 天的解职金；葡萄牙解职金的标准较低，是 30 天。更为重要的是，与其他居民一样，失业者及其家属的医疗、教育费用也由公共财政承担，与个人就业状况无关。另外，大多数待业青年在家"啃老"，这也得益于其父辈较高的养老金水平。目前葡萄牙的养老金替代率高达 90%。

为应对金融危机、提升西班牙经济竞争力，西班牙政府决定调整经济结构，大力发展高技术、高附加值和高技能的产业，不再将建筑业作为经济发动机。2010 年 3 月，西班牙政府向议会提交了《可持续经济法（草案）》，截至成文时该法案尚未通过，但部分内容已以政府令形式付诸实

施。《可持续经济法（草案）》对经济、环境以及社会三个领域 20 项内容进行改革，其中包括：制定 2020 工业政策一揽子计划，目标是增加电动汽车、可再生能源、生物科技、航空航天等工业在经济中的比重；改进西班牙信贷局的信贷方式，向有利于经济增长的项目倾斜；制定 2020 年发展目标，主要包括研发经费占 GDP 比重由 2008 年的 1.35% 提高至 3%，互联网用户由总人口的 49% 提高到欧洲经济四个最发达国家的平均水平（目前为 60%）、可再生能源占全部能源消耗的 20%、铁路货运量由 4% 提高至 10%；改革劳资谈判模式，促进青年就业培训，提高就业稳定性等。

为鼓励企业多招工和降低失业率，西班牙政府希望通过改革僵化的劳动力市场，将每工作一年可得到 45 天的解职金标准降为 33 天。由于难以取得银行贷款，金融危机对中小企业冲击更大，为此，在危机发生后，西班牙信贷局开始自行评估贷款风险并向中小企业提供流动性贷款。葡萄牙也提供贷款帮助，另外还将低盈利中小企业的所得税减半征收。针对青年群体特别高的失业率，西班牙对年轻人实习提供社会保险补贴，并对年轻人就业提供岗位补贴。

三、及早采取措施应对人口老龄化

西班牙、葡萄牙都面临人口老龄化的挑战，两国养老保险应对人口老龄化挑战的举措很相似：一是鼓励推迟退休年龄；二是降低退休金的替代率；三是建立社会保障储备基金，储备基金全部用于购买国内外的公债。两国社会保障部门都很自豪地介绍说，由于坚持了公共管理、略有结余的现收现付制度，没有采用积累式的个人账户模式，其养老保险制度受金融危机的冲击不大。

在老年人生活照料方面，以家庭和社区日间服务为主，机构住院服务为辅。比如，在葡萄牙，近 20 年来老年人人口比例在提高，夫妻两人都工作的家庭比例也在上升，因此老年人生活照料的社会化被提上了日程。老年照料社会服务有 3 种类型，分别是有指导的家庭照料、日托服务和住院服务。其中，对家庭照料提供支持是政府提倡的主要服务类型。以我们访问的敬老院为例，它提供全部 3 类服务，服务对象总数是 205 人，其中 75 位老人在家里接受由敬老院指导的照料服务，70 位老人到敬老院接受日间照料服务，60 位老人接受敬老院提供的住院服务。

四、公共服务的"公共"性质很突出

首先，社会福利公立机构的雇员都是公务员，其工资基本是由岗位工资和工龄工资构成的，只有少数部门和岗位有绩效工资。在西班牙，公立中小学的教师是公务员，社会保障社区服务中心的雇员也是公务员。在社区服务中心，只有执法征收组的人员有少量的奖金，且由财政预算列支，其他工作人员的待遇与其任务完成情况不直接挂钩。在葡萄牙，由于更多的妇女走向社会，政府鼓励非营利性的私人基金会提供幼儿和老人照顾服务。据介绍，这类组织的从业人员占全社会就业总量的 2%～3%。另外，公众代表参与公共服务机构的管理，社会保障定点的幼儿园和敬老院的资金使用情况要向社会公开。

其次，公共服务提供机构要优先照顾辖区内的普通公民。在西班牙马德里自治区 6～16 岁的在校生中，70% 的学生就读的是公立学校，20% 是公共补贴的私立学校，只有 10% 是没有补贴的私立学校。西班牙的公立学校优先保证周边中低收入家庭的孩子入学。我们在马德里访问的小学就有一个招生评分体系，其中，申请者离学校的距离和家庭经济状况是两个重要指标，家庭经济状况越好，进入公立学校的可能性越小。我们在里斯本访问的幼儿园和敬老院，都是民办公助性质，招收儿童入园和老人入住同样必须优先照顾周边最需要的申请者。在敬老院 60 位住院者中，90% 以上是生活不能自理者。

五、若干启示

通过在西班牙和葡萄牙的座谈交流和参观访问，代表团感受很多，较深的体会有以下几点。

一是社会福利体系不仅是经济危机时期的社会稳定器，其中的教育、医疗卫生和老年保障等项目更是实现社会团结、市场统一的有效工具，也是提供稳定就业的重要渠道。我国的工资、就业以及公共服务和社会保障等方面的社会建设还处于扩展期，整体上待遇水平还偏低，不能因为西班牙、葡萄牙等先行国家对过于慷慨的福利项目进行纠偏，而动摇我们加快以民生为重点的社会建设的决心。

二是国民经济要注重可持续发展。前些年，西班牙经济增长率在欧盟国家中名列前茅，但这是建立在房地产泡沫基础上的虚假繁荣。国民经济过于依靠旅游业和建筑业，制造业和生产性服务业的国际竞争力并未得到提升。在国际金融危机的冲击下，西班牙房地产泡沫破灭，建筑业陷入萧条，旅游业收入下降，导致财政状况急剧恶化，失业率大幅上升。葡萄牙经济也有类似的问题，制造业和生产性服务业不发达，抗风险能力差。西、葡两国既没有明显的资源优势，又没有领先的创新优势，因此，其经济复苏前景不佳，难以借到外债。在出现主权债务危机的情况下，西、葡两国不得不依靠提高税收和削减开支的办法削减财政赤字，而这些举措对经济复苏又具有抑制作用。西、葡两国的教训对我们具有重要启示：我国要在巩固和提升制造业国际竞争力的基础上，积极推进科技创新，重点发展对制造业具有支撑和带动作用、同时又能实现产业化发展的生产性服务业，培育新的经济增长点，保持国民经济的可持续发展。对房地产业要不断改进调控方式，完善产业政策，抑制投机行为，促进健康发展。

三是维护社会福利机构的公益性，关键在于其薪酬设计以及服务过程的公开和对象选择的公平。

四是要及早采取措施应对人口老龄化。在人口持续老龄化的背景下，无论实行积累式养老保险改革，还是建立机构化老年照顾制度，都宜采取谨慎的态度。社会建设是大事，要办好，既需要集中更多的财力、人力并加强能力培养，又需要多部门的协调行动。

贡　森　来有为　执笔

民粹主义与中等收入陷阱关系研究
——以菲律宾为例

一、"民粹主义"概念

"民粹主义"既是一种社会思潮，又是一种政治运动，还是一种政治策略（俞可平，1997）。作为一种社会思潮，民粹主义是指极端平民化倾向，极端强调平民群众的价值和理想，把平民化和大众化作为所有政治运动和政治制度合法性的最终来源，以此来评判社会历史的发展。作为一种政治运动，民粹主义主张依靠平民大众对社会进行激进改革，并把普通群众当作政治改革的唯一决定性力量，而从根本上否定政治精英在社会政治变迁中的重要作用。民粹主义也是一种政治统治的策略，它指动员平民大众参与政治进程，并采取"迎合大众情感的政治主张"，比如通过收入再分配来满足社会中一些人的要求。后来，"民粹主义"泛指为了统治的正当性或拉选票而不顾国家长远利益，简单迎合大众的经济、社会、政治方面短期利益的政治行为和政策主张。在现代政治经济学意义上，主要指牺牲经济长期发展，在短期内过度实行收入再分配和社会福利制度（及诸如民族主义）的一系列政策主张（俞可平，2007）。

二、中等收入陷阱

1. "中等收入陷阱"概念的提出

世界银行《东亚经济发展报告（2006）》中提出了"中等收入陷阱"（Middle Income Trap）的概念，基本含义是指：当一个国家的人均收入达到中等水平后，由于不能顺利实现经济发展方式的转变，导致经济增长动力不足，最终出现经济停滞的一种状态。

世界银行关于东亚经济增长的最新报告《复苏强劲，风险增加》明确提出了当前一些国家受到中等收入陷阱的困扰："拉美和中东的大部分国家都属于陷入中等收入陷阱的国家"（World Bank，2010b）；另外，东亚许多国家近几十年来飞速发展，由低收入国家步入了中等收入国家之列，但随之而来的是"除中国之外的东亚中等收入国家的全球竞争力都陷入停滞"（World Bank，2010b）。

2. 中等收入陷阱指标

通常可以用"收入水平及增长率"、"工业化率"、"城市化率"、"储蓄率（投资率、消费率)"、"收入分配"等指标来评判一个国家的经济发展状况，进而分析其与中等收入陷阱相关问题的关系。

三、菲律宾政治与经济发展进程

1. 菲律宾政治民主进程

（1）建国初期的菲律宾实行总统制政体。建国初期，受美国的影响，菲律宾走上了西方式的民主发展道路，选择了美国式的总统制政体（刘相骏，2008）。其民主化程度很高，被称为"亚洲的民主橱窗"。但这种民主制却无法解决菲律宾国内的众多问题，菲律宾共产党武装斗争以及南部棉兰老岛的伊斯兰独立运动使国内政局处于动荡之中，土地改革问题一直得不到解决，国内矛盾重重，再加上外交政策紧紧追随美国，使政府的合法性受到质疑。

（2）马科斯政权。民主政治道路的失败给马科斯提供了机会。通过批判民主制度的种种弊端，马科斯为建立以他为首的个人独裁统治创造了思想与舆论基础。1972年，马科斯以制止共产党颠覆活动为借口实行军事管制，在军队的支持下实行个人威权统治。

（3）"二月政变"之后回归总统制。1986年，菲律宾"二月政变"爆发，部分国军发起反叛，国民运动与之遥相呼应，马科斯独裁体制轰然垮台。翌年2月，阿基诺政权制定了新宪法并进行了议会两院选举，实现了民主转型，重新回到美国式的总统制。科拉松·阿基诺总统为菲律宾回归民主政治发展道路做了大量工作。她从法律上确保民主制度，对马科斯家族长期掠夺的国家财富进行清算，并继续推行土地改革工作。1992年阿基诺放弃总统连任竞选，全力支持拉莫斯竞选成功。

之后，菲律宾又经历了拉莫斯、埃斯特拉达、阿罗约三届民选政府，其中埃斯特拉达由于犯有经济掠夺罪，于2001年被副总统阿罗约领导的人民力量联盟所推翻。

2. 菲律宾经济发展进程

（1）菲律宾经济发展进程（阶段划分）及各阶段政策特点。

①菲律宾进口替代工业化早期阶段的发展及其政策特点（20世纪40～50年代）（沈红芳，2001）。在美国和国际货币基金组织、世界银行的影响及压力下，菲律宾从40年代初期便开始工业化进程，发展以资源为基础的制成品以及必需品进口替代工业。菲律宾工业化的目的是维护美国在菲投资的垄断资本的利益以及美国出口商在菲律宾市场的利益。

②菲律宾进口替代工业化后期阶段的发展及其政策特点（20世纪60年代末至90年代初）。菲律宾政府70～80年代宏观经济政策的组合效应以

及其他经济因素抵消了促进工业转向的激励政策所发挥的作用，使得进口替代工业在90年代之前的工业化发展进程中扮演了主要角色，并阻碍了经济的快速增长。一方面，菲律宾政府在70年代初建立复式汇率制，实行"有管理的浮动"，导致比索的官方汇率一直被高估。比索的长期高估，抵消了菲律宾政府为促进出口导向工业发展所做的努力，包括财政刺激措施、贸易制度自由化、鼓励外资投资政策等。进口替代工业在进口中间性产品和生产设备等方面，因汇率因素的大大得利而得以长期生存，面向出口企业却因汇率高估而牺牲了出口产品的比较利益，在国际市场上失去竞争力，影响生产积极性。另一方面，菲律宾政府为配合工业发展方向的转向于1973年实行的关税合理化改革并未使保护进口替代工业的关税结构发生多大变化。

③出口导向工业化阶段的发展及其政策特点（20世纪90年代之后）。菲律宾工业化转向具有实质性意义的改革开始于90年代。主要表现为：改革贸易体制，调整关税政策，进行外资管理体制的改革；创立出口加工区，制定并实施出口发展计划。

（2）菲律宾落入中等收入陷阱的表现。

①收入水平及其增长率。1982年之前，菲律宾人均GDP呈现增长态势。但1983年之后，不管是人均GDP还是GDP都出现很明显的下降，之后80年代末以及90年代初，经济不振，增长缓慢，而且GDP增长率波动较大，整体水平也不高。

与东亚其他国家相比，泰国和印度尼西亚因亚洲金融危机的冲击，在1996/1997～2002/2004年陷入衰退，增长停滞持续了七八年。而菲律宾由于国内局势动荡在1982年开始进入经济增长停滞期，人均收入水平大幅下滑，一直持续到2002年人均GDP才恢复到当年水平。换言之，菲律宾在1982～2002年期间一直处于经济停滞期，长达20年之久。

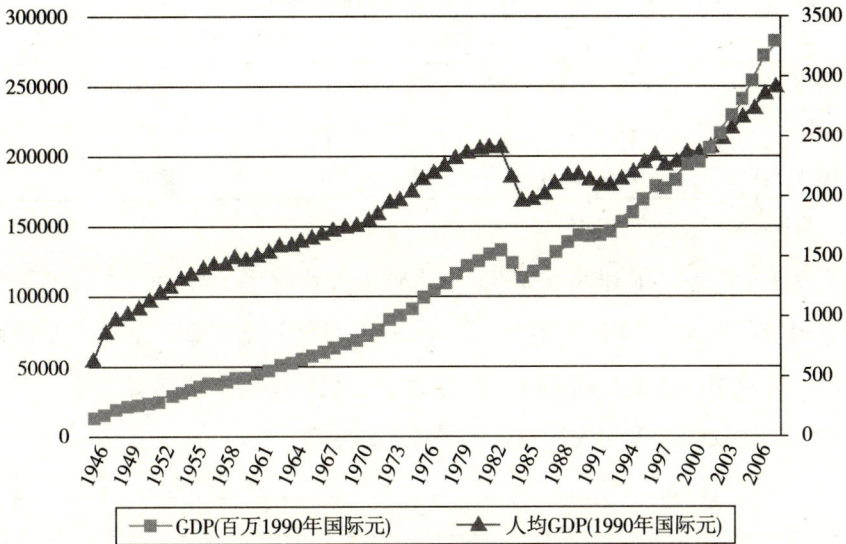

图1 菲律宾的 GDP 和人均 GDP

资料来源：Histarical Statistics of the world Economy－2008AD。

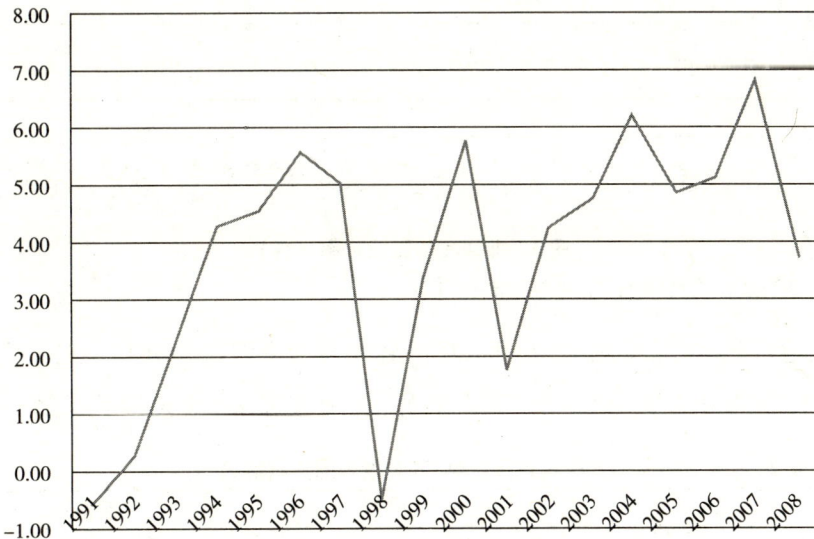

图2 菲律宾的 GDP 增长率（％）

资料来源：世界银行，世界发展指数数据库。

表1　　　　　　　　　　人均收入绝对水平陷入停滞时期

	发生时段	持续时间（年）	人均GDP（1990年国际元）
菲律宾	1982～2002	21	2421
泰国	1996～2002	7	6883
印度尼西亚	1997～2004	8	3704

资料来源：刘世锦等（2011）。

②工业化率。菲律宾在1983年达到了工业化率的峰值，之后不断下降，但当时其人均GDP为2410元，说明工业化程度明显不足。工业化程度不足以及国内政治动荡都有可能导致工业化的中断。伴随着工业化率的下降，经济发展程度和人均收入水平都出现下降。

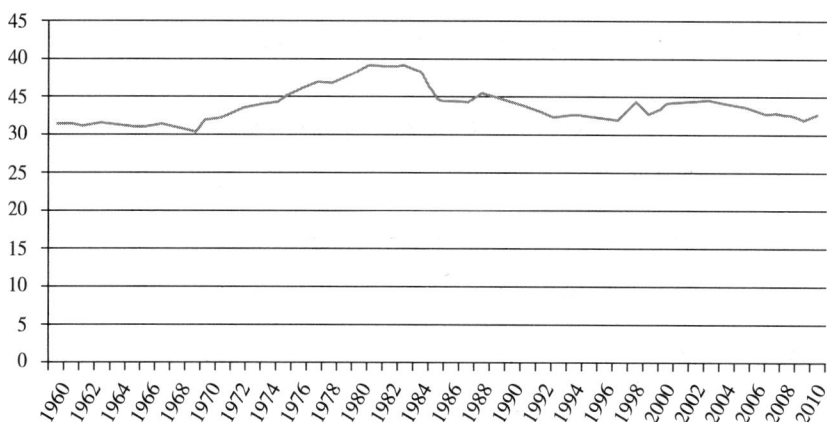

图3　菲律宾的工业化率（%）

资料来源：世界银行，世界发展指数数据库。

在菲律宾经济危机时期，即20世纪80年代中期到90年代，工业受到重创，工业化水平一直处于下降的趋势，农业发展水平也逐年下降。

表2　　　　　　　　　　菲律宾各行业对GDP增长的贡献情况

时期	GDP 增长率	农业		工业		服务业	
		增长率	对GDP增长的贡献	增长率	对GDP增长的贡献	增长率	对GDP增长的贡献
1951～1960	6.4	5.0	25.5	7.5	34.1	7.0	40.4
1961～1970	4.9	4.3	26.0	5.7	37.0	4.8	37.0

续表

时期	GDP增长率	农业		工业		服务业	
		增长率	对 GDP 增长的贡献	增长率	对 GDP 增长的贡献	增长率	对 GDP 增长的贡献
1971~1980	5.9	4.1	17.6	7.9	49.6	5.3	32.8
1981~1990	1.8	1.2	16.3	0.6	8.5	3.4	75.3
1991~2000	3.1	1.9	12.9	3.1	35.3	3.7	51.9
2001~2006	4.6	3.7	15.9	3.2	22.6	6.1	61.5

资料来源：Philippines：Critical Development Constraints，ADB（2007）。

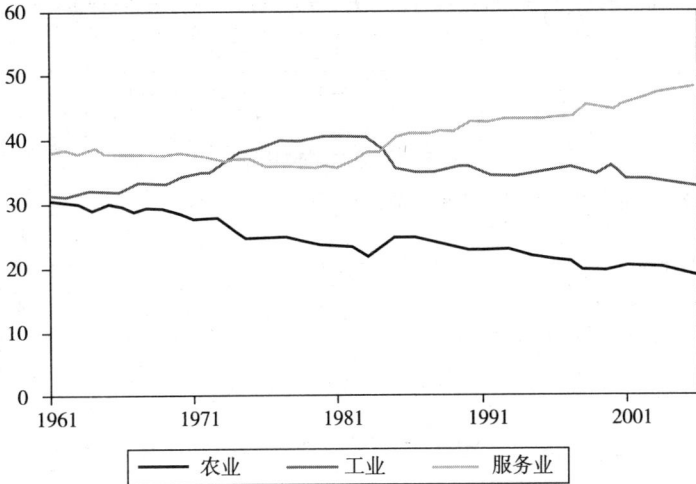

图4　菲律宾各行业发展水平

资料来源：Philippines：Critical Development Constraints，ADB（2007）。

③城市化率。菲律宾的城镇化曲线斜率最陡，城镇化水平提升最快，其中70年代末期斜率又有所提高；泰国的城市化曲线斜率最缓。可以看出，工业化发展不足，城市化却是发展过度，二者存在极大的不平衡。

④储蓄率。菲律宾的储蓄率在1998年达到一个低谷（13%），是前50年来的最低值。尽管之后有所提高，2006年达到20%左右，但还是低于东南亚其他国家。与投资率相比，在2002年之前，菲律宾的储蓄率低于投资率，而2002年储蓄率高于投资率1.4个百分点，2003年高于2.9个百分点。

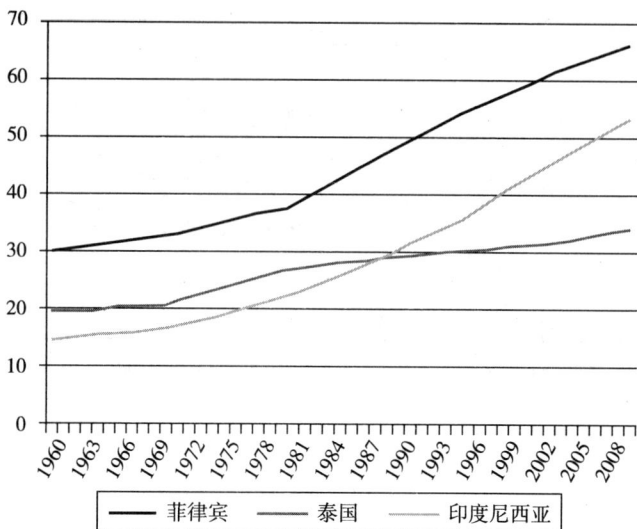

图5　各国的城市化率

资料来源：世界银行，世界发展指数数据库。

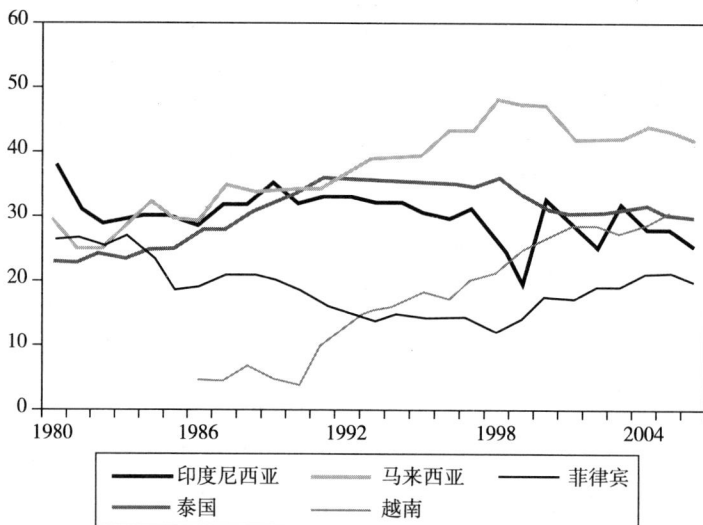

图6　东南亚各国的储蓄率（%）

资料来源：Philippines：Critical Development Constraints，ADB（2007）。

⑤收入分配。从纵向比较上看，1985～2006 年，菲律宾的基尼系数一直在 0.4 以上。1997 年基尼系数甚至高于 0.46，贫富差距过大，之后虽然有所减小，但是仍在 0.44 以上。从横向比较上看，90 年代，菲律宾的基

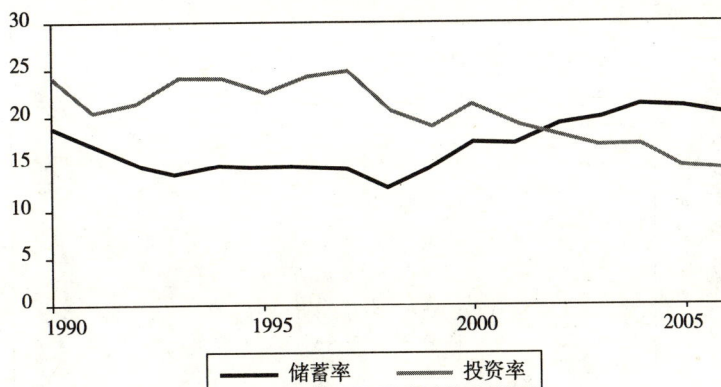

图7　菲律宾的储蓄率和投资率

资料来源：Philippines：Critical Development Constraints，ADB（2007）。

尼系数仅次于泰国；而在 2005 年，菲律宾的基尼系数在周边东南亚各国中最大，贫富差距状况最严重。从城镇职工周平均工资分配结构来看，1994～2004 年，最高收入人群（20%）占总收入的比重更是增加很多。

表3　　　　　　　　　菲律宾基尼系数

年份	1985	1988	1991	1994	1997	2000	2003	2006
基尼系数	0.4104	0.4063	0.4382	0.4289	0.4616	0.4609	0.4448	0.4404

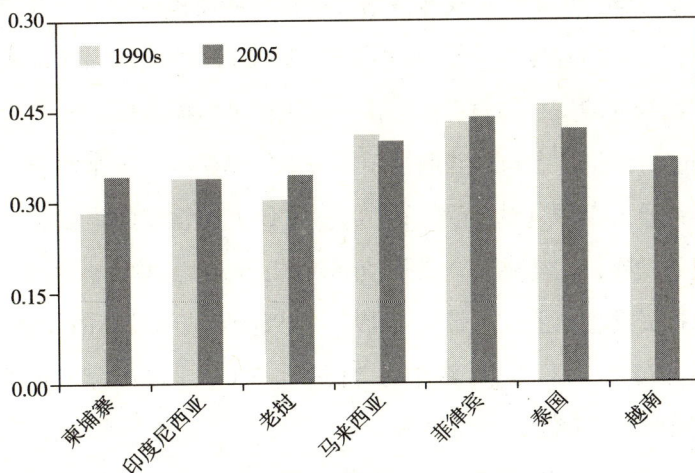

Lao PDR=Lan People's Democratic Republic.

图8　东南亚各国的基尼系数

资料来源：Philippines：Critical Development Constraints，ADB（2007）。

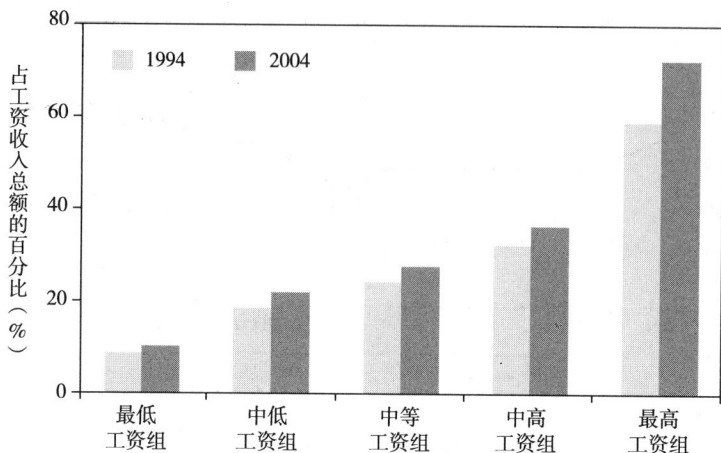

图9　菲律宾城镇职工周平均工资分配结构（2002＄）

资料来源：Philippines：Critical Development Constraints，ADB（2007）。

四、菲律宾的民粹主义与中等收入陷阱之间的关系

1. 民主进程中的"中等收入陷阱"

（1）20世纪70年代实现经济增长。在马科斯执政初期，菲律宾在经济方面获得了一定程度的发展（沈红芳，2008）。1974年《美菲不平等条约》的终结为菲律宾控制自己的经济主权提供了前提条件。70年代菲律宾政府加强了对经济的参与，并通过颁布军事管制法令有效地将权力集中在少数政治领导人手中（沈红芳，2001）。这种个人领导的集权制使得经济得到很快的发展，在马科斯"借外债带动增长"的发展战略驱动下，菲律宾国内总投资额急剧上升，带动了1973～1980年期间较高的经济增长率。如1973～1976年，菲律宾经济年均增长率为6.6%，1976年实现了大米自给等（刘相骏，2008）。

（2）20世纪80年代经济明显下降，落入"中等收入陷阱"。80年代之后，菲律宾的工业化率呈现出下降趋势，面向出口工业发展政策受到阻碍，经济水平明显下降。

①个人独裁统治。马科斯推行的军法统治成为经济发展最大的障碍。一方面，政府加强了对经济的直接干预，马科斯"密友资本主义"兴起，一系列吸引外资、建立出口加工区的政策，加上工业化发展政策的颁布均有利于与国家政权勾结较紧的菲律宾本国大商人。由于投资于效益极差的重工业、非生产性的豪华旅馆和所谓的"绿色革命"，大部分贷款得不到回收而成为呆账和坏账。另一方面，马科斯的独裁统治也为滥用职权和营私舞弊提供了温床。政治上的腐败导致经济发展成果只为一部分人享有，造成巨大的贫富差距。例如，马尼拉有大约1/3的人生活在贫民窟里。

这时期菲律宾人的反美民族主义情绪高涨。1987年的综合投资法案充满了排外的民族主义情绪。在投资优先计划中，外国投资者只能在被认为是"先驱工业"的领域中投资。

②政治稳定程度。80年代中期之后，菲律宾政治动乱、社会秩序不靖，阿基诺政府根本无暇顾及经济改革方案的实施，很多政策没有得到很好的落实。而且，政治稳定性因素成为投资者的重要考虑。腐败、政治不稳定、法律制度不健全等成为国外直接投资的负面影响因素。菲律宾的政治稳定性指数在东南亚中得分倒数第二，而且其国外直接投资也远远低于其他东南亚国家。

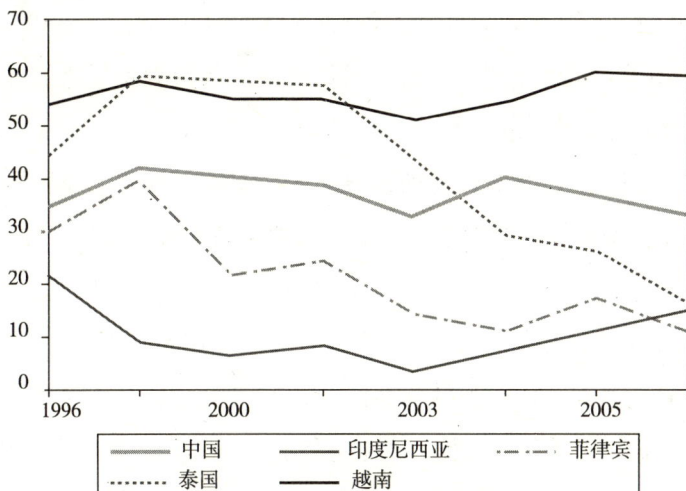

图10 东南亚各国的政治稳定性

资料来源：Philippines：Critical Development Constraints, ADB（2007）。

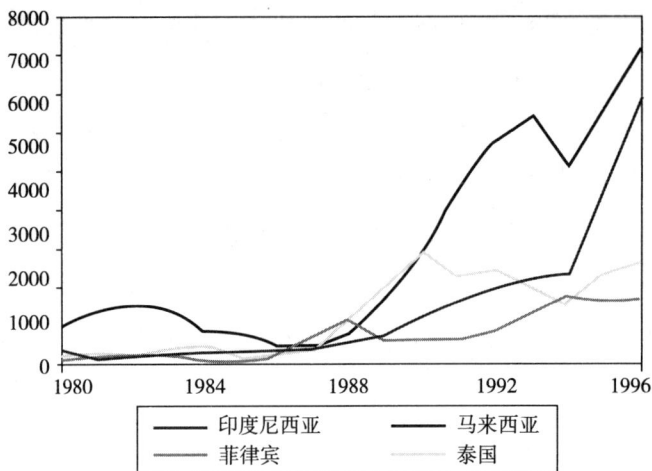

图 11　东南亚各国的国外直接投资（万美元）

资料来源：Philippines：Critical Development Constraints，ADB（2007）。

80 年代中期爆发的债务危机、经济衰退与政治危机，使菲律宾的经济发展倒退了整整 10 年。菲律宾社会处于动乱之中，最终"二月革命"使得马科斯的个人威权主义发展道路走到尽头。

独裁政治激发了强烈的社会参与要求，也使得统治精英内部分裂，而且经济状况的恶化、社会贫富差距的扩大导致了政治动乱。因此，"二月政变"的发生是菲律宾多年来政治与社会发展的必然产物（沈红芳，2008）。

（3）90 年代开始，菲律宾经济发展模式亦缓慢地朝优化的方向转变，但是增长率低于其他东南亚国家。

1987 年以来，在世界银行的监督之下，菲律宾进行了经济结构改革，使得其经济逐渐从无效益的政府干预和保护体制中解放出来，在一定程度上打破了对无效益、落后的出口工业有利的贸易垄断。但是，90 年代之后菲律宾 GDP 增长率不高，波动较大，经济发展情况远远不如其他国家；同时，菲律宾仍然存在一系列的社会问题，如失业率高、贫困率居高不下、吸毒贩毒、高生育率等；此外，党派之争、军方介入、教会干预仍影响着菲律宾的政治稳定。

尽管有些学者与政治家将目前菲律宾的贪污腐败问题、南部的穆斯林分离主义运动、地方权势家族形成的依附与庇护传统以及军事政变频繁的问题归结为马科斯独裁统治的"遗产"，但这些问题其实是菲律宾一直存在的，在独立之初就存在，只不过马科斯统治时期更为猖獗而已（刘相骏，2008）。目前，民主政治在菲律宾的恢复并没有从根本上解决这些问题。

2. "民粹主义"具体表现及与"中等收入陷阱"的关系分析

现代"民粹主义"可以包含不同的具体内容，比如通过强制性的全员就业，实行就业保护；强制提高工资或实行补贴政策，大规模实施普惠制的社会福利制度；针对殖民主义和外国资本的"民族主义"，限制外资和外国企业的发展；国有化，或强烈地偏向公有企业，歧视私营企业；在通货膨胀发生时，用控制价格的办法干预经济，保持名义工资水平（Greskovits，1995）。

本文主要讨论就业保护制度、社会福利制度等对于"中等收入陷阱"的影响。

（1）就业保护过强。菲律宾的劳动力成本比周边国家高，其最低工资是越南和印尼的 4 ~ 5 倍，然而劳动生产率却没有更高。泰国的最低工资更低，但是劳动生产率更高。

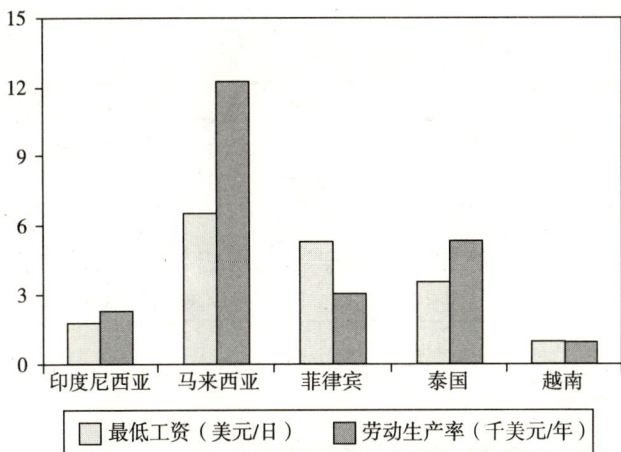

图12　东南亚各国的最低工资和劳动生产率的比较（2003）

资料来源：Philippines：Critical Development Constraints，ADB（2007）。

除了较高的劳动力成本，劳动力市场的刚性程度（比如解雇和应聘的成本）也会影响一国的投资情况。相对周边国家，在菲律宾应聘员工和解雇员工的成本较高，解雇一个员工需要赔偿高达 91 周的薪水（见表4）。而且菲律宾的就业市场保护程度很高，仅仅低于印度尼西亚。

虽然菲律宾的就业保护程度很高，但是失业率在东亚国家中处于较高的水平。

表4 东南亚各国的就业市场保护状况比较（2006）

国家	雇佣难度系数（0~100）	解雇难度系数（0~100）	雇佣刚性系数（0~100）	非薪金的劳动力成本（% of salary）	解雇成本（weeks of salary）
印度尼西亚	61	50	50	10	108
马来西亚	0	10	10	13	88
菲律宾	56	20	39	9	91
泰国	33	20	18	5	54
越南	0	40	37	17	87

资料来源：Philippines：Critical Development Constraints，ADB（2007）。

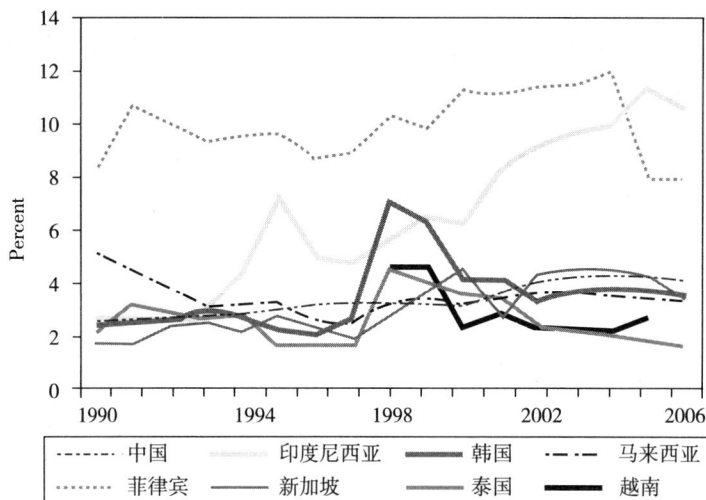

PRC=People's Republic of China.
Note:Philippine data have a break in 2005 due to the change in the definition of unemployment.
PRC data refer to unemployment rate of urban areas only.
Indonesia data had adjustments beginning 1997.
Source:Data from the Asian Development Bank Statistical Database System.

图13 东南亚各国的失业率

资料来源：Philippines：Critical Development Constraints，ADB（2007）。

（2）社会保障支出逐年提升。1993～2010年，菲律宾的社会保障支出比例逐年增加。在1998年之前，教育支出比例逐年上升，但是金融危机之后明显下降，2004年达到低谷，之后增长很缓慢。医疗支出一直较为平稳。社会保障支出比例提升，对劳动力市场造成了什么影响呢？

劳动生产率方面，菲律宾的劳动生产率一直维持在一定的水平上，80年代有过一个小幅的降低，之后有所提升；但是与其他国家相比，菲律宾的劳动生产率始终在一个较低的水平上。劳动参与率方面，菲律宾的劳动参与率波动较大，21世纪初期的劳动参与率明显下降。

虽然社会支出水平逐年提升，菲律宾的贫困发生率却减少得最少，而且目前其贫困发生率还处于一个高水平。

表5　　　　　　　东南亚各国的贫困发生率变化（1960～1990）

国家	年份	年均降幅（%）	起始年（%）	终止年（%）
菲律宾	1971～1991	0.7	52	39
印度尼西亚	1970～1990	2.0	58	19
韩国	1970～1990	0.9	23	5
马来西亚	1973～1987	1.6	37	14
泰国	1962～1988	1.4	59	22

资料来源：Philippines：Critical Development Constraints，ADB（2007）。

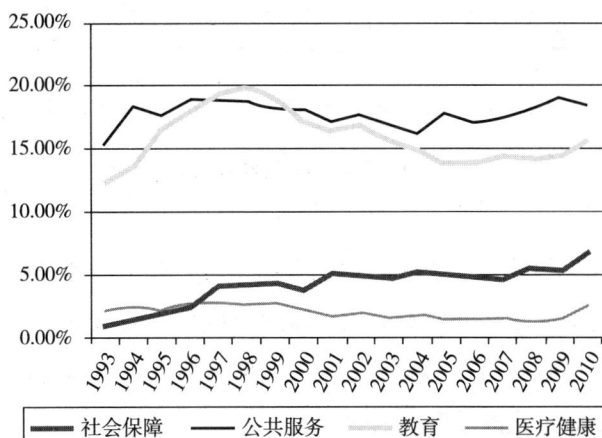

图14　菲律宾的公共支出（1993～2010）

资料来源：世界银行，世界发展指数数据库。

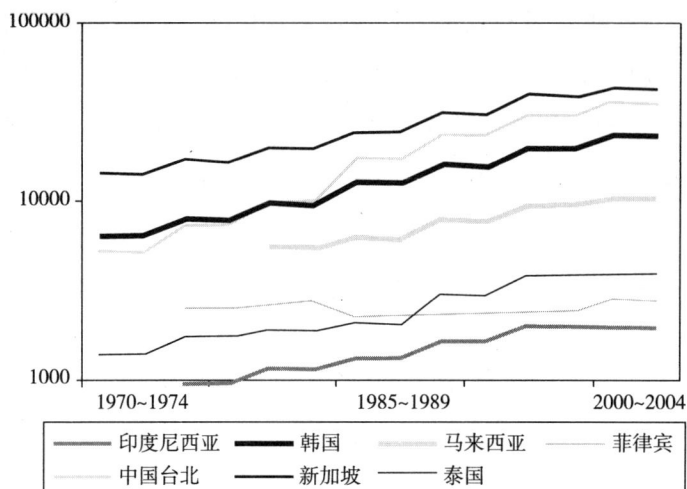

图 15　东南亚各国（地区）的劳动生产率（2000 美元，对数）

资料来源：Philippines：Critical Development Constraints，ADB（2007）。

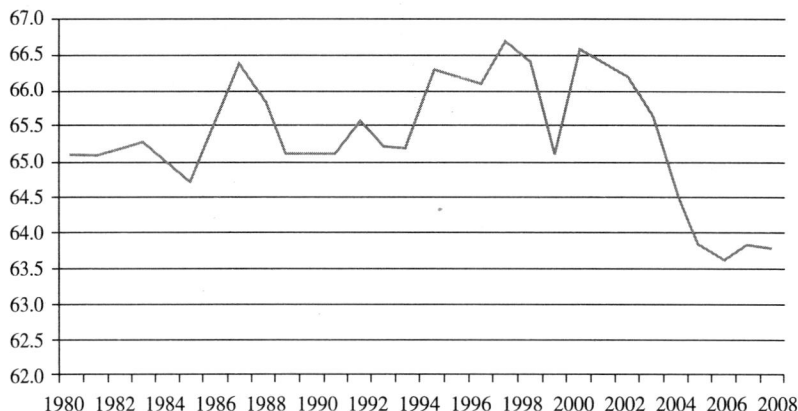

图 16　菲律宾的劳动参与率

资料来源：世界银行，世界发展指数数据库。

（3）城市化过度。菲律宾工业化发展不足，城市化却发展过度，二者存在着极大的不平衡。推进城市化，以此形成大量的城市工人阶层，是希望消除原来精英阶层的固化状况，从而缓解贫富差距，赢得民众支持。但是这也导致了城市化的过度发展。

较为合理的城市化过程，一方面要顺应经济发展的进程，适应经济增长和产业结构的变化，合理而又充分地吸引人口流动到城市，为他们提供充足的就业岗位和基本的社会保障，使得城市化和工业化有机结合；另一方面，要能够及时推动经济的升级转型，充分有效地发挥城市经济和服务经济在整个社会发展中的作用（刘世锦等，2011）。然而，城市化与工业化难以有效配合，将会阻碍经济的正常发展。

五、小结

本文通过分析菲律宾政治和经济发展进程，发现其在80年代中期落入"中等收入陷阱"，这一现状持续到21世纪初期。进一步探究民粹主义与中等收入陷阱之间的关系，可以得出以下结论。

第一，民主政治与"中等收入陷阱"没有必然联系。1982～2002年，菲律宾在陷阱中挣扎了21年之久。其中，1982～1986年及之前的十多年一直是独裁统治，1986～2002年及之后的十来年才重新走上民主政治之路。

第二，"民粹主义"在某些方面延迟了脱离"中等收入陷阱"的时间，主要表现在以下三个方面。一是就业保护过强，菲律宾的劳动力成本过高，但是劳动生产率并不高，而且失业率较高；二是社会保障支出过高，菲律宾的社会保障支出逐年提升，但是既没有促进经济增长，又没有缓解贫富差距；三是过度城市化，与较低的工业化水平不相匹配。

佘　宇　魏　薇（中国人民大学）　执笔

参考文献

[1] 俞可平. 现代化进程中的民粹主义. 战略与管理，1997（1）

[2] 刘相骏. 政治发展理论与东南亚政治发展的再思考——以印尼与菲律宾为例. 当代亚太，2008（3）

[3] 沈红芳. 亚洲金融危机：东亚模式转变的催化剂——对泰国与菲律宾的案例研究. 世界经济，

2001（10）

［4］沈红芳. 菲律宾工业化发展进程及其政策特点". 亚太经济，2003（2）

［5］沈红芳. 颠覆型民主化：菲律宾民主转型的力学博弈及依靠力量. 东南亚研究，2008（2）

［6］刘世锦等. 陷阱还是高墙. 北京：中信出版社，2011

［7］ADB. 2007. Philippines：Critical Development Constraints

民粹主义是否会导致中等收入陷阱
——以阿根廷为例

按照国际通行的标准，一个国家的人均国民收入超过 1000 美元就认为该国进入中等收入国家行列，其中 1000～4000 美元为中下等收入国家，4000～12000 美元为中上等收入国家，12000 美元以上为高收入国家。世界银行 2006 年在《东亚经济发展报告》中提出了"中等收入陷阱"的概念，认为一些国家在进入中等收入阶段以后，由于不能顺利实现经济发展战略和发展方式的转变，导致经济增长内生动力不足，最终出现经济停滞的状态；同时，快速发展中积聚的问题集中爆发，造成贫富分化加剧、产业升级艰难、城市化进程受阻、社会矛盾凸显等。

关于阿根廷进入中等收入国家行列的具体时间并没有一致意见。如果按照 1970 年市场不变价格的美元进行计算，该国在 1965 年的人均 GDP 就达到了 1083 美元；如果按照 1980 年市场不变价格的美元进行计算，该国人均 GDP 超过 1000 美元的时间更早，在 1970 年人均 GDP 就已经达到 2694 美元；如果以当年市场的美元价格进行计算，阿根廷的人均 GDP 是在 1970～1975 年超过 1000 美元的。显然，单纯看人均 GDP 这一个指标无法确定阿根廷进入中等收入国家的时间，如果综合产业结构、劳动力就业结构、反映生活水平的某些消费品的占有量等指标进行分析，大致可以认为阿根廷是在 1960～1965 年进入中等收入国家行列的（中国社会科学院拉丁美洲研究所，2007）。之后，阿根廷经历了一段时间的发展，而后跌入中等收入陷阱，经济发展陷入停滞，长期得不到恢复。

一、阿根廷进入中等收入陷阱的时间与表现

一般认为，判定一个国家是否进入中等收入陷阱主要从以下几个方面入手：GDP 与人均 GDP、工业化率和城市化率等。

1. 阿根廷 GDP 与人均 GDP 的变化

阿根廷在 20 世纪 60 年代进入中等收入国家行列之前，经济就保持了长期的增长。60～70 年代中期，GDP 总量和人均 GDP 都持续增长，1974年的人均 GDP 比 1960 年增长了超过 40%，GDP 总额更是增长了近 90%。但是从 70 年代中后期开始，GDP 和人均 GDP 两项指标都开始呈现下降和徘徊不前的趋势。直到 2004 年，人均 GDP 才恢复到 1974 年的水平并开始稳定上升。从 GDP 总量看，阿根廷停滞了整整十年，通常被人们称为"失去的十年"；从人均 GDP 来看，则徘徊了整整 30 年，时间不可谓不长。

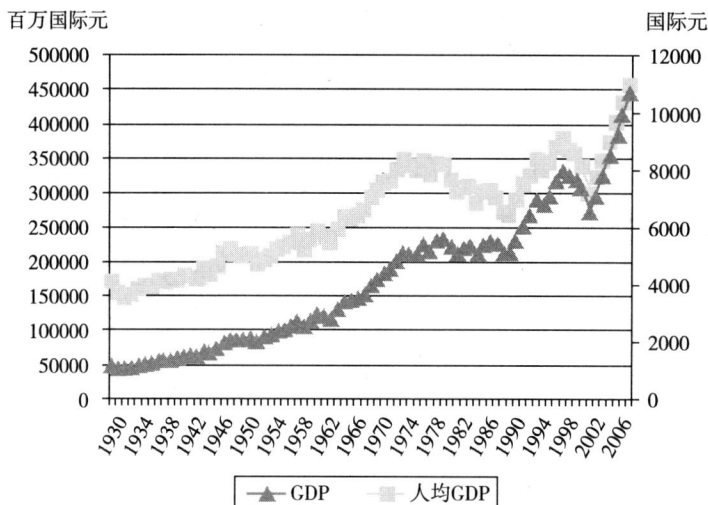

图1 阿根廷 GDP 与人均 GDP 变化情况

数据来源：Historical Statistics of the World Economy 1–2008 AD。

2. 工业化水平的变化

从制造业产值占 GDP 的比重来看，阿根廷在 1976 年达到峰值，当时的这一比重是 38.9%；之后就开始进入下跌阶段，到了 2010 年这一比重已经下降到 18.8%。发达国家在工业化过程中也经历了先起后落的过程，但那是工业化水平发展到一定水平之后产业结构调整的结果，而阿根廷并没有到达这个阶段，所以出现制造业产值/GDP 的峰值并不意味着其工业化水平已经很高，而其后持续走低的制造业产值则意味着阿根廷的产业结构还需要很长时间的调整。

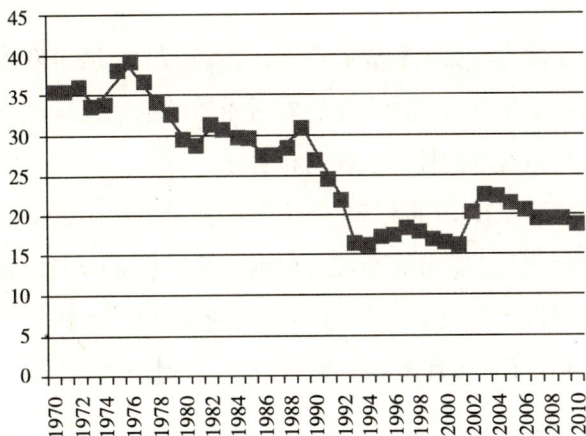

图 2　阿根廷制造业产值占 GDP 比重（%）

数据来源：根据 National Accounts Main Aggregates Database（http://unstats.un.org/unsd/snaa-ma/dnllist.asp）中的数据计算而来。

3. 城市化率

阿根廷的城市化水平在 1960 年就已经超过了 70%，之后就一直持续增长，到 2010 年，城市人口占总人口的比重已经达到 92%。事实上，不仅是阿根廷，整个拉美的城市化率在全世界范围内都是名列前茅的。推动这个地区城市化高度发展的原因主要包括以下几个方面。

第一，从历史上来看，拉丁美洲在作为"新大陆"被发现之后就迎来了大量的欧洲移民，加速了其城市化发展。阿根廷在 1857～1930 年间共吸收了 340 万主要来自意大利和西班牙的欧洲移民，这些主要聚居在城市的移民使阿根廷在工业化之前就开始了城市化。

第二，独立之后，阿根廷的土地就集中在少数庄园主手中，土地改革也并没有从根本上改变这种情况。二战以后，拉美的农业发展选择了一条"技术现代化"的道路，即通过农业机械化、化学化来推进农业发展，而不触动土地制度。随着农业生产率的提高，技术对劳动产生了挤出效应，小农向大庄园出卖劳动力的双方共生关系逐渐瓦解了。这样，大量的农村剩余劳动力便转移到城市寻找就业机会，客观上推动了城市化进程。

第三，由于缺乏相关的经验和参考，在观念上对城市发展的前景太过乐观，同时政策上把城市化作为化解农村矛盾的途径，所以政府没有对这种快速的城市化做有效的控制、规划和引导。

第四，拉美国家在 20 世纪 30 年代之后普遍采用了进口替代的工业化政策，而相关产业又主要分布在城市周围，所以也吸引了劳动力到城市就业。例如，在阿根廷形成了以首都布宜诺斯艾利斯为中心、沟通全国的"扇形"铁路网，而且布宜诺斯艾利斯是全国的加工、贸易、金融中心和出口港。

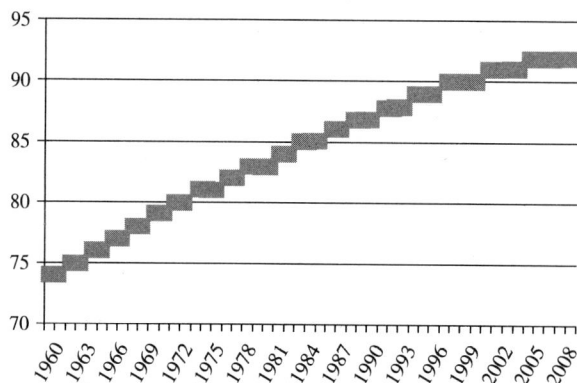

图 3　阿根廷城市人口比重（%）

数据来源：世界银行，世界发展指数数据库。

虽然阿根廷的城市化率持续走高，但是这种高水平城市化与其低水平的工业化并不匹配。低工业化水平的高城市化率给城市发展带来了很多问题，首当其冲的就是就业问题。虽然在 70 年代之前工业化的水平不断上升，但是由于阿根廷工业化走的是进口替代模式，国内市场的狭小限制了工业规模效益的发挥，创造就业的能力有限。1980 年以后，阿根廷的失业率就开始上升，1995 年达到了 19% 的峰值。

其次，影响了农业发展。在工业化之前，阿根廷的主要产业就是农产品等初级产品出口。随着城市化进程加快，农业发展受到劳动力、资金等方面的限制，1971～1976 年农产品年平均增长率从 50 年代的 3.7% 降到了 2.7%，农业的创汇能力被大大削弱，甚至需要从国外进口农产品。

再次，城市的基础设施等赶不上需要。

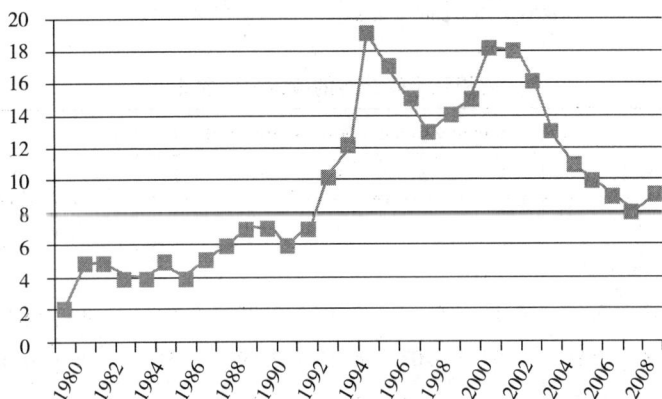

图4 阿根廷失业率变化情况

数据来源：世界银行，世界发展指数数据库。

4. 收入分配情况

从基尼系数的变化情况来看，从 20 世纪 70 年代直到 20 世纪末，阿根廷的收入分配差距一直在拉大。从收入在人群中的分布情况，也可以得到同样的结论。

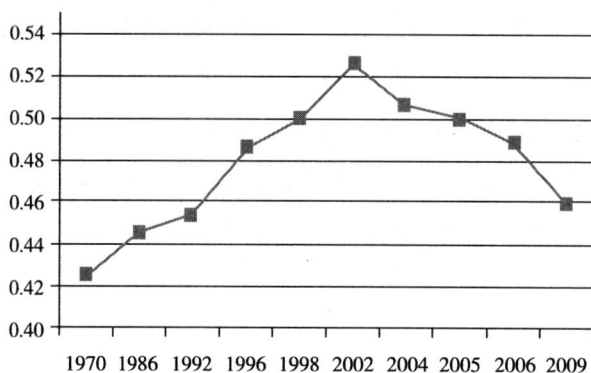

图5 阿根廷基尼系数变化情况

数据来源：World Bank，Development Research Group. Data are based on primary household survey data obtained from government statistical agencies and World Bank country departments. Data for high – income economies are from the Luxembourg Income Study database. For more information and methodology，please see PovcalNet（http：//iresearch. worldbank. org/PovcalNet/jsp/index. jsp），转引自 http：// www. indexmundi. com /facts/argentina/gini – index。

表1 阿根廷十等分组的收入—消费比

Year	Income/Consumption share by deciles（%）									
	1	2	3	4	5	6	7	8	9	10
1960	6.9								52	
1970	4.4								50.3	
1986	1.87	3.02	4.14	5.27	6.48	7.85	9.54	11.84	15.81	34.18
1992	1.88	2.88	3.92	5.03	6.25	7.69	9.51	12.06	16.48	34.3
1996	1.56	2.53	3.55	4.64	5.88	7.35	9.2	11.85	16.48	36.96
1998	1.4	2.34	3.35	4.45	5.71	7.23	9.16	11.95	16.84	37.57
2002	1.11	2.03	3.03	4.13	5.4	6.95	8.93	11.82	16.95	39.65
2004	1.2	2.2	3.25	4.4	5.7	7.23	9.19	11.99	16.88	37.96
2005	1.21	2.26	3.34	4.51	5.8	7.34	9.27	12	16.76	37.51
2006	1.26	2.35	3.47	4.66	5.98	7.52	9.47	12.2	16.93	36.16
2009	1.39	2.64	3.85	5.1	6.42	7.95	9.81	12.39	16.76	33.69

数据来源：PovcalNet：the on – line tool for poverty measurement developed by the Development Research Group of the World Bank，http：//web. worldbank. org/WBSITE/EXTERNAL/EXTDEC/EXTR-ESEARCH/EXTPROGRAMS/EXTPOVRES/EXTPOVCALNET/0，contentMDK：22716987 ~ pagePK：64168427 ~piPK：64168435 ~theSitePK：528044300. html。

5. 储蓄率

20 世纪 70 年代中期以后，阿根廷的储蓄率也出现了显著下降，表明消费在经济中的作用增大了。

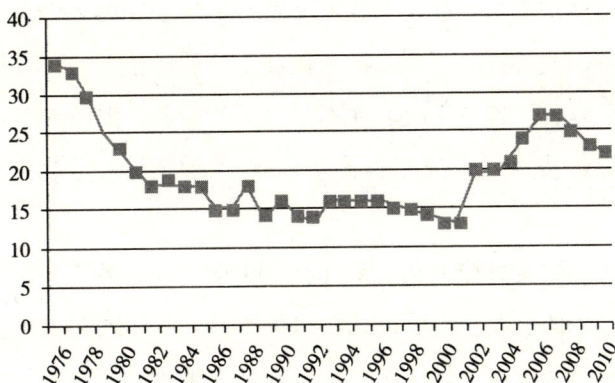

图 6　阿根廷储蓄率变化情况

数据来源：世界银行，世界发展指数数据库。

阿根廷的以上指标均在 70 年代中后期呈现出大的变动，之后的经济状况长时间表现得不乐观，由此表明 70 年代中后期可被认定为阿根廷跌入中等收入陷阱的大致时间。

二、阿根廷的政治经济进程、由此带来的经济和福利政策变化（社会支出的变化情况）及相应的后果

20 世纪 30 年代以后，阿根廷在快速发展的同时进入了一个政策动荡时期。其后 70 多年，其政治方向、经济政策、社会福利一再发生调整，呈现了高度的不稳定性。

1. 政治上，文官与军政府轮流执政

自 1930 年起，阿根廷政府变动 25 次，其中军人执政 14 次（吴国平，

2002），频繁更迭的政权主要发生在右翼军人和民粹主义（庇隆主义）之间。20 世纪 60 年代以来，在拉美国家研究中，民粹主义（populism）逐渐成为最主要的关键词之一。这一概念强调的是现代化进程中上层阶级通过动员，与尚未被完全整合进政治体系的下层民众形成联盟，共同对抗传统保守力量。在经济上，民粹主义政府注重经济增长和收入的再分配，通过提高工人工资、改善社会福利、扩大社会下层的政治参与，赢得了广泛的社会支持；但是，民粹主义政府并不重视通货膨胀、财政赤字和外部限制的风险，以及经济对于政府不遵循市场规律的经济政策的反作用（董经胜，2004）。

一般认为，拉美民粹主义是 20 世纪 30 年代以后为了应对世界经济环境的变化而产生的、经济发展模式由初级产品出口模式向进口替代工业化模式转变的一系列政策计划。而军政权则是拉美政治文化的一大特色，军人政变和军事独裁在拉美国家是司空见惯的事情，这些军事力量主要在美国的支持下活动。长期积累的经济问题得不到解决甚至恶化，人们对政府的不满情绪增加，导致政府频繁更替，政治不稳定加剧。

2. 经济上，左、右倾向政策的交替

政权的更迭导致了经济政策的变化，新上台的政府往往会改变或逆转前届政府的政策，而这种经济政策的不稳定又会使经济陷入混乱，影响企业的投资信心。庇隆主义的经济政策主要是进口替代政策、国有化、工业化，右翼势力的经济政策则是自由化、减少政府干预和公共支出、取消外贸管制等。

表 2　　　　　　　　　阿根廷政权更迭及主要经济社会政策

各届政府及总统	主要经济社会政策
1930～1932 乌里武录	削减公共开支；征收所得税；实行外汇管制；提高关税
1932～1938 胡斯托	提高所得税（1933）；统一公共债务（1934）；建立中央银行（1934）。货币贬值；外汇管制改革（1933）；实施进口许可制度（1933）；签订《罗马—伦西曼条约》，保护英国在阿根廷对外贸易中的支配地位

续表

各届政府及总统	主要经济社会政策
1938～1940 奥尔蒂斯	削减联邦政府的开支及其对各省的补贴
1940～1943 卡斯蒂略	实行退税制；扩大用于农作物的融资计划；建立新的由国家支持的工业信贷基金；为扩大建筑业提供融资；与拉美国家签订自由贸易协定；建立军需局开发武器装备
1943～1946 罗森、拉米雷斯、 法雷利	建立工业银行；颁发《债农法令》，规定农村工人的最低工资；接管粮食出口贸易。减少农民租金，冻结城市租金；强迫有轨电车公司降价；把英资第一煤气公司收归国有
1946～1955 庇隆	进口替代工业化；建立大批国有企业；增加工人工资；建立社会保障体系。金融体系国有化；控制物价。实行外汇管制；比索币值高估。建立促进贸易协会，国家垄断对外贸易；提高关税；通过新的外资法，对外资开放。公共事业国有化
1955 罗纳尔迪、阿兰布鲁	银行存款非国有化；比索贬值。解散阿根廷促进贸易协会；取消外贸管制
1958～1962 弗朗迪西	前期：普遍提高工资；加强国家的价格管制 政策转向：刺激出口和新的投资；取消各种管制和补贴制度；扩大货币供应；实行反通货膨胀的货币政策
1962～1963 吉多	采取严厉的货币政策；比索大幅度贬值
1963～1966 伊利亚	初期政策：扩张性财政政策。后期（1965年以后）政策：扩张性的货币政策；反通货膨胀政策
1966～1970 翁加尼	扩张性货币政策；放弃"爬行钉住"的汇率政策，实行大幅度货币贬值；取消外汇管制。对传统出口产品征税；降低进口关税
1970～1973 莱温斯顿、拉努赛、 坎波拉、拉斯蒂利	货币大幅度贬值；开征新的出口关税，降低进口税
1973～1976 庇隆	加大政府干预经济的力度，例如采取存款国有化和保护本国资本的措施
1976～1981 魏地拉	削减公共开支，减少财政赤字。减少甚至取消国家在财政金融领域的干预。鼓励农牧业生产及出口，降低关税；取消对外资的管制
1981～1983 比奥拉、加尔铁里、 比尼奥内	比奥拉时期：货币贬值，外汇管制 加尔铁里时期：削减公共支出；取消外汇管制，允许比索自由浮动 比尼奥内时期：重新实行外汇管制；实行帮助私人部门的金融改革

续表

各届政府及总统	主要经济社会政策
1983～1989 阿方辛	前期：采取促进经济增长、改善收入分配和降低通胀的渐进主义政策 政策转向：财政货币平衡，实行货币改革 后期：放松国家对商业和工业的管理，减少公共补贴措施，鼓励私人投资
1989～1999 梅内姆	削减公共开支，减少财政赤字；税制改革；经济准美元化，允许美元成为国内流通货币，比索跟美元实行固定比价；贸易自由化；资本自由流动；国有企业私有化

资料来源：莱斯利·贝瑟尔主编：《剑桥拉丁美洲史》（第五卷），社科文献出版社 1992 年版。转引自吴国平主编：《21 世纪拉丁美洲经济发展大趋势》，世界知识出版社 2002 年版。

3. 社会上，保护和自由的更替

同样，在社会政策方面，庇隆主义采取有利于工资收入者的福利措施，例如工资保护政策，冻结住房租金、为工人提供便宜住房，多次降低食品价格和公交费用，缩短工作时间，增加奖金和节假日工资以及额外福利等；而右翼势力则反对这些保护性政策。

从工资数据来看，1946～1988 年阿根廷按照国际实际工资（international real wage）计算的工资水平变动中，四个波峰（分别是 1949 年，30；1958 年，32；1974 年，38；1984 年，37）时期的政策均为左倾政策。

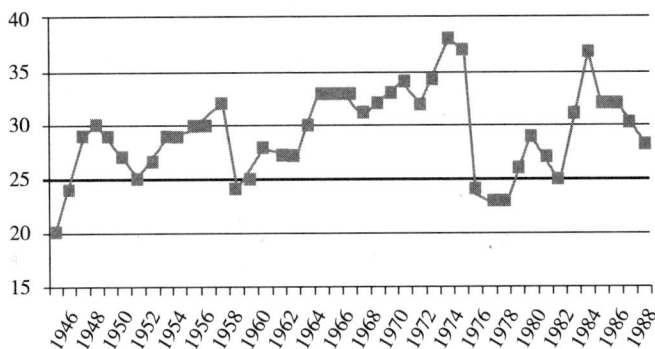

图7 阿根廷工资水平变动情况（按国际实际工资计算）

注：100＝1975 年国标工资。

数据来源：Jeffrey G. Williamson，1995（32）。

从社会开支数据来看，右翼梅内姆执政之后，社会支出和整个公共支出都出现了急速下跌。

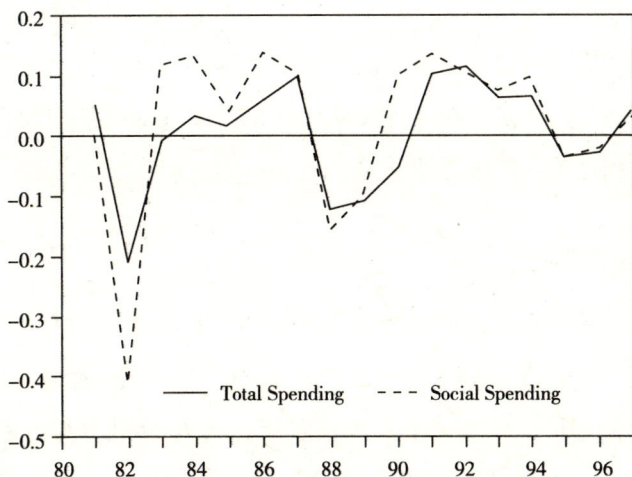

图8　阿根廷社会支出及公共支出变化情况

资料来源：Pablo Gottret、Vaibhav Gupta、Susan Sparkes、Ajay Tandon、Valerie Moran、Peter Berman，Volume 27。

三、阿根廷民粹主义与中等收入陷阱的关系

一直以来都有学者认为，拉丁美洲跌入"中等收入陷阱"的原因是民粹主义的经济社会政策，特别是有学者认为民粹主义主张的福利政策是一种赶超型的，超出这些国家的能力，由此带来了巨大的赤字和债务危机，最终导致了经济增长的停滞。本文的这一部分试图对这一观点进行探讨，从历史数据来分析这种观点的可靠性。

1. 从时间序列上来看

根据第一节的分析，阿根廷是在 20 世纪 70 年代中后期跌入中等收入陷阱的，而作为民粹主义典型的庇隆主义执政时期分别是 1946 ~ 1955 年、

1973～1976 年。如果说庇隆主义的经济和福利政策直接导致了中等收入陷阱，那么为什么执政时间长达 9 年的 1946～1955 年期间及之后相当长的年份没有发生危机？相反，危机却发生在 80 年代阿根廷统治者受西方新自由主义影响、政府作用被严重削弱的背景下。所以，从逻辑上来讲，即使庇隆主义与中等收入陷阱存在某种关联，那也需要其他条件的配合，二者之间存在简单线性关系的可能性不大。

2. 从影响机制上来看

（1）引发中等收入陷阱的直接原因分析。拉丁美洲国家在 20 世纪 80 年代发生了严重的债务危机。1982 年债务危机正式爆发之前，实际上拉美已经在"负债增长"的道路上走了很多年。从 70 年代开始，阿根廷的外债就缓慢增长。70 年代末、80 年代初，增长开始加速，政府财政赤字占 GDP 的比重从 1972 年的不足 5% 飞速上升至 1975 年的 15.3%。

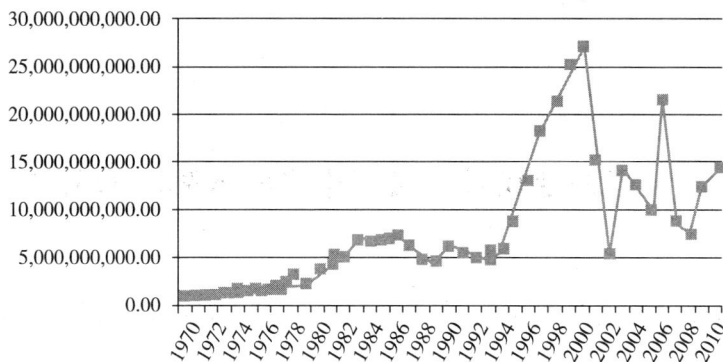

图 9　阿根廷外债本息总额

数据来源：世界银行，世界发展指数数据库（Debt service on external debt，total，TDS，现价 US＄）。

包括阿根廷在内的拉美国家之所以会在 70 年代开始大规模举债，与其经济发展战略和当时的国际环境是相关的。一方面，自 20 世纪 30 年代以来，拉美国家开始走上进口替代的发展道路。在此之前，拉美国家的经济发展主要依靠初级产品的出口，阿根廷主要的出口产品是皮革和肉类。这种方式在 30 年代受到国际市场因大萧条导致的需求不足而无法维系。同

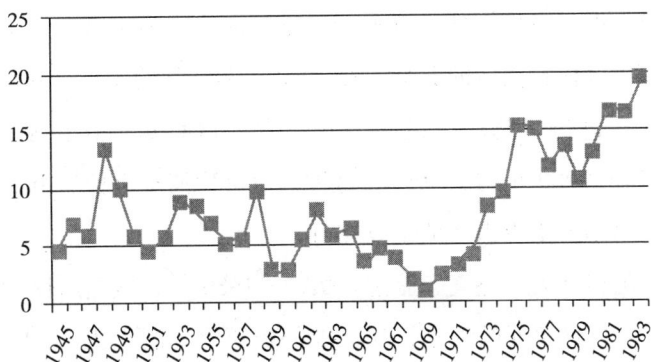

图 10　阿根廷财政赤字占 GDP 比重

数据来源：吴国平，2002。

时，拉美国家民族主义力量也推动经济独立。所以，经济发展战略转移到了进口替代上，即转向以增加本国工业生产为基础的内向发展模式，这种模式事实上是一种对本国工业独立发展的保护政策。

在这种模式的初始阶段，大部分初级产品出口收入的用途从进口非耐用消费品转向了进口资本货，以发展民族工业和替代非耐用消费品的进口。经过一段时期的发展，拉美国家建立了具有资本密集型、技术密集型和较熟练劳动力密集型等特征的工业部门，除了继续保护民族工业，还控制资本货和耐用消费品的进口以减少与本国资本或/和耐用消费品的竞争。虽然在最终产品上进口替代政策是有效的，但是中间产品和生产设备却仍需要从国外进口，而且拉美国家在走上工业化道路之后就开始"重工轻农"，使农业生产率下降，农业创汇能力下降。一面是进口中间产品和生产设备存在资金缺口，另一面出口所得无法填补这个缺口，向国际资本市场举债成了拉美国家的首要选择。

另一方面，70 年代石油危机的发生使国际资本市场有大量的"石油美元"（即石油出口国因石油价格上涨而获取的收益），而那时欧美国家正陷于经济疲软期，资本需求不旺，为满足拉美国家的借债需求创造了条件。

阿根廷发生债务危机的原因，除了进口替代发展模式之外，还有1976 ~ 1981 年军政府实行的货币主义经济改革（吴国平，2002）。庞大的债务除了供发展工业生产外，也被用于进口消费品和军事支出上。阿根廷是拉美国家中奢侈品消费的典型。在 1978~1980 年的 3 年时间里，进口增加了 3 倍，在进口货物中，最终消费品占进口总额的比例从 1976 年的 2.2% 猛增到了 1980 年的 17.6%。这种进口货物消费直接影响了国内企业的销售，政府不得不再借外债予以支持。

此外，阿根廷人还热衷于旅游。1979~1980 年，该国居民因国际旅行而耗费了 41.53 亿美元的外汇，比同期外资所得利润汇出 17.47 亿美元还多 24.06 亿美元。另外，军费也是债务的重要用途。1982 年，阿根廷同英国进行了马尔维纳斯群岛战争，使军费开支大增。1981 年和 1982 年，阿根廷共进口了价值 139 亿美元的军火，约占其国民生产总值的 11%（张宝宇、周子勤、吕银春，1993）。

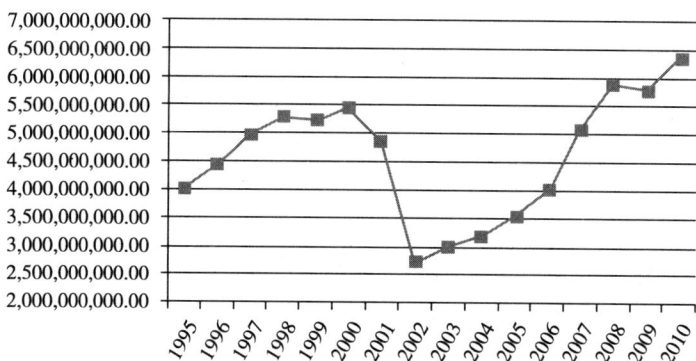

图 11　阿根廷国际旅行开支情况

数据来源：世界银行，世界发展指数数据库（International tourism, expenditures, 现价 US $）。

综合来看，阿根廷陷入债务危机的原因是多方面的，进口替代引发的资本缺口、庞大的军费和消费品等都是其中的重要因素。所以，无论是从引发危机的直接原因还是债务的用途来看，社会支出与债务危机都没有直接的密切关系。

2002 年，阿根廷经过 90 年代的短暂繁荣之后陷入了金融危机。引发阿根廷这次危机的原因是多方面的。首先，让阿根廷保持了近十年增长的汇率制度。1991 年 4 月，作为一系列新自由主义经济政策的一部分，阿根廷开始实行"货币局制度",即阿根廷本国货币比索与美元的汇率长期稳定在1：1,并可自由兑换,中央银行的货币发行量严格以美元储备为后盾。这一制度在稳定经济、抑制通货膨胀方面发挥了积极作用,阿根廷的通货膨胀率从1990年的1300%下降到了1997年的17.5%。1991~1994年,阿根廷一共吸收了100多亿美元的外资,这一汇率制度成为了解救阿根廷的"灵丹妙药"。但是,美国和阿根廷一个是发达工业化国家,另一个是新兴市场国家,两个国家的劳动生产率、经济结构等差异极大,比索与美元的挂钩虽然使阿根廷的通货膨胀率下降,但却使比索跟随美元不断升值,无形中抬高了作为生产成本的阿根廷劳动者和公务员的工资支出,使降低通货膨胀率的实际效果大打折扣。最终,产品的竞争力下降,大量企业倒闭,政府公共开支增加,出口受到压抑,进口却大受刺激,平衡国际收支结算的压力日益加大,政府不得不在国际金融市场上"拆东墙补西墙"。而且,这一汇率制度使国民认为比索与美元是一样的,在存款和交易中都以美元进行结算,导致了国家经济的"美元化",在国家没有足够多美元储备的情况下,就会使经济陷入风险。此外,政府公共开支的扩大、国家财政与货币政策受汇率制度限制等都是导致2002年危机的原因。综合来看,"货币局"这一外汇制度挽救了阿根廷,但是在经济回升的时候政府没有及时调整自己的经济政策,最终使国家经济陷入危机。

（2）阿根廷社会福利的效果分析。1980年,阿根廷公共社会支出占GDP的比重为10%,而按照2000年美元价格计算的GDP总额约为2121.3亿美元,所以当年人均公共社会支出约为755美元（1980年阿根廷总人口约为2809.4万人）。

表3　　　　　　　　阿根廷公共社会支出情况

年份	人均公共社会支出（2000年美元价）	公共社会支出占GDP的比重（%）	公共社会支出占政府支出的比重（%）
1990~1991	1166	19.1	62.2
1992~1993	1409	20.1	63.4
1994~1995	1551	21.1	65.7
1996~1997	1547	20	65.5

续表

年份	人均公共社会支出 （2000 年美元价）	公共社会支出占 GDP 的比重（%）	公共社会支出占 政府支出的比重（%）
1998 ~ 1999	1683	21	64.3
2000 ~ 2001	1635	21.8	62.8
2002 ~ 2003	1299	19.4	66.2
2004 ~ 2005	1527	19.6	64.2
2006 ~ 2007	1997	22.1	63.9
2008 ~ 2009	2387	24.2	62.8

数据来源：Economic Commission for Latin America and the Caribbean（ECLAC），social expenditure database。转引自 Public social spending in Latin America。

结合上表可以看到，阿根廷的公共社会支出从 1980 年就呈上涨趋势。但是与劳动参与率的变化相比较就能发现，劳动参与率并没有受公共社会支出的很大影响。从 1980 ~ 1998 年，劳动参与率在 58% ~ 60% 之间波动，1999 年开始超过 60%，2009 年上升到 65%，可见社会公共支出的增长没有带来"养懒汉"的情况。

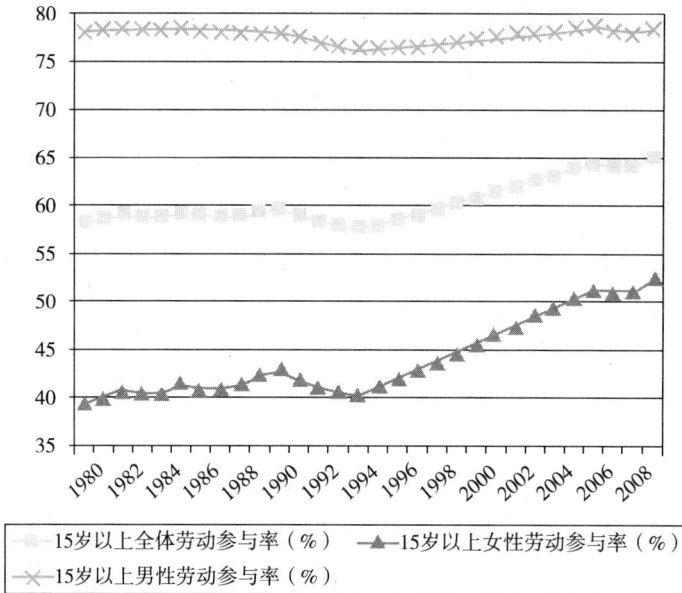

图 12　阿根廷劳动参与率变化情况

数据来源：International Labour Organization，转引自 http://www.indexmundi.com/facts/argentina/labor - participation - rate。

四、小结

从各项社会经济指标来看，阿根廷是在 20 世纪 70 年代中后期落入中等收入陷阱的。在此之前，阿根廷的政局由左翼庇隆主义和右翼军政权轮流掌握，经济政策和社会政策也因此左右摇摆。分析阿根廷在 70 年代中后期经济衰退的原因可以发现，长期实行进口替代的工业化战略、超前的消费以及庞大的军费开支导致债务不断增长终致危机。我们无法证明债务危机与福利支出之间有直接关联，而且政府公共支出的增长并没有导致劳动参与率的下降，从而造成"养懒汉"的问题。此外，从时间上看，1946～1955 年民粹主义执政阶段没有发生危机，1973～1976 年民粹主义执政结束之后才发生了危机，这表明即使二者有某种关联也需要其他条件，而不是直接相关。

佘　宇　韩　巍（中国人民大学）　执笔

参考文献

[1] 苏振兴主编. 拉美国家社会转型期的困惑. 北京：中国社会科学出版社，2010

[2] 刘世锦等著. 陷阱还是高墙？——中国经济面临的是真实挑战和战略选择. 北京：中信出版社，2011

[3] 江时学著. 拉美发展模式研究. 北京：经济管理出版社，1996

[4] 张宝宇，周子勤，吕银春著. 拉丁美洲外债简论. 北京：社科文献出版社，1993

[5] 吴国平主编. 21 世纪拉丁美洲经济发展大趋势. 北京：世界知识出版社，2002

[6] 中国社会科学院拉丁美洲研究所编. 2004～2005 年：拉丁美洲和加勒比发展报告. 北京：社会科学文献出版社，2005

[7] 苏振兴，徐文渊主编. 拉丁美洲国家经济发展战略研究. 北京：经济管理出版社，2007

[8] 樊纲，张晓晶. "福利赶超"与"增长陷阱"：拉美的教训. 管理世界，2008（9）

[9] 陈舜英. 庇隆政府经济政策简评. 拉丁美洲丛刊，1982（5）

［10］董经胜. 拉美研究中的民众主义：概念含义的演变. 史学月刊, 2004（1）

［11］Jeffrey G. Williamson. The Evolution of Global Labor Markets Since 1830: Background Evidence and Hypotheses. Explorations in Economic History, 1995（32）

［12］Pablo Gottret, Vaibhav Gupta, Susan Sparkes, Ajay Tandon, Valerie Moran, Peter Berman. Protecting Pro – Poor Health Services During Financial Crises: Lessons from Experience. Advances in Health Economics and Health Services Research, Volume 27

社会性支出：民生支出的替代性衡量方法

近年来，保障和改善民生越来越受到各级政府的重视，投入持续加大。最近，各地纷纷公布了民生支出占财政支出的比重，大多在 70% ~ 80%。财政部也介绍说我国的民生支出占财政支出的 2/3 以上。这些数据受到了全社会的关注，有积极评价，但也引发了一些质疑。如何从政府支出的角度科学界定和衡量民生支出，是当前亟待解决的问题。这对于澄清当前混乱的认识，认清民生形势，具有重要意义。也只有这样，数据才能对民生政策起指导作用。OECD（经济合作与发展组织）的社会性支出统计方法或许可以作为民生支出的一种替代性衡量方法。

一、我国的民生支出口径及其缺陷

我国"民生支出"的提法首次出现在财政部 2009 年向全国人大所作的预算报告中。财政部曾对民生支出的口径作过说明，把教育、医疗卫生、社会保障和就业、住房保障、文化体育等 5 个科目①的汇总数称为与

---

① 之所以纳入这几项科目，2009 年时任财政部办公厅主任、新闻发言人胡静林在接受中国政府网在线访谈时表示是按照"十七大"报告中的"五有"口径，即"学有所教、劳有所得、病有所医、老有所养、住有所居"界定的。

人民群众生活直接相关的民生支出（本文简称为"窄口径民生支出"）；认为与民生密切相关的支出还包括农林水利、交通运输、环境保护、城乡社区事务、科学技术、商业服务等事务、国土资源气象事务、粮油物资储备、地震灾后恢复重建等（本文将这些支出加上窄口径民生支出称为"宽口径民生支出"）。根据财政部数据，2010 年我国窄口径民生支出占全国财政支出的比重为 32.6%，宽口径民生支出占到 66.4%，即约为 2/3。各地公布政府民生支出比重的时候并没有说明口径。从公布的数据来看，大多采用的是宽口径，但可能与财政部口径也不完全一致。

当前我国民生支出的统计方法存在以下几个缺陷。

①民生支出口径特别是广泛采用的宽口径，包含的支出项目过于宽泛，也缺乏理论基础。我国的民生支出口径，特别是宽口径，包含的支出项目非常多，过于宽泛；有关部门也没有给出把这些项目纳入统计的理由。而且全国没有一个统一的口径，各地界定的随意性很大。这就引起了公众的质疑，认为民生支出被"虚增"和"注水"了，与实际感受不符，不能把什么都往民生这个筐里扔。

②当前口径的民生支出（特别是宽口径）无法进行国际比较。国际上与我国语境下的"民生"含义相近的是"福祉"（well‐being）一词[①]。但是，国际上并没有一个衡量政府民生（福祉）支出的方法体系。因为在这样一个广义的民生概念下，从支出角度来衡量显然是有困难的，很难说哪些与民生有关，哪些与民生无关。而且从理论上来讲，财政支出就是应全部用于改善民生的，区别仅在于直接还是间接。因此，按我国当前统计的民生支出是无法进行国际比较的。

③民生支出仅仅是一个简单的指标，没有作为评估监测方法体系来构建。我国政府民生支出的统计起源于而且目前也主要用于说明政府改善民

---

①　OECD 在2011 年提出了衡量人们福祉的一个框架，衡量的内容包括住房、收入、就业、社区、教育、环境、治理、健康、生活满意度、安全、工作与生活的平衡等物质生活条件和生活质量的11 个方面 。与我国所说的"民生"内容除个别方面外基本一致。参见 OECD（2011），How's Life：Measuring well‐being。

生的努力，因此统计的仅仅是民生支出占政府支出比重这样一个简单的指标，而不是作为一个监测评估的方法体系来构建的。这无法适应今后监测评估全国和各地民生支出结构、效率的需要。

二、OECD"社会性支出"概念及衡量方法

虽然国际上并没有衡量民生支出的方法，但有与我国窄口径民生支出相近的"社会性支出"的概念和衡量方法。这套方法是由 OECD 在 20 世纪 90 年代开始发展起来的，也是国际上较为成熟的衡量社会领域支出的方法体系。

1. 什么是社会性支出

OECD 将社会性支出的内涵界定为"公共和私人机构向家庭和个人提供的福利待遇及资助（不包括特定商品或服务的直接支付，也不包括个人的合同或转让）。这些支出的目的是在家庭和个人福利受到不利影响时向他们提供支持"。这一界定强调相关支出对家庭和个人的直接支持，主要是收入维持性支持，不包括长期的社会性投资支出和改善外部环境的支出。在外延上，OECD 界定的社会性支出包括老年福利（养老金、老年服务等）、遗属福利（养老金和丧葬费）、失能待遇（残障者待遇、工伤待遇、病休待遇等）、医疗卫生（门诊和住院、医疗用品、预防费用）、家庭福利（儿童津贴、儿童看护、家长休假期间的收入支持、单亲补贴等）、积极的劳动力市场政策（就业服务、培训青年的补贴性就业、残疾人就业支持）、失业待遇（失业补偿、解职补偿等）、住房（住房津贴和租房补贴）和其他社会政策等 9 个政策领域的支出（OECD，2007）。根据社会性支出内涵的界定，OECD 社会性支出没有包括教育支出，因为这属于长期的社会性投资。当然也没有包括社区发展、环境保护等不是直接针对家庭和个人的支出。OECD 是在 20 世纪 90 年代早期，为了便于社会政策分析，

建立起了社会性支出数据库（SOCX）①，包含各类项目支出的详细数据。它实际上衡量的是福利国家的规模和结构。

社会性支出分为公共社会性支出和私人社会性支出，本文主要关注公共社会性支出。

2. OECD 公共社会性支出与我国窄口径民生支出的区别

我国的窄口径民生支出与 OECD 的公共社会性支出的界定是比较相近的②，但也有一些重要区别。

①OECD 社会性支出包括的项目类别与我国窄口径民生支出包括的项目类别基本一致，区别在于 OECD 口径中不包含教育③和文化体育，而我国包含这两类，其他区别仅在于是否有具体项目，以及项目划分的习惯和粗细。

②在统计口径上，OECD 的公共社会性支出依据的是广义政府（general government）支出口径，既包括各级政府的直接支出，也包括社会保险基金等支出。我国当前的窄口径民生支出中没有包含社会保险基金，而且医疗、社会保障和就业、住房保障等项目统计的也只是一般预算渠道支出，没有包括政府性基金和预算外等渠道的政府支出。如果要进行国际比较，就必须统一口径。

三、按一致口径衡量我国和 OECD 国家的社会性支出

1. 统一衡量口径

在包含的支出项目方面，考虑到在我国的社会发展历程中，教育历来

---

① 数据库网址为 www. oecd. org/els/social/expenditure。

② 其实在我国语境中，一般人理解的和容易接受的民生支出就是社会福利支出，所以两者的相近界定不是偶然的。

③ 仅包含政府对儿童保育和学前教育的补贴。

被作为社会发展和民生的重要内容，而且在国际国内大多数研究中，教育支出也都被算作社会性支出，因此将教育支出加入社会性支出界定中；而文化体育在国际上较少作为社会性支出，而且我国本身的数据连贯性和一致性也不好，将之剔除。在统计口径上，则参照 OECD 广义政府支出，将社会保险基金和政府性基金和预算外渠道的相关支出也纳入公共社会性支出统计。由此在借鉴 OECD 概念和方法的基础上，形成了口径一致的衡量方法，我们暂称之为"改进后的公共社会性支出"。

2. 支出水平的国际比较

按"改进后的公共社会性支出"口径，我们来比较一下我国和 OECD 国家的社会性支出。OECD 国家只要在其已有的社会性支出数据上加上教育支出即可。通常用公共社会性支出占广义政府支出比重和 GDP 比重这两个指标来反映和比较。按统一后的口径，2007 年① OECD 国家公共社会性支出占广义政府支出的比重平均为 61.8%，占 GDP 的比重平均为 24.4%（参见表 1 合计栏）。各个国家之间的差别其实也不小，原因较为复杂，这里不作讨论。近年来，OECD 考虑到征税对实际社会性支出的影响，开始采用净社会性支出（net social expenditure or after tax social expenditure）来衡量，在这种衡量方法下，各国之间的差别大大缩小。

表 1　2007 年 OECD 国家公共社会性支出占广义政府支出和 GDP 比重（%）

国家	公共社会性支出占广义政府支出比重	公共教育支出占广义政府支出比重	合计（改进后的公共社会性支出占广义政府支出比重）	公共社会性支出占 GDP 比重	公共教育支出占 GDP 比重	合计（改进后的公共社会性支出占 GDP 比重）
澳大利亚	48.0	13.7	61.7	16.0	4.3	20.3
奥地利	54.5	11.1	65.6	26.4	5.4	31.8
比利时	54.4	12.4	66.8	26.3	6.0	32.3
加拿大	42.7	12.3	55.0	16.9	4.9	21.8

---

① 社会性支出数据并不每年发布，2007 年数据是最新数据。

续表

国家	公共社会性支出占广义政府支出比重	公共教育支出占广义政府支出比重	合计（改进后的公共社会性支出占广义政府支出比重）	公共社会性支出占GDP比重	公共教育支出占GDP比重	合计（改进后的公共社会性支出占GDP比重）
智利	—	17.9	—	10.6	4.0	14.6
捷克	44.2	9.9	54.1	18.8	4.2	23.0
丹麦	51.3	15.4	66.7	26.1	7.8	33.9
爱沙尼亚	37.8	—		13.0	—	
芬兰	52.6	12.5	65.1	24.8	5.9	30.7
法国	54.3	10.7	65.0	28.4	5.6	34.0
德国	57.8	10.3	68.1	25.2	4.5	29.7
希腊	45.7	—	—	21.3	—	—
匈牙利	45.9	10.4	56.3	22.9	5.2	28.1
冰岛	34.5	17.4	51.9	14.6	7.4	22.0
爱尔兰	44.3	13.5	57.8	16.3	4.9	21.2
以色列	34.5	—	—	15.5	—	15.5
意大利	51.9	9.0	60.9	24.9	4.3	29.2
日本	51.7	9.4	61.1	18.7	3.4	22.1
韩国	26.4	14.8	41.2	7.6	4.2	11.8
卢森堡	57.1	—	—	20.6	—	—
墨西哥	37.3	21.7	59.0	7.2	4.8	12.0
荷兰	44.4	11.7	56.1	20.1	5.3	25.4
新西兰	46.7	18.1	64.8	18.4	5.8	24.2
挪威	50.6	16.4	67.0	20.8	6.7	27.5
波兰	46.9	11.6	58.5	19.8	4.9	24.7
葡萄牙	51.4	11.6	63.0	22.5	5.3	27.8
斯洛伐克	45.7	10.5	56.2	15.7	3.6	19.3
斯洛文尼亚	47.8	—	—	20.3	—	—
西班牙	55.1	11.1	66.2	21.6	4.3	25.9
瑞典	53.6	12.7	66.3	27.3	6.7	34.0
瑞士	57.3	12.2	69.5	18.5	5.2	23.7
土耳其	—	—	—	10.5	—	—
英国	45.8	11.0	56.8	20.5	5.4	25.9
美国	44.3	14.1	58.4	16.2	5.3	21.5
OECD平均	48.8	13	61.8	19.2	5.2	24.4

数据来源：OECD数据库（http：//stats.oecd.org/）。

再来看我国的数据。在按"改进后的公共社会性支出"口径衡量之前，先按我国当前采用的狭义政府支出口径来衡量一下。从表2可以看出，近几年我国教育、医疗卫生、社会保障和就业、住房保障这几项支出合计约占一般预算支出的30%左右，这两年上升趋势明显，2011年已经达到34.38%，特别是医疗卫生和住房保障这两项支出的比重上升较快。各项支出和合计支出占GDP的比重都在逐年稳步上升，合计支出比重已经从2007年的5.47%上升到2011年7.94%。

表2   我国窄口径民生支出占一般预算支出和GDP比重（%）

		2007年	2008年	2009年	2010年	2011年
教育	占预算	14.31	14.39	13.68	13.96	14.79
	占GDP	2.67	2.86	3.06	3.11	3.42
医疗卫生	占预算	4.00	4.40	5.23	5.35	5.85
	占GDP	0.75	0.87	1.17	1.19	1.35
社会保障和就业	占预算	10.94	10.87	9.97	10.16	10.23
	占GDP	2.04	2.16	2.23	2.26	2.36
住房保障	占预算	0	1.08	0.95	2.64	3.51
	占GDP	0	0.21	0.21	0.59	0.81
合计	占预算	29.25	30.74	29.83	32.11	34.38
	占GDP	5.47	6.10	6.67	7.16	7.94

说明：①我国自2007年政府支出分类改革后，支出才按功能划分，之前年份的数据不可比，因此未纳入。②2007年决算表没有列住房保障（住房改革）支出科目，按0计算。③教育支出因数据采集渠道不同，有财政部和教育部两个口径。这里采用的是财政部口径，即中国统计年鉴上的口径。教育部即每年《全国教育经费执行情况统计公告》口径（预算内教育经费占财政支出比例）数据比财政部口径平均高近2个百分点。

数据来源：根据各年统计年鉴和财政支出决算表计算；2011年数据根据2012年3月5日财政部向全国人大五次会议作的《关于2011年中央和地方预算执行情况与2012年中央和地方预算草案的报告》。

现以2010年为例，用"改进后的公共社会性支出"口径来衡量一下我国的社会性支出。先来分别计算一下我国的广义政府支出和广义政府支出口径下的社会性支出。由于数据来源渠道较多，数据一致性不好，只能做大致估算。

广义政府支出 = 一般预算支出 +（社会保险基金支出 – 政府对社会保险基金的补助）+ 政府性基金支出 + 预算外资金支出 = 89874 +（14819 –

2310）＋32583＋5757＝140723（亿元）①

改进后的公共社会性支出 ＝（预算内教育支出 ＋ 政府性基金教育支出 ＋ 预算外教育支出）＋ 预算内医疗卫生支出 ＋（预算内社会保障和就业支出 ＋ 政府性基金就业支出 ＋ 预算外社会保障和就业支出）＋（预算内住房保障支出 ＋ 政府性基金住房保障支出）＋（社会保险基金支出 − 政府对社会保险基金的补助）＝（12550 ＋ 188 ＋ 2482）＋ 4804 ＋（9131 ＋ 104 ＋ 184）＋（2377 ＋ 101）＋（14819 − 2310）＝ 44618（亿元）②

由此可以计算出 2010 年我国公共社会性支出占广义政府支出和 GDP 的比重，分别为 31.7% 和 11.1%。公共社会性支出占广义政府支出的比重跟我国窄口径民生支出占狭义政府支出的比重（32.1%）差别并不大，但公共社会性支出占 GDP 比重比窄口径民生支出占 GDP 比重（7.16%）要高出不少。

表 3   2010 年我国公共社会性支出比重及与 OECD 的比较（%）

	公共社会性支出占广义政府支出比重	公共教育支出占广义政府支出比重	合计（改进后的公共社会性支出占广义政府支出比重）	公共社会性支出占 GDP 比重	公共教育支出占 GDP 比重③	合计（改进后的公共社会性支出占 GDP 比重）
中国	19.9	10.8	31.7	7.3	3.8	11.1
OECD 平均（2007）	48.8	13	61.8	19.2	5.2	24.4

从国际比较来看，我国公共社会性支出占广义政府支出比重和占 GDP 的比重都远远低于 OECD 平均水平，均不到其一半的水平④。当然，由于

---

①　数据来源：2011 年中国统计年鉴，中国财政年鉴和《2010 年度人力资源和社会保障事业发展统计公报》；由于我国社会保险基金数据中不包括新型农村合作医疗基金和新型农村养老保险数据，所以广义政府支出中还应该加上这两项保险中的个人缴费部分，因为没有相关数据，只能忽略不计，好在这部分资金的数量有限，影响不大。

②　数据来源：同上。有些项目在政府性基金和预算外资金中没有支出，所以不列。

③　财政性教育支出口径大于预算内财政教育支出（即这里的公共教育支出）口径，通常所说的要达到 GDP 的 4%，指的是前者。

④　不过，我们注意到，韩国的支出水平与我国的差别不大，其两个比重分别为 41.2% 和 11.8%，但它是 OECD 国家中社会性支出水平占比最低的国家（但其教育支出水平并不低）。对原因的分析涉及对福利体制的比较研究，本文暂不分析。

支出口径转换会产生一些误差，但误差不会太大。根据国务院发展研究中心课题组的计算，按同口径，即使人均 GDP 为 3000～6000 美元的国家公共社会性支出占广义政府支出比重也达到了 54%①。

四、结论和建议

1. 初步结论

①OECD 社会性支出衡量方法是较为科学的衡量社会领域支出的方法，与我国窄口径民生支出衔接也较为容易。OECD 的社会性支出衡量方法是以福利国家理论为基础的，内涵和外延比较清晰，容易为公众所理解，也可直接用于学术研究。而这套方法与我国当前窄口径民生支出的衔接并不困难，是可以借鉴的。

②我国的社会性支出水平显著偏低。上文按 OECD 广义政府支出口径粗略计算了我国的公共社会性支出及其占广义政府支出和 GDP 的比重。跟 OECD 平均水平相比，我国的社会性支出水平是显著偏低的。当然，社会性支出水平与发展阶段、体制选择和文化传统有关，到底多高才好不能一概而论。需要说明的是，对 OECD 国家之间以及 OECD 与我国之间社会性支出水平差异的解释，是一项比较复杂的研究，不是本文的主要任务。

2. 建议

①建立新的政府民生支出统计方法，用"改进后的公共社会性支出"口径来衡量。同时，用公共社会性支出占广义政府支出比重和公共社会性支出占 GDP 比重来进行国际比较。用这样一种较为科学的、有国际实践的方法来衡量，不仅可以客观地反映我们的民生形势，便于国际比较，也能

---

① 引自 2009 年国务院发展研究中心重大课题"新形势下我国经济发展方式转变的战略重点"专题报告一："以基本保障为重点的改善民生、拉动内需战略"（贡森等执笔）。

消除公众的质疑和不信任。

②将我国的社会性支出统计作为一个监测评估体系来构建。社会性支出统计的目标不只是得出一个总量和比重数据，而应该建成一个包含详细数据和信息的监测评估体系，这样才更有意义。要借鉴 OECD 社会性支出数据库的建设经验，结合我国预算公开进程，优先细化和公开我国公共社会性支出的详尽科目，对全国和各地支出实施动态监测和评估，以达到改进民生政策和提高支出效率的目的。

王列军　执笔

第四篇
分领域报告

义务教育均等化制度的国际经验
及对中国相关改革的启示

本文通过日本、韩国经验借鉴，探讨如何从制度层面真正提高我国义务教育均等化水平①。

一、日韩从制度层面推进义务教育均等化经验总结

日本、韩国与我国同属于东亚文化圈国家，其大力推进义务教育均等化（这两国称为"平准化"）时，人均发展水平还低于我国现阶段。这两个国家在推进义务教育均等化上，取得了国际公认的成就，且形成了系统的制度设计。因此，总结其经验，对正在快速重复其发展史的我国来说，借鉴效果更加直接。

1. 日本相关制度建设经验

日本是单一制国家，全国在立法和制度形成上比较统一。日本多年来

---

① 社会发展研究部承担了"中国建设现代、和谐、有创造力的高收入社会研究"课题中的社会建设部分，并因此于 2011 年 5 月对日、韩进行了公共服务均等化的考察，教育是其中的重要内容。

一直实行义务教育"平准化"政策，通过"平准化"政策的实施，日本义务教育实现了较高水平的均等化①。其均等化体现在以下三方面。

（1）财力均等化。日本在财力均等化上的经验，一言以蔽之，就是以法律方式明晰了各级政府的出资责任、出资范围乃至出资方式。这种均等化，不仅使各地的人均（包括师生）经费大致均等，也实现了设施和公用费的均等化。

日本义务教育财税体制的形成经历了一个从几乎全部由町村负担逐步转由中央、都道府县、町村三级政府共同分担的演变过程，且这个过程中将三级政府的事权都通过法律形成制度，确保各地区在义务教育上的财力均等化②。1918 年，日本政府颁布了《市町村义务教育经费国库负担法》，决定由中央以国库负担金直接承担全国公立义务教育教师的部分工资。该法律的实施有力地推动了日本义务教育的发展。但在 20 世纪中期，上述法律制定的重要原则曾一度被 1940 年的《地方让与税法》和 1950 年的《地方财政平衡交付金》制度所取代。不过由于实践证明这两种制度不能有效

---

① 尽管日本在经济合作与发展组织（OECD）实施的国际学生评估项目（PISA）中，成绩并非特别出色（如 2009 年的测试中，阅读素养名列第 8，数学素养和科学素养分别为第 9 和第 5），但其国内各地区间的差别很小。国际学生评估项目（PISA），是对完成义务教育阶段学习者进行的测试，主要调查其学习内容能在何种程度上活用于日常生活和社会生活（包括阅读素养、数学素养和科学素养），每三年实施一次，在 OECD 国家盛行。2009 年的 PISA，调查对象是 OECD 的 34 个成员国和 31 个非成员国和地区的约 47 万人，第一次参加评估的中国上海，在三方面都独占鳌头，但这只是上海一个市择优选出的学生的成绩。排名二、三、四的分别是韩国、新加坡和芬兰。

② 早在明治时代，日本就为实施义务教育建立专门的"教育基金"，1899 年制定《教育基金特别会计法》和《教育基金法》，由市町村费和国库补助金支付义务教育费。1900 年公布了《市町村立小学教育费国库补助法》。从此，日本实行免费义务教育制，明确了国家对义务教育应负的财政责任。随着义务教育年限的延长，市町村教育经费不足，日本政府 1918 年制定《市町村义务教育经费国库负担法》，决定市町村立小学教师工资由国库开支，以减轻地方行政的负担。"二战"后，义务教育延长为九年，教师实行定员定额制。1952 年政府制定了《义务教育经费国库负担法》，义务教育学校教职工工资的 1/2 和教材费由国库负担。其后，主要通过交付金制度保证了各地比较均等化的义务教育经费支出。1954 年制定《学校给食法》，1956 年制定了《关于对就学困难儿童及学生实行国家奖励援助的法律》、《关于对就学困难者所使用的教科书给予补助的法律》、《公立养护学校整备特别措施法》，1958 年制定《学校保健法》，1959 年制定《学校安全法》，1962 年制定《关于义务教育诸学校学科用图书无偿措施法》，详细规定了学生的学习用品、交通、修学旅行、供餐、医疗、学校安全费等补助措施；到 1958 年《义务教育诸学校设施费国库负担法》的制定，以及地方交付税制度的创立，日本从法律层面建立了一套较完整的义务教育财政制度。

保障在地方财政中所占比重较大的义务教育经费，因而 1952 年日本政府又重新制定了《义务教育经费国库负担法》，再次规定全国城乡义务教育教师部分工资由国库负担金承担。同时，主要通过地方交付金制度确保了中小学在基础设施和公用费方面的大致均等化，使全国的生均经费基本不存在城乡差别和区域差别。

这方面均等化的一个结果是设施的均等化，且实现了向偏僻地区倾斜。1891 年颁布的"小学校设备准则"规定了校地、校舍的基准，应备置教具的种类，建筑趋于统一化、标准化。1947 年《学校教育法》规定了办学基准，对选址、占地面积、校舍面积、师资水平、实验器材、图书配备等提出明确标准，并要求必须依法严格执行。1958 年日本制定《公立义务教育学校的班级编制及教职员编制标准相关法律》，以规范班级规模和师生比例。另外，对偏僻地区的学校还有现代信息设施方面的特殊关照，确保了偏僻地区的设施不仅不落后，且能够在现代信息技术的支持下与发达地区享有类似的教育资源。

（2）师资均等化。教师是义务教育阶段影响教学质量最重要的因素。日本也是通过立法建立教师流动制度来均衡校际义务教育质量的。

日本教师的"定期流动制"始于"二战"后，主要在公立基础学校（小学、初中、高中及特殊学校）范围内实施。1949 年日本政府制定《教育公务员特例法》，规定日本中小学教师的定期流动属于公务员"人事流动"的范畴，1960 年以后该制度趋于完善。日本教师的定期流动制有三个特点。

①强制流动。日本中小学教师的定期流动（或者叫"转任"）属于公务员"人事流动"的范畴，所有作为地方政府公务员的中小学教师必须强制流动。

②程序规范、细节周到。日本教师定期流动的实施程序有四步：首先，在每年的 11 月上旬，由县（都道府）① 一级的教育委员会发布教师定

---

① 日本的一级行政区为 47 个都道府县，在行政级别上相当于我国的省，在地域面积上大致与我国中东部地区的地级市相当。

期流动的实施要旨，内容包括地区的指定、有关原则、要求等。其次，全体教师填写一份调查表，其中包括教师流动的意向。第三，由校长决定人选，在充分尊重教师本人意愿并与之商谈后，报上一级主管部门审核，最后由县（都道府）教育委员会教育长批准。校长一般由教育长直接任命换岗，本人也可以提出申请。第四，在来年4月新学期前，流动教师全部到位。对什么样的教师需要流动、什么样的教师需要照顾、教师和校长的流动怎样区别都有详尽的规定①。

③学区流动、僻地关照。日本教师的定期流动，从地域看可分为两种情况：第一种是在同一市、街区、村之间流动，这是主流；第二种是跨县一级（相当于我国省一级）行政区域间流动。从日本文部科学省2009年的统计资料来看，小学、初中教师流动的比例最大。当年有约10万名教师实行了流动换岗，流动率接近20%，其中超过一半是第一种流动。偏僻地区学校同其他地区学校之间以及不同类型学校之间教师交流的比例大致平衡。这是因为往偏僻地区流动有法律扶持和强制②：不仅规定教师的任职经历中必须有僻地任教经历，而且从1953年开始为偏僻地区任教教师提供住宅补助，此外还有偏僻地区津贴、寒冷地区津贴和单身赴任津贴等激励措施。

迄今，日本的中小学教师的"定期流动制"已实施了半个世纪，其在

---

① 日本各都、道、府、县在教师定期流动政策的主要方面是一致的，如人事调动及审批权限、基本原则及年限的规定、流向偏僻地学校的有关津贴标准等。以东京都为例，其《实施纲要》规定，流动的对象可分为：在一所学校连续任教10年以上以及新任教师连续6年以上者，此为硬性条件；为解决定员超编而有必要流动者；在区、市、街道、村范围内的学校及学校之间，如教师队伍在结构上（专业、年龄、资格、男女比例等）不尽合理，有必要调整而流动者。另外，对老弱病孕在流动时如何特殊关照，对校长和教师流动的区别都有详尽规定（如全国公立基础学校的教师平均每6年流动一次；多数的中小学校长一般3～5年就要换一所学校）。

② 日本1954年实施《偏僻地区教育振兴法》，制定了《偏僻地区教育振兴法实施令》、《偏僻地区教育振兴法实施规则》，增加了法律的可操作性。为了使偏僻地区学生享有同等的教育条件，法律明确了各级政府必须承担的责任：文部省负责对各级政府职责履行情况进行指导、协调和监督；国家财政对所需经费实施补助，补助额度为1/2；都道府县负责研究适合偏僻地区教育的学习指导方法、教材、教具等，设立师资培训中心，确保教师进修所需差旅费及相关经费；市町村负责为偏僻学校提供教材、教具，为学校教职工兴建住宅，提高福利待遇，设立音乐、体育等设施，实施师生健康管理，为学生上学提供交通方便。为保证经费补助政策的有效实施，日本进一步建立了完备的偏僻地区教育财政补助制度。此外，还有就学奖励、理科设备费、教材费补助等项目，为偏僻地区教育发展提供了有力保障。

实现基础教育的公平、稳定教育质量、提高师资素质以及改善事实上存在的薄弱学校状况等方面都起到了重要的作用，对日本师资队伍建设，尤其是均衡校际间的师资差异发挥了巨大的作用。这样既均衡了各地各校的师资，又整体提升了教师队伍的素质。

（3）学生资源均等化。就近入学在日本几乎是"毋庸置疑的公理"。由于学校差距小，且严格按地区人数配置，教师又强行轮岗，绝大多数家长认为在义务教育阶段没有择校的需要。这使不同学校的学生群体，在基本素质、家庭背景等方面没有显著差异，这方面的均等连欧美国家都难以望其项背。从少年儿童的成长需要来看，这方面的均等化影响巨大。而我国目前通过复杂社会关系和高额择校费形成的优质公办学校"贵族化"现象与其形成了鲜明的对比。

2. 韩国相关制度建设经验

韩国已成为世界范围内教育普及率高、质量高、均衡度高的"三高"典范。韩国在 2005 年基础教育各阶段的学生入学率都已达到或接近100%。2009 年的 PISA 测试结果显示，韩国学生不仅成绩优异而且成绩的均衡度最高：韩国学校内部差异和学校之间的差异只有 OECD 成员国平均差距的一半①。

不过，韩国的均等化并非像日本一样有上百年历史，而是在工业化、城市化高速发展期出现了和我国目前类似的问题后才效仿日本从制度层面推动的。20 世纪 70 年代初，韩国的中小学校也分为三等，学校教育的应试倾向明显，学生间学业成绩的竞争十分激烈。为此韩国推出了大致包括三方面主要内容的"教育平准化"政策。

①倾斜拨款：对"不利学校"增加教育拨款，大力改善其办学条件。

②教师流动：实行教师每工作约四年流动一次的措施，确保学校师资水平的均衡。

---

① 尽管韩国学生的成绩不如中国的上海，但韩国参与测试的学生来自全国各地。

③就近入学：对学生进行综合评分，各学区内由计算机随机确定适龄儿童将要就读的学校。

另外，还包括取消中学入学考试等。这个"平准化"教育政策实施至今，有利地促进了韩国义务教育质量的全面提高。且韩国和日本不一样，其在高中阶段仍然延续了这样严格的均等化对策。

这其中，韩国政府将财政资金重点投向义务教育尤其是农村义务教育的做法对我国启示颇大。韩国教育投入的基本原则是，公共资金重点保障教育的均等，私人资金保障教育的效率与普及。政府公共资金重点保证义务教育的普及，义务教育后阶段的教育投入以私人为主，私人投入占教育投入的比例居世界第一。根据 2001 年的统计数字，韩国对教育的投入占 GDP 的 8.2%，超过 OECD 所有其他国家，但其公共资金的投入仅占 GDP 的 4.8%，低于 OECD 国家的平均水平。

与我国不同，韩国高等教育主要依靠私人资金的投入。2004 年韩国就读私立大学的人数比例在初级学院是 95.7%，大学是 78.4%，私人高等教育花费占总花费的比例居世界第一，在 2001 年私人高等教育投入占 GDP 的 2.3%，而同年，公共资金对高等教育的投入比例占 CDP 的 0.4%。这种区别投入的原因是韩国政府充分意识到高等教育有较为直接的个人获利性，因而其相关费用在很大程度上应属于私人投资行为，理所当然应由受教育者个人支付主要成本，并由市场供求来调配资源配置。而义务教育则必须由政府投入。

尤其值得注意的是，韩国采取了"农村包围城市"的免费义务教育，优先扶助弱势群体。1954 年，韩国首先在农村、渔村、岛屿等条件不利的地区实行免费教育，继而向城市逐步扩展；1965 年，韩国政府开始在全国范围内实行免费的 6 年义务教育；随着经济发展，1985 年，韩国对边远地区实施了免费的 9 年义务教育，而对其他经济状况较好的地区仍采用原有的初等教育制度，中学和大学的全部教育经费由受教育者家庭来承担。这种贫困地区优先政策的目的是鼓励或迫使有支付能力的家庭增加对教育的投入，在政府财力有限的情况下达到教育的普及和均等化并举的目的。

2002 年韩国政府开始扩大免费义务教育的范围，直至 2004 年，才在全国普及了免费的义务教育。这种"农村包围城市"的做法，体现了教育公平，实现了教育均衡，弱势群体真正享受到了教育福利。

3. 日韩在制度层面解决义务教育均等化问题的共同点和有关争议

尽管日韩的发展水平和发展经历有一些差别，但两国在义务教育均等化方面却有以下四个共同点。

首先，韩国和日本均对全国公立义务教育不分城市和农村实行一体化的政策和财政体制。农村学校和城市学校一样，公立义务教育经费全部由政府承担。在资源配置上，两国政府均以提供大体均等的公共服务为目标，并在全国城乡实行完全免费的义务教育。从韩国和日本农村义务教育财政体制纵向演变的轨迹来看，两国都明显地经历了一个从几乎全部由农村基层地方政府负担农村义务教育经费到逐步由中央和高层地方政府与基层地方政府共同分担的过程，最后的结果是中央和高层地方政府越来越多地介入农村的义务教育投资，并逐渐成为投资主体。这种发展历程的前期与中国相近，其后期无疑能给中国未来的发展以方向性的启迪。

其次，无论是日本还是韩国，均根据各级政府的财政能力，对各级政府在义务教育中的事权责任和财权责任作了明确合理的划分，形成了规范的义务教育财政投入体制。就农村义务教育而言，虽然在日韩两国均由基层地方政府负责管理，但是对义务教育的经费投资，却都是由三级财政共同分担的，而且中央和高层地方政府通过转移支付在其中承担了相当大的责任[①]。

第三，日韩都将教师纳入公务员队伍，通过立法规定的教师轮岗和设施均等化制度实现了教学资源的均等化。这些制度，尽管在其他发达国家

---

① 例如，日本的中央政府通过转移支付分担了 50% 的城乡义务教育教师工资经费，中央分担的比例高达政府义务教育总经费的 23%，其余 77% 由地方两级政府各负担一半左右。中央和高层地方政府在农村义务教育中承担了重要的经费责任，从而为两国包括农村义务教育在内的整个国家义务教育能够得到较为均衡的发展提供了可能。

不一定被采用，但在日韩这两个教育文化与中国高度接近的国家却得到严格执行，且针对这些制度形成了详尽的规定，保证了制度的可行性。

第四，日韩都努力在客观上打好基础，在主观上积极引导学生的就近入学，使公立学校学生资源的均等化程度很高，真正体现了义务教育的全民性和公平性。

但我们也从调研中发现，日韩在教育均等化过程中也存在反复且有很多争议。可以将这些争议概括为两个方面：一是过于注重均等化是否会造成平庸化？二是应试教育类型的校外辅导班泛滥的现象需要遏制吗？可能遏制吗？

第一个争论的内容，包括义务教育是否效率不高、各方面都整齐划一的学校是否会妨碍因材施教和把学校办出特色、教师轮岗是否会使教师缺少个性和上进心等。在日本，因为 PISA 的成绩不尽如人意，所以才反思各种有碍提高质量的因素，均等化也被作为因素之一；在韩国，则是因为其过于向上的国民心态，所以社会希望通过个性化教育培养更多的精英。

的确，理论而言，在义务教育阶段通过标准化的方式实现较高质量的均等化后，也要注重多样性。这是因为较高程度整齐划一的平准化可能造成平庸化，均等化不是强制拉平，平准化应和个性化并存。要营造一个富有活力的义务教育发展局面，公平和效率不可偏废[①]。但在我们的调研中，这两个国家都没有任何访谈对象（从官员到研究人员再到曾经作为消费者的刚刚毕业不久的非教育行业工作人员）对义务教育阶段的均等化提出异议。这其中的共识是：义务教育是外部性最强的教育、基础性教育，不是精英教育，所以必须以均等化为特征、有教无类。而且，到了高中阶段，是否应该改变义务教育阶段在财力、师资和学生资源三方面的均等化，尽

---

① 北京师范大学曾晓东教授认为，我国的义务教育应该允许公立学校以外的教育机构个性化发展，中小学的均等化需要和相关体制改革联系在一起，包括开放办学市场让多主体办学、赋予其更大的招生权、培养人才的标准要和国际接轨并允许多样化等，使公立学校以外的机构能够个性化发展，从而更全面、更优质地满足教育需要；另外，教师轮岗也需要注意其负面影响：教师可能对学校没有认同感，也缺少竞争意识，从而在教学上缺少主观能动性和创造力，把培养学生变成了标准化的工业生产。因此，用什么方式、在什么程度上推进教师轮岗，需要权衡各方面影响。

管韩国人没有形成共识，但主张延续均等化政策的人仍然占多数。

对第二个争论，应试教育类型的校外辅导班是东亚文化圈国家的痼疾，在中国则以奥数、钢琴考级等方面发展得最为畸形。理论而言，这种现象涉及义务教育和素质教育的关系。如果不从相关制度方面遏制，显然就背离了义务教育的宗旨。日韩与我国最大的区别是：他们没有在入学条件上为这方面的校外辅导班设计功利化诱导制度，让孩子上辅导班只是家长的个人偏好。

二、从日韩经验看中国现有制度和措施的不足

财力、教师和学生的均等化，确保了日本和韩国在义务教育阶段总体来看既没有上学难、上学贵的现象，也基本没有义务教育阶段的应试教育倾向和各种屡禁不止的不正之风。应该说，对日韩的经验我国也在理念层面上有所认识，如前所述，《教育规划纲要》已经比较系统地就我国义务教育在均等化上存在的问题提出了应对措施，包括"根本措施是合理配置教育资源"等。可用表1来总结《教育规划纲要》中提出的对策。

表1　《教育规划纲要》在义务教育均等化问题上的应对措施

现象层面的问题	本质	《教育纲要》中的应对措施
择校及相关的上学难、上学贵	城乡差别大区域差别大	加快缩小城乡差距。建立城乡一体化义务教育发展机制，在财政拨款、学校建设、教师配置等方面向农村倾斜。率先在县（区）域内实现城乡均衡发展，逐步在更大范围内推进
义务教育阶段的应试教育倾向	校际差别大，使得学校仍然试图通过选择机制寻找优秀学生	切实缩小校际差距，着力解决择校问题。加快薄弱学校改造，着力提高师资水平。实行县（区）域内教师、校长交流制度。实行优质普通高中和优质中等职业学校招生名额合理分配到区域内初中的办法。义务教育阶段不得设置重点学校和重点班。在保障适龄儿童少年就近进入公办学校的前提下，发展民办教育，提供选择机会

从表1可以看出，日韩的义务教育均等化制度的主要内容在《教育规划纲要》中大多有所涉及，但只是原则性地提到。迄今为止，这些原则中

的多数尚未在立法层面有专门法或部门规章予以详尽规定，而且，社会各界对这些措施还没有形成在日韩那样普遍的共识。因此，必须首先从认识层面探讨，然后从操作层面探讨——探讨这些制度在中国推行的障碍。这样才能就克服这些障碍提出系统的建议，并争取在未来立法保障，从而使《教育规划纲要》不至于成为一纸空文。

1. 认识层面的障碍

我们在调研中最大的感触，是日韩社会各界对义务教育三方面的均等化制度"公理"般的共识。这与我国的各种争论、既得利益者的百般阻挠和政府在推进各种制度改革上的瞻前顾后形成了鲜明的对比。所以，真正推进均等化，需要加强两个方面的认识：首先，义务教育的均等化仍是我国当前教育发展的重中之重，我们这方面与别国的差距还很大，还无暇顾及倾斜发展其他教育；其次，为实现义务教育三方面的均等化，必须形成明晰的制度设计，使各级政府责有攸归，使教师等最需均等化的资源能够在政府的强力推动下消除非均等化的客观障碍，这样才可能使《教育纲要》中的认识得以落实。

2. 操作层面的障碍

可以将应对问题的每一条日韩经验在我国推广时可能遇到的障碍进行逐条分析。

（1）教师轮岗。这是均等化的关键，但许多着力推进均等化的地方也没有在这方面有所突破①，原因是从教师的角度而言，目前至少有三方面

---

① 例如，郑州市教育局于 2010 年 9 月公布了市区普通中学学区制工作实施方案，按照"相对就近、优势互补、分步推进、整体提高"的原则，将郑州市区的 84 所普通中学划分为 13 个学区，各学区设一名学区长，一般由省、市示范学校的校长担任，每个学区长负责管理学区内的六七所学校。学区长负责制定学区年度规划、统筹教育资源、组织教学活动、对各成员单位进行考核等。学区内学校做到"三个共享"、"两个统一"，即场地设施共享、教师资源共享、教学资源共享；教育教学统一管理、考核评价统一进行。但其中的教师资源共享并非教师轮岗，仍局限在流动教学、重点校教师与薄弱校教师建立师徒制等措施上。

障碍：一是各校之间的发展机会和收入差距较大；二是没有形成门槛性、强制性制度；三是教师不是公务员，缺少强制轮岗的法理正义性。

这方面只有少数地方有初步成功经验。例如，江苏无锡确定了若干示范区，出台《关于大力推动教师轮岗交流的意见（试行）》，明确了必须交流、可以交流、暂不交流的范围，通过骨干交流、自愿交流、市场交流、对口交流等多种方式开展示范区内的教师轮岗交流。类似的做法在江苏各地还有很多，如金坛市建立12个义务教育阶段学校联盟，每个联盟体内，有1所城区中小学校和2~4所农村中小学校，联盟内各学校可根据需要相互选派教师；常州市戚墅堰区采取个人自主申请与组织统一调配相结合的形式，本着保稳定、促均衡的原则，计划分三年逐步提升教师流动比例，稳步推进师资均衡配置步伐。这些做法在克服上述三方面障碍上有一些应对举措，如江苏省2010年全面实行义务教育阶段教师绩效工资制度，实现同一区域教师工资基本均衡化，为教师轮岗奠定了基础；无锡市明确了在轮岗交流期间工作突出、成绩显著的教师，在业务进修、评先评优、晋升提拔等方面，同等条件下予以优先考虑。但也应该看到，校际间的教师收入差距，在江苏实际上仍然不小，全国其他地方的差距也普遍较大；且教师轮岗并没有在较大范围内以法律法规形式形成门槛性、强制性的制度。

（2）财力均等。由于我国这方面的差距首先是城乡差距，其次是区域差距，因此省级政府在相关经费投入上的城乡均等化更为重要。许多地方将目前义务教育"以县为主"的管理体制混同于投入体制。实际上，《国务院关于进一步加强农村教育工作的决定》明确规定，"以县为主"是指管理体制，县级政府担负"经费安排使用"的责任，而不是"以县为主"投入。但这个文件影响范围有限，也没有与税制有关的法律法规对义务教育的相关事权财权进行详细的规定。如果将"以县为主"的农村义务教育管理体制理解为"以县为主"进行投入，使本应由各级政府分担的义务教育投入问题，变为管理者的主要义务，会使义务教育的事权和财权严重不对称。换言之，如果相关文件没有像日本、韩国一样对各级政府的出资责任、出资范围乃至出资方式作出明晰的规定，财力均等仍然难以成为现实。

在财力均等下，只要建立了全国统一的标准体系就能实现校际间设施均等化。通过"两基达标"，全国基本解决了中小学的校舍问题。但如前所述，目前各地各校的公用费存在较大差别，这使相关教学设施以及教学活动的开展情况存在较大差别。考虑到我国的现实，这方面不仅需要全国统一的标准，还必须如日本、韩国一样向偏远地区、向农村倾斜。

（3）学生资源均等。这个方面，是前两个方面水到渠成的结果。我国在这方面的差距，主要还是要通过认识层面的改进来解决。只要统一了认识，不仅这方面的均等化问题容易消弭，义务教育阶段的许多问题其实都不难解决。例如，对义务教育阶段的应试教育倾向（如奥数等应试教育型校外辅导班的广泛存在），只要取消了其在入学上的附加值，其就失去了市场价值，就不会造成对家长的误导，从而使义务教育回归素质教育的本色①。

三、基于日韩经验的均等化对策

理性分析，可以发现从深度而言我国的义务教育还远未普及，义务教育均等化仍然是我国教育发展的重中之重。考虑到当前我国在均等化问题上理念认识的超前和实际措施、相关制度的滞后，我们认为在认识层面应该统一认识，明确义务教育均等化仍是我国未来较长时期内教育发展的重中之重，且各级政府应该在均等化中都责有攸归，该出钱的出钱，该管人的管人；操作层面应该先确立总体思路，然后对相关制度障碍进行针对性的制度设计，才可能在近期实现试点省的均等化，中期推广到全国。

---

① 广东省委书记汪洋 2011 年 5 月在回答记者提问时表示，坚决反对为了考试加分而去学奥数，建议取消奥数这门课。其后，广东省教育厅出台了一系列政策，将奥数去功利化，如全省中考录取将取消各种包括奥数在内的加分奖励。

1. 总体思路：以试点省的教师轮岗和财力均等为抓手，优先推进义务教育的均等化

首先是各级政府要明确，当前教育领域最优先的事务，仍然是义务教育均等化，政府相关管理部门的工作，应该体现出这个优先性。教师素质的均等化和财力均等化不足是当前推进均等化的主要障碍，但我国各地区间发展差别太大，所以很难从全国层面一刀切地推进。考虑到我国义务教育各项经费投入中省级政府正在成为主角，并结合江苏等省的教师轮岗试点经验，可以认为，在某个省内，如果解决了学区划分障碍、教师收入和发展机会障碍，并将教师轮岗作为从事教师工作的必要条件，就可能在这个省内率先实现均等化。国家相关部门可以根据地方条件和自愿程度，鼓励和扶持一些省份率先开展这项试点工作，为未来建立全国划一的制度提供经验。而在国家相关法规仍然语焉不详的情况下，较发达的省出台相关规定，用"省内粮票"保证财力均等化，也是应该鼓励探索的。

2. 建立完善的配套制度，推动《纲要》中政策落实

从日本、韩国的经验来看，全国范围的均等化，需要上升到立法层次，且对财力均等化投入、教师轮岗和设施均等都有详尽的配套制度规定才可能实现。这方面，财力均等化投入制度尤为重要。未来应修订现有法规或制定新的法规，对各级政府在义务教育中的事权责任和财权责任进行明确合理的划分，使各级政府的出资范围和出资方式成为明确规定，这样才能确保经济发展比较落后的省也能达成全国范围的均等化。从日韩经验以及我国的相关法规来看，教师只有被全面纳入公务员队伍，才可能使强制流动具有法理正义性，才可能保证其全国大致均等的收入水平。所以，未来应着力于这方面的制度建设。从我国的政府治理常态来看，配套制度中，领导干部政绩考核制度往往是抓手。所以，应该制定九年制义务教育办学条件的国家标准（包括经费、师资、设施、设备的数量与质量标准），作为考核各地义务教育均等化程度的约束性指标。

苏　杨　佘　宇　执笔

参考文献

[1] 张力. 改革开放 30 年来我国教育成就和未来展望. 中国发展观察, 2008（10）

[2] 陈安国. 西部农村地区义务教育中的突出问题及对策建议. 行政管理改革, 2011（2）

[3] 王敬尧, 陶振. 农村义务教育均等化进程中的体制障碍分析. 社会主义研究, 2008（1）

[4] 袁方成. 农村义务教育均等化：现状与改革. 华中师范大学学报（人文社会科学版）, 2008
（3）

[5] 高如峰. 义务教育投资国际比较. 北京：人民教育出版社, 2003

[6] 汪丞, 方彤. 日本教师"定期流动制"对我国区域内师资均衡发展的启示. 中国教育学刊,
2005（4）

[7] 胡苹. 韩国义务教育财政经费投入的经验及启示. 基础教育参考, 2005（9）

附件

让人羡慕的学校——芬兰的经验

Diane Ravitch[①]

近年来，民选官员和决策者，如前总统乔治·W. 布什（George W. Bush）、教育部长阿恩·邓肯（Arne Duncan）都表示，考试分数低的学校不应该找"借口"。主张学校"没有借口"的改革者认为，所有的孩子，不管是贫困，还是残疾，或者是有其他的特殊情况，都应该能完成同样的学业。如果不能完成，则有人应该对此负责。而这个负责的人应该是他们的老师。

但是，没有人提到对教育资金这样重要问题有决定权的社区领导或民选官员应该对此负责。改革者说，经济处于危险之中，不是因为日益加剧的贫困或收入不平等，或者因为制造业工作外包，而是由于师资差；必须找出那些差的教师并把他们赶走。任何保护这些不良教师的法律、法规或

---

① 本文作者 Diane Ravitch 是纽约大学教育学教授、教育史学家。1991～1993 年期间曾任美国教育部助理国务秘书。

合同必须被淘汰。这样，开除他们的时候不会再因为他们的经历、职位或者程序而受到限制。

认为单靠学校就可以克服贫困的思想可追溯到几十年前。华盛顿特区比较保守的"传统基金会"在 2000 年出版了一本名为《没有任何借口》的小册子，就说明了这一点。在这本书中，塞缪尔·凯西·卡特发现来自 21 所学生贫困率高的学校的学生考试分数都挺高。在过去的十年中，在公共生活中有影响力的人物已经达成共识，学校的改革是消除贫困的关键。比尔·盖茨告诉全国城市联盟："让我们结束只有消除贫困才能改善教育的神话吧。我认为应该是反过来：改善教育是解决贫困的最佳途径。"盖茨没有解释为什么像我们这样一个富有和强大的社会不能同时解决贫困和学校改善问题。

相当长时间以来，盖茨基金会认为小规模的高中是最好的答案，但是盖茨现在相信教师评估是学校改革的最重要环节。盖茨基金会给学区提供了亿万的资金建立起新的教师评估体系。在 2009 年，该国改革的领头人、教育部长阿恩·邓肯（Arne Duncan）提出了一项 43.5 亿美元的竞赛计划，名为"力争上游"（Race to the Top）。该计划要求州政府根据学生的考试成绩来评价老师，并且取消对私人管理的特许学校的限制。

现在学校改革的主要机制是找到能够帮助学生年年提高考试分数的老师。改革者认定，如果成绩提高了，学生就会进入大学，贫困问题会最终消失。改革者相信如果每一个教室里面有一个"伟大的老师"，如果更多的学校交给私人经理人员来管理，即使是营利性质的，也能最终消除贫困。

改革者们不在乎标准化的考试肯定会出现测度上的偏差问题[①]。他们好像不太在乎一些重要的研究发现。比如，科罗拉多大学的 Robert L. Linn、斯坦福的 Linda Darling-Hammond 和杜克大学的 Helen F. Ladd，以

---

① 关于标准化考试的最好的解释可以参见 Daniel Koretz 的《测度：教育考试能够告诉我们什么》，哈佛大学出版社（Harvard University Press）2008 年版。

及国家研究署（National Research Council）已经指出，用标准化考试的成绩来奖罚单个老师是错误的做法。他们也看不见在一年中的某一天对学生进行考试，用多项选择题评价老师的教学质量有多么的奇怪。

考试可以提供有用的信息，让老师和学生了解学生学会了什么，什么还没学会。考试成绩可以用来断定学习中存在的问题。但是当考试成绩对学生、老师和学校来说成了最为重要的事情，就有可能产生不良后果，例如：有可能变成应试教育，有可能出现作弊，有可能为了提高分数而降低标准等。为了应付联邦和州政府提高考试成绩的压力，全国范围内的学区都在减少艺术、体育、历史、公民和其他非考试科目的授课时间。这不会改善教育，而且肯定会破坏教学质量。

世界上没有一个国家因为开除老师或者把公立学校交给私人管理就消除了贫困，也没有研究支持这两个策略中的任何一个[①]。但是这些不利的事实并不能减低改革者的热情。新一代的学校改革者有很多华尔街套期基金经理、基金会的官员、企业执行官、创业者和政策制定者，但是有经验的教育家很少。改革者们不了解学校的现实状况，对研究成果也不屑一顾，这使得他们忽略家庭和贫困的重要影响。改革者坚持认为学校可能依靠竞争、放松管制和数据管理来创造奇迹。而这些策略和酿成2008年经济危机的思路很接近。从改革者对这些策略的偏好角度来看，教育者更倾向于认为他们是"企业改革者"，不是理解学校改进的复杂状况的人。

企业改革者们的公关活动资金充足，能够说服民选官员美国公共教育需要震荡疗法。有人忘记了美国是世界上最大的而且是最成功的经济体之一，而它的成功必然和这个国家教育了90%人口的学校有一定的联系。

面对着对老师和公共教育的无情打击，教育者不得不寻找不同的视角来摆脱因为考试成绩不好而造成的丑化，以及避免企业改革者们所喜欢使

---

① 参照《教育中的激励和基于考试的问责》（Incentives and Test - Based Accountability in Education），由 Michael Hout 和 Stuart W. Elliott 编写，国家学术出版社（National Academies Press）2011 年版；经济政策学院，"利用考试来评估教师的问题"（Problems with the Use of Test Scores to Evaluate Teachers），2010 年 8 月 29 日；教育成果研究中心，多重选择：16 个州的特许学校的表现（Multiple Choice：Charter School Performance in 16 States），斯坦福大学，2009 年 6 月。

用的惩罚措施。他们在芬兰找到了这样的例子。即使是企业改革者也很羡慕芬兰，显然他们没有意识到芬兰的经验否定了他们改革计划中的所有环节。

美国人把别的国家当成学校改革样板的例子并不少见。在 19 世纪中期，美国教育界的领导人称赞普鲁士的教育专业化及其制度结构。在 20 世纪 60 年代，美国人成群结队地到英国去学习进步的学校。在 80 年代，美国人嫉妒日本的经济成功，认为那是他们的学校体系的功劳。现在，最受欢迎的是芬兰，有如下四个原因。

第一，芬兰的学校在世界上表现最好。这是根据国际学生评估项目（Programme for International Student Assessment，PISA）的结果得来的。这个评估考察了经合组织 34 个成员国 15 岁学生的阅读、数学计算能力和科学素养，其中包括了美国。和我们的国内考试不一样，PISA 成绩不会影响到老师和学生。没有个人或者学校会得知他们的考试成绩。没有人因为这些考试得奖或者受罚，没有人能提前准备，也没有人有作弊的动机。

第二，从美国人的角度看，芬兰属于另一个世界。它与现在美国热衷的"改革"背道而驰，没有比如考试、特许学校、教育券、与业绩挂钩的薪酬、竞争，也没有根据学生考试成绩评价老师等做法。

第三，在所有的经合组织国家，芬兰的学校质量差别最小，意味着他们最接近于教育机会平等。这是一个美国理想。

第四，芬兰许多最有价值的经验是从美国学到的，例如平等教育机会、个人化的教学、组合评估和合作学习。多数都是从哲学家 John Dewey 那里学的。

在《芬兰的经验：世界能从芬兰的教育变革中学到什么？》（*Finnish Lessons: What Can the World Learn from Educational Change in Finland?*）一书①中，Pasi Sahlberg 解释了为什么这个国家变得如此成功。Sahlberg 是一个政府官员、研究人员和从前的数学及科学教师，他把芬兰学校的改进归

---

① 本书作者：Pasi Sahlberg，序言：Andy Hargreaves ，教师学院出版社（Teachers College Press）2011 年版。

功于 20 世纪 60 年代和 70 年代大胆的决策。他在书中写道，芬兰的经验很重要，因为"它给那些对公立教育失去信心的人以希望"。

反对的人认为芬兰的学校表现好是因为他们人种单一，但是 Sahlberg 的回答是："日本、上海和韩国也是如此。"改革者认为他们强调应试教育。还有人提出芬兰人口太少，只有 550 万，不足以作为一个模式。Sahlberg 的回答是："美国大约有 30 个州人口接近或者还不到芬兰的规模。"

Sahlberg 的作品直接针对美国和许多其他国家的人所感受到的教育危机。美国的政策制定者回过头来依靠基于市场的解决方式，比如"更激烈的竞争，更多的数据，取缔教师工会，开办更多的特许学校，或者采纳企业界的管理模式"。相比之下，芬兰在过去 40 年中发展起一套不同的教育体系，集中精力改善教师队伍，把学生考试限制在最低数量，把责任感和信任摆在让教师各负其责之上，并且把学校和区一级的领导权交给教育工作者。

对一个美国的观察者来说，芬兰教育最令人惊叹的是学生在升入高中前并不参加任何标准化考试。他们确实有考试，但是考试是由自己的老师出题，而不是出跨国的考试公司出题。芬兰的九年制全科学校是"无标准化考试地带"，老师鼓励孩子们"去了解、去创造、保持天然的好奇心"。

我于 2010 年 12 月见到了 Pasi Sahlberg。我是作为十几个教师之一被请到在纽约的芬兰领事家里做客，去了解芬兰教育体系。这一天刚好是最新国际考试成绩公布的第二天。芬兰再次像过去十年一样，属于表现最好的国家。Sahlberg 向客人们再三说明芬兰教育者并不关心标准化考试，这类国际测试之所以受欢迎仅仅是为了保护学校免受保守主义的考试和问责的干扰。

Sahlberg 说，芬兰的老师都受过很好的教育、准备充分，而且受人尊敬。他们在大学毕业的时候和美国一样，与其他大学毕业生的收入差不多。但是芬兰有 15 年教学经验的老师比美国类似的老师收入高。我问 Sahlberg，当没有标准化考试的时候，怎么能让老师或者学校对自己的业绩负责呢？他回答说："芬兰的老师想的不是如何对业绩负责，而是作为教师的责任感。"他说："我们的老师都很有责任感；他们是专业人员。"当被问到不合格的老师怎么办的时候，Sahlberg 坚持说他们根本就不可能得到工作；一旦一个有教学资格的人进入工作岗位，就很难把他们开除。当被问到芬兰老师如果被告知将按照学生考试成绩来评判他们的业绩时他们会怎么反应时，他回答说："他们会出走，直到政府停止这个疯狂的想法，不然他们不会再回来。"

Sahlberg 请我到芬兰去参观几所学校，我终于在 2011 年 9 月成行。Sahlberg 是我的导游。我访问了几所明亮、气氛轻松愉快的学校。学生在那里学习音乐、戏剧、做游戏和从事学术课程的学习。每堂课之间有 15 分钟休息。我和校长还有老师们在宽敞舒适的休息室里聊了很长时间。老师们不用像现在美国学校的老师那样把那么多时间都花在怎么应对考试上，他们有时间做计划，讨论学生和课程。

在我离开芬兰之前，Sahlberg 给了我一本书，题目是：《世界上最好的学校：21 世纪的七所芬兰学校范例》（*The Best School in the World：Seven Finnish Examples from the 21st Century*）①。这本书是关于芬兰学校的建筑的，是根据 2010 年的威尼斯建筑双年展上的一个展览写成的。当我们访问书中谈到的一所学校时，我想，看到一个国家对孩子和大人的学习和工作场所有如此热情地关注，是一件多么令人高兴的事情啊。

当然，芬兰是一个与众不同的国家。它的学校是经过精心设计的，满足了孩子们的学术、社交、情感和身体需要。从很小的年龄开始就是如此。免费的学前计划不是义务教育的范畴，但是入学率达到 98%。义务教育从 7 岁开始。芬兰的老师会设法不成为学生进步的障碍，或者把学生称为"差生"，因为这样做有可能导致学生失败，降低学生的积极性，并且扩大社会不平等。在九年全日制教育期间，学生能力没有存档记录。芬兰的学生毕业后可以选择是上学术类的高中还是职业类的高中，大约 42% 的学生选择后者。毕业率是 93%，而美国只有 80%。

---

① 本书由 Pasi Sahlberg 和其他合作者共同撰写。

　　芬兰高度发达的教师培训计划是学校改革策略的核心。只有八所大学允许提供教师培训，而且进入师范专业的竞争很激烈：录取率只有1/10。没有其他的渠道可以获得教师资格。得到入学资格的学生应该是已经在高中就学习过物理、化学、哲学、音乐和至少两门外语的学生。未来的老师经过三年的严格训练后再接受一个两年的获得硕士学位的培训。专科教师是从所在大学的相关系里获得硕士学位，而不是像美国这样，是在教育系毕业，或者在师范类学校毕业。每个候选人都要准备向各种学生授课，包括有残疾或者其他特殊需要的学生。每个老师必须获得一个本科学位和一个教育硕士学位。

　　因为进入教师这个行业很难，受到的培训很严格，教师在芬兰是一个受人尊敬和有优越感的职业。严格的遴选和较高的要求，实际上是一个使每个老师得到良好训练的过程。Sahlberg写道，老师进入这个行业的时候有一种道德使命感，他们离开的唯一原因就是在他们会"失去职业自主权"或者"根据业绩（和考试成绩挂钩）支付薪酬。"同时，美国现在根据学生成绩来判断老师价值的做法，会让芬兰老师感到从职业角度无法接受。

　　芬兰在艺术和科学领域的全国教学大纲是关于学生应该学会什么，而不是告诉老师应该教什么和怎么教。全国的教学大纲要求教一种母语（芬兰或者瑞典语）、数学、外语、历史、生物、环境科学、地理、化学、物理、音乐、视觉艺术、手工、体育、卫生和其他课程。

　　老师们在每个学校里面就他们教什么、怎么教和如何评价他们学生的进步都有很多的发言权。芬兰的教育者们同意"每个孩子都有权利在普通的学校里从小就从受过专业训练的人那里得到个人化的支持"。Sahlberg估计大约50%的学生在学龄的早期就得到专业人士的关照。老师和校长频繁地合作，讨论学生和学校的需要。由于有这些政策，Sahlberg写道：

　　"多数到芬兰去的人发现漂亮的学校教学楼里面都是平静的孩子和受过良好教育的老师。他们还知道学校享有很多的自主权：中央的教育行政机构不怎么干预学校日常的活动，对学生生活需要和有需要的老师提供系统的专业化的解决方案。

芬兰的孩子比我们（美国）的孩子享有重要的优势。这个国家有很强的社会安全网，人们为此要支付较高的税收。20%以上的我们（美国）的孩子生活在贫困中，而不到4%的芬兰孩子处于贫困中。美国的许多孩子不能享受常规性的医疗，而所有的芬兰孩子能够享受全面的医疗服务，而且每天都有免费午餐。高等教育也不收费。"

Sahlberg 意识到芬兰是置身于"全球教育改革运动"（他称之为"GERM"）之外的。他写道，GERM 是一种病毒，它不仅传染了美国，而且传染了英国和许多其他国家。布什总统的"不让一个孩子掉队"法案和奥巴马总统的"力争上游"计划是全球教育改革运动的典型。他们两个人都认为标准化考试是测验学生、老师和学校成功与否的最可靠的手段，学校通过把管理交给私人部门、课程标准化和以考试为基础的问责制，如高分奖励、低分学校关闭、开除分数低的老师等手段实现"私企化"。

相比之下，芬兰教育的核心目标是把每个孩子当作一个会思考的、积极的、创造性的人来开发，而不是获得更高的考试成绩。芬兰教育的最重要的策略是合作，不是竞争。我会在第二篇文章里面把 Wendy Kopp 的《创造历史的机会》中的主题——为美国机构教书——和芬兰的教育模式相比较。

从机会平等看英国的教育改革

英国社会政策领域的重要思想家蒂特马斯（Titmuss）把福利国家的制度分为两个重要的领域，资源的再分配和社会服务。关于资源再分配的讨论已经有很多，1997 年以来英国在改革收入再分配领域的政策影响可以参阅李秉勤（2010）①。本文将集中精力讨论英国在通过教育实现机会平等方面的政策改革和影响，探讨 90 年代以来英国教育体系的改革，分析英国教育体系中，政府、市场、非政府（包括第三部门和家庭）教育领域所承担的角色，并通过分析制度变化的公平性影响来展示英国教育制度所面临的争议和挑战。

以下各部分首先回顾关于机会平等的理论争议，然后分析英国从幼托教育到高等教育的改革思路和影响。

一、机会平等

1. 社会公平的基本理论脉络

无论是政治上的左派还是右派，恐怕没有什么人会反对建立一个公平

---

① 李秉勤："社会公正的理论与英国的实践分析"，载于《南开学报（哲学社会科学版）》，2010 年第 4 期。

的社会。但是人们心目中对"公平"的理解大不相同，从不同的出发点考虑，就会得出不同的结论。人们谈论公平的时候有不同的落脚点，因此，不同的思想流派对不公平的结果看法也不一样。英国伦敦经济学院的学者Tania Burchardt（Tania Burchardt，2007；T. Burchardt，2008）对社会正义领域的理论脉络做过非常好的梳理。她强调很多关于社会正义的讨论往往存在着不同的基本内涵，即使学者们在讨论这些概念的时候也常常不注意区分不同公平概念在内涵上的差异，结果导致政策建议也容易出现思路混乱的状况。她认为政策制定者应该清楚地说明，每个关于公平的政策到底是追求关于什么的公平。她把公平到底是关于什么的理论分成了几个类别。

首先，投入的公平。其中包括收入平等和初始资源的平等。收入的平等可以是人人收入相等的平均主义，也可以是按劳（贡献）分配。投入公平可以针对最贫困群体的每个人，目的是每个人都可以获得维持一定生活水平的收入。John Rawls（Rawls，2003）认为，应该保证基本产品如权利、自由、收入、财富和自尊的平等。应当尊重每个人的初始状态，但是从整个社会来看，应该保证福利的改善是对弱者更有利，或者至少弱者不吃亏。

其次，过程公平，有两个重要人物。自由主义者如 Robert Nozick（Black，1996；Nozick，1973），强调过程的平等。即在财产、收入等既定的情况下，保证公平的过程，那么不公平的结果就是可以容忍的。而 Jo Wolff 认为公平的过程中还要包含公平对待。人们要受到同样的尊重，而不仅仅是最终得到了什么（Wolff，1998）。

第三是结果的公平。这个不光包括客观的结果，比如基本需要（Doyal&Gough，1991）；还包括主观的结果，比如幸福感（Layard，2004；Harrison，2008）；还有主客观结合的结果，比如能力（Sen，1993）、生活质量（Nussbaum and Sen，1993）等等。

2. 公平机会

近年来，越来越多的国家开始强调公平机会。但是公平机会是一个非常复杂而且很难界定清楚的概念（Arneson，1989）。比如：在就业市场中，人们谈到公平机会的时候往往含有公平开放的竞争、平等的可及性、不存在歧视等几个意思。其本质是强调所有的人得到类似的待遇，不至于受到无端的偏见或者因为偏好而被人为的障碍所阻挠。

严格意义上的公平机会强调的是公平"竞赛"（Roemer，1998）。即对于不同的社会群体，应该有公平的竞赛规则。在一个可以通过裙带关系获得学习和就业机会的社会里面，机会就不可能是平等的。广义上的公平机会不光是一场竞赛中的竞赛规则是否公平，还要考虑到赛场以外的可能造成不平等的因素，比如不平等的就业结果很可能是教育机会不平等所造成的。人们虽然不能选择父母、不能选择自己的天分和身体条件，但是，通过公平的义务教育有可能帮助孩子们站到同一条起跑线上。这样，在以后的竞赛过程中，只要保证公平的竞赛规则就可以了。这也是为什么很多国家的机会平等政策中，教育平等被置于非常重要的地位。通过义务教育弥补孩子的父母在资源和育儿能力上的差距，从而最大可能地形成公平起点。当起点公平了，个人在此后作出的选择只要有公平程序来保证就可以了。例如：当两个人因为学习的努力程度不一样而成绩有所区别的时候，成绩不好的学生比成绩好的学生在毕业的时候就业选择余地小就不应该算是不公平的结果，因为他们之间的差异来源于个人的努力程度。

公平机会的重要发展来源于美国。早先是和公平就业、消除种族歧视有关系的，后来进一步推广到教育领域。所涉及的问题从最开始的种族歧视拓展到其他的有可能造成机会不平等的领域。

二、英国利用教育实现机会平等的政策实践

本文以英国教育为例，探讨政府如何利用教育实现机会平等，同时讨论有关政策的效果。

1. 公共教育的作用

20 世纪 90 年代工党首相布莱尔上台时提出的最重要的竞选口号就是："教育、教育、教育"。这个政策导向就是为了通过教育的普及，弥补因为孩子自己所无法选择的"坏运气"，比如家庭经济条件差、家长教育能力差，对孩子未来的事业前途造成的不良影响。

传统意义上的义务教育是从小学阶段开始。不同阶段的义务教育具有不同的政策意义。首先，在很多国家，教育之所以出现在福利体系之内，在很大程度上是和公民教育有关的。必要的识字能力是一个人能够参与政治活动的先决条件。文盲因为无法阅读选票和理解候选人的政策主张，很难有效地参加投票选举，从而自动地被排斥在政治体系之外，而不能成为真正意义上的公民。但是，这只是从对投票者的判断能力角度分析。近年来西方民主国家面临的一个重要问题是有投票能力的人却不参加投票的问题（Friedman，2000）。Milligan，Moretti 和 Oreopoulos（2004）研究了美国和英国公共教育时间延长对选民是否参加选举的影响。他们发现，英国高中教育的普及对选民积极参选并没有更多的贡献。美国虽然有，但是如果把选举注册程序的有关变量控制了以后，结果和英国无异。

其次，学校教育被用来塑造"社会"所尊重的（往往是中产阶级心目中的）人格，例如，道德观、价值观的输入，为社会所尊重的行为规范等等，即所谓的育人。国家对育人的兴趣在于通过教育体系增强社会共识（Goodlad，1990；Hersh，1980）。

第三，除了识字和德育教育之外，学校还能帮助学生确立社会所需要的基本的生存、生活技能（比如：填表、理财等等）和常识，有助于公民增强自立。此外，在现代社会，与青少年心理、生理卫生有关的话题，如艾滋病的防止、怀孕避孕常识、心理卫生这样的教育内容都可能产生直接的社会影响。而这些技能和常识也往往和德育教育结合起来（Thomson，1994）。

除了上述社会功能以外，在当今社会来看，教育体系最为重要的功能是对劳动者技能的培育。但是，我们需要看到的是，由国家通过义务教育直接培育劳动力市场需要的人才的情况并不多。在传统社会，劳动技能的培训实际上并不是通过大众教育体系来完成的，而是雇主通过学徒制度直接培育自己所需要的人才。这样的人才直接针对雇主的需要，经过学徒的员工上手快、技术好，对行业也比较忠诚。

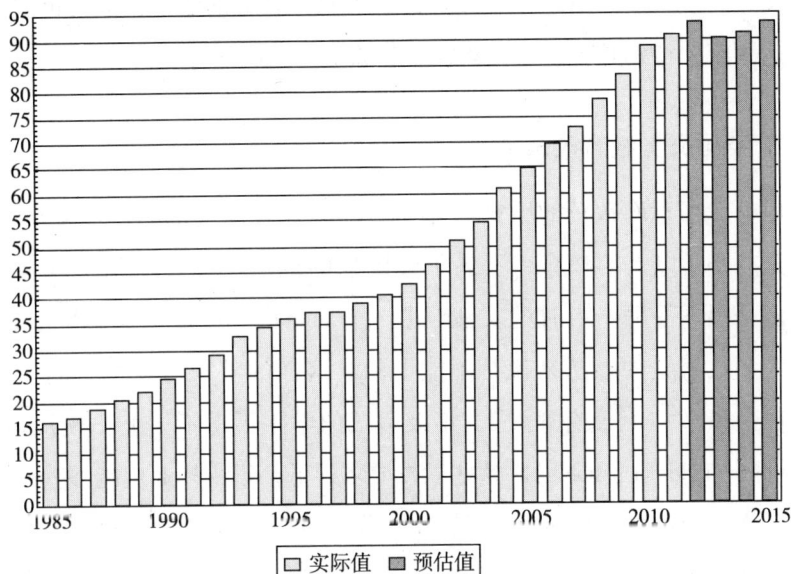

图 1　英国教育公共支出金额（10 亿英镑）

资料来源：英国公共支出网。

　　教育和劳动力市场联系起来的契机还是传统的技术培训制度在面对经济变迁时遇到的挑战，这造成很大的社会影响。比如，学徒工的技能专业性很强，同时又缺乏其他岗位所需要的基本技能，不大容易适应经济结构变迁所带来的再就业需求。相比之下，学术类学校更强调对学生理论思考和研究方法的培训，能够培养出更具有适应性的"通才"类学生。他们虽然不一定能直接胜任具体工作岗位的技能要求，但是由于掌握了学习方法和多方面的基础知识，转行的时候适应性更强。所以，很多国家在 20 世纪 70 年代夕阳产业出现危机之后，就有了以更多的"学术"类学校替代技术类学校的做法。

同时，从社会公平的角度看，这样的学术类学校便于更好地给来自各个社会阶层的学生在进入劳动力市场之前打下公平的基础。比如，英国的学校以前也有技术类学校和学术类学校之分，但是，往往是技术类学校吸引来自工人阶级家庭的孩子，学术类学校吸引来自中产阶级以上家庭的孩子。这样，通过教育体系的分流就固化了阶级差异，不利于人口打破阶级的藩篱，向上流动。因此，增加提供"通才"教育的学术性学校也成了许多发达国家，特别是英国教育制度改革的重要组成部分。

2. 英国义务教育改革

（1）义务教育改革的历史。英国在 1944 年以前基本上没有义务教育，特别是在小学以上的教育，不属于公民权的范畴。1944 年初中教育普及了，但是很不平等。当时的文法学校（grammar schools，学术类的学校）对于大多数家庭的孩子来说是不能上的。这样的学校对最优秀的学生有益，但是 80% 以上没有通过 11 年级考试的学生不得不去上"现代初中"（secondary modern schools）。这些学校要求很低，很少毕业生能够获得继续深造所必要的资格。直到 20 世纪 60 年代，只有 15% 的学生得到 5 个 O - levels（初中毕业考试）成绩，5% 的学生接着上大学。中产阶级的家长带头对此感到不满，并最终迫使 1960 年代和 1970 年代的教育改革，"现代初中"最终改成了综合性中学（comprehensives）。地方政府确实想通过统一教学来实现教育公平，但是结果导致各个学校的教学千篇一律，不能适应学生的能力差别，教学效果反而更差了。1980 年代，英国政府引入了全国教学大纲，目的是让所有的学生都能享有基本的受教育权利。同时又引入全国性的考试和定期的独立检查。同时学校可以申请教育拨款，这样他们有更多的自由来安排师资力量。但是因为没有把教育经费和通货膨胀挂钩，直接导致 90 年代教育经费紧张。

工党上台以后首先把教育经费的增长提高到通货膨胀以上的水平。引入了学术性学校，学校能够根据自己的需要申请相应的资金支持，增加了自主性，这样能够为年轻人提供更为个人化的教育。同时在教学提供方面也有了改革，教师工资得到提高，教师供给因而增加。同时，在全国范围内进一步强化教育指标管理，利用各种考试和检查来保证基本的教学质量。工党的基本理念是，为了能够达到底线公平，还是需要有一些自上而下的标准。

布莱尔改革的后期，在教育体系内引入了市场机制，让学生能够择校入学。学校的经费按照人头分配，家长能够自行判断学校优劣。这样做的目的是给家长用脚投票的权利，并提高其监督学校运作的积极性。通过准市场机制，提高学校改善教学的积极性，对家长的要求能够做出更为及时的反应。同时，因为学校需要争取到生源才能获得资源，这也有助于独立于政府体制之外的学校加入竞争。

（2）义务教育改革的公平性效果。上述改革确实在初期明显改善了学生的考试成绩，但是改善的程度受到保守党的质疑。他们怀疑学生成绩好是因为考试变容易了。而且，为了争取好成绩并说服更多的学生来上学，学校教育越来越走向应试教育，把更多的力量放在最容易提高成绩的学生身上，而不是最需要帮助的学生身上。除此以外，表现好的学校申请入学的学生增多，学校规模扩大，资源更加丰富，同时因为需求大，倾向于录取能够帮助学校提高成绩的学生。表现不好的学校学生越来越少，资源也变得更少。结果是没有选择能力的学生只能在资源匮乏的差校里学习。他们往往是是来自贫困社区的孩子。当一所学校表现很差而不得不关闭的时候，现有的学生又不得不被重新分到其他的学校。因为需要适应新学校，或者上学路途变远，这些学生最终仍然会处于不利地位。

John Hills 的报告显示（图2），英国在工党在位期间，学生初中毕业考试成绩的结果分布显示，大约10%的学生成绩很低，而且这个低分的尾部拉得很长，说明成绩差的学生表现很差。现在的学校虽然让很多学生的成绩都有所改善，却对差等生追上成绩好一些的学生基本上无能为力。

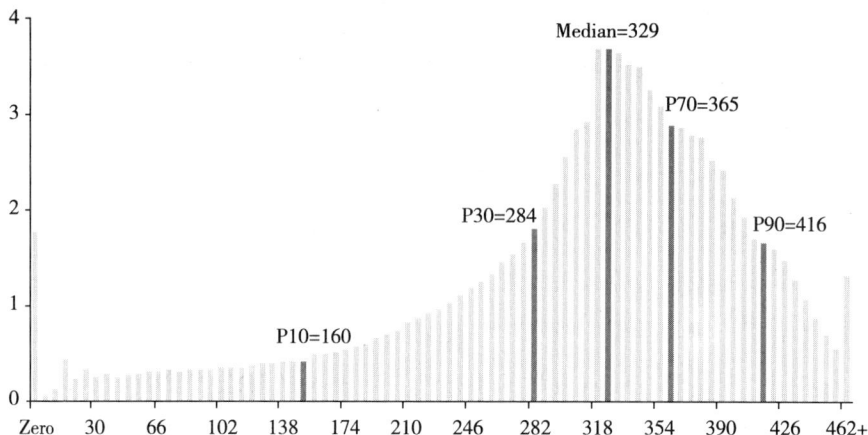

图 2　英国初中教育的公平性

注："封顶"的总分数是由英国儿童、学校、家庭部确定的，显示学生在 16 岁时的 8 个 GCSE 科目的最好成绩之和。学生的原始成绩是分等级的，图中的分数是将等级赋值换算得出的。其中，G 等计算为 16 分，F 等计算为 22 分，A 等最高算成 52 分，A＊等最高算成 56 分。

图中：P10、P30、P70、P90 代表累计的百分比。Median 为中位数。

横轴代表分数，每个间隔是 6 分；纵轴代表学生人数。

资料来源：英国儿童、学校、家庭部（DCSF），基于国家学生数据库。数据结果只包括了中央政府直接拨款（国立）学校。

3. 幼托教育改革

（1）改革的历史。相比小学和初中的教育，托儿所和幼儿园在福利国家的发展中出现得更晚一些。在 20 世纪 90 年代工党上台之后，英国才把它列入议事日程。它的目的总体上有两个：①教育公平。越来越多的研究显示，如果从小学阶段才开始追求教育公平，由于儿童在成长的最初阶段已经因家庭条件的影响造成了很大的差别，比如来自于贫困家庭的孩子由于家长疏于对孩子的早期教育，到小学阶段再来弥补就已经比较晚了。②女性就业。托儿所和幼儿园作为一种社会对家庭的服务还受到女权主义者的推动。一方面很多妇女因为需要在家里照顾孩子，而不得不放弃自己的事业；另一方面，单身母亲缺少托儿服务和家庭的支持，往往不得不变成依赖社会救济的人，从而造成更深刻的社会问题。

英国的幼儿园教育相对于欧洲其他国家发展得比较晚，这是因为英国的福利制度最初是建立在男性养家糊口、女性在家照顾子女的家庭分工基础上的。20 世纪 60 ～ 70 年代的女权主义发展起来以后，越来越多的女性参加到劳动大军中去，缺少儿童养育和照顾的社会化服务就成了妇女就业的极大障碍。到了 90 年代末，英国在政府提供的幼儿托管方面远远落后于欧洲大陆国家。在 1998 年以前，英国只有 2% 的 3 岁以下儿童得到国家资助的托幼服务，而比利时是 30%，荷兰是 80%。英国只有 60% 的 3 ～ 6 岁儿童得到国家资助的幼托服务，而意大利为 91%，法国为 99%。私人儿童教育确实不少，但是价格很高（平均每周达到 180 ～ 200 英镑）（Smithers，2007）。很多妇女需要把工薪收入的一多半甚至全部用来支付托儿费。这样，很多妇女就宁可在家带孩子，而不去上班了。这样的生活安排对父亲来说也不一定就很好。90 年代末的统计显示，英国有孩子的男性平均每周工作长达 47 小时，是整个欧盟范围内最长的（Shackleton and Britain，2008）。在英国，有 27% 的雇主在孩子出生的时候为雇员提供一些产假以外的额外帮助。10% 的雇主为雇员提供一些实用性的帮助，比如在工作场所设置托儿所，或者给雇员发放补贴或者代金券用于购买私人托儿所的服务。但是，这些都无法满足家庭的托儿需要，特别是很多尚未就业的妇女和低收入群体的家庭很有可能因为子女照顾的负担而无法进入工作岗位或者不得不辞职。

% of GDP

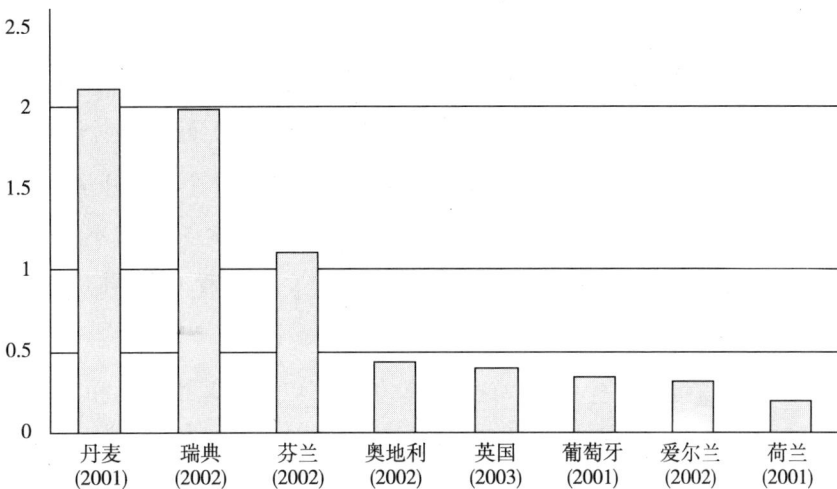

图 3　OECD 国家学前儿童教育支出比较

资料来源：欧洲基金会（2006）Childcare services in the EU – what future?

为了解决这个问题，工党政府通过福利局推出便于家庭就业（family-friendly employment）的"在职家长"（Parents at Work）计划。由政府出资补贴幼托。这个政策有多个方面。

①通过儿童照顾法（Childcare Act）。这是第一部关于早期教育和托儿的立法，要求地方政府承担提供儿童照顾的责任，要求他们提高托儿所的质量，并且作出多方面的改善。地方政府实质上在托幼领域居于主导地位。他们要和公共部门和私人公司一起确保更高的托幼标准。地方政府还要保证在规划和提供新服务的时候倾听家长的意见，这样每个地区新项目和业务能够反映家庭的实际需要。法案规定：

——所有的 5 岁以下儿童都享有高质量的早期教育和照顾，有更多的机会享受免费的早期教育和照顾，为有需要的 3 ~ 4 岁的孩子家长提供更灵活的服务。

——为低龄儿童提供高质量的学习和发育框架——开发出低龄儿童基础阶段计划——所有的提供早期教育的机构都要按照这个框架来执行，以便改善低龄儿童教育和发育的结果。

——地方政府为低龄儿童提供的服务应该通过儿童服务中心统一配套地提供。

——工作的家长将会得到更多的托幼选择。

——对托幼机构的监管进行改革，以便提高家长对托幼机构的信心。

②每个 3 ~ 4 岁的儿童可以在每年的 38 周里面享受每周 15 个小时的免费托儿所服务，直到法定入学年龄（5 岁生日后的第一个学期开学）。免费早期教育可以在学前班、托儿所、儿童中心、日托中心和游戏小组等，家庭保姆的服务也算在内。如果由于特殊原因家长无法获得免费服务，还可以申请特别的资金支持。

③除了直接的服务之外，孩子的家长还可以享受儿童津贴和各种税收减免；单亲家长可以获得额外的补贴；此外，还有离婚的单亲家长可以通过政府的帮助获得配偶的儿童扶养金，等等。

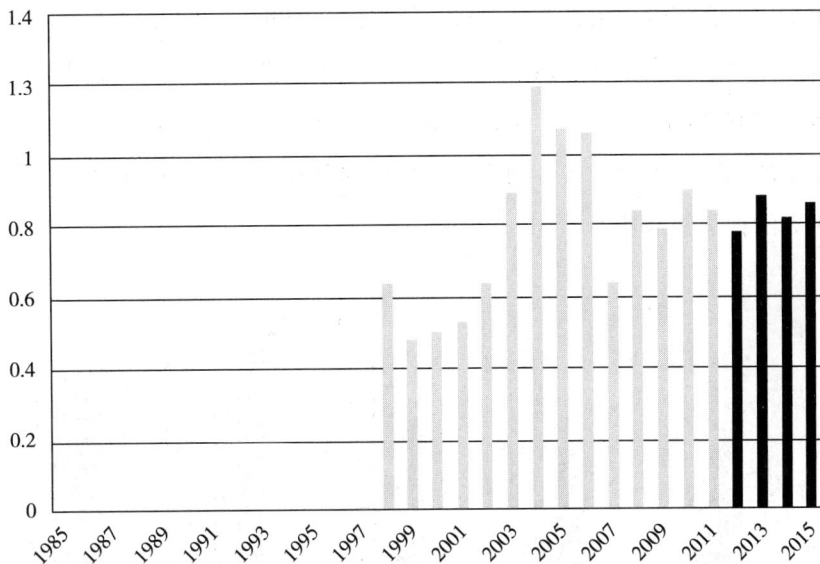

图 4　学前教育和小学教育政府支出金额（10 亿英镑，深色为估计值）

资料来源：英国公共支出网。

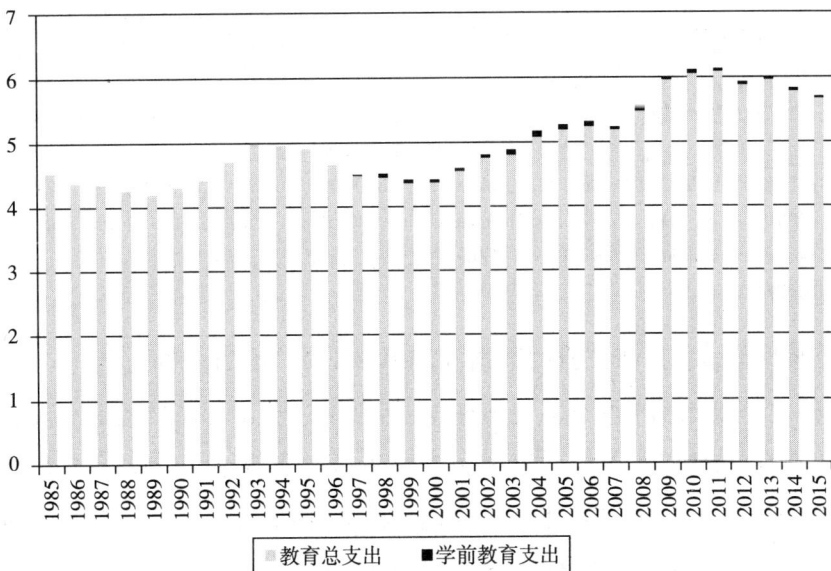

▨ 教育总支出　■ 学前教育支出

图 5　教育总支出占 GDP 的百分比

资料来源：英国公共支出网。

（2）改革的公平性影响。教育改革的执行情况通过一系列的达标和考核来测定。在工党结束任期的时候，根据 John Hills 的报告，来自穷人家庭的孩子与来自富人家庭的孩子在入学准备方面仍然存在一定的差距。社会背景仍然有很重要的作用。2005～2006 年上小学的孩子（4 岁）中，低收入家庭的孩子在上学准备、词汇量、行为问题和多动症方面表现都比高收入家庭的孩子差（Hills et al.，2010）。

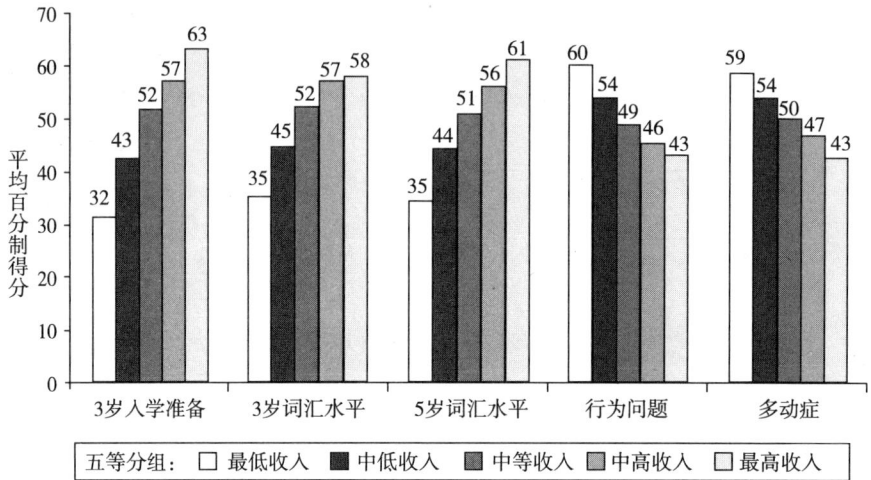

Source:Waldfogel and Washbrook(2008).

图6　入学准备状况

资料来源：Hills, J., Brewer, M., Jenkins, S., Lister, R., Lupton, R., Machin, S., Mills, C., et al.（2010）. An anatomy of economic inequality in the UK: Report of the National Equality Panel. *London: Government Equalities Office.* Retrieved from http://papers. ssrn. com/sol3/papers. cfm? abstract_id=1546894。

　　根据英国教育部披露的数据（2010/2011），英国多数儿童（67%～91%）在早期教育目标体系内的每一个评估项目中（共有 15 个评估项目）都得到稳定的教育。这个数据从 2010 年的 11 个百分点提高到了 13 个。在 2009 年引入早期教育基础阶段总则（Early Year Foundation Sage Profile, EYFS）之后，儿童得到稳定教育的每项指标都有所改进。改进程度最大的是沟通、语言和识字能力，解决问题能力，推理和算数能力，均达到 5%。早期教育目标中成绩最好的是身体发育（91%）和个人、社会及情感发育（91%）。成绩最差的是沟通、语言和识字能力、写作（67%）。儿童未达标率最高的是沟通、语言和识字能力、写作（10%）。儿童的数数能力和解决问题、逻辑分析能力超过了预定目标，但是在常识、对世界的认识和创造性发展方面则低于预定的标准。女孩子的成绩仍然优于男孩子，在写作上的差距最大。总体上，儿童在 2011 年达到良好发育水平的比率也比 2010 年提高了 3%。

表1　　　　　"确保开端"计划的儿童中心计划完成情况

	计划数	2010 年 4 月 30 日完成数	完成百分比（%）
英格兰	3620	3632	100
东北	188	188	100
西北	466	468	101
约克郡和 HUMBER	380	380	100
东麦德兰	312	312	100
西麦德兰	374	375	100
东英格兰	412	413	101
伦敦	593	589	99
东南	553	564	102
西南	342	343	100

资料来源：DfE：Numbers of Sure Start Children´s Centres – as at April 2010, http：//www.education.gov.uk/rsgateway/DB/STR/d000936/index.shtml。

改革也伴随着一些其他方面的变化。首先是就业结构发生变化。在 2010 年私人保姆的数量继续减少，比 2009 年减少了 7%。相比之下，其他的儿童照顾机构数量均有增加。儿童教育机构提供了 44 万个工作岗位，其中 28% 是全日制照顾机构的岗位。从 2005 年以来，在各种机构中的有偿无偿雇员人数都有所增加。而临时性的提供者减少了。

其次是雇员的职业技能水平不断提高。2010 年达到三级的人数达到 76%，大大高于 2007 年的 65%。总体上，虽然经济危机导致了很多领域的财政削减，但是没有证据表明各种提供者的经济状况恶化。66% 的全日制托儿所和 3/4 的临时性提供者说他们或者盈利或者在上一年里能够不赔钱。

即使有了这些长足的进步，英国最新的研究结果表明，随着经济状况的恶化，英国最贫困家庭还是因为托儿费太高而负债。有 1/3 的家庭不得不拒绝就业机会，还有40%的人考虑辞职，因为他们的收入不足以支付托儿费用。这些家长的托儿费用几近收入的1/3。根据国际儿童救助会（Save the Children）和日托信托（Daycare Trust）的报告，英国的托儿费用支付能力最低，2/5的家庭的托儿支出与房贷支出或房租支出相等。

在极度贫困的家庭中，接近一半的人不得不削减食品支出来支付托儿费，58%的人认为他们的工资收入不足以支付托儿费。这项研究表明，无论是什么收入水平，都有家庭成员不得不工作，但是却很难支付托儿费。尽管有很多家长都减少了支出，仍然有1/4的人借钱支付托儿费。经济危机以来，相关福利和优惠减少。这意味着低收入家庭每年要多支付500英镑的托儿费。1/4的极度贫困家庭放弃了工作，1/3因为托儿费无法承受而拒绝了已经找到的工作。

英国国家统计局最近的劳动力市场分析也证实，2010年以来，有32000位妇女考虑到托儿费的提高决定放弃就业亲自照顾孩子。

4. 高等教育的改革

大学是否应该成为社会服务的一部分存在很大争议。过去英国高等教育走的是精英教育的路线。上大学的一般是家境好一些的学生。传统的阶级社会分化意味着工人阶级家庭出来的孩子上大学的比较少。中产阶级家庭的孩子也不都能上大学。绝大多数工人阶级家庭的孩子和学业不好的中产阶级家庭的孩子毕业之后通过职业教育进入劳动力市场。由于有前面提到的中学教育的分流，经历过大学教育的人在总人口中的比例很有限。在20世纪70年代，大学得到政府资助，但是很少受到监管。学校老师可以享受终身教职。随着70年代经济滑坡，大学也没有办法继续支撑下去。为了提高效率，政府对学校设定了更多的考核指标，要求学校完成。大学教师不得不工作更加努力，同时减少浪费。但是这样的改革遭到很多人的反对。没完没了的考评、检查、评审使得很多大学疲于应付，专门投入人力物力来应付各项审查。学校之间互相派人检查、填表，大量的文章印出来供检查员和评审人员阅读。只经过两次评审，就打印出众多的文件和论文。因为存档所需空间巨大大，不得不动用一架报废的民航飞机存放这些文件。大学老师把更多的时间用于填写各种表格而不是和学生在一起。最终伦敦经济学院带头拒绝参加评审，迫使评审制度的改革。政府在教学上的各种控制还直接导致一些大学不再愿意招收更多的本科生，甚至放弃本科教学。

（1）改革的历史。布莱尔上台之后，决定放松对大学学费的管制，允许大学提高学费，同时扩招。改革的目的一部分是为了让更多的学生有上大学的机会，布莱尔设定的目标是让50%的中学毕业生有机会上大学；另一部分目的则是给大学更多的自由空间。但是这个改革并不彻底，在他的第一任期，学费上涨到每年1000英镑，但是布莱尔最终拒绝了大学自行制定学费的要求。贫困学生则可以得到各种减免。同时，学生的生活费补助也变成了低息贷款，要求学生在毕业后收入达到一定水平的时候偿还。2003年，布莱尔政府通过立法允许大学收取每年3000英镑的学费。同时，学生贷款的偿还收入上限得到提高，家境不好的学生得到助学金。大学改革遭到了强烈的抵制，最后勉强通过立法。在布莱尔任期结束时，没有实现预定的学校扩招的结果。

联合政府上台后，经济危机后果严重，英国财政陷入困境。高等教育经费受到严重削减，高等教育支出将由现在的72亿英镑将下降到2014/15财年的42亿英镑。许多大学不得不裁员，甚至关闭一些学科。即使政府仍然会继续补贴理工科的研究，但是会对研究经费进行更加严格的上限控制。

为了让大学能够继续生存，允许大学提高学费至9000英镑。同时，通过税收政策使得大学很难收取7000英镑以上的费用。在允许大学提高学费之后，给予私立大学更多的空间，希望通过私立大学和公立大学的竞争来促使学校提高质量。

到目前为止，受英国的大学改革和经济衰退的共同影响，英国本土学生的大学入学率已经有所下降。最新的统计结果表明（Shepherd，2011），在学费上涨之后，大学报名人数下降了12%。这些数据没有根据收入分类，所以对于公平性的更具体的影响还需要在明年正式录取之后才能判断。但是可以肯定的是，女性申请人数下降速度超过男性，在职学生申请人数下降速度超过应届学生。

（2）改革的公平性影响。需要澄清的是，英国高等教育改革并不是如很多人想像的那样，学费增加，大学教育变得无法承受了，也不是让更多的穷人上不起学了。事实上，和现在先交钱后上学的制度相比，学费增加之后变成了先上学后交钱。学生在毕业找到工作后才归还贷款。不是所有的学生都需要毕业后马上归还，而是收入达到每年 21000 英镑之后才开始还。这个学费归还的比率是高度累进的。收入越高的人每月还款的金额越大，还款速度也越快。收入低的人则有更多的时间，每月以更少量的钱来还学费。收入达不到 21000 英镑的人，则不用还款。这改变了由家长攒钱支持孩子上大学的思路，而是让学生用自己的未来收入支持现在的学习。这反而让家境不是很好的学生有可能进入大学学习（Barr，2004）。

从理论上讲，这种制度的好处是，人们不用担心大学毕业后因为收入不高而还不起贷。这样，学生就业收入前景不是特别好的专业也不至于无法维持。这样的政策对这个国家文化传承非常重要的专业，比如对文史哲，是很重要的支持。

但是在实践中，这样的政策的影响有一定的偏向性。首先，穷人家的孩子因为学费增长而放弃上大学的比重高于富人家的孩子。有研究表明，学费涨到 7000 英镑之后，将会有 14% 的穷人孩子放弃申请，而收入好一些的群体只会有 9% 的孩子放弃。其次，学费增加对不同学科的影响也不一样，因为学生的未来就业收入预期不一样。人文学科的学生会大大减少。第三，著名学府和热门专业不大会受学费上涨影响，而其他的学校和专业会面临生存困境。第四，虽然贷款允许收入较低的学生放慢还款，但是如果把通货膨胀和利息变动的风险也计算进来，很可能高收入群体最终的还款金额会低于低收入者。而对于那些收入达不到 21000 的毕业生来说，恐怕上大学还不如不上。不用提前交学费的制度有可能吸引他们上了大学，最终因为失去了三年赚钱时间，反而终生收入比没上大学损失更大。

最后，新的政策没有考虑到大量在职学习的学生情况。在职生将不会得到学费贷款。学费较低的时候，他们往往能从雇主那里得到学费支持，而学费迅速提高，雇主愿意支持员工在职上学的可能性也会减小。

三、小结

综上所述，20世纪90年代后期以来，英国的整个教育体系从幼儿园到高等教育都经历了重要的变革。这些改革有些是从提高教育体系的效率角度着手，有些是从提高社会公平性的角度着手。这些改革的基本前提是，改革前的制度不公平而且效率低下。这一点对工党上台之前的英国教育制度来说似乎更为明显：传统的凸显阶级差异的制度，加上宽裕的经费，确实让精英阶层得到很多的好处。同时这样的制度并不能适应经济结构的转换，最终得不到选民的支持。

但是，从布莱尔改革初期获得一定的成果之后，进一步的改革所带来的社会影响就变得不那么明朗了。到底是市场化的教育效果更好，还是政府提供教育的效果更好似乎比较难以断定了。人们至今能够达成的共识是，政府自上而下，无所不在地对学校的控制有可能扼杀教育的活力，并不一定有利于孩子的成长，也不一定有利于培育出适应经济和社会发展的人才。但是，面对日益扩大的社会不平等，又有必要通过政府来确立一些基本的原则和规范，保证教育体系至少能为学生提供一个相对公平的起点。这里之所以强调"相对"公平，原因是迄今为止，包括幼儿园教育在内，英国还很难在考试成绩以外实行其他方面的质量监督。所以，高中毕业以前的教育制度在引入新公共管理的指标体系之后，变得更加接近于应试教育。即使如此，学校之间的差距也还是很大。

李秉勤（伦敦经济学院） 执笔

参考文献

[1] Arneson, R. J. (1989). Equality and equal opportunity for welfare. *Philosophical studies*, 56 (1), 77 - 9 [3] Springer. Retrieved from http: //www. springerlink. com/index/THH61V6533123GV4. pdf

[2] Barr, N. (2004). Higher education funding. *Oxford Review of Economic Policy*, 20 (2), 264. Oxford Univ Press. Retrieved from http: //oxrep. oxfordjournals. org/content/20/2/264. short

[3] Black, R. (1996). Immigration and social justice: towards a progressive European immigration policy? *Transactions of the Institute of British Geographers*, 21 (1)

[4] Burchardt, Tania. (2007). Developing a capability list: final recommendations of the equalities review steering group on measurement. *LSE STICERD Research Paper No.* ···. Retrieved from http: // papers. ssrn. com/sol3/papers. cfm? abstract_ id = 1159352

[5] Burchardt, T. (2008). Monitoring inequality: putting the capability approach to work. *Social justice and public policy: seeking fairness in diverse societies, The Policy Press, Bristol.* Retrieved from http: //scholar. google. co. uk/scholar? q = tania + burchardt + social + justice&hl = en&btnG = Search&as_ sdt = 1%2C5&as_ sdtp = on#7

[6] Doyal, L. , & Gough, I. (1991). *A theory of human need.* Palgrave Macmillan. Retrieved from http: //eprints. lse. ac. uk/36627/

[7] Friedman, M. (2000). Educating for world citizenship. *Ethics.* Retrieved from http: // www. jstor. org/stable/10. 1086/233325

[8] Goodlad, J. (1990). The moral dimensions of teaching. Retrieved from http: //eric. ed. gov/ERIC-WebPortal/recordDetail? accno = ED337443

[9] Harrison, J. (2008). Happiness, Efficiency and the Promise of Decisional Equity: From Output to Process. Retrieved from http: //works. bepress. com/jeffrey_ harrison/1/

[10] Hersh, R. (1980). Models of Moral Education: An Appraisal. Retrieved from http: // eric. ed. gov/ERICWebPortal/recordDetail? accno = ED187641

[11] Hills, J. , Brewer, M. , Jenkins, S. , Lister, R. , Lupton, R. , Machin, S. , Mills, C. , et al. (2010). An anatomy of economic inequality in the UK: Report of the National Equality Panel. *London: Government Equalities Office.* Retrieved from http: //papers. ssrn. com/sol3/papers. cfm? abstract_ id = 1546894

[12] Layard, R. (2004). Happiness and public policy. *LSE Health and social care discussion. London.* Retrieved from http: //cdi. mecon. gov. ar/biblio/doc/lse/dp14. pdf

[13] Milligan, K. , Moretti, E. , & Oreopoulos, P. (2004). Does education improve citizenship? Evi-

dence from the United States and the United Kingdom. *Journal of Public Economics*, 88 (9 – 10), 1667 – 1695. Elsevier. Retrieved from http：//www. sciencedirect. com/science/article/pii/S0047272703002056

[14] Nozick, R. (1973). Distributive justice. *Philosophy & Public Affairs*, 3 (1), 45 – 126. JSTOR. Retrieved from http：//www. jstor. org/stable/10. 2307/2264891

[15] Nussbaum, M. C. , Sen, A. K. , & Research, W. I. D. E. (1993). *The quality of life.* Clarendon Press Oxford. Retrieved from http：//scholar. google. co. uk/scholar? hl = en&q = capability + + sen&btnG = Search&as_ sdt = 0% 2C5&as_ ylo = &as_ vis = 0#3

[16] Rawls, J. (2003). *Justice as fairness：A restatement.* The Belknap Press of Harvard University Press. Retrieved from http：//books. google. co. uk/books? hl = en& lr = & id = AjrXZ-IlbK1cC& oi = fnd& pg = PA1& dq = john + rawls& ots = saplVHj – hr& sig = idUYe3hDppt_ uMmbZIY0Uz3btG0

[17] Roemer, J. E. (1998). *Equality of opportunity.* Cambridge Univ Press. Retrieved from http：//journals. cambridge. org/production/action/cjoGetFulltext? fulltextid = 6368488

[18] Sen, A. (1993). Capability and well – being. *The quality of life*, 453. Oxford University Press Oxford. Retrieved from http：//scholar. google. co. uk/scholar? hl = en&q = capability + + sen&btnG = Search&as_ sdt = 0% 2C5&as_ ylo = &as_ vis = 0#0

[19] Shackleton, J. R. , & Britain, I. E. A. Great. (2008). *Should we mind the gap?：gender pay differentials and public policy.* Institute of Economic Affairs. Retrieved from http：//papers. ssrn. com/sol3/papers. cfm? abstract_ id = 1314789

[20] Smithers, R. (2007). Cost of pre – school childcare continues to rise, says survey. *The Guardian* (http：//www. guardian. co. uk/society/2007/jan/30/chil). 30 January 2007.

[21] Thomson, R. (1994). Moral rhetoric and public health pragmatism：the recent politics of sex education. *Feminist Review.* Retrieved from http：//www. jstor. org/stable/10. 2307/1395168

[22] Wolff, J. (1998). Fairness, respect, and the egalitarian ethos. *Philosophy & Public Affairs.* Retrieved from http：//onlinelibrary. wiley. com/doi/10. 1111/j. 1088 – 4963. 1998. tb00063. x/full

[23] Shepherd, J (2011) UK university applicants drop by 12% before tuition fee rise, http：//www. guardian. co. uk/education/2011/oct/24/university – applicants – drop – tuition – fees? CMP = twt_ gu

[24] 李秉勤. 社会公正的理论与英国的实践分析. 南开学报（哲学社会科学版），2010（4）

卫生保健制度建设的国际经验及对我国的启示

根据卫生保健系统的主要功能和组成部分，本报告对卫生服务的对象和内容、费用保障、服务组织和监管等四个方面的国际经验，分别进行了总结和归纳。最后，讨论了上述经验对我国今后卫生保健体制建设的重要启示。

一、卫生服务的对象和重点内容的确定

卫生保健系统的主要功能是提供卫生服务。因此，必须在确定为"谁"提供"哪些方面"的服务以后，才能有针对性地讨论筹资总额、渠道和保障方式，谁来提供和如何提供服务，以及谁来对服务行为进行监管和如何监管等问题。

1. 世界上绝大多数国家已承诺向全体国民至少提供初级卫生保健

面向全体国民的卫生保健制度，二战以后成为西方各国"福利国家"政策的一个重要组成部分，并逐渐成为一种国际趋势。

（1）国际组织的努力和成员国的承诺。1966 年联合国通过了《经济、

社会和文化权利国际公约》，1976 年该公约正式生效。该公约第 12 款规定，"人人有权享有能达到的最高的体质和心理健康的标准"，成员国应该"创造保证人人在患病时能得到医疗照顾的条件"。据联合国有关机构统计，截至 2004 年 6 月 9 日，已有 149 个国家批准了该公约。

1978 年在苏联召开的国际初级卫生保健大会上，134 个国家的代表一致通过了《阿拉木图宣言》。该宣言明确提出："健康……是基本人权，达到尽可能高的健康水平是世界范围的一项最重要的社会性目标"；并主张通过建立"初级卫生保健"，"到 2000 年时使所有人民的健康达到令人满意的水平"。

2000 年在美国纽约召开的联合国千年峰会上提出了《千年发展目标》。其中 8 项目标中的 3 个，即降低儿童死亡率，改善产妇保健，与艾滋病毒/艾滋病、疟疾和其他疾病作斗争，与卫生保健直接相关（联合国中文网站）。这次会议上通过的《千年宣言》中要求发达国家通过贸易、开发援助、债务减免、基本药物和技术转移等途径支持发展中国家（特别是最不发达国家），在 2015 年以前实现上述发展目标。

针对各国初级卫生保健实施中出现的问题（下文有讨论），2000 年世界卫生组织提出了向每一个人提供临床和服务质量较高的初级卫生保健的"新普惠主义"的发展思路。在服务内容上，新思路既不是试图向全体人口提供医学上有用的全部卫生服务，也不是只向穷人提供最简单、最基本的服务，而是向全体人口提供合理质量的基本卫生服务。

与上述卫生保健发展的新思路相呼应，最近国际劳工组织的专家（Hagemejer. K，2007）也提出了渐进的、普惠主义的社会保障发展新思路。即以包括非正规就业在内的全部人群的、较低水平的基本保障为基础，加上部分高收入人群的附加保障的总体发展思路。

（2）不同国家的政府承诺和具体实践。几乎所有的高收入国家都承诺向全体国民或居民按照需要提供同等的卫生保健服务。例如：1984 年《加拿大健康法》规定，医疗服务系统的主要目标是向全体人口提供医学上必要的或必需的服务。1942 年以来，英国的国家卫生服务制度一直坚持按照需要（而不是付费能力）向全体居民提供综合性服务的原则。在此之前，英国实行的是国家保险制度，所保证的待遇是家庭医生服务，不包括专家和住院服务。在德国，卫生保健系统的一个核心原则是按照需要向全体国民提供快捷的综合性服务（European Observatory on Health Care Systems，1999）。新加坡卫生服务系统的基本原则同样是政府保证每一个国民享受优质的、可以承受得起的基本医疗服务（Singapore Ministry of Health homepage）。

在经济转轨国家，俄罗斯宪法规定，全体公民可以免费享受有保证的服务包项目。除了保护公民权利的目的，20 世纪 90 年代后期制定的有保障的服务包项目也是为了促进医疗服务重心从住院转向门诊服务（Tompson. W，2007）。

在中等收入国家，泰国 1999 年的宪法规定，国家应该确保每一个泰国人平等享受一个整体上可以接受的卫生保健。在实践中，2001 年开始实行的"三十铢计划"提供了综合性的卫生服务，包括个人预防保健、门诊医疗、急救服务和住院服务。

在低收入国家，印度宪法规定，邦政府有责任向全体居民提供卫生保健，虽然这一任务远没有实现。为此，印度宏观经济与卫生委员会对卫生服务进行了划分，按照承受能力和可持续性原则分成了三个服务包，即核心服务包、扩展服务包和二级服务包。其中，核心服务包的内容主要是初级卫生保健（Mukhopadhyay. A，2006）。

即使是没有实行全民医疗保障的美国，也从 1965 年开始，为 65 岁以上的老人和经济困难家庭提供了"医疗保健"（Medicare）和"医疗救助"（Medicaid）。

2. 专门为贫困人口提供的服务难以得到持久的支持，以及找到最需要帮助的人

为什么世界上大多数国家都承诺为全体国民提供初级卫生保健服务，而不是只关注贫困人口的卫生状况呢？

（1）在理想条件下专门针对穷人的卫生服务是最合理和经济的。按照 Musgrave（1999）提出的 3 类（经济、社会和政治）9 项标准（公共品、外部性、大额费用、成本效果，贫困、横向公平、纵向公平、救命原则，公众的要求），可以将卫生服务划分为成本效果较好的公共品、成本效果较好的准公共品、成本效果较好的慢性病筛查、低收入人口的基本医疗、大病医疗、中高收入者的基本医疗以及特需服务等 7 个组别。

对于上述 7 组服务的排序，最前面的公共品和准公共品以及最后的特需服务是容易理解的。这里对居中的 4 组服务作一下简单解释。

首先，第 3 组的慢性病筛查项目是指成本效果较好的预防性筛查。优先提供这类服务有利于慢性疾病的早发现、早治疗，可以避免因个人因素延误治疗而导致的巨额医疗费用。

其次是第 4 组低收入人口的基本医疗，指的是经济有效的、费用较小的服务项目。但是如果要低收入者自付这类医疗费用，他们可能因经济原因不愿意就医而延误治疗，从而陷入贫困，因此，公共资金应当为他们提供必要的帮助。

第 5 组大病医疗服务的费用较高，但一般可以通过保险方式解决费用（风险）分担问题。但是低收入人口可能交不起保险费，需要政府提供一定的补贴。

第 6 组中高收入者的基本医疗是指成本效果较好的、费用较小的服务项目。对于这类服务，中高收入者一般都能支付得起，不需要政府提供补贴。

按照以上分析，显然政府只承担针对低收入人口的基本医疗是最合理、最经济的。那么，为什么绝大多数国家的政府都承诺向中高收入者提供同等的服务呢？包括泰国、印度在内的经济并不发达的国家难道不希望节省公共支出吗？

（2）现实生活中专门为穷人提供的服务缺乏持久的政治和财政支持。发达国家社会救助的历史已经证明，专门为穷人的服务是质量最差的服务（R. M Titmuss，1968）。首先，在带有"恩赐"性质的此类专门服务中，穷人很难维护自己的权益。表面上看，专门为穷人提供的服务体现了政府的重视和社会的良知，实际上这类"施舍性"的服务是最脆弱的，很容易受到各种政治因素的影响而导致各方面的困难。因此，在这种专门针对穷人的服务机构中，普遍存在工作人员服务态度较差的问题，穷人很难得到应有的尊重。

在发展中国家中，印度初级卫生保健面临的困境是一个明显的例子。在缺乏稳定、可靠的财政投入的情况下，专业技术人员匮乏的问题长期难以解决，结果是初级卫生保健逐步演变成贫民的医疗救助站，基层卫生服务机构缺医少药的问题越来越严重（Mukhopadhyay. A，2006）。

（3）在发展中国家中如何确定低收入人口的身份是一个难题。在大多数发展中国家，贫困人口的身份确定非常困难，各类社会救助项目的错保率和漏保率都很高。在对47个发展中国家的111个社会救助项目的瞄准率进行比较分析以后，有关专家（Coady. D，Grosh. M，Hoddinott. J，2002）发现，虽然各类项目都有成功的案例，但大多数的项目并不成功。一般而言，只有在收入较高、政府治理较好且公民参与率较高的国家，社会救助项目的成功率才比较高。

特别是东方国家，优亲厚友十分常见，接受者的耻辱感也不强，贫困人口的身份确定更加困难。这也是泰国政府2001年决定从医疗救助制度转向全民保健制度的一个重要原因（Tangcharoensathien. V，2006）。在实行全民保健制度以前，泰国低收入者可以持卡免费享受基本医疗。与我国类似，当年泰国低收入户的身份确定也是在当地社区代表的参与下进行的。但抽样调查的结果显示，只有17%的低收入者得到了免费医疗卡，而在持卡人中，只有35%的人是真正的低收入者。而且这种漏保和错保现象在泰国的城市、乡村都很普遍。

（4）"普惠制"才能使贫困人口享受到较好的基本医疗服务。世界卫生组织的研究（WHO，2000）表明：专门针对贫困人口的社会服务是难以执行的，在这类项目中很难确保大多数穷人实际受益，或者确保大多数受益者是穷人。相反，一个覆盖全民、有限目标的"服务包"，却可以为贫困人口提供可靠的医疗服务。或者说，面向全体人口的社会服务，更有助于解决穷人服务的"可及性"问题。事实上，除美国以外的所有西方发达国家，都是根据上述"普惠制"的政策设计思路，来解决贫困阶层的基本医疗服务问题的。

即使在收入水平较高、政府治理能力较强的情况下，贫困人口的身份确定也很困难。新加坡为此提供了一个自我对号入座的巧妙思路。新加坡政府为贫困人口的大病医疗设立了一个救助基金，但是没有事先确定谁是贫困人口，而是规定只有在公立医院的低档病房中的住院者才有可能享受政府的费用补助。政府通过强化对公立医院的管理，为低档病房住院者提供了同等质量的诊疗服务；同时利用在低档病房住院的耻辱感，排除了中高收入者滥用政府福利的可能性。

3. 初级卫生保健再次受到全球关注并逐步付诸行动

受包括中国在内的一些低收入国家战后发展初级卫生保健的启发，1978年的《阿拉木图宣言》把初级卫生保健提上世界卫生组织的议事日程。但由于种种原因，在全球推广初级卫生保健经验的早期努力没有取得重大突破。

（1）全球推广的早期努力没有取得重大突破的原因。首先，对于"初级"（primary）一词，国际社会有着不同的解释。有人认为是指卫生系统的首诊，有人认为是指第一层次的保健，或者是由未经过正规培训的医务人员提供的简单治疗，也有人认为是指针对主要病因的干预。其次，初级卫生保健强调多部门的共同行动，强调社区参与，甚至要依靠政治动员；而多部门协作在很多国家都是很困难的事情，社区参与和政治动员更是遭到了卫生领域技术人员的反对，后者认为可能干涉其行医自主权。第三，在发展中国家的实践中，政府培训和聘用了不少社区卫生工作者，以期在社区层面为农村人口提供基本的、花费低而健康改善效果明显的卫生服务。但由于基层机构资金短缺，卫生人员为了生存，只有很少的时间花在预防和社区服务上；加之培训不足、诊疗水平过低，以及设备条件差，使得转诊制度难以正常运转。结果，只要是经济条件允许，患者就跳过基层机构，直接到医院就诊，造成基层卫生服务的利用率很低。这在一定程度上又迫使政府继续投资于城市的医疗中心和二、三级医院。比较而言，在西方发达国家，初级卫生保健是由家庭医生等基层卫生技术人员提供的，它与二、三级医疗服务的整合要好得多。

（2）初级卫生保健再次受到国际关注的原因和背景。近年来，由于人口老龄化和疾病模式的转变（Blank，R. H，Burau. V，2004），更多地依靠基层卫生技术人员的服务成为许多发达国家卫生改革的一项重要选择。在此背景下，2000 年世界卫生组织再次呼吁加强初级卫生保健的地位和作用。

虽然过去国际上对初级卫生保健中的"初级"（primary）有过不同的理解，但经过这些年的磨合，人们的认识逐渐统一了：初级卫生保健是针对主要卫生问题的预防保健和基本医疗[①]。大量证据表明：人均期望寿命指标的改善主要取决于医学以外的领域，包括饮水卫生、营养状况和居住环境的改善，以及教育水平的提高和预防保健知识的普及等等。特别是随着有关生活方式与健康水平之间联系的证据的增加，慢性病的预防控制如禁烟，减少过多的脂肪、热量摄入等，得到了更多的关注并取得了明显成效。即使在那些还没有采取预防性健康促进措施的国家，管理者也认识到健康的生活方式不仅是改善人口健康指标的一个有效方法，而且是控制医疗费用上涨的一个关键性战略。

在医疗领域，据欧洲卫生观察的一项研究成果（Saltman，Rico，Boerma，2006），国际组织和学术界普遍认为：一个强有力的初级卫生保健系统是使卫生保健得以有效提供的最重要因素，并且能够帮助解决卫生服务缺乏连续性和反应性的问题。有关研究表明，有初级卫生保健承担"守门"作用的卫生系统，其运行费用明显低于更加"开放"的卫生系统，并

---

① 本文后面所说的基本卫生保健和初级卫生保健是基本一致的，但前者更强调是由经过培训的专业技术人员提供的。

且前者的健康结果更好。研究发现（Saltman，Rico，Boerma，2006），在欧洲初级卫生保健的"双向转诊"作用趋于加强；同时就诊患者的住院率在下降，住院天数在缩短。事实表明：更高比例的患者应该在初级卫生保健机构接受诊疗，90%的卫生保健干预活动应当由初级卫生保健机构提供。因此，有必要调整初级保健机构与二、三级医疗机构之间的资源配置，将更多的财力和人力转入初级机构。此外，在经合组织国家中，由家庭医生"守门"的卫生系统更好地控制了门诊医疗费用。现在许多没有全科医生守门制度的国家正在考虑逐步引入，在起步阶段可以是自愿性的（Saltman，Rico，Boerma，2006）。

（3）增加初级卫生保健资源配置的阻力来自既得利益群体。但是现有数据显示，在20世纪90年代，发达国家初级保健上配置的财力资源所占比重没有明显的变化，每千人口家庭医生比例的变化也不大；而且，在多数国家全科医生与医师的收入差距在加大。与发达国家类似，发展中国家的初级卫生保健在政治上得到的关注较多，而实际新增资金也不多。造成上述现象最重要的原因是既得利益群体的阻力。具体包括以下方面（Blank，R. H，Burau，2004）。

患者选民的眼前利益：由于人们的短视和对未来福利的漠视，很多选民可能仍然支持低收益的治疗性投入，而不支持长期性、高回报的预防性投资。

老人选民的既得利益：老人是医疗服务主要的使用者，也是最积极的选民。将一部分医疗资源转向预防保健，可能招致这个最活跃投票群体的反对。

个人选择生活方式的自由：很多慢性病干预措施影响个人的生活方式。因此，在美国这种极端崇尚个人自由的国家，政府在慢性病防控方面的作用仅限于帮助个人获得知识、动机和机会，以便人们作出健康的选择（United States Healthy People，2010）。

专科医生的既得利益：在卫生服务系统中，临床医疗队伍与预防保健队伍相比较，处于强势地位。专科医生担心预防保健的"守门人"制度影响自己的行医自由。

企业利益：在职业健康和安全领域，工作场所的慢性病预防可能与雇主利益乃至全球化背景中的国家利益相冲突。

最后，西方文化高估了现代临床医学的效果，而低估了其局限性（Palmer，George R，Stephanie D. Short，2000）。大众传媒（包括电视剧等）对临床医学的乐观主义报道，更加助长了这种预期。在医患双方都强烈要求保持或增加治疗性资源的情况下，有限任期的政府很难调整卫生资源的配置。不过，一些有责任心的政治家不得不对现有的科学证据作出适当的反应。

二、卫生服务的费用保障

卫生保健制度建设的一个重要方面是费用保障模式的选择。这对于卫生服务的费用总额、筹资公平性和健康结果都会产生一定的影响。

1. 经济发展水平和费用保障模式是影响该国卫生总费用的主要因素

（1）全球卫生资源的分布很不均衡，各国的人均卫生费用差别悬殊。从人均卫生费用来看（贡森，2005），世界上只有 28 个高收入国家和 2 个中上等收入国家的人均卫生费用高于世界平均水平，其余 160 多个国家的人均卫生费用均低于世界平均水平。在这 30 个国家中，美国的人均卫生费用支出额最高，占世界人口 4.68% 的美国人消耗了世界卫生资源的 46.7%，2006 年的人均卫生费用支出接近 8000 美元。另外，西方七国集团的人口合计占全球总人口的 11.4%，但消耗了世界卫生总资源的 77.0%。其余的 184 个国家的人口总数占全球人口的 88.6%，而卫生总费用只占 23.0%。

（2）推动全球卫生总费用增长的主要因素是技术变化和人口老龄化。我们以前的研究（石光、贡森，2005）显示，2001 年世界银行所定义的高

收入国家的卫生总费用占 GDP 的比重平均为 8.5%；中等收入国家是
5.0%。另据经合组织有关数据库（OECD Health Data，2006）提供的资
料，1990~2004 年，几乎所有成员国的卫生总费用增长都快于 GDP 的增
长。平均来看，2003 年经合组织各成员国卫生总费用占 GDP 的比重是
8.8%，2004 年继续上升到 8.9%，而 1990 年只有 7%。

近来经合组织自己的研究认为（Docteur，E. and Oxley，H.，2003），
战后各成员国卫生总费用增长的一般趋势主要是由技术变化和人口老龄化
造成的。其中，技术变化可以解释一半以上的增长情况。

（3）不同的制度安排对卫生费用的控制能力有较大差别。有关经合组
织成员国的比较研究[1]（Folland，S.，Goodman，A. C.，Stano，M.，2001）
显示，对于控制技术变化等供方因素导致的费用增长，不同保障模式和支
付办法的效果是有差别的。从不同的费用保障模式来看，国家统一税收筹
资的模式最为有效，国家健康保险模式次之；传统的社会保险模式稍好于
以商业保险为主的系统。控制效果上的差别，是由于不同模式赋予管理
者、购买者制约供方提高价格和增加服务量的能力不同。从支付办法来
看，门诊服务按人头付费比按项目付费更为有效。

另外，如前所述，对于控制老龄化等需方因素导致的费用上涨，由初
级保健充当"看门人"的国家，效果明显优于其他国家。

2. 公共投入为主不仅有利于费用保障而且有助于费用控制

（1）公共投入为主是世界各地区、各国的一般做法。从地理区域来
看，据国际货币基金统计（IMF，2004），2001 年全球所有大洲或次大陆
的卫生公共投入（含社会保障支出）占卫生总费用的比重基本上都在 50%
以上，唯一的例外是南亚，其比重也达到了 49%。

在国家层面上，据经合组织有关数据库（OECD Health Data，2006）

---

[1] Gerdtham，U. G.，et al.，1998，"The determinants of health expenditure in the OECD coun-tries: a pooled data analysis", Dev Health Economic Public Policy, 6: 113–34.

和世界卫生组织统计（WHO. World Health Report, 2006），西欧 17 个国家的卫生公共投入占卫生总费用的比重，无一例外地都在 55% 以上。经合组织 25 个成员国卫生公共投入的比重平均为 70%，只有 3 个成员国（韩国、墨西哥和美国）的比重略低于 50%。目前经合组织各国卫生公共投入的平均比重与 1970 年的水平基本一致，没有太大变化。另外，中等发展国家的平均比重也在 60% 以上，其中巴西与中国的人口和经济条件接近，其公共投入所占比重较低，在 45% 左右。

（2）公共投入不充分必然导致卫生保障制度上的缺陷。一国公共投入不充分的结果可能有三个。一是卫生保障难以覆盖全体人口。例如，美国和墨西哥分别还有 14% 和 20% 的人口没有享受任何正规的医疗保障制度。二是即使实现了全民保障，其广度或深度都打了折扣。比如，韩国国家健康保险制度（WHO Western Pacific Region, 2005）的服务包，就排除了低概率高费用的卫生服务；同时规定了较高的个人支付比例。三是即使实现了全民保障，其待遇也不是均等化的。例如，巴西有 25% 左右的正规就业群体的保障是私人医疗保险，其医疗待遇高于面向全民的统一卫生服务制度。

（3）充分的公共投入也是实现费用有效控制的必要条件。如上所述，公共投入不足难以形成强大的购买能力，也就难以制约服务提供者和控制卫生总费用。美国就是一个典型的代表。

反过来，充分的公共投入也不一定能够有效控制卫生总费用。实际上，它是一把双刃剑。如果管理使用得当，它可能有效控制卫生总费用的增长；如果管理使用不当，也可能加剧卫生总费用的上涨。总之，只有加大公共投入才有可能控制住卫生总费用，否则就没有任何希望。

3. 整体上讲公费保障制度优于社会保险制度

（1）实行了全民医疗保障的国家多数采用的是公费制度。据国际社会保障协会统计和世界卫生组织分析（Carrin, G. et al., 2001），截至 1999 年，在全球 191 个成员国中，有 80 个国家基本上实现了覆盖全民的医疗保障。其中，有 50 个国家实行的是国家卫生服务制度（简称"基于税收的制度"，或者通俗地称为"公费制度"），有 30 个国家选择了社会保险制度（简称"基于保险的制度"，或者通俗地称为"保险制度"）。在解决全民医疗保障问题上，实行公费制度的国家数量明显多于实行保险制度的国家。

（2）在西欧地区，公费制度的比较优势明显[①]。18 个西欧国家中（含以色列），现在实行公费制度的有 10 个，实行保险制度的 8 个。尽管所有的西欧国家都曾经实行过保险制度，但是在芬兰、冰岛和瑞典等 3 个国家，保险制度从来没有发挥过明显的作用；在英国、挪威、丹麦、意大利、葡萄牙、希腊和西班牙等 7 个国家，保险制度曾经不同程度地发挥过作用，但是二战后先后转制为公费制度。其中，英国是在 1946 年转制的，西班牙是在 1986 年转制的。另外，在 20 世纪后期法国增加了税收筹资所占的比例，1992 年卢森堡政府曾提议废除保险制度，1995 年以色列通过立法以国民健康税取代了疾病基金的保险费。

在促进健康状况改善方面，两种制度的结果相似。医学史研究证明，在人口总体健康水平改善方面，与清洁饮用水、卫生厕所、营养、环境和经济条件以及生活方式等相比，医疗和临床服务的作用是次要的，一般认为其实际贡献率在 10% ~ 25% 之间（Mckeown, 1976；Bunker, et al, 1995；Or, 1997），特别是体现在对围产期和孕产期死亡、肺结核和阑尾炎等病因的干预上。上述两种制度中，哪一种更有利于人口预期寿命的提高和可控病因死亡率的降低呢？时间序列数据显示，1980 年实行保险制度国家的人均预期寿命接近公费制度国家，但是，在 20 年后，前者略高于后者（分别是 78.6 岁和 78.0 岁）；而从医疗可控死亡率来看，实行公费制度国家的降幅大于实行保险制度的国家。

在公平性方面，保险制度的结果比公费制度稍差一些。公平性的概念

---

① 最近欧洲卫生改革观察出版了一本有关社会保险的专著（Saltman, Busse and Figueras, 2004），本节的证据和结论主要是从这本书中摘录的。

很复杂，其中最重要的内容是筹资的公平性。基于保险的费用筹集制度一般具有一定的累退性，即为了享受相同的待遇，高收入者支出占其收入的比重低于低收入者支出的比重。在缴费有上限和高收入者可以退出社会保险制度的情况下，例如德国，其累退性更为明显。而基于税收的费用筹集制度一般具有一定的累进性，即为了享受相同的待遇，高收入者支出占其收入的比重高于低收入者支出的比重。

在满意度和反应性方面两者难分伯仲，但在选择度和等候时间上，保险制度优于公费制度。在公众满意度方面，20 世纪 90 年代后期，西欧权威机构所进行的连续性调查结果表明：在实行公费制度的国家中，68.3% ~68.9% 的访问人口对其医疗制度和办法表示"很满意或相当满意"，穷人和老人的满意度更是高达 71% ~75%；而在实行保险制度的国家中，一般人口和高风险人口的满意度分别是 65.7% ~68.1% 和 64.2% ~66.8%。但是，有关机构对患者最近就医经历的调查结果显示，实行保险制度国家患者的满意度高于公费制度国家的患者。在反应性方面，2002 年世界卫生组织在欧洲对公众和政策精英们所作的调查结果显示，就患者自主性、医患沟通、个人尊严、尊重隐私、门诊基础设施的质量等内容来看，公费制度明显优于保险制度；而从及时关注指标来看，两者不相上下；但从对服务提供者的选择度来看，保险制度明显好于公费制度。从客观指标来看，与公费制度相比，实行保险制度的国家的患者一般不需排队等候自选诊疗项目或者等候时间较短，并且保险制度中的患者基本可以不受限制地选择医生和医院。

在费用和效率方面，公费制度的费用水平较低，资源利用率较高。从卫生总费用来看，2000 年实行保险制度国家的卫生总费用占 GDP 的比重，要比公费国家的平均水平高 1.2 个百分点；近年来两种制度的卫生总费用的年均增长率不相上下。从卫生总费用中行政和保险管理费用所占比重来看，实行保险制度的国家明显高于实行公费制度的国家。在实行保险制度的国家中，疾病基金的合并有助于降低管理费用，但是，基金之间的竞争可能又推动了管理费的增长。在资源利用率方面，实行保险制度国家的人均住院率和住院日均高于公费制度国家，但由于前者的资源配置水平（人均 CT 和床位）大大高于后者，保险制度下的床位利用率还是略低于公费制度。据研究，保险制度国家的高费用和低效率，可能是医院、基层卫生保健、护理院和家庭照顾之间的业务和财务管理上整合程度较低造成的，结果导致对医院服务的过度使用。

在临床医疗效果方面，很难分出优劣。通过对不同制度类型国家的多家医院所提供的同种诊疗服务的结果以及多家诊所的同种服务的结果进行比较，有关专家发现，在医疗质量与制度类型之间没有相关关系，且在一个国家内不同服务的质量水平也不相同。但是，由于费用较高，似乎保险国家的成本效果比稍差。另外一项有关出院后跟踪服务质量的跨国比较研究表明，公费制度国家总体上要比保险制度国家做得好一些。当然，个别保险制度国家也达到了公费制度国家的水平，说明保险制度国家达到公费制度国家的服务质量水平是有可能的。

总之，与公费制度相比较，保险制度受到了更多的资金和资源投入，带来的额外产出并不是较高的健康水平，而是公众在就医选择方面较高的满意度。因此，两项制度比较的核心问题是，保险制度多化钱换来的自由快捷就医是否值得，是否合理？当然，有人从社会学的角度解释西欧的社会保险制度，认为自由选择、工会参与管理是西欧大陆一些国家的一种"生活方式"，不应该只算经济账，也不能光看成本效果。但是，同样从社会学的角度，另外一些人（Oliver，A and Evans，J. G，2005；Fotaki，M.，Boyd，A Smith，L. et al.，2005）却认为，在公费制度和保险制度等集体主义体制中，个人就医选择权意味着教育、收入和社会地位较高的群体受益较大，而弱势人群相对受损。

（3）在拉美和加勒比海地区，公费制度也具有比较优势[①]。该地区的医疗保障体系的特点是公费制度加保险制度，但多数国家以保险制度为主。具体来看，几乎每一个国家的医疗保障体系都是由正规就业者参加的

[①] 本节的证据和结论主要摘自 2006 年世界银行的一份报告（Baeza and Packard，2006）。

社会保险制度与覆盖非正规就业者、退休者和贫困人口的公费医疗制度构成的。其中，古巴、巴西、厄瓜多尔、洪都拉斯和墨西哥以基于税收的公费制度为主，其他国家以保险制度为主。

两种制度对健康改善和费用保障的影响没有差别。拉丁美洲和加勒比海地区的政策制定者们争论的焦点，一直是公费医疗和保险医疗在健康改善和费用保障方面的效果。但是，该地区的案例分析表明，一国卫生系统在改善健康和费用保障方面成功与否，可能主要取决于该国是否制定了一个与主要疾病负担相符的服务包以及卫生筹资职能（战略购买、服务费用支付机制）是如何执行的，而与保障资金的筹集方式没有太大关系。

保险制度可能不利于劳动力市场的运行。尽管保险缴费影响非正规就业的程度一直受到怀疑，但保险制度对逃避缴费、缴费不足和未参保的影响却很少受到质疑。并且，在非正规就业日益增加的背景下，保险制度难以扩展人口的覆盖面。在保障资格基于缴费的社会保险制度框架中，难以覆盖的对象有三个人群：非正规就业群体、老年人等高风险群体和贫困群体。如何准确地找到并区分这些未参保群体，并让他们按能力缴费或者对他们进行缴费补贴是一件非常困难的工作。在拉丁美洲和加勒比海地区的各个国家，需要补贴缴费的人口比例大不相同。智利需要补贴缴费的人口只占20%，而洪都拉斯和玻利维亚则分别达到50%和63%。

总之，公费制度可能是最有效和最平等的筹资方式，其费用风险可以在全部人口中进行分担。另外，从保险制度的缴费筹资过渡到公费制度的一般税收筹资可能有助于提高劳动力市场的正规程度，增加劳动力的流动性。

（4）两种制度可以相互借鉴，但某些方面又不可融合。二战后，一些国家以公费制度取代了保险制度。同时，公费制度与保险制度之间也在相互借鉴，取长补短。比如在20世纪90年代初，英国的公费制度引入了购买服务，并且从2003年开始，又赋予患者在家庭医生指导下选择专家和住院服务的权利，以激励医院提供及时快捷的服务。这些做法在很大程度上是借鉴了保险制度的经验。另一方面，一些国家（如德国）鼓励患者就诊首先到初级保健机构，以有效地控制费用和提高公平性；还有一些实行保险制度的国家（如韩国），将分散的疾病基金合并，建立了单一购买人，以更有效地控制支出。这些做法明显地汲取了公费制度的经验。

但是，由于理念不同，两种制度不可能实现完全融合，有些特征是对方不能学或学不到的。公费制度是由官僚层级机构管理的，一般规定由初级卫生保健"看门"，并且支出实行预算封顶限制。与此相反，在保险制度中，基金是自我参与管理的，就医是个人通过缴费得到的权利。因此，保险制度一般不愿意或者不能对就医自由进行强制性限制，在医疗费用上涨时费率的调整也比较灵活。另外，建立单一购买人的保险制度国家（如韩国），却由于疾病基金的合并，损害了保费的及时足额收缴。在过去的小规模基金中，管理者与缴费者是熟人，一般不会发生拖欠保费的情况。基金合并以后变为陌生人管理，缴费基数又难以核查，逃避缴费的现象就难以避免了。

4. 近年来一些国家选择保险方式是迫于财政或政治压力

既然实行公费制度有很多优点，为什么拉丁美洲和加勒比地区的多数国家没有选择公费制度？为什么亚太一些国家和地区引入了保险制度？为什么前苏东地区的转轨国家反而从公费制度转向保险制度呢？

全球卫生保障体制正在上演围城故事。一些具有悠久保险传统的欧洲国家（如法国）也在逐步转向税收筹资。甚至在德国最近有关福利制度改革的建议中，也提出卫生筹资应该走向一般税收。在过去的一二十年中，泰国、斯里兰卡等少数中等收入国家在卫生筹资上实行了公费制度，但多数中等收入国家和地区则选择了保险制度。其中包括韩国、马来西亚和中国台湾等亚洲国家和地区引入了全民健康保险制度；阿根廷、智利、哥伦比亚、墨西哥等美洲国家强化、扩展或合并了一些疾病保险计划。大多数的转轨国家，例如前苏联和东欧国家，则在引入保险制度的同时增加了个人付费，试图取代或补充计划经济遗留下来的公费医疗制度。

保险管理者反对向公费制度过渡的理由并不充分。他们反对的理由主要有三：一是认为工薪缴费是一个独立可靠的收入来源，不受每年预算的政治因素影响；二是工薪缴费受经济周期的影响比一般税收要小；三是参保者的医疗待遇是一种缴费获得的权利，政府无权消减。但事实上，统筹基金稳定可靠的收入来源主要取决于治理机制而不是筹资方式。比如在公费制度中，可以将财政投入的每年需要增加的部分指数化，以避免政治因素的干扰。而参保者通过缴费获得的高于公费医疗的待遇，完全可以转为补充医疗保险。

征税能力低和既得利益者的存在，是一些国家选择保险制度的真正原因。在世界范围内，亚太地区最低的征税能力，可以说明其中一些国家和地区选择保险制度是不得已而为之。拉丁美洲和加勒比地区各国的征税能力不高，稍好于亚太地区和南撒哈拉地区，可能是该地区多数国家选择保险制度的重要原因之一。虽然这些国家已经在税收筹资方面作出了很大的努力，近年来用于卫生的一般税收已经占到国内生产总值的 3.2%，但进一步提高征税能力的难度很大。加上既得利益群体和多数保险机构的反对，它们在短期内进一步增加税收筹资以取代工薪筹资的困难很大。

前苏联和东欧地区一些国家选择社会保险制度主要是出于政治考虑。20 世纪 80 年代以来，前苏东地区一些社会主义国家开始体制改革和社会转型。这些国家在经济上更多地依靠市场机制，在意识形态上更加强调公民个人的选择和责任。在大规模的社会变革中，卫生领域的原有财务体制和组织体制也已发生了相应的变化。因此，必须从政治上限制那些由财政预算支持的政府承诺，以保持政府事权与实际财力和组织能力的一致性。

三、卫生服务的组织与提供

1. 公立机构和非营利机构等公益性机构是服务提供主体

前文讨论过的 7 组卫生服务，可以根据具体的服务内容，归并为公共卫生（含预防保健）、基本诊疗服务和住院服务三大类。下面分别讨论其提供主体和组织方式。

（1）公共卫生服务一般由公立机构提供或指导。根据服务的性质，公共卫生服务可以划分为面向群体和面向个体两个部分。按照世界卫生组织的总结和建议（WHO，2000），面向群体的公共卫生服务（如疾病监测等公共服务）具有规模经济性质，适宜由公立机构集中提供。在面向个体的公共卫生服务（如免疫接种等准公共服务）中，规划、协调和指导等战略性职能也具有规模经济性质，应该由公立机构集中提供；但是在具体的项目执行中，由于服务对象是个体，服务提供不具有规模经济性质，可以委托有资质的其他医疗卫生机构提供服务。

（2）基本诊疗服务的提供主体因体制、国家而异。在绝大多数发展中国家，基本诊疗服务机构一般是由政府出资举办的（WHO，2000）。在实行公费制度的西方发达国家，基本诊疗服务机构一般也是以公立机构为主，私人诊所为辅。其中英国是一个例外，英国绝大多数诊所是私立的，家庭医生也不是政府雇员，而是按照与政府的合约提供服务。而在实行社会保险制度的国家，基本诊疗服务机构一般是以私立为主。比如，德国的初级保健机构基本上都是营利性的（Saltman, Rico and Boerma, 2006）。在新加坡，门诊服务的提供是以私立机构为主，公立机构为辅，而住院服务的制度安排正好相反。其主要理由是，医患之间在基本诊疗服务上的信息不对称不太严重，而在住院服务上的信息不对称较为严重。

（3）住院服务的提供以公益性机构为主、营利性机构为辅。即使在市场经济高度发达的西方国家，营利性医院也始终是公益性医院的补充，在整个医院体系中，前者拥有床位的份额一般不到20%。这是由住院服务的特点决定的，医患双方的信息不对称问题在住院服务中尤其突出。以英国为例，公立医院有2500多所，占全国医院总数的95%以上。在德国的2260家医院中，公立医院有790所，私立非营利性医院有820所，私立营利性医院只有420所；营利性医院仅占18%。就病床数而言，德国现有57.2万张病床，其中公立医院占55%，私立非营利性医院占38%，私立营利性医院仅占7%。法国的情况与德国类似。作为自由市场经济的典型代表，美国医疗卫生服务体系的私营化程度很高，但公立医院仍占全国医院总数的27%，承担着为穷人和90%左右的老人提供医疗服务的责任。美国的公益性医院，包括公立医院和民办非营利性医院，在医院总数和医院床位中所占的比重都在87%左右（Folland S，Goodman A.C，Stano.M，2001）。

在市场经济国家中，公立医院一般有四项基本功能（McKee and Healy，2002）。一是调节和稳定医疗服务市场；二是提高医疗卫生服务体制的可及性和公平性，在私营部门不愿意投资的偏远地区提供卫生服务和提供私立医院不能或不愿提供的服务项目，如烧伤、外伤、戒酒、戒毒等；三是对疑难病症进行研究，提高本国的整体医疗水平；四是承担医学教育培训任务。以美国为例，公立医院中有70%附属于医学院校，75%提供临床培训项目。美国一半以上的开业医师在公立医院中接受过培训。

另外，在紧急状态下（如爆发流行性疾病时），私立机构为主体的服务体系存在着协调难的风险（WHO，2000）。1999年韩国医药分家政策受阻的例子，可以为世界卫生组织的这一研究发现提供佐证。在经合组织国家中，韩国是唯一由私立医院主导且私立营利性医院占到总数1/3左右的国家。在利润的驱动下，私立医院特别是营利性医院反对政府出台任何对其利益有影响的政策，尽管有些政策是改进公共服务所必需的。例如，1999年韩国私立医院在6个月的时间内罢工4次，反对政府的医药分家政策。

2. 国外公立医疗机构市场化改革的背景和内容

从20世纪80年代中期开始，一些国家和地区进行了公立医疗机构的市场化改革探索。下面分别讨论一下公立卫生机构（特别是医院）市场化改革的背景、目标、具体做法以及前提条件。

（1）公立医疗机构市场化改革的背景。公立医疗机构在二战以后西方国家全民卫生保障体系的建立过程中，曾经发挥过积极的作用。但是在长期的和平环境下，公立医疗机构像其他政府公共服务机构一样，出现了激励不足、工作低效率、对公众的反应性差、服务意识淡漠等一系列问题。

20 世纪 70 年代以后，西方学术界对战后国有化和福利国家政策进行了反思，新自由主义取代了凯恩斯主义，并在组织理论、代理人理论、交易成本理论、产权理论和公共选择理论研究方面取得了一些新的进展，为解决上述问题做好了理论准备。

里根、撒切尔革命以后，西方国有企业，以及城市交通、铁路、电力等公共服务行业的市场化改革取得了一定的成效，为公立卫生服务体系，包括公立医疗机构的市场化改革提供了一个可以参考的范例。

在上述背景下，一些国家的卫生政策制定者认为，公立医疗机构的绩效问题与其他领域相似，其根源也在于层级官僚机构的体制僵化、机构管理者缺乏对日常经营活动的控制权，以及缺乏基于绩效的激励机制等。因此，他们很自然地想在公立医疗服务领域引入新的公共管理技术，推进类似的市场化改革。

（2）市场化改革是将服务机构置于市场竞争之中，不是简单地将其变成私人营利机构。公共服务领域的市场化改革，一般是将决策控制权转移到服务提供机构身上，使其处于市场竞争或者类似市场竞争的压力之中，以提高其绩效。此类改革还试图在服务体系内部创造新的激励和问责机制，以鼓励各层级的管理者运用其自主权来提高绩效，更好地服务于公共利益；而不是置公共利益于不顾，单纯地追求机构的经济效益。

公立服务机构的市场化改革具体可以分为三类：一是自主化——扩大公共服务机构的管理自主权；二是公司化——将层级官僚机构转变成公有的公司法人；三是私有化①——将其从公共部门中彻底剥离出去。这三项改革都不同程度地减少了政府对服务机构的直接控制，让它们更多地面对市场的或者像市场一样的动力。

传统的预算制公立医院经过市场化改造，可以转变成公立自主化医院、公立公司化医院和私有化医院。这四类医院的激励体制（见专栏）有很大的差别，具体来看有以下几方面。

---

① 无论公有还是私有，英美法的公司法人可以是营利机构，也可以是非营利机构。

预算制机构：自主性最小，市场依存度最小，公共财政承担盈亏责任，没有单独基金匹配社会责任，官僚机构负责督导绩效。

自主化机构：获得了日常经营决策控制权，可以有一定的创收权利，获得了部分剩余处置权，问责可能仍然来自官僚机构，可能成立理事会监督绩效和社会责任。

公司化机构：获得了投入产出的完全控制权，成为独立法人，更大的市场依存度，自负盈亏，问责来自所有人，购买方和监管方三个方面，政府对供方或需方提供补贴，以保证社会责任或服务可及性。

私有化机构：政府官僚层级控制最小，市场依存度最大。私有化机构可分为非营利和营利两种，前者的组织结构（激励机制）与后者有很大不同，更接近公立公司化机构，投资者没有剩余索取权，在一些国家私营非营利机构还享有政府补贴资格。

专栏　　　　　**卫生服务机构市场化改革的要素**
　　　　　　　　（**Preker and Harding, 2003**）

在组织改革过程中，需要认真地协调好机构激励体系的 5 个方面和外部政策环境的 3 个关键性因子。市场化改革的成功，仅靠机构激励体系自身的协调一致是不够的，还有赖于外部政策环境的配套改革，以保证机构支付体系和市场环境发挥作用，促进绩效的改善。外部政策环境的 3 个关键因子，通过影响以上激励体系的 5 个方面，对公立机构的激励体系产生强烈和直接的影响，改变服务机构及其管理者和员工的行为。

激励体系的 5 个方面：

自主程度（决策权）：在投入组合和水平、活动产出和范围、财务安排、临床和非临床管理、战略管理和营销策略等关键性问题上，卫生服务机构相对于其所有者、战略购买者（如社会保险基金）、政府和消费者的自主决策权。

问责机制的结构：随着决策权下放给机构，政府通过层级制度进行直接问责的能力消失了。在卫生服务机构自主权增加的情况下，直接问责机制应该从层级督导，转向服务规范标准化基础上的监督、规制和合同中的经济激励机制。

市场依存度：通过竞争所取得的服务收入与政府预算分配收入（或机构总收入）的比例。在竞争环境中，服务提供者不得不努力工作，为患者、保险购买者等提供所需要的服务。若政府拨款援助处于困难的卫生机构，将减弱其市场依存度。

剩余索取权的分布：谁拥有处置剩余或亏损的权利，决定了机构管理者和员工是否节约经营。随着自主权的增加，卫生服务机构可能取代公共财政变成"剩余索取人"。

社会职能的成本补偿情况：当因履行社会职能不能收回成本时（比如向穷人和危重病人提供的服务），卫生服务机构需要间接或直接的补偿。在预算体制下，这类补偿往往隐含在机构的政府拨款中。但是随着自主权的增加，卫生机构履行社会职能，需要更加直接和明确的经济补偿机制。

外部政策环境的3个关键性因子：

治理：即政府和政府代理机构作为所有人与卫生服务提供机构的关系。

市场环境：在服务机构运作的多种市场（包括投入市场和产出市场）中，竞争压力的水平和性质。

财务安排：从筹资人到服务提供者的资金流动过程，包括责任和服务规定的正规性和详细程度。

（3）不同国家和地区的市场化改革的结果差别较大。早期的医院市场化改革探索是在新加坡、香港、马来西亚、突尼斯、澳大利亚的维多利亚州、英国、新西兰和印度尼西亚等国家和地区进行的。在这些案例中，前5个国家和地区的实验相当成功，新西兰和印度尼西亚则失败了。对上述案例的研究表明（Hawkins, L., and Ham, C., 2003），由于医院是一个多产品的机构，其产出结果和健康绩效等指标非常难以定义和监测，其他领域的市场化改革措施，不能简单地套用到公立医院的市场化改革上。即使在比较成功的国家和地区，也需要进一步研究更多的政策工具，以规范和引导市场化改革后的医院行为。从这些国家和地区的改革实践看，由于医疗服务本身的特殊性质，即使在改革后的私有化医院中，非营利医院的比重也大大高于营利医院的比重，且营利医院一般不允许本院医生自己担任股东。

前苏东地区体制转轨以后，公立医院的相关改革并没有带来服务行为的改变和绩效的提高。由于预期的行为调整没有出现，一些国家和地区已经或正在考虑回到以前的服务提供和筹资一体化的老路上去。研究表明（Jakab M，Preker A，Harding A，2003），问题的症结在于，现有的医院组织结构与外部环境的改革不一致。随着社会保险基金的建立和医院所有权下放到地方，引入了第三者支付的合同关系，增加了医院管理者的自主权，带来了一系列的外部激励和压力。但医院内部的组织结构变化很小，且具有很大的随意性。历史遗留的社会责任必须继续承担，陈旧的内部法规和各方面的政治压力限制了院长的决策自主权。加之缺乏有效的问责机制，以及"红包"带来的激励机制的扭曲，导致了公众的广泛不满。

3. 市场化改革成功的前提和条件

（1）市场化改革不能背离基本的公益目标。国外公立医院的市场化改革，之所以主要是将公立机构转变成为非营利机构，一些公共资产可能以优惠价格转让给非营利机构，政府一般还要提供税收减免，是因为医疗卫生机构要服务于特定的公益目标。

可及性及平等的目标：包括地域上的可及性和不同收入人群的可及性。即患者不能因为居住在偏远地区而失去就医的权利，也不能因为贫穷而失去就医的权利。世界卫生组织提出的"人人享有初级卫生保健"，是对所有国家卫生服务可及性的最低要求。

降低费用、提高质量的目标：随着人口老龄化程度的提高，只有降低医疗服务的费用，才能使目前的医疗保障体系具有经济上的可持续性。但是费用的降低，往往与诊疗手段的技术进步是矛盾的。在信息不对称的情况下，提高服务质量不仅反映在患者较高的满意度上，而且应当意味着较高的"疗效—费用"比。

如果背离了这些公益性目标，市场化改革就没有任何意义。这是由医疗卫生服务自身的公益性质决定的。

（2）必须防止机构利益与公众利益的冲突。市场化改革的初衷，是在扩大机构决策自主权的基础上，鼓励公立医疗机构关心自身的财务状况，并通过经济激励手段来提高服务的效率，满足患者的需求。但是经济激励手段本身具有两重性。例如出于提高收入的目的，服务提供者的态度会有所改善，但是这种改善很可能是因患者的支付能力而异的。此外，在追求自身收入最大化的情况下，服务提供者可能利用信息不对称的优势地位，向患者提供不必要的"增值"服务，或者放弃一些价格低的有效治疗手段。随着医院决策自主权的增加，还会产生优质医疗资源向发达地区、向大城市集中的趋势，以及过分依赖昂贵的高技术诊疗手段的倾向。如果缺乏积极、有效的措施来消除这些市场化的负面影响，医疗服务机构的利益很快就会和公众利益发生冲突。在医疗这样一个敏感的问题上，任何纠纷都会引起媒体的广泛关注。只要公众认为自己的利益受到了威胁，改革就无法进行下去。

（3）改革的有限目标及政府有效的规划和监管。市场化改革确实可以提高医院的服务反应性和服务效率，但不可能从根本上解决所有疾病的就医难问题，也不可能大幅度降低一国卫生总费用的比重。然而，政治上的需要或学术上的偏执，往往赋予市场化改革过多的目标。这实际上是无法实现的。

在放弃了直接控制服务提供者的行政手段后，为了确保医疗服务的可及性、质量和满意度，以及医疗服务机构的非营利性质，防止服务提供者将费用风险转移到患者身上，政府需要制订一个有效的医疗监管和服务合同购买框架，提高各种信息的透明度和服务提供者的遵纪守法意识，以防止医疗服务机构及其人员的行为违背公益目标。

此外，政府还需要通过规划和政策引导，来解决卫生优先领域的确定，及医疗服务机构、医务人员和诊疗设备的分布不平衡问题。在市场化改革的背景下，很多国家对于医院的大型投资仍然进行严格的控制（Mc-Kee M and Healy J，2003）。例如，德国州政府对医院固定资产的投资决定，必须符合联邦区域卫生规划的要求。又如，荷兰的《医院设备法》规定，医院购置新设备必须得到政府的批准，以保证设备配置的公平性及符合社会需要。最后，尽管加拿大的大多数医院都是在社区理事会管理下的、自主经营的非营利机构，但是各个省政府仍然对它们的资本投资进行严格的控制。

四、对服务提供者的监管

广义而言，卫生领域的监管不仅包括对服务提供者的监管，而且包括对（第三方）服务购买者的监管，以及对医药生产、流通和价格的监管。考虑到服务提供者在卫生系统的主导地位，本报告只讨论对服务提供者的监管，包括监管的主体、对象、内容以及信息网络管理系统在监管中的应用等。

1. 监管者以政府机构和授权的专业组织为主

（1）市场化改革中政府的监管责任不断加重。近年来，各国政府在卫生服务领域所扮演的角色发生了很大的变化（McKee M and Healy J，2003）。一方面，为了提高医疗卫生体制的反应性，及时满足民众的医疗需求，中央政府在卫生服务方面不断地下放权力。地方政府在卫生服务资金流向及管理方面获得了更大的权力，各种利益相关者也获得了更多的机会参与地方的卫生服务决策。另一方面，随着市场机制在卫生服务领域的作用日益扩大，医院的自主决策权不断增加。由于医患双方信息不对称的原因，政府除制定卫生规划和法规外，对服务提供者的监管责任也越来越重。虽然在服务规范和质量标准的制订方面可以发挥医师协会、护士协会等专业组织的自律作用，但是在对服务提供者的行为进行监督，以及发现问题后采取行动等方面，政府机构必须发挥其主导作用。

（2）发挥专业组织自律作用的同时扩大公众参与。授权专业组织制定卫生领域的诊疗规范和质量标准，是各国历史上的普遍做法。这不仅是为了发挥其专业优势，而且有利于规范、标准的自觉执行。长期以来，医务人员的从业行为和技术上的判断能力一直靠行业自律。但近十年来的国际、国内的比较研究显示，医务人员之间的行为模式和判断能力差距太大，仅靠行业自律是不够的。事实上，患者的安全隐患和医疗过失发生率比人们想象的要严重得多（Docteur and Oxley, 2003）。美国每年在医疗过失中的死亡人数高于汽车交通事故中的死亡人数；澳大利亚、丹麦和英国的医疗过失发生率也与此类似。在这样的背景下，英国医学委员会对其治理结构进行改革，将理事会中的非专业代表所占比例从25%提升到40%，同时要求对公众代表等非专业人士进行适当的培训，以便其更好地履行其职责（General Medical council, 2001）。

2. 监管对象包括私立机构，也包括公立机构

如前所述，医疗服务机构分为四类。对私立医疗服务机构进行监管的必要性一般没有什么异议。由于市场化改革的推进，公立医院的管理上也都或多或少地引入了市场机制。在全球范围内，传统意义上的预算制在公立医院已经不多了。即使是预算制的公立医院，医疗服务的复杂性也对传统官僚体制的治理模式和管制能力提出了新的挑战。在这种情况下，有必要对公立医院实行与私立医院同样的监管。

监管机构治理结构上的合理性，在于能够兼顾各方面的利益，特别是要维护公共利益。由于医疗问题的复杂性，监管机构内不仅要有政府代表、服务付费人代表，医学专家，还应有公众代表和法律专家。在监管机

构具有广泛代表性的情况下，医院（包括公立医院）的透明度和可交代性就会得到改善。来自多元利益群体的问责制度，对原有的政府治理和民众监督至少是一个有益的补充（Walshe，K.，2003）。

3. 对机构行为和服务质量的全方位监管

（1）监管内容涉及医疗服务的全部过程和各关联要素。除事前、过程、事后监管外，对医疗服务提供者的监管又可以分为：内部组织，即从命令控制型转为自主决策型以后，对医院的资本、人事和分配，以及所提供的服务类型、价格等的监管；行业规范，包括发展方向、设施和医务人员的准入和定期重审、设备和药品的准入、安全许可证、服务标准和诊疗指南、自愿性的外部质量评估等；质量保证，包括专业人员的培训质量、医疗过失、血液安全等。

（2）随着医患纠纷的增加，质量监管的重要性更为突出。改善质量监管的努力包括两个重要方面：一是制订诊疗规范和指南；二是公布医疗机构临床服务的结果信息。

按照寻证医学的思路，一些发达国家的决策者和专业团体共同制定了用药规范和诊疗指南，以帮助出资人和监管者监测服务提供者的行为。比如，西班牙发布了医院诊疗指南，法国也公布了官方的标准诊疗指南，以降低诊疗的随意性，提高服务质量（Docteur and Oxley，2003）。

为了增加质量的可交代性，一些国家尝试公开和发布有关医疗服务提供者表现的信息，以增加患者及其代理人选择优质服务的能力，促进服务提供者改善服务质量。例如英国从1998年开始，要求所有的医院每年提供绩效和质量报告，以备公众查询；2001年又成立了一个国家患者安全机构，强制医疗服务提供者报告不良事件（Docteur and Oxley，2003）。

4. 计算机网络信息管理系统是提高监管效率的基础

近年来，随着计算机网络信息技术的发展，大多数经合组织国家都建立和改善了自己的信息管理系统，用于监督和评估卫生服务机构的行为和整个卫生系统的表现。网络信息技术的实时、互动、公开、大容量的特点，使得更加广泛、更为细致的监管成为可能。网络信息系统不仅增加了监管的透明度，而且扩大了公众参与。在墨西哥，社会保险定点医疗系统建立了一套信息管理系统，以记录医院的服务活动和减少诊疗行为的差别。捷克也在试行按病种付费的信息管理系统，以改善医院的管理，提高医院间服务质量的可比性（Docteur and Oxley，2003）。

五、国际经验对我国深化卫生体制改革的启示

1. 卫生服务的特殊性决定了政府负有不可推卸的责任

国际经验表明，虽然各个国家的文化传统、政治制度、经济发展模式不同，但是在健康保障问题上，不管是通过财政直接投入，还是通过组织社会保险，政府都承担主要的责任。在具体的服务组织问题上，无论是设置公立机构，还是鼓励非营利机构发展，为了确保卫生服务的可及性和安全性，政府在网点规划、标准制订、服务监管等方面的作用是不可替代的。虽然医疗、卫生服务的对象是个人，但评价一个国家卫生服务的标准却是全民健康指标。在这个问题上，只有经过政府的持续努力，在保持经济稳定发展的基础上，提高人民的生活水平，采取有效的疾病预防措施，推进医疗条件的改善，才能够明显地降低婴幼儿的死亡率，逐步提高本国人口的预期寿命。

2. 向全体国民提供基本卫生保健是国际社会的大趋势

2000 年，在总结全球经验的基础上，世界卫生组织提出了人人享有高质量的基本卫生保健的发展思路，这是对 20 年前提出的人人享有初级卫生保健的目标的继承和发扬。在卫生保健问题上采取新普惠主义的思路，而不是采取针对贫困家庭和弱势群体的救济思路，不仅因为后者在卫生保健问题上存在执行中的困难，更重要的是"人人享有健康"已经成为国际基

本人权概念的重要组成部分。在"以人为本"的科学发展观指引下，我国领导人也已明确提出建设覆盖城乡居民的基本卫生保健制度。改革开放以来，我国的综合经济实力日益增强，完全有能力在近期内兑现这一承诺。另外，全民卫生保健制度的建立，有助于实现建设和谐社会的目标。

3. 在基本医疗保障模式选择问题上公费制度优于保险制度

国际经验显示，与公费制度相比较，保险制度花费了更多的资金和资源投入，却没有带来较高的国民健康绩效。虽然增加了患者的选择性，减少了排队时间，但在公平性方面则略逊一筹。另外，保险制度还可能对劳动力市场产生不利影响。况且，高科技手段大量地引入医疗领域，并没有改变人类对很多疾病无能为力的局面。因此，无论是保险制度还是公费制度，都不具备无限救治的保障能力。为了维护全体国民的健康，还是要坚持"预防为主"的方针。国家基本卫生服务的重点，应当放在预防保健和常见病、多发病的治疗上。

4. 公立医院的市场化改革是将其置于市场竞争压力之中，不等于私有化，更不能背离基本的公益性目标

首先必须纠正对国外公立医院市场化的错误理解，市场化不等于私有化、营利化。国外公立医院的所谓市场化，目的是为了增加内部激励，降低运行成本，提高服务质量，更好地服务于公共利益，而不是置公共利益于不顾，单纯地追求医院的经济效益。直到今天，西方发达国家还是以公立医院和私立非营利医院为主，营利性医院拥有的床位份额一般不到20%。因此，必须纠正前一阶段卫生体制改革中的过度市场化倾向，把公益性目标放在医院改革的首位。保留一定数量的公立医院，不仅是确保卫生服务可及性和公平性的需要，而且在诊疗规范、服务标准和价格控制上具有重要的示范作用。不仅如此，公立医院还承担着临床培训、疑难病研究等其他方面的社会责任。

5. 服务机构的市场化不能泛化推广到卫生系统的其他方面，在有限市场化过程中政府既没有减少财政支持也没有放松行政控制

在卫生发展的宏观规划和区域卫生规划方面，不能由市场决定卫生资源的宏观配置。即使在发达市场经济国家，政府也要进行区域卫生规划并监督执行。发展中国家的人均卫生资源与发达国家的差距很大，在全球化的背景下，前者更应该进行卫生事业发展的宏观规划，选择合适的发展道路，防止盲目追求高精尖技术。

在卫生服务的对象和重点内容选择方面，应该由政府基于需要来确定，不能由市场基于购买能力来确定。全体国民均等享受基本服务几乎是每一个国家卫生发展的重点。只有政府才能代表全体公众的利益，决定合理的、经济上可以承受的基本服务包。

在费用保障方面，应该以公费制度和社会保险为主，以商业保险和个人付费等市场机制为补充和辅助。在大多数高收入国家和中等收入国家，公费制度和社会保险制度都是医疗保障的主体。以商业保险和个人付费为主的国家都不能实现全民全面深度保障。

在准入、质量和公益性监管方面，应该依靠公立机构，专业组织的自律只能在有关标准制订方面起辅助作用。

6. 信息技术的引入有利于提高服务透明度和监管质量

在医患纠纷迅速增加的今天，国际社会的经验不是搞什么"举证倒置"。因为这不仅解决不了双方信息不对称的问题，还会带来保护性医疗的消极后果。计算机网络信息技术的发展，提供了一种新的选择。这就是利用网络信息技术的实时、互动、公开、大容量的特点，建立医院管理和服务监督的信息管理系统。它不仅有利于政府监督和评估各个医院的诊疗质量和服务态度，而且可以提高医疗过程的透明度，扩大公众参与。公众不仅可以从网上了解各个医院的技术水平、服务项目、收费标准，还可以查询各种疾病的起因、预防措施和治疗方法，以及患者对该院诊疗质量和服务态度的评价。在紧急情况下，政府还可以利用网络信息系统发布传染病警报，组织力量抢救伤病员。

7. 全民基本卫生保健加多层次医疗保障是符合国情的选择

我国医药卫生事业发展面临的一个基本挑战是国民健康水平改善缓慢和医疗服务需求不断分化。从改善国民健康结果角度讲，初级卫生保健，包括常见病、多发病的防治是最重要的。但是对政治家和媒体来说，大病保障具有更为明显的宣传效果。我国已经出台的城镇职工医疗保险和新型合作医疗制度，都把保大病作为主要目标。问题是大病医疗费用的迅速上升，大大超出了目前保险制度和公费制度的支付能力。因此，正确的选择是：在预防保健和基本医疗问题上重建公费制度，以维护公民平等的健康权利；在大病问题上保留和完善各类保险和保障制度，以照顾不同收入人群的需求。

贡　森　执笔
（丁宁宁教授对本报告进行了修改）

参考文献

[1] 世界银行. 中国卫生领域的公共支出与政府的作用. 中国农村卫生：简报系列5，2005（5）

[2] Baeza, C. C. and Packard, T. G. 2006. *Beyond Survival：Protecting Households from Health Shocks in Latin America.* Washingtong, DC：The World Bank

[3] Blank, R. H. and Viola Burau, 2004. *Comparative Health Policy.* New York：Palgrave Macmillan

[4] Carrin, G., Riadh Zeramdini, Philip Musgrove, Jean – Pierre Poullier, Nicole Valentine and Ke Xu. 2001. The Impact of the Degree of Risk – Sharing in Health Financing on Health System Attainment. *HNP Discussion Paper*, 2001. Washington DC：The International Bank for Reconstruction and Development

[5] Coady, D., Grosh, M., and Hoddinott, J., 2002, Targeting Outcomes, *World Bank Safety Nets Primer Series*, Washington, DC：World Bank

[6] Docreur, E. and Oxley, H., 2003, Health – Care Systems：Lessons from the reform experience,

OECD Health Working Papers, No. 9, Paris: OECD

［7］Figueras, J., Robinson, R. and Jakubowski, E., 2005, *Purchasing to Improving Health Systems Performance*, Buckingham: Open University Press

［8］Folland, S., Goodman, A. C. and Stano, M., 2001, *The Economics of Health and Health Care*, 3rd edn., NJ: Prentice Hall

［9］McKee, M., and Healy, J., *Hospitals in a Changing Europe*, Buckingham: Open University Press

［10］Mossialos, E., Dixon, A., Figueras, J., and Kutzin, J., 2002, *Funding Health Care: Options for Europe*, Maidenhead: Open University Press

［11］Palmer, George R. and Stephanie D. Short, 2000, *Health Care and Public Policy: An Australian Analysis*. 3rd edn. Melbourne: Macmillan

［12］Preker, A. S., and Harding, A., 2003, *Innovations in Health Service Delivery: The Corporatisation of Public Hospitals*, Washingtong, DC: The World Bank

［13］Saltman, R. B., Busse, R., and Figueras, J., 2004, *Social Health Insurance Systems in Western Europe*, Buckingham: Open University Press

［14］Saltman, R. B., Reinhard Busse, and Elias Mossialos, 2006, *Regulating Enterpreneurial Behaviour in European Health Care Systems*. Buckingham: Open University Press

［15］Saltman, R. B., Rico, A., and Boerma, W., 2006, *Primary Care in the Driver's Seat?* Buckingham: Open University Press

［16］Walshe, K., 2003, *Regulating Health Care: A Prescription for Improvement?* Maidenhead: Open University Press

［17］贡森. 如何看待我国卫生资源的供给状况. 国务院发展研究中心《调查研究报告》, 2005 年 12 月

［18］石光, 贡森. 改革开放以来中国卫生投入及其绩效分析. 中国发展评论, 2005 年增刊第 1 期

［19］Hagemejer, K., 2007, Future challenges – affordability of social protection and the Decent Work Agenda. Geneva: ILO

［20］European Observatory on Health Care Systems, 1999, Health Care Systems in Transition Profile on United Kingdom. p. 107

［21］Tompson, W., 2007, "Healthcare reform in Russia: Problems and prospects", OECD Economics Department Working Papers No. 538, p. 13

［22］Mukhopadhyay, A., 2006, Health Care System in India: Challenges and Opportunities. A consultative report submitted to the DRC Social Development Research Department

［23］R. M. Titmuss, Commitment to Welfare, London, Allen & Unwin, 1968, p. 143

［24］Coady, D. , Grosh, M. and Hoddinott, J. , 2002, Targeting Outcomes, Washington, D. C. : IMF

［25］Tangcharoensathien, V. , 2006, Reforms towards Universal Coverage : Experiences from Thailand, A consultative report submitted to the DRC Social Development Research Department

［26］Docteur, E. and Oxley, H. 2003, "Health care systems: Lessons from the reform experience", OECD Health Working Papers No. 9, Paris: OECD

［27］IMF. 2004. 2004 Government Finance Statistics. Washington, DC: IMF

［28］WHO Western Pacific Region. 2005. Social Health Insurance: Selected Case Studies from Asia and the Pacific. Manila: WHO Regional Office

［29］Carrin, G. et al. (2001) . The Impact of the Degree of Risk – Sharing in Health Financing on Health System Attainment. HNP Discussion Paper. Washington, DC: The world Bank

［30］Oliver, A. and Evans, J. G. , 2005, The paradox of promoting choice in a collectivist system, Journal of Medical Ethics, 31: 187

［31］Fotaki, M. , Boyd, A. Smith, L. et al. , 2005, Patient Choice and the Organisation and the Delivery of Health Services: Scoping Review, Manchester: Centre for Policy and Management, Manchester Business School

［32］Hawkins, L. , and Ham, C. , 2003, Reviewing the case studies: Tentative lessons and hypotheses for further testing, in: Preker, A. S. , and Harding, A. , 2003, Innovations in Health Service Delivery: The Corporatisation of Public Hospitals, Washingtong, DC: The World Bank, pp. 169 – 206

［33］General Medical council, 2001, Effective, inclusive and accountable: reform of the GMC's structure, constitution and governance, London: General Medical Council

拉丁美洲调节收入分配的经验概述

一、引言

维克托·布尔默·托马斯（Victor Bulmer Thomas，1994）将拉丁美洲民族独立后的经济发展分为三个阶段（Victor Bulmer Thomas，1994）。由于拉丁美洲收入分配问题的根源在民族独立前的殖民地时期就已存在，因此，本文在其分类基础上，增加一个殖民地时期和民族独立早期阶段。四个阶段分别为：殖民地时期及民族独立初期、独立后到20世纪30年代末期的传统出口导向型经济发展阶段、内向发展经济阶段和促进非传统产品出口阶段，本文将对各阶段分别进行论述。

二、殖民地时期及民族独立初期的收入分配

殖民地时期，由于宗主国的殖民掠夺，拉美国家经济发展缓慢，人口和城市化水平缓慢增长。1600～1790年间，拉丁美洲国家人口从860万上涨到1245万，土地劳动生产率水平则下降了31%。虽然，这一时期的人

均 GDP 水平从 438 美元上升到 650 美元，城市化率也由 9% 上升到 14.2%，但收入分配状况仍然不断恶化，同期的基尼系数由 0.362 上升到 0.576①。

在拉丁美洲国家独立的早期，与政治不稳定状况相似，其经济增长普遍令人失望，从独立到 1870 年，被学者们称为失去的经济年代（Bates, R. H., J. H. Coatsworth, and J. G. Williamson, 2007）。尽管如此，独立和反殖民革命带来的宗主国剥削的消失，部分改善了这一时期的收入分配状况，基尼系数由 1790 年的 0.576 下降到 1870 的 0.464（Leandro Prados de la Escosura, 2005）。

学者普遍认为，拉丁美洲殖民时期产生的大地产制度是该地区收入分配不公问题的根源之一。大地产制形成于 16~18 世纪，随着原有委托代理制土地所有模式的逐步取消而逐步兴起。原来的委托监护主取得了土地所有权，土地不再是国王领地；同时，原有的委托监护主还侵占了印第安乡村的公地和份地，从而摇身变为大地主和大庄园主。19 世纪初期拉美地区风起云涌的独立运动虽然结束了西班牙和葡萄牙的殖民统治，但作为经济核心的大地产制仍得以保留。绝大多数地主阶级的大地产原封未动，地主阶级取代了原宗主国统治者的地位，控制了政府，与教会、军官一起成为实质上的统治阶级。大地主阶级利用垄断的政治权力，不断攫取更多利益，所制定的政策更多地为其自身服务：一方面取消西班牙和葡萄牙皇室的税收，同时对其所有的土地征收更低的税收；另一方面，在瓜分从宗主国手中没收的土地后，继续与教会和外国资本等合伙兼并和抢夺普通民众的土地。

这一时期，大地产制带来的土地兼并和集中，使大部分的普通民众没有土地，印第安民众和黑人奴隶情况更加恶劣，经济地位不断下降。仅有的收入分配调节措施为教会提供的各种临时性救助和慈善活动，作用有

---

① Angus Maddison. "The World Economy: Historical Statistics", OECD Development Centre, 2003.

限，各种资源不断向上层统治阶级集中。殖民剥削的削弱使社会收入分配状况有所改善，但独立运动以来最大的经济成果仍被大地主阶级攫取。因此，学术界公认大地产制是拉美社会早期分化和收入分配不公的制度根源，并对整个拉美的经济和社会发展产生不利的影响。

三、民族独立后到 20 世纪 30 年代：以初级产品为基础的传统出口导向型经济发展阶段的收入分配

19 世纪中期开始到一战结束，欧洲、北美等地的工业化进程带来初级产品需求的不断增加；同时，海运成本不断降低，拉美国家以贵金属为主的出口结构逐步转向以各类初级产品为主。同时，政治的逐步稳定和前所未有的外资涌入，使以初级产品为基础的出口导向模式得以快速发展。在发达国家对初级产品的需求不断增长的情况下，拉美国家利用外国资本建立起铁路、港口等基础设施，发挥拉美当地的资源禀赋和劳动力比较优势，有力地促进了拉美的经济增长。拉美 1870～1914 年的经济增长基本源自出口带动。以阿根廷为例，1875～1914 年间，出口量平均增长在 5% 以上，经济几乎完全依靠出口贸易，这种发展方式也使其人民平均生活水平高于其他拉美国家。这一发展时期在 20 世纪前十年进入高潮，在 20 世纪 30 年代的经济大危机时期逐步结束。

同时，这种出口经济也带动了拉丁美洲的早期工业化和城市化进程。拉美国家的早期工业化始于 19 世纪中叶，主要集中于轻工业、食品工业和其他原料加工工业，重工业发展较少且主要集中于矿产资源开采行业。但矿产资源开采是一种资源密集型产业，并不能显著增加劳动力需求；同时轻工业发育有限。早期工业化的后果是资本收益不断增加，但就业规模并未相应扩大；且这一时期，拉美各国劳资关系紧张，劳方处于劣势地位，劳动力价格被大大压低。19 世纪后期开始，随着工业化和人口增长以及出口贸易的刺激，拉美城市化进程加速。但由于城市化的主要动力来自出口贸易，迁移人口主要来自欧洲，本国农业人口转变为工业人口的比重不

高；同时，出口贸易虽使沿海地区和城市地区迅速发展，但内陆和农村地区却受到地理区位和交通的限制，难以分享经济增长成果，大量农村居民也未从中受益。

尽管学术界普遍认为这一发展阶段是拉丁美洲矫正收入分配不公的一个绝佳机会，可以通过发展劳动密集型产业增加就业，从而带动农村人口向城市流动的城市化进程，使更多人群分享到经济发展成果；但是由于各种原因，劳动人口的实际工资不断下降。一方面，出口产品的局限性和资本的稀缺，使得资方操纵了出口导向增长模式的运作，劳方处于弱势地位，劳动者仅能获得固定或更低的实际工资；另一方面，货币贬值也被视为出口部门降低成本的一种手段，频繁的货币贬值，也导致工人实际收入的降低。

此外，一些失败的改革措施，也使资源和财富不断向上层集中，恶化了社会的收入分配状况。首先，拉美部分政府采取的授予和转让公共土地的做法，使财富更加向上层集中。同时，教会财产的私有化进程，更是给了上层社会一个扩大土地占有的有利时机。

因此，部分学者认为，1930 年以前的长达一个世纪的出口导向经济增长模式，实际上强化了该地区收入分配不均等的格局。拉美主要国家的基尼系数不断提高，其中恶化程度最高的是巴西，由 19 世纪 70 年代的0. 392 上升到 20 世纪 20 年代的 0. 597。同时，收入最高的 1/5 阶层所占收入份额高于世界其他地区，而收入最低的 1/5 阶层所占份额则低于世界其他地区。

表 1　　　部分拉美国家 1870 年代和 1920 年代的基尼系数简表

	1870s		1920s	
	基尼系数	P 基尼系数	基尼系数	P 基尼系数
阿根廷	0. 522	0. 391	0. 574	0. 493
巴西	0. 392	0. 329	0. 597	0. 472
智利	0. 594	0. 413	0. 641	0. 492
乌拉圭	0. 481	0. 296	0. 562	0. 366
拉丁美洲	0. 44	0. 348	0. 596	0. 475

资料来源：基尼系数数据来自 Bertola et al.（2008）；P 基尼系数来自 Prados（2007）。

四、内向经济增长模式时期的收入分配状况

20 世纪 20 年代末的经济大萧条，几乎席卷了拉美所有的国家。这些国家面临着初级产品出口价格不断下降，实际债务负担持续上升，财政压力不断加大等一系列经济问题。高度开放、外向经济依赖性强的国家，所遭受的经济困境更为严重。如古巴，1928～1932 年人均国民收入下跌了1/3。

为此，拉美国家开始调整发展方向，黄金本位制被放弃，对进口产品实施汇率控制和歧视性贸易限制，并采取了反经济周期的财政和货币政策，经济增长的重点和中心由国外向国内转移，这一系列经济政策被统称为内向经济增长模式。拉美国家通过各种贸易保护、税收和信贷优惠等政策鼓励本国企业的发展，特别是参与国际竞争的制造业部门享受更多的保护和优惠。因此，进口替代工业部门以及与这些工业部门发展相配合的基础设施建设部门和服务业成为拉美地区最具经济活力的增长部门。

20 世纪 50 年代，在拉美经委会理论的指导下，更多的拉美国家转向了进口替代工业化经济发展模式。许多拉美国家的政府开始承担起推动工业化的责任，大量国有企业被建立，各种基础建设被推动，拉美国家经济开始复苏。二战后 30 年间，拉美经济快速发展，年均增长率维持在 3.3% 的水平。同时，人口快速增长，且与 20 世纪 30 年代以国际移民为主的增长不同，这一时期主要表现为本国出生人口的快速上升。同时，拉美国家的预期寿命不断上升，婴儿和儿童死亡率不断下降，初中等教育入学率快速提高，文盲率水平不断下降，城市化水平也快速增长。

部分学者认为这一阶段的内向经济发展模式，可能使一些国家的收入分配状况有所改善，但缺乏统计资料证实。这些学者的理由是，在劳动力资源供给不充足的情况下，资本从生产率水平较低的农业和手工业转向高关税保护下的本国工业经济部门，提高了劳动生产率水平；同时，城市工

会和群众性组织的广泛建立，可以增加劳动者的议价能力，应该可以改善收入分配状况。但是，二战结束后，大量的农村劳动力涌入城市，改变了城市劳动力供给不足的状况，又使这一经济阶段在接近尾声的时候，出现新的收入和财富向上层积聚现象。

表2　　　　拉美国家1950～1980年间经济发展速度简表（%）

时期	拉美二十国	拉美十五国	拉美十国	拉美六国	拉美四国
1950～1960	2.3	2.3	2.3	2.4	3
1960～1970	2.9	2.9	3	3.2	3.2
1970～1980	3.3	3.3	3.3	3.4	3.7

注：拉美四国为巴西、智利、墨西哥和委内瑞拉；拉美六国在拉美四国基础上增加阿根廷和乌拉圭；拉美十国为拉美六国加上哥伦比亚、古巴、厄瓜多尔和秘鲁；拉美十五国为拉美十国基础上增加哥斯达黎加、萨尔瓦多、危地马拉、洪都拉斯和巴拿马。

资料来源：Leandro Prados de la Escosura（2005）。

这一时期，拉丁美洲国家的收入分配状况继续恶化。1970年拉美收入最低的20%的居民收入仅占所有收入的3.4%，而同期发展中国家平均为4.9%，发达国家为6.2%；基尼系数进一步恶化（见表3），收入集中程度远远高于发达国家类似发展时期（Cowell, F. A., 1977），而且经济发展速度最快的国家集中程度更强，发展的成果向高收入人群集中的倾向更加严重。工资收入状况也表明其最高收入者和最低收入者之间的差距远比发达国家悬殊（Barro, R. J. and J. W. Lee, 2001）。这一现象产生的原因在于拉美地区的土地资源和城市财富都集中于少数人手中，进而导致拉丁美洲发展过程中的经济收益也主要集中于社会上层。但这并不意味着穷人更加贫困，实际上最低收入阶层的实际收入也有所增加，只是在社会总收入中的份额有所降低，例如巴西。

表3　　　　拉丁美洲1950～1990年间的基尼系数简表

年份	1950	1960	1970	1980	1990
拉美四国	0.504	0.527	0.531	0.549	0.552
拉美六国	0.515	0.547	0.548	0.532	0.548
拉美十五国	0.506	0.539	0.535	0.519	0.537

资料来源：Altimir（1987）；Londoño and Székely（2000）

同时，农村剩余劳动力大量涌入城市，加剧了城市的失业问题，这与增长收益的不平等分配一起，对拉美各国政府的统治产生了挑战。经济上，受凯恩斯主义影响，拉美经委会认为收入分配的不平等状况导致社会需求不足，缩小了商品的有效市场和进口替代工业化的范围，需要通过收入再分配开拓商品市场，从而为工业化进程注入新的活力；政治上，受古巴革命的影响，各国政府认识到收入分配不公的潜在风险。为此，自20世纪50年代开始，收入分配改革被各国纷纷提上日程，并且进行了不同程度的实施。

各国调节收入再分配的方法不同，各有侧重。以下简述其中几类改革方法。

第一种方法是大幅提高工人的实际工资水平。部分国家采取这一方式调节收入分配，例如阿根廷和智利。在剔除社会保障因素后，工资占国民生产总值的比重从1943～1944年的36.8%逐步增长到1950～1952年的43.7%。但是，大量的研究发现，这一手段只能在短期内取得成功，长期看却往往适得其反。以阿根廷为例，阿根廷的工资提升改革造成了其后几十年内收入分配份额问题的激烈争斗，政变频繁，进而导致宏观经济形势的动荡，并加剧了通货膨胀。智利阿连德政府实行的类似政策也导致了同样的后果（李琼英，1981）。

第二种方法是通过各种财政和社会保障政策，调节收入再分配。这些财政工具包括：改革税制，增加累进性质的所得税比重，改善税后收入分配；政府向各项有利于全体国民，特别是低收入人群的部门和制度提供资金帮助，例如卫生和教育领域。但是，由于制度设计和运行的问题，除哥伦比亚和哥斯达黎加外，其余各国实施该政策工具的效果并不明显，甚至出现了一些负面效果。税收政策改革方面，虽然开征了新的所得税税种，但税种设计不合理使中低收入人群成为税负主体；同时，逃税现象普遍，仅有小部分人群缴纳所得税（Vito Tanzi, Luiz Villela etc., 2008），例如尼加拉瓜，60年代缴纳所得税居民仅占人口的0.2%。财政政策方面，最低收入阶层可以从初等教育和卫生医疗支出中受益，而中上层民众则是中等和高等教育的主要受益者。尽管所有国家的初等教育入学比例均有上升，但是财政投入以高等教育为主，导致财政政策虽对最低收入阶层有所帮助，但主要受益者仍为中等收入阶级，例如哥斯达黎加；同时，很多财政补贴的受益人群虽为中低收入人群，但由于制度设计问题，实际受益者为中等收入人群。即使在财政政策发挥了作用的国家，其效果也不足以抵消累退性质间接税的负面影响，间接税仍是政府收入的最重要来源。社会保障政策方面，制度设计的不合理也使原本应当履行收入再分配职责的这些机制呈现出逆向再分配效果。

第三种方法是使用更激进的土地改革方式调节收入分配。拉美流行的一个观点是将大农场重新分配成小块土地，从而使产量得到提高。虽然20世纪60年代许多国家进行了土改，但对于大多数国家政府来说，这只是应付"争取进步联盟"① 的一些表面文章，原因是忌惮地主阶级的影响力和改革可能对农产品出口产生的负面影响。60年代，智利和秘鲁的大规模土地改革都遭到地主阶级的反对，并产生了社会动荡，对经济发展产生了不利影响。而在采用缓和土地改革措施的国家，对于土地改革的恐惧促使大农场主采用先进技术，结果反而比以前更有竞争力（Thiesenhusen，William C.，1995）。

第四种方式是部分国家采用的较为激进的非土地财产（予以补偿或不予以补偿）国有化运动。拉美国家经常发生的国有化运动，例如智利、古巴和玻利维亚的国有化，通过剥夺上层阶级的财富，对收入分配产生了直接的影响。虽然国有化是调节收入分配的有效措施，但这种改革往往过于激烈，常导致社会和政治动荡。

总结起来，这一时期，除古巴外，拉美其他国家的收入分配状况仍不断恶化。即使有若干改革收入分配状况的尝试，却多由于制度设计的原因，导致改革的收益更多地流入中上层，最低收入的20%人口所得甚少。排除激进的土地改革和国有化运动，财政和工资政策仅能在短期内发挥效果，难以长期帮助改善收入分配状况。但是，在20世纪80年代债务危机

---

① 争取进步联盟是美国和拉丁美洲国家为应对古巴革命而建立的一个组织。

爆发前，拉美的收入分配总体上还算稳定。一方面，内向增长模式带来的高关税和高估的汇率，削弱了初级产品的竞争力，抑制了农业部门和初级产品出口部门的过高收入，一定程度上缩小了收入差距；另一方面，在相对稳定的通胀水平下，借助外债推动的经济增长导致实际工资的增长和中产阶级的不断扩大，也在一定程度上缓解了收入差距的恶化程度。

五、促进非传统产品出口经济发展阶段收入分配状况

20 世纪 60 年代，进口替代的初级阶段基本完成。此后，内向发展模式的收益日益减少，工业化的弊端逐渐显露出来，例如内部市场狭小、外汇缺口加大、财政赤字增多等，利用资源优势实现内部资本积累的良性循环也并未形成。拉美国家在内部市场饱和后，并未走向出口替代。部分国家虽有转向出口替代模式的倾向，但是 1973 年的石油危机发生后，欧美国家的经济滞涨，资金需求下降，大量低利率贷款涌入拉美等发展中国家，导致其放弃了原有的出口替代发展方向，而走向了"负债发展"的道路，错过了经济发展模式的转换机会。这一时期，大多数拉美国家都出现了消费品进口管制放松、贸易赤字逐步增大、金融投机活动蔓延、通货膨胀不断加剧、货币连续贬值等问题。

举借外债成为拉美国家的主要资金来源。1981 年拉美国家的外债激增到 2574 亿美元，需要支付的债务利息已占当年出口收入的 26.4%（ECLAC，1990）。因此，虽然拉美国家在该阶段取得较高的经济增长率，但其在外债问题上严重失控，最终导致 80 年代以债务危机为中心的经济危机。1982 年债务危机发生后，迫于债权国和国际货币基金组织的压力，拉美国家开始实施市场化、私有化、自由化、国际化的新自由主义发展方式，产生了一种以非传统产品（包括工业制成品）为基础的新的出口导向发展模式，但这种经济增长模式忽视了政府对经济的干预。

这一时期，一般认为有以下几个因素影响了收入分配状况，加剧了收

入分配的不平等程度。

首先是各国对债务危机的应对方式，对低收入阶级产生了不利影响，导致债务危机初期拉美贫困人口显著增加，基尼系数上升。一方面，许多国家采用增发货币的方式来缓解债务危机带来的内部经济失衡问题，往往导致恶性通胀，致使工资增长速度难以跑赢通胀速度，实际工资水平不断下降；另一方面，长时间的通胀和赤字状态导致投资下降、资本外逃和宏观经济衰退，失业率不断上升，家庭实际收入不断减少。

表4　　　　　拉美国家1980~2000年的经济发展速度简表

时期	拉美二十国	拉美十五国	拉美十国	拉美六国	拉美四国
1980~1990	-0.5	-0.5	-0.4	-0.5	-0.2
1990~2000	1.3	1.3	1.3	1.5	1.3

其次，外部设计的债务危机治理对策也恶化了收入分配状态。这些政策的根本目标是短期内提高外债的偿还能力，完全忽略其对收入分配状况的影响，导致拉美国家收入分配状况进一步恶化。一方面，这些经济稳定计划所使用的财政和金融双紧缩政策对消费和投资产生了强烈的抑制，导致拉美经济进一步衰退，失业进一步增加。另一方面，正统的经济稳定计划要求冻结工资，与此同时通货膨胀高涨，这实质上降低了普通民众的实际收入，导致收入分配不公问题的加重。1988年，巴西国内经济增长率不足1%，而通货膨胀率却高达1000%（李春辉，2011）。1990年，拉美的人均产出比1980年的人均产出下降了8%，人均收入下降了15%，拉美地区的基尼系数也从0.55上升到0.583（Albert Berry，1997）。

另一个影响收入分配的是债务危机后各国采取的新自由主义发展策略，这一发展策略为拉美地区带来了继大地产制后的又一次生产要素大规模重新分配，但是这次生产要素分配并未改善收入分配状况，反而使财富进一步向上层集中。新自由主义者认为，拉美国家债务和经济危机产生的主要原因是长期实行内向发展模式，保护主义色彩严重，缺乏对外资的鼓励，资源不能有效配置，国家对经济干预过多，私营部门过于弱小等。他们主张通过"自由化"、"市场化"和"私有化"色彩的改革改变这一问题。首先，外贸领域采取降低关税、消除非关税壁垒等方式逐步开放国内市场。1985～1990 年的 5 年内，拉美地区的平均关税从 40% 降低到 15%，最高关税从 83.7% 降低到 41%。但是，这种贸易自由化的最终结果是使拉美国家脆弱的本国企业在外来产品的竞争下难以生存，纷纷倒闭，大量工人失业而陷入贫困。其次，在金融领域通过利率市场化、国有银行私有化、减少存款准备金和开放资本市场等方式，减少政府的干预，吸引外国资本。90 年代拉美最大的 500 家企业中，跨国公司所占的企业由初期的 149 家增加到后期的 230 家，销售额所占的比重也由 27% 增加到 43%。虽然大量外资涌入拉美国家，但其投资形式以并购现存资产为主，并未大量新增就业和生产能力，在改善当地的就业和收入状况上效果并不明显。阿根廷、墨西哥和巴西作为引进外资最多的拉美国家，其平均实际工资水平逐年下降，其中阿根廷 2002 年比 1992 年下降了 17%。同时，外资的大量涌入造成进口快速增长和财政赤字，进而导致拉美国家外债数量不降反增；2000 年拉美国家外债已达 7405 亿美元，较 1991 年底上升了 2800 多亿，进一步恶化了拉美的经济状况，导致失业率上升，贫困人口数量剧增。此外，主要拉美国家只用了 4～6 年时间就完成了多数国有企业的私有化。但是，大多数国家的私有化进程并不公平和透明，与政府官员关系密切的国内和国际财团成为最大的赢家，包括金融、电信、矿产等战略行业的国有资产被资本垄断。政治精英和资本所有者在私有化浪潮中大肆攫取公共财富，工人则成为私有化后大裁员的牺牲者，2001 年的平均失业率为 8.3%（ECLAC，2011）。

大部分学者认为，拉美失业率水平维持高位是新自由主义的一个显著成果，最终加剧了资本拥有的不公平程度，导致劳动者实际工资的下降和不同劳动者之间收入差距的扩大。

同时，新自由主义为扭转不利于资方的劳动保护政策，劳动力市场的劳动保护政策不断放松，这加重了收入分配的不公平程度。这种以增加劳动力市场灵活性为目的的改革，引发了集体谈判制度的取消、解雇限制的放松、解雇补偿的减少等一系列有损劳动者权益的方式，进而导致了工人实际工资的下降和群体间收入差距的扩大。

税收制度改革也导致以增值税为主、具有累退性质的间接税成为主要的税收来源，以及累进效果的直接税在税收中的比重不断降低；同时，个人所得税税率、起征点不断下降，税收制度的收入再分配能力下降。此外，税收征管体系依旧低效，富人偷税漏税现象普遍，直接税的税负主体主要是占人口多数的普通民众。

债务危机后的一系列改革政策叠加在一起，虽然在改革早期，高估的汇率水平使得实际工资水平、引进外资量、外债偿还水平等都有所增长，国内投资和消费有所扩大，经济出现了短暂繁荣；但是，这些改革所带来的虚假繁荣并不能持续，资本大量外逃，经济增长乏力，最终致使拉美国家的收入分配状况进一步恶化。2002 年，拉美贫困人口达到 2.21 亿，其中 9740 万为绝对贫困（CEPAL）。1999～2002 年，9 个国家的基尼系数有不同程度的上升，9 个国家有所下降；2002 年最高的是巴西和阿根廷，分别达到 0.639 和 0.590；最低的是乌拉圭（城市地区）和哥斯达黎加，分别为 0.455 和 0.488。

赵　斌（中国人民大学）　王雄军　执笔

参考文献

[1] 李春辉. 拉丁美洲史稿. 北京：商务印书馆，2001

[2] 李琼英. 阿连德经济政策的教训. 拉丁美洲研究，1981（4）

[3] Victor Bulmer Thomas. "The Economic History of Latin America since Independence", Cambridge, Cambridge University Press, 1994

[4] Angus Maddison. "The World Economy: Historical Statistics", OECD Development Centre, 2003

[5] Bates, R. H., J. H. Coatsworth, and J. G. Williamson, "Lost Decades: Post independence Performance in Latin America and Africa", Journal of Economic History, 2007, 67: 917 – 43

[6] Leandro Prados de la Escosura. "Growth, Inequality, And Poverty In Latin America: Historical Evidence, Controlled Conjectures", Economic History and Institutions Series 04, Working Papers in 05

−41（04），2005

[7] Bértola, L. , C. Castelnovo, J. Rodríguez and H. Willebald . "Income Distribution in the Latin A-merican Southern Cone During the First Globalization Boom and Beyond", 2008

[8] Prados de la Escosura, L. , "Inequality and Poverty in Latin America: A Long − Run Exploration", in T. J. Hatton, K. H. O' Rourke, and A. M. Taylor (eds.), The New Comparative Economic Histo-ry (Cambridge, Mass. : MIT Press), 2007, pp. 291 −315

[9] Cowell, F. A. , "Measuring Inequality", Philip Allan, Oxford, 1977

[10] Barro, R. J. and J. W. Lee. "International Data on Educational Attainment: Updates and Implica-tions", Oxford Economic Papers, 53, 2001, July, 541 −563

[11] Vito Tanzi , Luiz Villela, Alberto Barreix, Reuven S. Avi − Yonah, Richard M. Bird , Harry Huizin-ga. "Taxation and Latin American Integration" . Inter − American Development Bank, 2008

[12] Thiesenhusen, William C. "Broken Promises: Agrarian Reform and the Latin American" . Campesino. Boulder, CO: Westview Press, 1995

[13] ECLAC, "Changing Production Patterns With Social Equity", Libros de la CEPAL, No. 25, Santia-go de Chile, 1990

[14] Albert Berry , "The Income Distribution Threat in Latin America, Latin American Research Re-view", Vol32, No2 , 1997, p 5

[15] ECLAC. "Statistical yearbook for Latin America and the Caribbean", 2011
http: //www. eclac. org/estadisticas/default. asp? idioma = IN

[16] CEPAL: Panorama Social de América Latina 2002 −2003

公共部门薪酬激励的国际
比较及启示

公共部门的薪酬激励需要考虑两个核心问题，一是如何使薪酬水平保持与整体劳动力市场的联系，保证吸引到需要的人才；二是如何激励雇员勤奋、努力地工作，保证公共服务普遍、高效的提供。本文将主要围绕这两个问题，以教育、卫生行业为例，介绍经合组织（OECD）国家公共部门的相对薪酬水平并与我国比较，再看其薪酬激励制度的设计与改革对我国有哪些启示。本文利用的数据资料主要来自经合组织的公开出版物，并利用了近期赴日本、韩国考察获得的数据和案例。

一、OECD国家教师医生的相对薪酬水平及与我国的比较

国际上，通常拿年工资与该国人均国民生产总值（GDP）的比率来反映某一职业的相对薪酬水平。本文主要采用这一指标来衡量，并以某行业平均工资与社会平均工资的比率指标进行辅助衡量。

1. OECD国家中小学教师的相对薪酬水平

从20多个OECD国家中小学教师年工资与该国人均GDP的比率来看

（参见图1），以小学教师为例，2/3 国家的水平在 1 以上，最低是挪威为 0.66，最高是韩国为 2.01，中位数是荷兰为 1.14。与社会平均工资相比较（参见图2），结果也差不多，大多数国家中小学教师的薪酬略高于社会平均工资或与之相近。

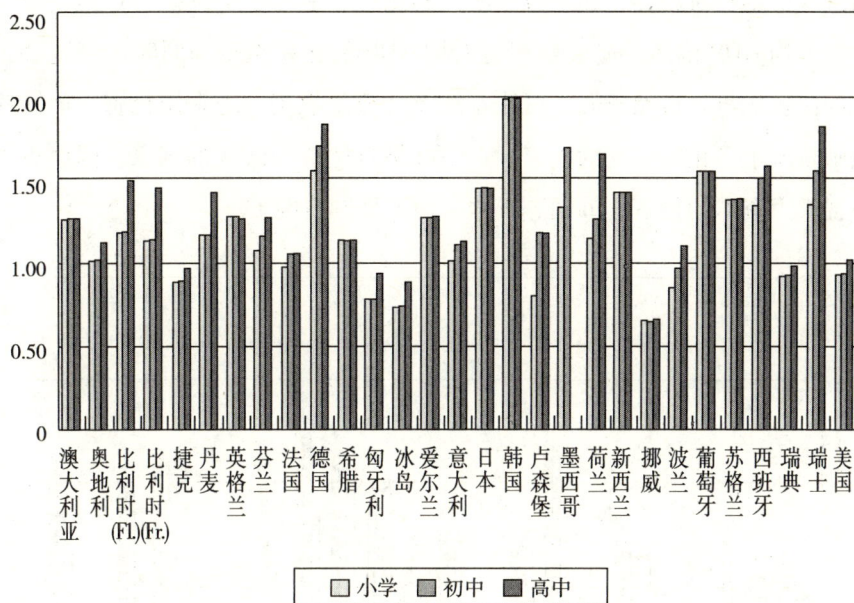

图1　OECD 国家 2008 年中小学教师工资与人均 GDP 的比率

注：①以接受了最低要求训练，有 15 年教龄的教师为基准。下同。②使用数据是公立学校的法定年工资，换算成按购买力平价的等值美元比较。下同。③比利时（Fl.）指比利时荷兰语区，比利时（Fr.）指比利时法语区。

资料来源：Education at a Glance 2010：OECD Indicators。

国家之间的差异，有很多客观影响因素，例如不同国家教师受教育培训年限的绝对水平及其在国内与其他从业人员相对水平存在差异，因此也体现在作为人力回报的薪酬上；有些则是制度细节不同造成的，如不同国家教师工作时长存在一些差异，即使小时工资率一样，在年薪上也会出现差异；还有诸如不同的师生比等因素也会带来影响。但有些差异则体现了国家的战略意图，例如韩国中小学教师的工资相对水平在 OECD 国家中是最高的，与人均 GDP 的比率达到了 2.01，即使绝对水平也仅次于卢森堡，这样韩国的教师职业成为最有吸引力的职业之一，聚集了几乎最优秀的人才。韩国的教育质量也因此较高，在历次国际学生评价项目（PISA）中，韩国学生的成绩一直名列前茅，在 2009 年的测试中整体位居第一。当然，教师薪酬的高低并不是影响教育质量的唯一因素。有些较发达国家教师的薪酬水平则相对较低，如挪威、澳大利亚，可能由于资源矿产业是主导产业，人均 GDP 偏高，造成薪酬与人均 GDP 的比率偏低；同时由于这些国家的比较优势是自然资源，可能有意无意地忽视了人力资源投资。而有些教师薪酬水平相对较高的国家，也正好是自然资源匮乏的国家，因而更加重视人力资本的投资，韩国、日本、瑞士是典型例子。

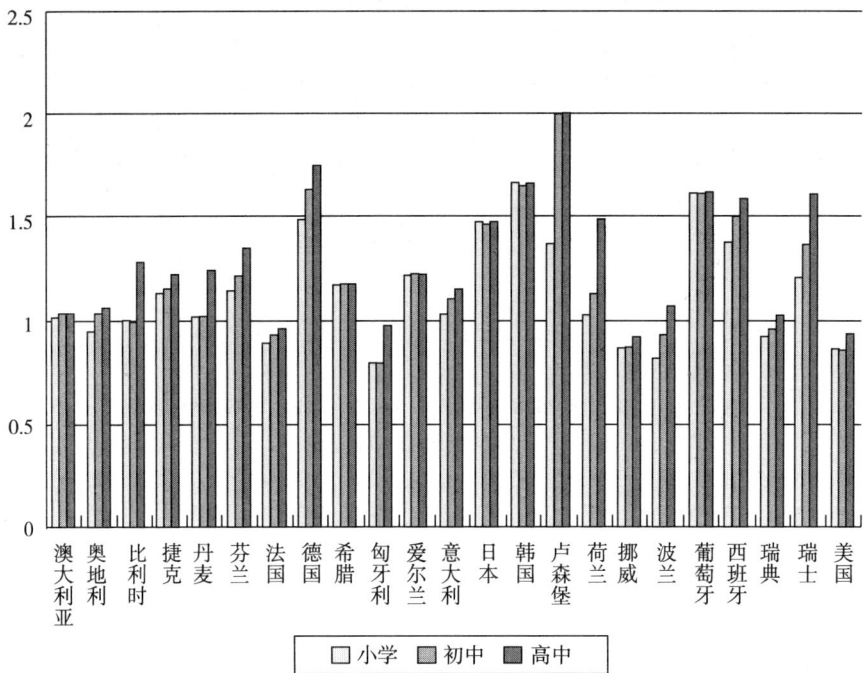

图 2　部分 OECD 国家 2008 年中小学教师工资与社会平均工资的比率

资料来源：Education at a Glance 2010；OECD Indicators；OECD. StatExtracts。

2. OECD 国家医生的相对薪酬水平

图 3 是部分 OECD 国家专科医生和全科医生工资与该国人均 GDP 的比

率。考虑与我国的可比性，这里主要看受雇医生的数据。从专科医生来看，比率最高的是英国为 4.75，最低的是捷克为 1.67，中位数是丹麦为 2.89；从全科医生看，比率最高的是葡萄牙为 3.52，最低的是匈牙利为 1.74。在国内被广泛作为对比的美国的数据既包括了受雇医生也包括了自雇医生，专科医生和全科医生工资相对于人均 GDP 的比率分别是 6.63 和 4.18，在 OECD 国家中几乎处于最高水平（仅须排除荷兰自雇专科医生）。

再与社会平均工资比较，也看受雇医生数据。专科医生类，比率最高的是英国为 4.3，最低的是匈牙利为 1.5，中位数是冰岛为 2.9，大多居于 2.5~4 之间；全科医生类，比率最高的是墨西哥为 3.9，最低的是匈牙利为 1.4，中位数是瑞典或卢森堡同为 2.2。

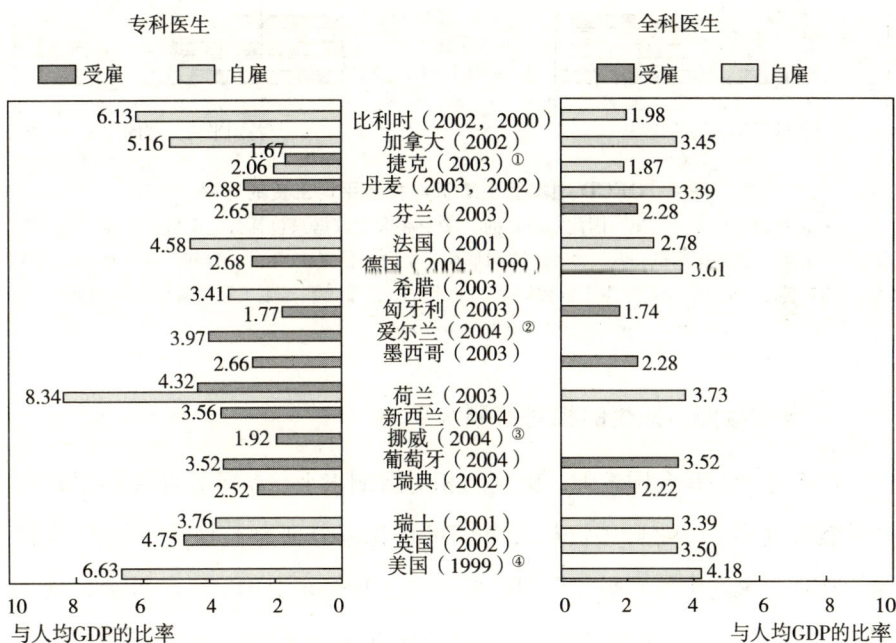

图 3　部分 OECD 国家医生工资与人均 GDP 的比率

注：①捷克受雇专科医生数据也包括受雇全科医生（占全部全科医生的 15%）。②由于爱尔兰的人均 GDP 夸大了其平均收入，比率低估了医生的相对收入。③挪威的受雇专科医生也包括助理医生。④美国的数据包括自雇医生和受雇医生（受雇医生约占 1/3）。

资料来源：Health at a Glance：OECD Indicators 2005。

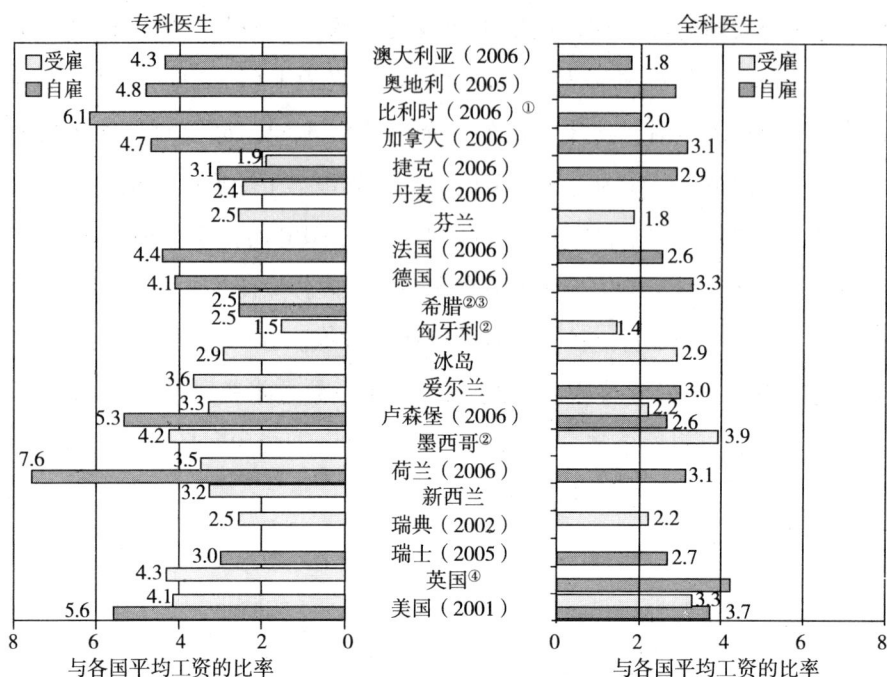

专科医生 / 全科医生

图4 OECD 国家医生工资与社会平均工资的比率

注：①数据包括业务支出，因此是高估的。②受雇医生数据只包括公立医院的，他们的薪酬水平相对比私立医院医生低一些。③受雇专科医生工资数据是 2005 年的，自雇佣专科医生收入数据是 2004 年的。④自雇全科医生工资数据是 2006 年的，受雇专科医生工资数据是 2007 年的。

资料来源：Health at a Glance：OECD Indicators 2009。

3. 我国教师、医生的相对薪酬水平

图 5 显示的是我国教师、医生的相对薪酬水平。初等教育（小学）和中等教育（中学）老师工资与人均 GDP 的比率分别为 1.15 和 1.31，大致是 OECD 国家的中等水平，但明显低于韩、日等东亚国家；与社会平均工资的比率分别是 0.90 和 1.02，大致是 OECD 国家的中等偏下水平，也明显低于韩、日等东亚国家。

再来看医生的工资，我国的统计数据只有"卫生"行业的总体数据，按这个数据比较，与人均 GDP 和社会平均工资的比率分别是 1.43 和 1.12。由于"卫生"行业工资数据是包括了医生、护士、管理人员、勤杂人员等各类人员的数据，以"卫生"行业工资替代医生工资数据，肯定是低估了

的。但即使考虑到这一点，与 OECD 国家相比，我国医生工资的水平仍然是偏低的。

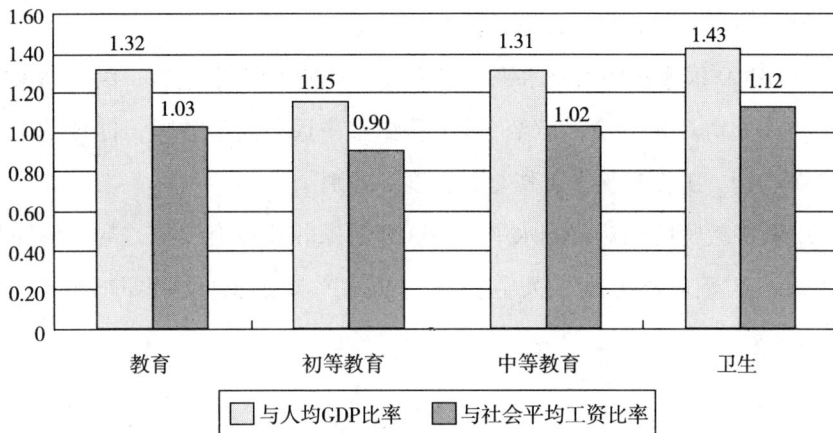

图 5　2008 年我国教师、医生工资与人均 GDP、社会平均工资的比率

注："教育"包含了高等教育。

资料来源：根据《中国统计年鉴（2009）》计算。

从表 1 可以看到，我国教师、医生的工资都比公务员（机关）低，而在日本、韩国，教师的工资都要略高于公务员，医生的工资在很多国家都是大幅高于公务员。虽然在我国部分教师、医生，特别是医生有不少灰色收入，实际收入要高于统计数据，但合法固定收入低，其他收入渠道得不到规范，扭曲了激励机制，这正是问题症结之所在。

表 1　　2008 年我国（城镇单位）教育、卫生及可比行业工资

	合计（元）	其中：国有单位	城镇集体单位	其他单位
教育	29831	29925	22645	31211
初等教育	25929	26006	21739	30343
中等教育	29579	29573	25418	32615
高等教育	43683	44050	27342	35686
卫生	32374	33298	24091	29217
专业技术服务	47286	44581	28743	55649
事业单位	29251	29491	22337	28543
机关	33209	33220	23527	
社会平均工资	28898			
人均 GDP	22640			

资料来源：《中国统计年鉴（2009）》。

4. 几点初步结论

从上述比较可以得出以下几点初步结论。

①OECD 国家教师薪酬水平大多为人均 GDP 的 1 倍左右，医生薪酬水平大多为人均 GDP 的 2 ~ 3 倍。医生薪酬水平远远高于教师，体现的是人力资源类别、工作时长、工作复杂程度等差别。

②我国教师的相对薪酬水平与 OECD 国家相比没有明显差异，但明显低于韩、日等东亚国家；医生相对薪酬水平则远低于 OECD 国家平均水平。

二、OECD 国家公共部门绩效薪酬改革的背景与效果

1. 绩效薪酬政策引入的背景和实施情况

二十多年前，几乎所有 OECD 国家在公共部门实行的都是根据服务年限渐增的薪酬制度。但这并不是说，政府雇员以前缺乏业绩激励，提职就是一种较强的激励。但是，20 世纪 70 年代末以来，在多种经济社会压力下，需要有提职之外的激励手段来加强绩效管理（performance management）。薪酬激励便被视为新的选择或补充手段。到 21 世纪初，大多数 OECD 国家的公共部门都实施了绩效薪酬计划（performance – related pay，PRP）或类似计划，特别是针对高级管理人员，后来也扩大到非管理人员。绩效薪酬政策是 20 世纪 70 年代末 OECD 国家面临经济和财政危机的时候引入的，引入该政策的目标是多重的，但主要目的是提高公务员的工作积极性和责任心。绩效薪酬在公共部门的运用反映了私营部门激励和个人责任文化对公共管理的影响。

在大多数 OECD 国家，公务员的工资主要包括三个部分，一是基本工资，二是与岗位职责相关的报酬，三是与业绩相关的支付，即所谓的绩效薪酬。后两者都是可变部分，但不应混淆，岗位薪酬是基于对"预期"表

现（根据工作内容）进行的事前评估，绩效薪酬则基于事后评估。在几乎所有的 OECD 国家，管理人员薪酬的确定，更多是依赖事前评估而不是事后评估。

绩效薪酬是建立在这样一些假设的基础上的：①个人、团队/部门、机构的产出能够被精确测量；②个人和团队/部门的产出对机构绩效有积极贡献；③增加薪酬能够产生预期的激励。但实际上，在公共部门是很难同时满足以上假设的。因此，很少有国家全面采纳统一的绩效薪酬制度。而且各个国家追求的目标侧重点也不尽一致。北欧国家比较注重员工发展，英联邦国家更加注重激发工作积极性，而法国、意大利等国家则强调高级公务员的领导力和可问责性。OECD 国家的绩效薪酬没有一个单一的模式，依各国公务员制度［如职涯制（career – based system）还是职位制（position – based system）］、薪酬决定机制和人力资源管理的集权化程度而变。但也有共同的特点和趋势，包括：绩效薪酬政策的运用从管理层延伸到了其他雇员；更多地针对集体业绩而不是个人业绩进行评估；绩效薪酬的决策和执行更加分权化；与业绩相联系的薪酬量较小，特别是对于非管理层雇员，般不会超过基本工资的10%。

2. 绩效薪酬政策的实施效果

绩效薪酬是一个很诱人的主意，但 OECD 对十多个国家的评估（OECD，2005）表明，绩效薪酬的实施是复杂和困难的。主要原因在于公共部门的绩效测量是非常困难的，不仅因为找到合适的定量指标很难，也因为绩效目标会随着政府政策的变化而变化。很多研究得出结论，绩效薪酬对于绩效的积极影响是有限的，甚至是消极的，因为有时候如果过分注重个人业绩反而会影响合作和团结。

OECD 的评估报告认为，基本工资保持与整体劳动力市场的联系很重要，基于绩效的额外支付对大多数政府雇员来说是第二位的激励，特别是对于非管理层雇员。工作内容、职业发展前景对政府雇员来说才是最强的激励。绩效薪酬不管怎么设计，对大多数雇员来说激励效果不佳。

虽然如此，很多国家仍然在推行绩效薪酬，并未放弃。这并不说明这项政策很有效，OECD 认为可能是它有利于推动其他方面的组织变革（organizational changes），包括建立更有效的评价和目标设定机制，明晰任务，改善雇员和雇主的对话、团队合作等。绩效薪酬的引入可视为一种催化剂，间接地对工作绩效产生积极影响。

3. 韩国、日本教师医生的薪酬激励及其改革

韩国、日本与我国共处中华文化圈，且公共部门发展良好，对这两个国家教师、医生薪酬激励制度的考察能够给我们更多启示和借鉴。

在韩国，公立学校教师的法律身份是公务员，享有公务员的相应权利也承担相应义务，并受较多约束，例如不允许在业余时间以营利为目的当私人老师或在培训学校任教。韩国教师薪酬的相对水平和绝对水平在 OECD 国家中算是非常高的，因此吸引到了几乎全国最优秀的人才。"高薪"本身对教师就是一个非常强的激励。韩国自 1999 年开始在公共部门引入绩效薪酬政策，相关计划也覆盖了教师。但实施效果不理想，并在教育部门受到了较大抵制。2001 年，韩国教职员工会拒绝实施绩效薪酬，因为它是基于对业绩的区分，教师们更希望一种普遍的津贴发放。这也在一定程度上说明了文化对政策实施的影响和制约。韩国是一个比较同质的社会，利他和平等主义文化较强，如果有人得到了优待，其他社会成员会很敏感。

日本并没有在公共部门实行绩效薪酬，而且日本的企业薪酬制度长期以来也是年功制，并终身雇佣，近年来虽然有所变化，但总体上仍然保持着其自身的传统。日本著名企业索尼公司在本世纪初推行绩效主义后，带来了很多负面影响，不仅为了统计业绩花费了大量精力和时间，在真正的工作上却敷衍了事，而且扼杀了职工内在的工作激情和创新精神，被认为"毁了索尼"（天外伺郎，2007）。在没有全面研究的情况下，我们难以就绩效主义对索尼的影响下非常肯定的结论，但这至少说明即使在私营部门，绩效薪酬的效果也是有争议的，而且即使实施也必须考虑社会文化背景。日本没有在公共部门实施绩效薪酬，那么如何实现对雇员的激励呢？

在日本，教师也是公务员，且薪酬水平也相对较高，从而保证了体面、稳定的职业和收入，这本身就是一种较大的吸引力或激励。同时，日本及韩国注重对教师的定期培训，提供较好的职业发展环境，以提高教师的工作热情。在日本，各个非营利医院之间以及一个医院内部，同样资历的医生工资的差距也是很小的，不与医生个人的服务量挂钩。主要通过为医生提供安心工作生活的条件、配备先进的医疗设备、派到大城市工作培训等非薪酬手段来激励。当然，日本医生的相对薪酬水平是比较高的，为人均GDP 的 3 倍多。

三、对我国的启示

1. 相对薪酬水平应反映人力资源价值和职业贡献

从相对薪酬水平的国际比较来看，我国教师的薪酬水平是基本合理的。但是，中国作为一个人均自然资源较为匮乏的国家，需要更加重视培育人力资本优势，在教师薪酬水平上应向日、韩看齐。国家不久前提出要确保教师平均工资水平不低于当地公务员平均工资水平，这是正确方向，应长期坚持，稳步提高教师薪酬水平。

我国医生的相对薪酬水平虽然存在数据可比性问题，但还是可以下结论说平均水平是较低的。产生这种现象的原因比较复杂，但显然，在制定医生工资标准和医疗服务价格的时候，医生的人力资源价格被低估了。虽然不能说是这种价格扭曲直接导致了医生普遍谋取灰色收入，但显然是有重要影响的。建议在严格监控医生灰色甚至非法收入的前提下，提高医生的工资标准和医疗服务价格，真正体现医生的人力资源价值。可将医疗事业单位的工资标准制定从整体事业单位中独立出来，单独制定。

2. 绩效薪酬在公共部门能够发挥的作用是有限的

从 OECD 国家的经验来看，绩效薪酬对于提高公共部门绩效的作用是有限的，甚至还可能产生消极影响，主要原因在于公共部门的绩效测量非常困难。前些年，我国医生、教师的工资普遍与机构甚至个人的创收挂钩，这种"绩效"激励显然是错误的。从 2009 年开始推行的事业单位绩效工资改革试图制止这种现象，并用正确的指标来考核绩效。这种努力是值得赞赏的，但想要找到正确的指标是极其困难的，即使找到了可能正确的指标，也很容易被扭曲。因此不能寄希望绩效薪酬解决公共部门的诸多问题。

3. 更加注重能够改善公共部门绩效的其他重要改革

提高公共部门的效率，保证公共服务的普遍、高效提供，绩效薪酬只是其中一项试验性的措施，不能指望其解决公共部门的诸多问题。从 OECD 国家的经验来看，其一般是在其他相关制度已经比较完善的情况下，作为补充性举措进行试验的。其他相关制度包括教育、卫生的筹资及其分担机制，与学校、医院运营有关的立法，教师、医生的法律身份及其行为约束，招聘录用制度，专业技术职称评定制度，同行评价制度，培养培训体系等。我国在这些方面仍然有不少问题，特别是招聘录用、职称评定的不够公开、透明、公正，对后续的人力资源和绩效管理有较大负面影响。综合来看，推进绩效薪酬不是当前的重点，更加注重的应是同步推进其他重要改革，共同提高公共部门效率。

王列军　贡　森　执笔

参考文献

［1］ OECD, Performance – related Pay Policies for Government Employees，2005

［2］ 天外伺郎. 绩效主义毁了索尼. http：//www. chengmei – trout. com/hangyedt – 9. asp，原文刊登于日本《文艺春秋》，2007 年 1 月

公务员和准公务员的住房提供
——理论和国际实践

不同的国家对公务员有不同的界定。从最宽泛的角度看，公务员可以包括议会、各级政府部委、部委以外的政府部门（如海关、税务、司法），相对独立的非政府公共部门（例如邮政、慈善总会）及其所属的公共事业机构（如学校、医院）、军队、政府所有的带有企业性质的机构（如中央银行、公共电视台、水利电力公司、铁道等公用事业）中的专职工作人员等。在确定哪些人应该享受公务员待遇时，不同的国家的实践也不同，例如：学校教师在英国不属于公务员范畴，而在法国就属于公务员。本文中为了论述上的明确，把公务员界定为国家政府机关的专职公务员，其他公共服务部门的专职人员称为"准公务员"。鉴于完全区分二者很难，下文中统称"公务员和准公务员"。

公务员和准公务员的住房提供涉及了几个层面的理论问题。第一，公务员和准公务员是否有资格享受有别于非公共部门雇员的待遇。第二，市场为什么不能完全满足人们的住房需要。政府如果要对公务员和准公务员的住房实行干预可以从哪些环节入手。第三，国际上现行的做法是什么，这些做法是出于什么样的考虑。第四，没有得到满足的住房需要是否通过政府提供得到了解决，其特点和局限性表现在哪些方面。

本文特别指出，传统的根据政府是否提供公务员和准公务员住房来划分政府保障型和自由市场型的分类方式没有考虑到不同住房市场（部门）之间的衔接和覆盖面，以及政府住房提供对私人住房市场的影响。这样分类的缺陷是难以看到不同国家的做法之间实质上的联系。本文把这两个方面结合起来考虑，利用一个综合性的分析框架：政府保障—自成体系型；政府补偿—市场调节型；政府补余—市场统一型。在实践中，三种形式在很多国家同时并存。

下文首先阐述关于公务员和准公务员住房提供的理论争论，力图较为全面地反映出当今国际社会对公务员和准公务员住房问题辩论的多个角度。然后提出住房市场失灵的理论框架，及相应的市场和政府对策。分析不同国家针对公务员和准公务员的住房政策类型，相关的政策、特点和所面临的问题。最后通过研究结果指出公务员和准公务员住房困难和解决方法中的几个核心问题。

一、关于公务员和准公务员住房待遇特殊化的争论

政府为公务员提供住房或相关福利出于以下几种考虑：①特殊身份和地位；②劳动力市场供求；③工作需要；④支付能力。从特殊身份和地位考虑是假定公共部门的雇员和私人部门的雇员是不同的，所以需要特殊对待。从劳动力市场的供求出发是考虑到公共部门和私人部门的人才竞争，认为与住房有关的福利能够增加公共部门就业的吸引力。从工作需要出发是考虑到某些从事特殊职业和在特殊时间、条件和地点工作的人，需要有永久的或临时的、与其工作安排相适应的住房。支付能力则是从家庭收入和住房供求的经济角度以及住房作为一种道义性产品的社会角度看，提出应该让社会公民获得一定标准的住房。

1. 公务员和准公务员与其他社会公民的身份差别越来越小

公务员和准公务员是否应当在住房方面享受与私人部门雇员不同的待

遇？支持这个观点的人所面临的挑战是，要明确公务员和准公务员是不同于其他社会公民的特殊群体。对于这一点，不同国家的看法不同，而且在以前支持这个群体具有特殊性的国家，这个理论也日益受到质疑。

支持"特殊性"的观点认为，公务员和准公务员是与国家权威相关联的，和私人部门雇员不能相提并论。公共部门雇员是维护国家法制、执行政府政策的代理人。因此，公务员和准公务员需要保持高尚的道德水准，并为公众利益服务。国家和社会与公民有区别，公务员和其他部门的雇员也必然不同。基于此，许多国家对公共部门的机构作出特别的规定，期望公务员按照某种特殊的准则行事，遵循长幼尊卑，形成特殊的组织特征，个人享有明确的发展路线、终生就业、全职就业、优越的养老条件和严格的奖励制度，以防止政治影响、腐败诱惑、渎职、追逐个人利益和政府的不稳定。依照传统的公务员理念，只有这样才能保证公务员保持职业操守——忠于公共利益、保持中立、公正、不泄露机密。

因此，在很多国家，公务员是在等级分明的组织里面工作，雇用程序分明，履行具体的职业道德义务，流动性小，适应不同的工作条件并享有具体的福利保障。在这个体系内，公共服务与社会和公民相隔离，公务员没有权利就工作条件进行集体谈判。到目前为止，在欧洲特别是法国，以及东亚的日本和韩国，为公务员提供特殊待遇的做法在很大程度上还是出于这种考虑。与此相适应的住房福利不仅是直接提供住房或津贴，而且是按照公务员和准公务员的职级和工龄提供不同等级的待遇，确保公务员和准公务员地位即内部等级差异在住房分配中得到相应贯彻。

但是，这种特殊待遇一向受到公众的质疑，而且在近年来有所加剧。公共部门自身的发展也使得维持其雇员的特殊地位变得越来越困难。这些变化体现在如下几个方面。

第一，现代社会中，公共部门政府承担起很多过去从未承担起的角色，涉及公共服务的就业人数不断增加，公共部门支出已经达到较高的水平（参见图1、图2）。

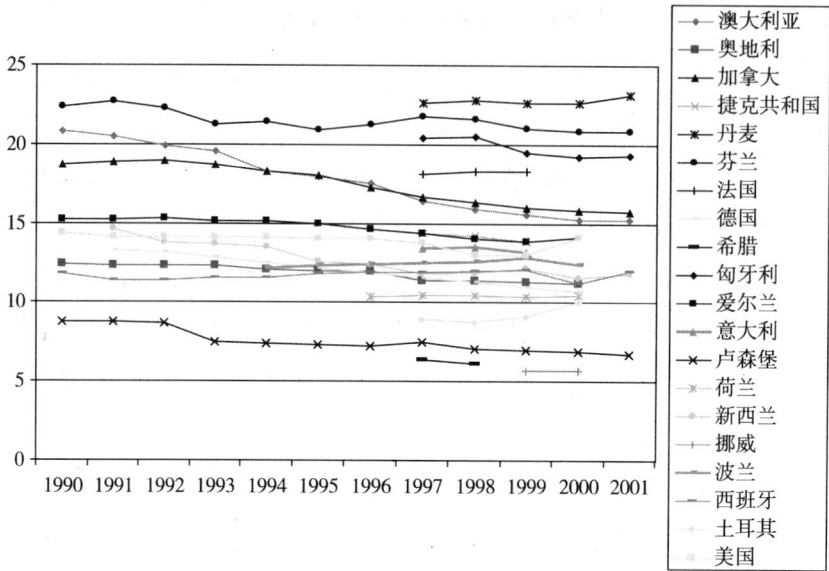

图 1   OECD 国家公共部门就业占总劳动力的百分比

资料来源：劳动力：OECD 劳动力统计，2002。公共管理：OECD 公共管理服务，2002。

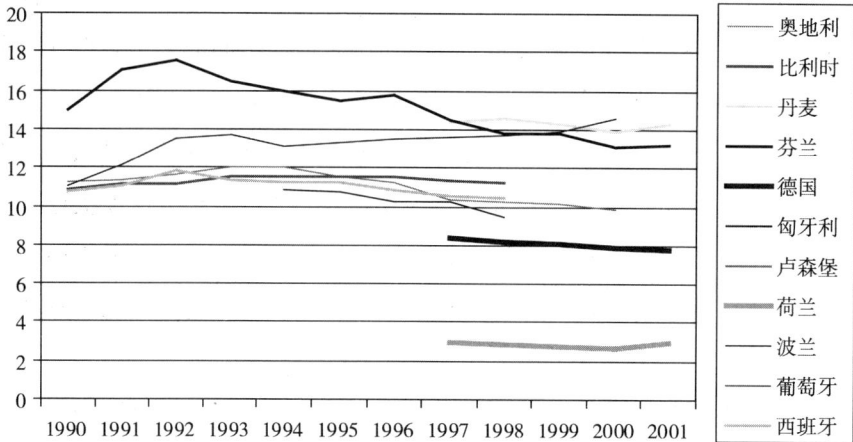

图 2   公共部门工资待遇成本占国民生产总值的百分比

资料来源：GDP：OECD 国民账户；工资待遇成本：OECD 公共管理服务，2002。

　　第二，很多政府部门和公共部门越来越向着提供服务的方向转化，与非官方的服务提供机构相比，其在效率上并不占优势。

　　第三，从管理上看，政府机构与其他企业组织的差异渐渐缩小，从不求盈利、不追求效率的行政模式向着降低成本和改进效果的方向转化。

第四，对公务员的道德水准、腐败的批评使公务员和准公务员更多地被视为自私的个人，而不是持高尚道德准则的群体。

第五，认为国家服务机构的工作效率低下、缺乏同私人部门竞争的能力的观点越来越占上风。这些变化进一步使社会对公务员和准公务员所受到的特殊待遇提出更多的质疑。

2. 对高水平人才的劳动力市场竞争决定公务员和准公务员应该获得与私人部门同等资历的雇员至少相同的待遇

尽管公务员和准公务员的劳动力市场本身与其他的劳动力市场相分离，但是人才的竞争在全社会范围内展开。公共部门对人才的需要有两个方面。

首先是劳动力密集度高。鲍谟尔的"成本病"理论指出，现代经济中公共部门开支的不断增加是和公共部门的人力资本密集度高有关的。在公共部门，由丁需要一定的人力投入，资本效率比资本和技术密集的行业提高的难度大。但是，这些劳动密集型产业又要依靠必要的劳动力供给来维持生产活动。高新技术产业的发展大幅度提高了私人生产部门的劳动效率，并大幅提高技术人员的平均工资水平，吸引了大量人才，迫使公共部门工资提高。否则，其他行业的较高工资水平，会影响到公共部门的劳动力供给。

其次是需要大量专业技术型人才。某些公共部门的专职人员，特别是政府公务员，如司法人员、警察、军人等往往有权干预或限制人的基本权利，而私人部门的雇员却没有这个权力。另外，公共部门的专职人员的工作涉及不同层次的决策，专业性比较强。因此，公务员和准公务员至少需要受过高等或专业教育及培训；技术人员则要有必要的专业知识和培训以及从业资格，比一般服务性行业的培训成本高。因此，公共部门对专职工作人员的就业连续性要求较高。雇主往往希望公务员和准公务员保持较长的就业并对雇主保持忠诚。

支持公务员和准公务员应当享受特殊待遇的观点正是从公务员职业的上述特殊性出发，认为公务员和准公务员的待遇应当不低于非公共部门同等资历雇员的平均收入和待遇水平。如果他们的收入水平不能够达到社会平均水平，就要有其他的福利，例如住房、医疗、养老等。即使他们的收入水平达到了社会平均水平，其他的福利也有助于他们热衷于本职工作。但是，这个观点也受到了一定的挑战。

首先，公务员、准公务员和私人部门的雇员之间的差别变得越来越模糊。即使能够对公务员和准公务员作出明确的规定，还是难以明确划分公务员和准公务员的工作范围。私有化过程中，很多以前由公共部门提供的服务已经部分或全部地由私人部门承担，利用项目合同将某些公共部门的服务外包的现象很多。公务员和准公务员的工作已经越来越多地由非公共部门的雇员来承担。此外，有的准公务员还同时在公共部门和私人部门兼职，例如，医生可以同时承担公共医疗的业务和私人诊所的业务。还有的部门，准公务员的工作内容相同，却可以分属于不同的部门，例如，荷兰、德国、奥地利的教师或者受公共法律管辖，或者受劳动法管辖，取决于他们的雇佣关系；又如，欧盟委员会的雇员中多数人是公务员，也有按合同雇用的临时和辅助性人员。也就是说，公共部门服务的所谓专业性不再是由公共部门所垄断的。就是在实践中，人们是否属于公务员和准公务员并不容易根据统一的标准判断，往往需要根据每个人的情况具体判断。因此，在很多国家已经不再区分公务员和准公务员。此外公共部门和私人部门的活动也越来越多地出现交叉。

从这个角度看，人才的竞争今后将越来越多地体现在跨越部门的行业间竞争，而不是公共部门和私人部门向隔绝的部门内部人才竞争。无论公共部门还是私人部门的收入水平，均取决于其劳动生产率和员工的谈判能力。这种趋势本身就违背了传统意义上公务员享受稳定收入、但是放弃集体谈判和罢工权的社会契约。既然现代国家中公务员与国家的契约的性质发生了根本性的变化，对于公务员和准公务员的特殊待遇也就显得不是那么必要了。

值得注意的是，上述说法并没有去关注公共服务提供相对于私人部门服务的必要性和优越性。因此，至多只能部分地解释现代社会中公务员所能享受的特殊待遇越来越少，或者能够享受特殊待遇的公务人员相对减少的趋势，却不能完全解释在实践中，许多国家依然保持了公务员和准公务员的身份的现象。

3. 某些公务员和准公务员的工作要求相应的福利待遇

除了对身份地位的考虑之外，还有一些国家根据公务员和准公务员的职业特殊性提出应当为他们提供特殊的福利安排。以住房为例，公安人员的居住地应该有利于执法并保护其家庭人身安全；消防人员的居住地应该能够满足执行紧急任务的需要；外派公务人员需要享受临时或长期的住房补贴或相应的安排等等。需要特殊补偿的原因有：①公务员和准公务员因为工作需要，住房的选择范围受到了限制，因而需要政府对他们的牺牲作出一定的补偿；②临时性的迁移导致家庭收入或财产损失；③在因为工作原因需要安家的地方，住房价格高于承受能力。

很多国家都针对特殊工种的公务员提供住房支持。这也是政府对公务员和准公务员的住房提供中争议相对较小的领域。即使如此，也还是有人提出可以利用面对公众的公共住房来协调这些人的住房，或者通过收入的补偿来解决。

4. 公务员和准公务员的收入水平要求一定的特殊待遇

与私人企业相比，公务员和准公务员的收入水平往往不一定能够满足按市场价格购房的需要，特别是公共服务部门的人员，如政府的低级办事员、教师、护士、社会工作者等。他们是一个社会中不可缺少的群体，但是收入相对较低。在平均收入水平高的城市，其往往因工资不能达到城市的平均水平而无力解决住房。这造成的直接后果就是这些部门招聘困难；或者即使愿意加入公共服务部门的人，也不能到平均收入水平较高的大城市就业，而这些大城市又恰恰是对公共服务的专业人才需要量大的地方，从而造成了局部地区的公共服务人员短缺。

支付能力理论与劳动力市场竞争理论的区别在于，支付能力理论强调的是公务员和准公务员，特别是加入工作时间较短和层级较低的人员，由于收入水平相对较低，从某地的劳动力市场被排挤出去。其特点是，在当地以该收入水平招聘的难度加大。即使不存在劳动力短缺的问题，但是因为生存的困难，还会出现市场供给不足的状况。而市场竞争理论则强调劳动力在市场中相对主动的选择。这种选择应当是在同等水平之间的职位间的。因此，只要市场上有足够的劳动力供给，并不一定会对公共部门本身造成严重的影响。

如果这些部门的就业人员中包括关键性劳动力——他们对社会经济的运转是不可或缺的，则会造成恶劣的影响。军人、公安及消防人员、教师、护士、公交司机在一些国家如英国被定义为关键岗位就业者（key workers）。关键岗位就业者往往工资收入较低，不足以承受市场住房价格。此外，关键岗位就业者需要一定的培训期和实习期，在此期间收入更低。他们没有能力在市场上购买甚至租用私人住宅。这种现象在房价/收入比较高的地区如伦敦，成了劳动力进入的障碍。政府如果要解决公共部门关键就业人员的缺乏问题，就面临着如何采取相应措施、提供吸引人的就业条件从而克服行业进入障碍的问题。

支付能力是迄今为止论证公共部门雇员住房需要非市场因素支持的最有力的论点。但是，对这一理论也存在反对意见：难以确定社会中不可或缺的关键劳动力到底是哪些人，而且很难明确关键劳动力的住房应该参照什么样的标准。

从上述角度看，传统意义上以特殊身份和社会等级为基础的公务员和准公务员福利待遇已经较难得到社会和公民的支持。同时，劳动力市场供求因素也会因为公务员、准公务员和非公共部门雇员之间的差别逐渐缩小，以及公共部门与非公共部门的组织和管理结构差别的缩小而无法支持公务员享受特殊待遇。但是，关键性就业岗位和相对低的工资收入水平却有可能影响公共部门的服务效率和局部地区的劳动力供给。

因此，很有必要研究如何能够解决公务员和准公务员面临的住房困难问题。

二、住房和住房市场的一般特征：完全靠私人市场 无法实现公平和有效的住房提供

如果公务员的住房状况不尽如人意，是否应该利用政府政策来扶持呢？事实证明，到目前为止，世界各国的住房提供都依靠市场和公共政策的协作。但是，每个国家都面临着市场和公共政策应该怎样协调的问题。住房提供之所以不可能完全仰仗私人市场，与住房的诸多特性是分不开的，而这些特性又决定了单靠住房市场不可能彻底地满足人们的住房需要。这里强调的是需要，而不是需求。支持政府干预的观点认为：人们对住房的需要还包括了人们为了维持基本的生活条件想要购买但却没有支付能力的部分。而这部分需要则是市场很难有效地提供的。

1. 住房市场结构和理想状态的市场

住房市场包括：由私人购买并自己居住的房主自住房，由私人购买但是供房客在市场上租住的出租房；由政府和非营利机构提供的社会性住房（或称公房、廉价房）。在完全的公房和私人住房之间还存在多种其他的中间性的住房所有形式，例如私人自建房、由雇主提供的住房、私人分享产权、公房私售等等。之所以有这么多产权形式，主要是因为住房的所有权和居住权可以分离。不同所有权类型的住房形成了针对不同对象的住房市场，除了有新房的销售市场外，还有二手房的产权转让市场和私人出租房市场。

如果要通过自由竞争的市场达到资源的有效配置，必须满足一定的条件。这些条件包括：市场中应当有众多的买方和卖方；市场的进入和退出是没有障碍的；买卖双方都是价格的接受者，没有一个买主或者卖主能够

凭借自己的垄断力量控制市场的价格；买卖双方应该有完全的信息。当然，讨论这些前提条件的一个根本性的假设是，市场首先应该是存在的。如果市场本身不能提供消费者所需要的产品和服务，市场的有效性则无从谈起。此外，市场不应该存在外部性，即基于买卖双方的交易行为不会影响到市场交易以外的其他人。

从住房市场不同组成部分之间的关系看，一个部门的住房供给会直接或间接地影响到其他住房的供求。当私人产权的住房供给量大大增加的时候，有可能导致房主自住房市场价格的下降，从而吸引更多的租房户转入购房市场。同样，当租房相对于购房来说价格极低的时候，有能力购房的人出于理性的选择，就会决定租房而不是买房。同样，当社会性住房的供给量增加的时候，住房总供给量增加，能够在私人市场上租房的人可能会决定花更少的钱住公房。

如果市场能够提供充分的信息和较低的交易成本，住房消费者在不同市场之间的流动会是非常有效率的。消费者通过"用脚投票"能够促进不同类型住房的供求，使私人市场内购房和租房的价格达到均衡。从理论上讲，租房和购房的成本应该是相同的。同样，由于价格的调节作用，并不会出现住房短缺的问题。市场应该能够有效地出清。

2. 住房作为商品的特殊性

首先，住房是一种必需品，是维持体面生活的必要条件。只有获得相对固定的住所，一个人才能够开始正常生活。所以，从道义上讲，任何一个社会成员无论支付能力如何，都应该享有基本的住房条件，而不至于露宿街头。

其次，住房是昂贵商品。在许多国家，住房占个人收入和财富的比重相当大。平均购房支出往往要占到个人年收入的几倍甚至十几倍。绝大多数个人不可能凭借自己的收入和存款一次性在私人市场上购买住房，而是需要一定的资金支持。联合国人居组织认同的国际通用住房支付能力标准是：一个人在住房上的开支应该维持在个人收入的30%以下。即使是中等收入和中上等收入的家庭，也需要有一定的外部资金支持，才能够把住房平均支出维持在收入的30%以下。如果是较低收入的群体，住房开支反而会大大超出这个比重，即使是租房，住房支出也会成为一项沉重的家庭负担。

第三，住房带有公共物品属性，特别是在市场的低端。住房及相关环境所提供的庇护对人身体健康的影响已经得到了公认。居住条件是影响居民健康诸多方面的因素。不良的室内空气质量、住宅安全、噪音和湿度、过低的室内气温、毒性材料、很差的卫生条件和基本的卫生设施，以及过于拥挤都使住房对健康造成不良影响。

第四，住房是异质性和综合性的产品。①从房型到内部装备、从方向到楼层、从地段到周围环境，内外条件差别都会很大。即使建筑特征相同的住房，还会因购房者的工作地点、交通便利程度、社会群体属性而形成对不同购房群体的吸引。对住房的需求，也反映了消费者对这些因素的需求。②买房的人是出于各种不同的动机，包括提供住所和安家立业。住房既可以是住所，也可以是投资品。作为住所，它能在一定的时间内向住户提供服务流。作为一种固定的资产，购房者可以通过资产增值来达到增加财富的目的。所以，买得起房的人不会因为有了住房就停止购买。

第五，住房具有一定的不可分割性。住房需要能够保证住户的隐私和独立性，还要有相应的配套设施，保证基本的生活和卫生条件。虽然在实际生活中存在住房过于拥挤的情况，并不能满足上述条件，但较少是私人市场供给者（如开发商）根据购房者的支付能力进行的拆分出售。我们所能见到的是住房的分拆出租，或家庭成员之间的（如亲属、朋友之间的）共享。这种对以住户为单位的住房进行硬性分割的做法，意味着某些基本条件得不到保障，并不能提供与以住户为单位的住房同等的服务流。而且，缺少正式契约关系的非正式安排并不能保障居住者的权益。从这个意义上看，住房的分割性是有限的。

3. 住房的若干特征造成市场的失灵或关闭

住房的某些特点决定了住房市场不可能满足自由竞争的各种条件，从而造成市场的失灵甚至关闭。从国外的经验看，即使是发展相对成熟的住房市场（包括了诸多住房市场部门，已经形成成套的法制和管理体系，住房金融服务发达），仍然会出现失灵的情况。市场失灵可以出现在各个环节，包括生产、融资和分配。

（1）供给缺乏弹性。

①住房市场供给严重依赖于土地、建筑材料的供给。城市的土地不是无限制增加的，随着城市建设用地的需求增大、人口的不断增加，城市的住房需求也会日益增加。如果城市的土地能够无限供给，开发商可以不断建房，以满足新增需求，新房增加的同时，老房或流向市场的低端或最终遭到淘汰。这样，通过市场价格机制的调节，只要不断建造新房，满足高收入群体的需求，市场就能够通过一定的"下筛"过程（新房不断进入市场，老房折旧出手，价格下降，流向市场底部），低收入者应该也能够买到与其支付能力相适应的住房。但是，城市的土地供给往往受到城市扩张规模和城市规划的限制，城市土地供给对住房建设的瓶颈作用会随着建设需求的膨胀变得日渐突出。土地供给增量的减少甚至停滞，必然导致城市住房供给增量的长期递减。开发商得不到新增的建房用地，便有动力在现有住房上做文章。城市住房价格不断上涨。开发商一方面把大量现有的较低价格的住房进行拆迁或改造，以满足高端市场的需求，同时迁移原住地的居民；另一方面并不急于增建新房，以便通过价格投机获利。这两种做法都不能在价格上升的过程中增加住房供给。

②从住房的建设看，建新房需要大量的投资和一定的建设周期。市场需求旺盛，开发商不一定有能力迅速增加投资；同时，一旦开发商对市场走势判断失误，也难以挽回损失。因此，住房供给对市场的反应往往存在滞后。

③住房供给分为存量供给和新增供给两个部分。即使能够在短期内增

加新房建设量，也仅是总量供给中很小的一部分；与此同时，总会有低标准住房被拆除，或者经过改造的老房重新投入市场。因此，总量供给往往对价格的反应并不迅速。

④住房市场供给的诸多环节中都有可能形成垄断或寡头垄断，或者各种形式的市场控制。一则，建筑业中原材料供应的垄断或寡头垄断比较常见，抑制了开发商的谈判和降低建设成本的能力，并影响到住房的市场供给。二则，各个住房供应环节的经营机构要进入住房市场都会需要必要的资金和人力，住房开发的经营成本和法律及行政成本也很高，需要大量的先期投入。这些因素决定了开发商的市场进入成本很高。大公司受益于规模效益从而享有很大的成本优势。需方对供方的了解有限，消费者对资金实力雄厚、经营历史长的大公司信任度高，小公司和新公司在市场中平等竞争的可能性较小。缺少激烈的竞争，住房的市场价格不一定能够准确地反映实际的市场需求。在住房需求扩大的时候，供方不一定有动力依靠增加供给来获得收益。

住房供给的滞后性为住房市场带来了相当大的不确定性。购房者由于无法准确判断住房市场价格和成本的走势，这就承担了很大的风险，同时也不容易作出符合市场变动的决策。

（2）与住房相关的金融活动大大影响到住房供求。

①住房的供求依赖于银行信贷资金的供给。由于住房建设的成本很高，开发商在市场中的运作基本上取决于其银行贷款的多少。住房信贷机构的行为从两个方面影响住房供给。住房信贷能够在市场信心旺盛的时候对市场需求起到推波助澜的作用，但是一旦形势发生变化，又采取谨慎的态度以求自我保全。

②由于住房是昂贵商品而且具有不可分割性，购房者往往难以一次性支付房款，需要有外部资金支持才能够实现购房的愿望。市场经济中，外部资金支持的关键是银行贷款和抵押贷款。因此，住房需求是由购房者的收入和贷款条件共同决定的。贷款机构为了保证收益，将最需要外部资金支持的低收入群体视为高风险群体反而较为排斥，从而造成低收入群体的

贷款价格高，甚至没有针对他们的市场的现象。

（3）市场失灵使得住房无法通过市场实现有效的分配。

①住房市场中存在严重的信息不对称。理性消费者在作出决策的时候必须掌握充分的信息。但是，购房者对住房的定价、质量和各种相关信息往往难以把握准确。而开发商和售房者对住房本身的设计和建造上的问题往往比购房者了解更多的信息。因此，对于消费者而言，购房很有可能无法实现物有所值。

②住房的异质性很强，很难把住房市场视为一个整体。就是在一个城市或一个地区，住房市场也是高度分割的，不仅表现在住房的建筑特征上，而且还表现在与住房相关的各种公共和私人服务、住户的群体特征及住房周围的社会和环境状况差异上。因此，购房者的选择受到了相当大的局限，并不是面对一个完全竞争的市场。

（4）住房的提供和消费带有一定的外部性。低质量、过于拥挤的住房会增加局部地区的交通拥挤程度，增大环境成本，增加对基础设施及公共服务的需求，同时还会影响到邻里关系。这些因素会间接地影响到社区气氛、治安、居民身体健康等诸多方面。这些消极的外部效应会导致住房供求关系中社会成本的提高。住房的条件对就业市场和生产效率会产生影响。不够灵活的住房市场有可能影响人才的流动，并因此影响工资水平，进而影响到局部地区的生产效率。因此，改善住房条件不仅对个人有好处，还会对很多住房以外的领域产生外部效应。然而，住房市场的参加者，如个人、开发商和住房信贷机构，往往不会考虑到这些因素。特别是在低成本住房的开发方面缺乏对住房改善后可能带来的诸多社会收益的认识，例如，贷款机构不愿对低成本住房提供建设信贷以及向低收入家庭提供信贷服务等。

4. 较低收入的公务员和准公务员在市场中获得住房有一定的困难

（1）从上述的角度看，低收入的公务员和准公务员要在市场中获得住房有可能面临几方面的困难。

第一，找不到合适的可供购买或租用的住房。这里不仅指住房价格高低，而且指市场中现有的住房不一定能够满足低收入公共部门雇员的实际需要。例如，市场中缺少符合家庭规模的、实用的、与工作地点相匹配的住房。"找不到"可能是因为没有房源；也有可能是有房源，但是市场没有能够提供足够的信息把买卖双方联系起来。

第二，找不到合适的融资方式。较低收入的家庭无法承担在金融机构贷款和抵押贷款的负担，或者信贷机构不信任这些人的还款能力，从而限制了他们获得外部资金支持的能力。

（2）住房需要得不到满足会为整个或局部地区的政府和公共服务带来不良影响。

这些影响主要体现在：

第一，生活质量不能达到与其身份、资历和职业相应的体面水平，有可能影响从业人员的工作积极性和工作效率，甚至助长腐败。

第二，使公共部门的就业变得缺乏吸引力，导致关键部门劳动力匮乏，无力承担必要的服务项目或维持必要的服务水平。这个问题在具有相当工作经验的群体中反而表现更为突出，造成较高的劳动力培训和替代成本。

三、住房市场失灵可以部分地靠市场手段来克服，但不能完全解决

从上述意义上看，解决公务员和准公务员住房困难有几个层面：①如何增加特定层次住房的市场供给；②如何便利住房市场的交易；③如何解决购房或租房者的资金困难。但是，市场失灵不一定就能够支持政府的干预。

不主张政府干预的理论有如下观点。

第一，有了适宜的市场条件，住房市场应该能够通过价格调整实现人人按照自己的支付能力得到相应的住房。上述若干市场失灵的问题在实践

中已经通过市场手段得到解决。例如，买卖双方的信息不对称可以利用独立的专业评估人员提供的鉴定服务，如房屋中介机构，估价师对住房的估价，产业测量师等。这些专业人员的有偿服务使得买方能够购买到关于市场条件、住房状况等必需的决策信息。再如，金融服务可以向建房者和购房者提供必要的资金支持，从而在一定程度上缓解支付能力方面的困难：使不可分割的昂贵商品能够通过个人的长期分摊得到支付；使较高的前期投资中相当大的一部分得以在建设项目完工之后予以补偿。保险服务可以在一定程度上克服住房建设和居住过程中的多种风险。对于公务员和准公务员来说，较好的信息传递渠道和中介服务有可能在很大程度上缓解市场上的住房紧张状况。例如，在一些国家，为住房市场建立信息和从业人员咨询查询系统。金融市场则可以利用各种创新手段促成中低收入者购房。例如，利用较为灵活的融资手段，为就业相对稳定的公务员和准公务员设计更有针对性的贷款和抵押贷款条件。

第二，政府干预的成本高，而且还有可能扭曲市场关系，并且因为分配过程中的条件设置和政策执行不力造成对某些社会群体的社会排斥。以往的社会排斥研究主要把精力放在市场的排斥性上，却较少注意区分出政府主导的行政管理不善的因素。因此，政府干预的结果很有可能是：住房市场的失灵能被政府失灵所取代。

然而，市场本身并不能保证克服上述各种市场失灵的原因都得到解决，从而使住房市场得到有效率的运行。正如前面谈到的，市场不一定有积极性增加廉价住房建设来缓解住房需求。相反，住房相对紧张的状况反而助长了住房投机，使开发商和有能力购买两套以上住房的人有利可图。另外，即使看到了中低档住房供应的市场潜力，开发商受到各种条件限制，也需要较长的时间才能够作出反应。同时，市场不一定愿意为低收入群体提供符合其支付能力的贷款。而政府建房由于一次性资金投入量大，规模效益往往比较高，特别是在低收入群体住房严重短缺或发生重大变化的背景下，政府投资的效率优势就会凸现出来。德国 20 世纪 90 年代在有些地方就采取了政府投资大规模建房的手段，较快地解决了住房短缺的问题。

此外，从一个人的就业环节来看，新近加入劳动力市场的劳动力（如刚毕业的学生，新移民等），如果工资水平不足以在某地私人市场中以市场价格购买或租赁住房，没有来自雇主和政府的任何支持，没有获得基本条件的住房所必需的积蓄（如购房的首付金、租房的押金），并且没有在金融服务中确立必要的信誉度（例如，没有以往的借贷历史），就有可能陷于住房贫困的境地。如果没有可供租用的廉价住房，就会影响到这些人的生存状况。

所以，从欧洲来看，政府对住房的干预有三个主要的领域：①确保收入最低的人在得不到其他支持的情况下，获得充足的住房；②关注住房外部性的影响，例如周边环境和服务设施，关注住房对人的适应能力的影响，特别是在经济出现衰退的地方，尽量减少因为住房限制造成失业者无法接受新工作的可能性；③在投资不足或金融服务相对保守的环节尽量维护并改善已有的住房。

四、各国针对公务员和准公务员的住房政策模式选择

尽管理论上的争议很多，但世界很多国家都在一定程度上保留了针对公务员和准公务员的专门住房政策。这些政策或多或少地反映了该国在公务员和准公务员身份、市场供求关系、工作需要和支付能力方面的考虑。但是，在对各国公务员和准公务员的住房安排进行分类比较时，不能单纯地把一个国家的政策划分为政府保障还是市场解决，还应将公务员住房与市场住房之间的关系结合起来，这样，才能够进一步分析政府保障住房的能力、成本，明确保障体系的灵活性和所面临的风险。根据上述原则，本节将公务员和准公务员住房政策划分成三种类型（参见表1），分为政府保障—自成体系型；政府补偿—市场调节型；政府补余—市场统一型。并着重分析各种类型的特点与存在的问题。

表1 三种政策类型的特征

	政府保障—自成体系型	政府补偿—市场调节型	政府补余—市场统一型
政策目标	体现待遇差别、提供住房保障、满足工作需要、提高劳动力市场吸引力	体现待遇差别、补偿购买力、提高劳动力市场吸引力	不体现待遇差别，解决住房贫困
特殊待遇	体现公务员群体的特殊性，往往照顾到级别差异	体现公务员群体的特殊性，不一定照顾到级别差异	不体现公务员群体的特殊性，没有级别差异
住房类别	免费或廉价出租（只租不售）、政府建房低价出售	私人市场：价格管制、利息和贷款条件优惠（租、售、混合产权）	私人市场（租、售）、公共廉租房
政府参与	直接：建房、分配、管理	间接：利用价格机制，政府不直接参与	直接：廉租房的建房、分配、管理
享受权利	与身份结合，退职即退房	与身份结合，退职不一定退房，但不享受优惠	与身份无关，退职不影响住房
住房是否可以流通	自成体系，不流通	市场流通	非政府保障部分完全流通（一定条件下公房也可以出售）
覆盖面	覆盖面小	覆盖面较大	按收入和住房条件照顾弱势群体，不限于公务员
对劳动力市场适应性	小	较大	大
成本	较高	较低	较低
政治风险	受到外界压力大	补偿相对隐蔽，来自公众压力较小	大幅度提高工资困难

1. 政府保障—自成体系型

政府保障—自成体系型是指由政府出面组织、协调公务员和准公务员住房的融资、建设、分配和管理。但是根据资金来源，政府保障自成体系型有两个层次。

（1）政府全面保障由政府直接提供和分配，提供免费的住宿或廉租住房，住房只租不售，由政府统一管理。

日本的公务员住房提供模式中有很大一部分是采取这种方式。韩国有较少的一部分公务员的住房提供是采取这种方式，但是并不十分受欢迎，而且在公务员大量减少的年份，出现闲置。

案例1   日 本

日本是这种模式的一个主要代表。日本对高级公务员和特殊任务公务员群体免费提供住房，对其他公务员采取低价出租的形式。公务员按照级别规定最低住房标准，在同一个层次内按困难状况轮候，对年轻就业者没有特殊照顾。租金按工资收入水平、住房地段、面积综合确定。这样的政策考虑到了公务员的身份和等级差别，并在一定程度上照顾到了住房困难。对于特殊人物群体的免费住房是基于工作需要，照顾随时听赴调遣的人员。在这个模式中，国家和雇主居于主导地位。这种模式可以在很大程度上避免由于市场失灵而造成的公务员和准公务员无法取得基本住房的情况。当然，一旦公务员辞职或离开国家机关，公房必须退回。

东京市中心的高级住宅区有5.3万套公务员住房。例如，东京三田和北青山的住宅区中一套100平方米的住房月租金为50万日元，而公务员租用只需支付6万多日元。价格相差悬殊，不断受到媒体和公众关注，引起不满。财务省计划将公务员住房的租赁价格提高20%～40%，不过提价以后的公务员房租仍不及市场价的1/5。

但是，从日本的实践看，政府直接提供住房有几个突出的弱点。①运作成本很高，政府需要承担确立住房标准、明确住房需求、协调供求平衡、直接管理住房等诸项成本。②受益面较小，限制多。日本的公务员住房政府保障实际上对可享受住房公务员的职级、年龄、享受年限、退房制度都有明确的规定。实际上很多公务员只是领取了住房补贴金，依然要从市场上解决住房。而政府安排的公务员住房主要

还是起到了缓解少数公务员在若干年内无力购房的形势。③政治风险高。少数政府公务员享受的特殊待遇面临着较大的政治压力。公众的异议实际上限制了政府提供免费或廉租住房的能力和优惠的程度。④一定程度上造成了公务员对政府住房提供的依赖。

（2）政府和个人共同出资，集中建房、分配或出售。政府和个人的共同出资可以体现在政府投资和筹资建房，然后出售。

韩国很多公务员都能够享受这样的住房福利。相比第一种方式，这种住房安排灵活，公务员能够选择居住地，并能根据意愿购买，从而更加受到公务员的欢迎。

案例2　　　　　　　　韩　国

韩国公务员住房中的主要部分属于这种类型。韩国的公务员住宅分成三类：单身宿舍、廉租住宅和出售住宅。单身宿舍收费，其收费标准大约相当于市价的50%～60%。享受资格由各个机关的长官根据个人的申请酌情决定。廉租住宅的房租相当于市场价格的50%～70%。租赁者按比例交纳保证金，入住后交纳房租。最长租期为4年。公务员购买出售住宅可以享受10%的价格优惠。出租房由工团承担管理和维护费用，出售房则由个人承担，由物业公司负责。

由国家出资和个人缴费形成"公务员年金基金"。由"公务员年金管理工团"负责安排建房、分配和出售，向公务员提供住宅，并实现基金的保值增值。工团总体上保持13%左右的盈利。供出售的住宅是商品房。所有的公务员住宅都需要经过资格审批和轮候。这样的制度对年轻人、无房户和初次购房的公务员有很大帮助。

韩国的制度也存在政府需要部分出资、承担较高的运作成本、受益面较小等问题。但是相比日本的制度，韩国增加了基金建房出售的部分，有助于公务员享受较优惠的购房条件。

日本和韩国的公务员住房制度中都给予政府较大的运作空间和权力，同时公务员和准公务员住房与社会其他成员的住房安排有很大区别。但同时因为所面对的公务员群体相对较窄，都面临着政府可能因为公务员就业结构（如年龄和退休周期）的变化以及经济周期的变化而承担公房供给不足、轮候时间长、供给不能适应需要、闲置和等候并存，或者需求大幅下降、供给过剩、出现空房的风险。

相比之下，韩国的公务员在购买住房之后可以出售的做法在一定程度上有助于缓解公务员住房流动性低、流动范围受限制的问题，为公务员住房和私人住房市场提供了一个衔接，因而具有较大的灵活性。

（3）政府出资和开发公司协议建房，政府负责分配和协调。以低于市场价的租金出租，只租不售。根据收入和家庭住房需要，不考虑职务等级。

案例3　　　　　　　　　　　**法　国**

法国政府针对特殊职能部门的雇员和低收入公务员实行住房直接提供。公务员住房的房源由政府投资、协调供房建房机构和建房雇主建房按比例预留供分配。

对于特殊职能部门的雇员，如军人、警察、狱警、法官、税收人员等，他们的住房由国家以低于市场租金水平的房租出租。这部分人的住房由政府直接拨款，只租不售。

根据工资收入水平，政府还向公务员提供低于市场租金的住房。根据各级政府和公房建设单位的建房计划，按比例预留5%的公房出租。分配给国家工作人员的住房的房租金额一般不会超过住房的30%，并根据承租人的工资变动、家庭人口和居住地点作出相应的调整。承租人可以在租用住房一定年限之后自愿购买住房。

法国的公务住房的特点是不按照级别划分受益者的享受权利，只

根据收入状况和家庭人口住房需求，因此非常受年轻公务员的欢迎。但是住房供给有限，往往供不应求。

法国公务员公共住房的政府提供存在很多问题，运转效率低下是最明显的。①房租收入远远低于市场水平。中央行政部门管理的137500套公务员住房中，每年实收房租3000万欧元；但如果拿到市场上出租，应能获得14亿欧元。住房分配的部门差异很大，有的部门如内政部，住房出现大量空置，空置率达到38%，司法部、经济部、文化部的公房空置率在18%～20%之间。而有的部门却供不应求。除此以外，各个部门所提供的住房标准也大不相同。②低租金造成住房维修的滞后，很多住房都已经"不适合居住"。③没有资格享受公务员住房的人也得以入住。很多享受公房的人都还有自己的房子。此外，少数公务员群体因为公共住房提供而享受到了大量的隐性收入，受到外界的质疑。

除了这几个国家，很多国家对高级政府公务员（如国家元首、总理、部长等）在位期间的住房也有专门安排。这些住房从建造、维护到管理均由政府出资或直接干预。这类住房不仅仅有照顾雇员特殊身份的考虑，而且往往出于工作需要，如办公和会客等。这类住房不能在市场上流通，在高级公务员离开相应的工作岗位时即退还。

此外，一些发展中国家包括东欧转型中的前社会主义国家仍然保留了由公共部门雇员所占有的一些存量公房。澳大利亚西部地区为了吸引人才进入公共部门工作，由政府建立专门的政府雇员住房局，向符合条件的公务员和准公务员提供住房，可供购买和出租。但是政府的供给能力也是有限的。到目前为止由政府雇员住房局提供的住房总量约为4000所。有专门针对边缘地区教师的住房提供。

2. 政府补偿—市场调节型

政府补偿—市场调节型是指政府对公务员提供特殊性的住房补贴和优

惠，或者进行一定程度的市场干预，但并不取代市场的分配机制。公务员和准公务员可以利用津贴和优惠到市场上自行安排住房，或者享受优惠的房价。政府不直接承担住房的建设和分配。这种做法在世界各国最为普遍，既突出了公务员身份地位的差异，又利用了市场机制的灵活性。

住房补贴：住房补贴可以直接用来贴补房租支出或购房支出，可以是统一的金额或根据受益人的级别、工作年限、工资水平或居住地区划分来确定。补贴的形式可以是现金，也可以是票证。前面提到的日本和韩国虽然形成了政府主导、相对独立的公务员和准公务员住房体系，但是受到政治和经济因素的影响，只是很小的一部分员工有限地享受特殊待遇。而对于大多数公务员来说，最大的受益还是通过政府的住房补贴获得一定的补偿。通过雇主直接向公务员和准公务员提供住房现金补贴的还有法国、印度尼西亚、泰国等。

低息贷款和优惠抵押贷款：向公务员和准公务员提供低息贷款和优惠抵押贷款条件支持个人在市场上以市场价格购买房屋。法国、新加坡、英国、德国、韩国、菲律宾、新加坡、泰国、马来西亚都采取了这个措施。优惠的标准也可以根据公务员的级别、工龄、收入水平、家庭人口等多种因素综合考虑。

案例4   **英　国**

英国政府为了弥补关键性就业人口住房不足的问题，从 2001 年开始就为 1.4 万英国南部地区的关键性就业人口提供无息购房贷款和其他的购房援助。经过几年的探讨和实践，推出了《关键性工人居住计划》，这个计划从 2006 年开始实施。计划包括了几个方面。

在公开市场上购买住房：为关键性就业人员在公开市场上购买住房提供贷款（equity loan），最高额达到 5 万英镑。从 2006 年 10 月开始，政府与私人金融机构（HBOS，英国房屋抵押贷款协会以及若干地

方的房屋抵押贷款协会）达成协议，对政府的贷款提供"补充"购房贷款，私人机构的贷款会收取一定的费用。这样，无论从数额还是从受益人数方面，2006 年的政策都比 2001 年有了很大的扩展。购房者可以从若干机构提供的方案中选择最适合自己情况的贷款方案。少量的在伦敦教育体系中担当重要岗位的学校教师，可以得到 10 万英镑的住房贷款。

能够享受上述住房优惠的人员包括：中小学和职业教育工作者、社工、医护人员、警察，以及从事救护、消防、公交工作的人员（包括上述工作中处于试用期的人员）。

享受资格由各区政府委派的代表机构根据本区的关键性就业人员的具体政策负责评估。评估的范围考虑到住户收入、存款、付款状况、现住房状况，以及能够在市场中获得抵押贷款的数额和将要购买的住房的价格。经过评估可以获得最高不超过 5 万英镑的无息贷款。

所购住房归购房者个人所有，只要购房者在该住房中居住，就拥有该住房的产权，而没有必要偿还贷款。但是当个人要离开关键性就业岗位或出售住房的时候，需要按照住房的市场价格，按原购房时贷款所占的总放款的比例偿还。例如，购房者贷款 5 万英镑占总购房款 10 万英镑的 50%。售房时房价上涨到 15 万英镑，贷款者应当偿还 7.5 万英镑。

其他政策还包括：新建住房的产权分享：个人购买至少 25% 的住房，并对其余的 75% 缴纳租金。中间价出租：如果租用在册的公房房主的住房，租房者可以享受公房和私房房租的中间水平的房租。医务工作者住房：全民健康体系为所有的关键性就业人员提供短期中间价出租住房。由全民健康体系直接组织管理。

价格优惠：政府可以通过对住房市场的供方，如开发商、私人房东等，实行税收补偿、贷款支持或价格补贴，来刺激增加针对公务员和准公务员的住房供给。

价格管制：政府还可以实行直接的价格控制以便公务员和准公务员能够享受到较为廉价的住房。例如，英国对注册的公房房主提供一定的补贴，鼓励他们向关键性劳动力出租住房。

非住房收入补贴：政府还可以对公务员和准公务员提供非住房补贴，例如对住房价格较高地区的公务员提供生活津贴、交通补贴。这种补贴可以间接影响到住房，便于公务员和准公务员在市场上租用或购买住房，或主动到住房价格较低，但是距离工作地点较远的地方安家。例如，英国的伦敦住房价格和生活费远远高于伦敦以外的地方，公共部门雇员可以享受伦敦津贴。津贴的数额根据办公地点、部门、工资水平和工资职级而有所区别。法国也根据公务员和准公务员的收入和家庭人口提供家庭补贴。

案例5　　　　　　　　　　　　**马来西亚**

马来西亚对公务员提供住房低息贷款（退休前贷款利率为4%，退休之后为7%），同时对低收入的公务员提供租房津贴。马来西亚政府2004年决定采取措施解决低收入群体所面临的生活成本不断增加的问题，同时提出两项针对公务员的政策。一是对管理和专业人员中的41~44级增加住房租金补贴，从每个月165令吉增至210令吉。1~40级的职员从每月135令吉增至180令吉。同时，政府在经济长势良好的时候，为公务员提高工资。在2004年底，政府为每月收入低于1000令吉的公务员一次性增发一个半月的工资。收入在1500令吉以上的员工将增发一个月的工资，数额不低于1500令吉。这个政策里面包含了针对住房的津贴和工资增加，同时还照顾到了级别差异。

强制性储蓄：政府建立针对住房或一般性的储蓄账户，并通过该账户提供住房融资。还可以把储蓄账户和价格优惠政策结合起来，使账户持有者享受较低的房价。强制性储蓄可以针对公务员和准公务员群体提供更高水平的储蓄，或增加政府雇主的贡献率来反映该群体的特殊要求，也可以

辅之以更为优惠的贷款条件。新加坡的公务员住房就是利用了住房公积金储蓄和优惠贷款相结合的方式。

与政府直接参与建房和分配的模式相比，政府补偿—市场调节模式中，政府是直接或间接地通过影响价格来刺激供给或需求，但并不直接参与市场交易。这样的政策明确了受益者的范围，政策针对性强，体现了政策对公务员和准公务员的特殊照顾，减少了政府直接参与建造和管理住房的成本。同时，虽然两个市场的实际价格不完全一样，但是并不完全隔离，因此住房可以在满足一定条件之后在两个市场之间流通。这样做的一个好处是，政府不必全部承担由于公共部门就业结构、周期或规模的变化所带来的供求不平衡的风险。相对于政府直接提供来说，公共部门雇员的住房不是自成体系，还减少了其他公民可以直接观察到的特殊待遇，因此政治上的压力也相对较小。

3. 政府补余—市场统一型

政府补余—市场统一型是指政府并不针对公务员和准公务员提供专门的住房津贴或利息或价格优惠，而是把公务员和准公务员视同于其他公民群体，主要利用市场提供住房。但是，对于支付能力不足的低收入群体，包括公务员和准公务员在内，提供廉租房来解决住房困难。然而，廉租房的优惠是针对所有符合条件的公民的，公务员和准公务员并不享受特殊待遇。

案例6   **德 国**

德国政府对公务员在根据级别计算的基本工资以外提供各种补贴。补贴的名目很多，包括工龄补贴、岗位津贴、特殊负担津贴、额外工作报酬、国外工作津贴和地区补贴。补贴以外还提供社会保险福利、年休度假费和进修费补助、妇女和残疾人特殊照顾等多种福利。所有的津贴加在一起，使得公务员的平均工资水平在社会上处于中等偏上

的水平。在此基础上，政府没有为公务员群体提供专门的住房保障制度。公务员的住房和其他就业者的住房政策融为一体。

除了像其他国家一样专门针对高级公务员提供专门的官邸和服务之外，德国的公务员在住房上所能够享受到的福利待遇就是低收入群体住房政策。这类政策也是和针对其他低收入群体的住房政策相一致的。一般的公务员能够享受的政策包括：强制性储蓄、住房抵押贷款住房补贴、购房税收减免等提高住房购买力和激励购房的政策。如果出现因工作需要搬迁或居住地离上班地点过远的情况，政府可以提供一定的补贴。此外还有针对贷款额度和保险费等方面的优惠。目的是为了鼓励公务员自行购房。

针对低收入群体的公务员还有面对全部低收入社会群体的住房政策为支撑，例如提供廉租房、房租补贴和低息或无息贷款等。

案例7　　　　　　　　　　　　　新加坡

新加坡取消了公务员免费住房的体制，采取了公务员工资水平与私人部门工资挂钩的政策。为了能够吸引人才到公共部门来工作，其确保公务员的工资不低于甚至高于私人部门的同等职位。公务员的工资包括基本工资、绩效奖励、年终奖（每年12月付双薪）、年终可变因子（可高达两个月的工资）、特殊奖励金（在经济表现突出的年份一次性颁发）。公务员的所有薪酬都以货币形式支付。

公务员也要向中央住房公积金缴纳强制储蓄。在购买住房的时候可以向新加坡发展银行申请享受优惠利率的住房贷款。

这个机制的特点是，公务员和准公务员的住房市场是统一的，政府不用承担公共部门就业结构变化所带来的住房供求不匹配的风险。除了面对所有公民的住房贫困救助，政府并不直接承担建房和住房管理的责任。上述政府补偿—市场调节型的各种政策手段也都可以适用于这一类型的政策中，但是其适用范围更广，并不特殊照顾公务员和准公务员群体。

但是，这种政策模式能够顺利实施的一个前提条件是公务员和准公务员的收入水平必须相当于甚至高于同等资历的其他公民的平均收入水平。这样，他们才有可能和其他社会成员有同样的承受能力，享受"体面"的生活质量，同时不被轻易地吸引到其他部门就业。

这里需要特别指出的是，不仅仅是德国对公务员采取了这样的政策，在很多其他的国家，虽然有针对公务员和准公务员的各种特殊待遇，但是由于政府支付能力有限，往往对受益者作出明确规定，对多数公共部门雇员还是采取与其他社会公民同等待遇的。

五、公务员住房政策的关键环节

从上面的分析可以看出，公务员和准公务员的住房不但涉及政府如何干预，还涉及针对该群体的住房政策和其他群体住房政策的衔接问题。适当的衔接不但能够有效地解决公务员和准公务员的住房问题，还能够增强政策的灵活性、降低政府的政策成本和风险。国际上对公务员和准公务员的住房问题存在很多争议，而且各国也都在实践着不同的做法。虽然各个国家在解决公务员和准公务员的住房过程中形成了一定的特色，但是没有一个国家的政策是长久不变的，都是随着政治、经济、社会环境和公共部门的发展而不断作出适应性调整。同时，公务员和准公务员所在的公共部门正在全世界范围内经历着巨大的变化。传统公务员体系的稳固性日益受到挑战，公共部门与私人部门的界限越来越模糊，公众对公共部门的认识及所能享有的特权都在发生变化。因此，在分析其他国家针对公务员和准公务员的住房政策时，应当不但关注某个政策组合中包含了哪些因素，以及这些因素能否适应当前的需要，更重要的是考察在政治、经济及社会条件发生变化时，该政策组合是否有足够的灵活性来适应这些变化。这种适应性体现在以下几个方面。

1. 受益者的灵活性

必须要明确受益者的范围。经过认定的范围本身也可能发生很大的变化，因为政府机构的改革和针对经济周期的对策都有可能大幅度变动公共部门就业。而且从很多国家的实践来看，利用公共部门的就业来对抗经济周期，特别是失业增加的做法已经成为政府的重要政策工具。人为地划定公共部门雇员的范围并明确他们享受的住房福利在短期有可能缓解公共部门雇员群体的住房困难，但是从长远看，它又有可能成为政府难以摆脱的包袱。例如，英国在出现了公共服务市场化或准市场化之后，原有公共服务部门的非官方色彩越来越浓。韩国 1998～2003 年期间，公务员体系曾一度受到退休人员大量增加的冲击，造成对政府供应住房的需求锐减，从而使原本运营良好的住房基金变得入不敷出。因此，在公务员和准公务员住房的安排上，政府首先应当考虑其行动会为自身带来的负担和风险，并有意识地回避这样的风险，避免在未来受到自身政策的束缚。

2. 住房条件的灵活性

各国政府在为公务员和准公务员解决住房困难时的一个重要依据是：没有政府的帮助，这个群体中的很多人便不能享受体面的住房条件。"体面住房论"所面临的一个重要技术问题是：什么样的住房条件才能算作体面的？很多国家都规定了最低住房标准，并因此确立住房的贫困水平。但是，不同的地区、不同的城市，甚至不同的地点，都会由于土地市场和住房供求的差异而形成有差异的住房条件，并由此导致不同地区的子市场中，对"体面"住房的理解不同。一个最突出的例子是，英国伦敦中心地区住房价格昂贵，远远高于其他地区的房价。同时，英国政府多年来一直保持着对最低住房标准的严格控制，开发商要建造面积较小、经济适用的住房会受到很多规划和设计上的限制，从而导致了市场中可供中低收入群体购买的住房供给量不足，间接地迫使公共部门收入较低的劳动力外移，造成城市关键性公共服务部门劳动力供不应求。从这个角度看，政府规定最低住房标准意在缓解住房困难，但是却限制了市场供给的灵活性。特别是在最低标准的提高速度高于人均收入增加的速度时，反而有可能对中低收入群体的住房造成负面影响。因此，有人提出适当降低所谓的最低住房标准，代之以关键性就业人员可以承受的、质量在合理范围内的住房标准。

3. 针对劳动力市场的灵活性

结合劳动力市场条件，政府全面保障住房的管理成本很高。无论提供什么样的保障、采取哪种类型的住房政策，都要考虑到公共部门劳动力市场的供求关系。在很多国家，传统的公共部门工资支付是通过行政标准统一确立的，并不照顾到局部就业市场的供求关系，因此难免出现局部地区的公务员和准公务员住房困难的局面。政府对公共部门雇员住房的保障和补贴从根本上看还是对劳动力收入的补贴。所需的劳动力供给不足的时候，必然要相应地提高劳动力价格来吸引合适的人才。但是，鉴于公共部门的就业种类繁多、各地区的人才供求条件不同，较难在全国范围确立单一的保障标准。因此，从根本上看，住房对公务员和准公务员劳动力供给的影响，实质上是这个群体的收入和就业机会共同作用的结果。

随着公共部门性质的变化，有关的劳动力市场日益成为一个流动的市场。它的流动性不仅体现为劳动力追求个人利益最大化的自由流动，而且包括政府宏观政策调整和机构改革所造成的被动流动。并且人员的流动在公共服务愈来愈多地被私人部门承担起来的过程中变得更为频繁。这就意味着需要有配套的流动性的住房市场。如果政府依靠封闭的住房体系直接向公务员和准公务员提供住房，则必然要在将来自行承担因劳动力存量变动导致的住房供给不足或过剩的风险。

由此，在公务员和准公务员离开原来的工作岗位之后，特别是离开公共部门之后，如何解决其住房的问题便被提出来了。在政府全面保障的日本，公务员离职之后就要从公务员住房中搬出，不再享受任何有关的优惠。同样，各国高级公务员多数也面临着同样的结果。该政策的出发点是公务员的特殊身份，当身份发生了变化，就没有权利继续享受特殊待遇。

但是，在很多国家，公务员的住房优惠安排是基于其收入的住房购买力不足。因此，在离开工作岗位时，他们不应被剥夺根据原有的工资收入水平已经取得的福利。从这一点看，公务员和准公务员的住房安排如果能够尽可能地和私人住房市场相结合，就意味着政府和个人都能在最大程度上享受市场所赋予的灵活性。当然，这并不妨碍公务员和准公务员在调离公共部门就业岗位的时候继续居住在原来的住房里，但是并不继续享受原有的优惠。例如，领取住房津贴在私人市场上租房的公务员将不再继续享受津贴，获得优惠贷款的公务员在私人市场上购得住房后，在调换工作后将不再继续获得优惠的贷款条件。

此外还要在政策设计中充分考虑到公务员和准公务员在离开公共部门的岗位之后，应当有权利通过相应的机制将其已经获得的福利金、价格利息优惠或承担的缴费兑现，或转移到属于个人的账户，而不至于因为离开工作岗位而丧失以往的记录。这种与外界劳动力市场的衔接机制在出现公共部门机构调整或规模变动而形成较大规模的被动流出时，具有十分重要的稳定意义。

4. 依靠灵活的市场调节需要有相匹配的金融市场运作和相应的法律支持

无论是政府补偿还是政府补余的住房提供，都要面临着公务员和准公务员个人如何利用现有的金融服务获得在私人市场上租房或买房所必需的资金支持问题。除了基本的贷款和抵押贷款，国外金融市场还出现了各种创新金融产品（例如部分产权、房产分享等），便利支付能力较低的人也能够买到住房。但是，这些金融工具势必带来新的市场失灵问题，如不完全信息、信息不对称、高交易成本等，需要有相关的管制和立法。

5. 应当考虑到政府主导的住房政策与私人住房市场的互动

政府对公务员和准公务员的住房救助，无论以何种形式（直接提供、现金补贴、优惠贷款及抵押贷款、价格管制）都会直接或间接地影响到住房私人市场的供求关系。例如：直接提供相当于增加了住房的供给，减少了对私人市场中住房的需求；各种补贴和优惠提高了公务员和准公务员的购买力，增大了市场需求。这样，当公共部门就业群体在当地的就业人口中所占比重很大时，政府针对公务员的政策就有可能对本地的住房私人市场价格产生很大影响。

制定政策的时候有必要考虑到这些影响，从而降低政策成本。例如，政府提供廉租房导致私人住房市场（包括私人出租市场和购房市场）的需求下降，从而引起本地住房市场价格下降。市场价格下降又间接地提高了公务员和准公务员的住房购买力。如果原有的政策中没有考虑到这一点，就形成政府过度供给的局面，造成不必要的额外成本。从这个意义上看，越是市场化的解决方式，就越具有灵活性。

6. 充分利用各种形式的住房所有权和使用权结构

前文中谈到，住房的所有权结构可以是多样性的，而且随着金融创新的出现，在租用和全部拥有之间出现了更多的中间形式。这些形式便利了支付能力有限或在市场条件下住房需要难以得到满足的个人通过中间性的所有权和居住权形式获得适宜的住房条件。就是政府干预和保障力度较大的日本和韩国，以及对公共部门雇员没有特殊优惠的德国，也都利用了购房和出租相结合的住房类型。英国20世纪80年代的全面公房出售改革引起了住房市场的长期失衡。可供低收入群体的廉租房越来越少，质量也日益下降，结果是公房存货中的"体面"住房所剩无几，直接导致最低收入群体住房供应紧张，反而形成逆向再分配，即收入相对较高的群体购买住房，并能够以私人市场价格出租。改变住房市场结构的过程中，不仅需要考虑租、售的经济利益，更应该考虑到市场结构发生变化时所能造成的收入再分配效果。

7. 应当考虑公务员和准公务员住房政策的政治风险

从欧洲和亚洲发达国家的经验看，完全针对公务员和准公务员的特殊待遇已经越来越多地受到政治上的挑战，各国政府都不得不大幅度地削减过去公务员所能享受的优厚待遇。另外，按照职级分配住房的做法在欧洲已经较少，而且面临着较大的压力，较为普遍的做法是从工作需要和困难程度（住房条件和家庭人口）角度考虑住房安排。亚洲国家如日本由于历史原因还较多地考虑住房的级别差异，但是已经开始受到公众和媒体的质疑，并在努力作出一定的缩减。此外，有相当一部分人认为，公共部门雇员的住房困难完全可以通过提高工资来解决。但是，如果在短期内大幅度提高公务员的工资，同样会招致相当大的政治风险。因此，这种说法从理论上行得通，但是要真正实现，特别是在需要较大幅度提高工资的情况下才能发挥作用时，其政治风险更高。

六、小结

本文首先展示了国际上关于公务员和准公务员享受特殊待遇的争论，由此引出政府对该社会群体提供住房的考虑，然后分析了完全依靠市场提供住房的若干问题，指出市场失灵可以部分地靠市场来解决，但是政府承担一定的角色是必要的。本文把政府针对公务员和准公务员的住房政策分成三个主要的类别。每个类别在解决该群体的住房、和其他住房市场的衔接、政府所应承担的责任和所面临的风险方面都有所不同。根据这些类型的特点和所面临的挑战，本文提出公务员和准公务员住房政策中的七个关键环节。在此基础上，提出若干原则，即政府针对公务员和准公务员的住房政策应当考虑到：①现代社会的政治、政府和公共部门本身的发展趋势，住房政策应当与其他方面的改革相配套；②劳动力市场和住房市场的关系；③政府应对变化和防范多种（政治、经济和社会的）风险的灵活性；④政策的收入再分配效果和政策目标是否吻合。

李秉勤（伦敦经济学院）　执笔

境外公共服务机构治理的经验和
推进我国治理创新的建议

在近几年公共服务体制改革的讨论中，服务提供模式始终是争论的焦点之一。有人主张将公共服务机构市场化进行到底，政府依法监管和购买；有人则主张政府直接举办，并加强政府对提供机构的直接约束和控制。

两种主张都只关注到政府与服务提供机构的博弈，而忽视了游戏的另一个重要参加者，即公众和公民社会等服务对象。笔者认为我国公共服务机构的改革应该注重借鉴境外治理的丰富经验，充分发挥服务对象的参与作用，以弥补传统管理组织和手段之不足，提高公共服务的问责性和绩效。

一、境外公共服务治理的经验

按照全球治理委员会定义（Commission on Global Governance, 1995），治理是各类个体和机构管理其共同事务的诸多方式的总和。它是使不同的或相互冲突的利益得以调和并且采取联合行动的持续过程。与传统的政府统治相同，治理也需要权威和权力，但是治理依靠的主要不是政府的权威，而是合作网络的权威，并且其权力向度不是单向的，而是一个持续互动的过程。治理理论是在西方政府改革浪潮中对政府、公民社会与市场作用的反思而产生的（俞可平，2000）。在过去20多年的实践中，境外公共服务的治理已经积累了丰富的经验和教训。笔者以教育、医药卫生、社会保险、社会救助等公共服务核心项目为例来进行总结和说明。

1. 公共服务治理变革的两条途径

符合公共治理的管理改革实践可以分为两类。一类是对传统的科层体制进行改革，引入公众及其他利益主体的参与，具体形式包括信息公开、民主评议、听证会、公众咨询和本文重点讨论的公共服务机构的法人治理结构；另一类则是对于传统的社会自治或行业自律组织进行权力制衡改造。

（1）从科层统治到多方合作制衡，建立利益协调平台。典型例子是在美、英、法等国公立学校实行的法人化改革（李立娟，2004）。具体做法是将一部分管理权从官僚体制下放到学校，增加其自主权，同时建立学校理事会或管理委员会（以下统称理事会），由各种利益主体参与，负责决定学校的重要事项。治理改革是为了促使学校合理使用自主权，灵活、及时地对社会需求作出反应，并有效运用资源提高绩效，同时确保学校直接对家长和社区负责。

与欧美国家相比，中国台湾地区公共服务治理委员会的职权范围较窄，且其中的"政府代表"还占有很高比例。我们以"全民健保"监理委员会为例来说明（陈孝平、刘宜君、郑文辉，2003）。按照法律，监理会承担着监督保险业务并提供政策研究咨询的职责，不承担决策职能。另外，在29个成员中，"卫生署"掌控的人数近一半，其中8位是政府代表。中国台湾的经验表明，在社会事务日趋复杂、超出传统官僚体制处理能力的情况下，建立各方参与的利益协调机制十分必要。同时，在社会自治较弱的条件下，政府依然需要直接参与具体事务的决策过程，同时公众代表主要来自社会精英而不是基层。

（2）从社会自治走向多方合作制衡，对自治权力进行限制和再分配。德国医疗领域的组织变革就是一个典型例子（The European Observatory of Health Systems and Policies，2004）。在需求方面，德国的疾病保险基金会是非政府组织，其代表大会一般由劳资双方代表参加，在制定基金有关法规、通过预算、确定费率和选举执行董事等方面具有广泛职权。在供给方面，德国的医师协会、医院协会等也具有广泛的行业自治权力。另外，联邦供需双方联合委员会则负责制定医疗领域各个方面的指导意见和具有约束力的法规性文件。但是，由于传统的自治组织对日益复杂的社会问题的治理能力不足，同时有人批评自治缺乏透明性和问责制，所以在过去一二十年中德国政府通过加强立法和监管对自治组织的权限进行适当控制，并且授权更多的利益相关者参与决策过程，以便更好地分权制衡。

与上述治理改革类似，近年来英国也对传统的行业自律进行调整，这里以皇家医药学会体制变革为例证①。传统上英国皇家医药学会承担着医药监管和职业发展的双重职责。其理事会有 30 位成员，其中过半数的成员是选举产生的药剂师，只有 1/3 的成员是由枢密院指定的非医药专业人员。在其专业委员会的人员构成中，医药专业人士和非医药专业人士各占 50%，并由非医药专业人士担任主任之职。2007 年，英国决定将英国皇家医药学会一分为二，一个是英国公众医药委员会，另一个是皇家医药协会，两者分别承担公共利益监管和职业发展的职责。在英国公众医药委员会的人员构成中，非医药专业人士不得少于专业人士，而且非专业成员仍然是指定的而不是选举产生的。即使在皇家医药协会中，仍然包括非医药专业成员。

2. 公共服务治理变革需要处理的两个问题

一个是多方合作制衡网络的代表性和公信力问题，另一个是网络与政府的关系问题。

---

① British Parliament：Statutory Instruments No. 561，2007. The website of the Royal Pharmaceutical Society of Great Britain. British Government：Trust，Assurance and Safety：the Regulation of Health Professionals. White Paper，2007.

（1）治理机制的组织规程至关重要。英国医药监管机构治理结构的变革表明，人员构成和代表产生方式对治理效果有显著影响。近年来英国改组学校管理委员会，减少地方教育当局代表名额，将家长和社区代表人数增加到半数以上，确保学校对家长和社区负责。与英国的经验相印证，中国台湾地区"全民健保"监理会难以发挥利益协调作用，关键在于细节上出了问题（郝风鸣，2003）。一是监理会成员的产生方式有问题；二是监理会隶属于卫生署，没有独立的法人地位；三是台湾地区的工会组织一向松散，工会代表的代表性受到质疑。

（2）多方合作制衡网络的有效运行离不开政府监督。阿根廷等拉美国家有条件现金支付项目管理的教训值得吸取。从2002年开始，阿根廷实施有关项目，并在国家、省和地方层面成立了咨询委员会，吸纳政府官员、非政府组织、公民社会及私人部门的代表参与管理，职权范围包括参加培训、项目研发、改善信誉、确认享受者的身份和监测等活动。阿根廷等拉美国家的实践表明，基层组织的经验很重要，公民社会的参与是有益的，但是其代表性需要改善，他们与政府在决策中需要加强沟通，同时要克服优亲厚友、执行过程不太透明等问题。因此，政府监督作用依然不容忽视。

总的来看，公共治理强调公民及其代表直接参与公共服务机构的决策和执行。在传统的直接民主和代议制民主之外，治理机制开辟了行政民主或协商民主（咨询或参与式民主）的新天地，不仅可以缩短问责线路，避免多重代理问题，更好地维护公众利益，而且可以灵活、快速地对民众需求作出反应，提高公共政策的认知度和依从性，还可以利用公民社会的力量和专长提高公共服务水平。公民参与治理并不意味着政府权威的削弱或消失，相反使公共权威具有更加广泛的社会基础。

二、国内公共服务提供的治理问题与初步探索

公共服务是我国政府职能比较薄弱的环节，而且存在质量欠佳、效率

不高、满意度低等问题。据我们分析，很多问题的根源在于治理不善。针对这些问题，国内一些部门和地区开始寻求治理对策。

1. 国内公共服务治理不善的问题

以养老保险、医疗保险、社会救助、医疗和教育等服务项目为例来说明。

（1）养老保险参保人难以问责，基金投资回报率较低。我国老年经济保障的制度安排主要有两项。第一项是全国社会保障基金，2007年底基金总资产市值5162亿元；第二项是企业职工基本养老保险基金，2006年底累计结余基金5480亿元，其中小部分基金委托全国社会保障基金运营，大部分由各地社会保险经办机构按规定购买国债或与银行进行协议存款。在过去5年中，全国社会保障基金的年化已实现收益率是10.7%（全国社会保障基金理事会网站），基本养老保险基金的年收益率估计在5%以下。而同期我国职工平均工资年均递增14%左右（中国统计年鉴，2007）。在制度设计中，国家劳动保障部门假定个人账户储存额收益率等于职工平均工资增长率，进而推算出正常退休者的养老金大约相当于退休前工资的58%左右，这就是现行制度的目标替代率。但是，如果前者长期低于后者，职工退休后的养老金将难以保持其退休前的生活水平。

造成这一问题的根本原因是我国的养老保险政策制定和社会保障基金治理中缺乏透明度和公众代表参与。现行政策法规没有明确公布目标替代率，更没有公开其保障措施，也没有将这一保障措施列为有关部门和机构的工作任务。因此，社会监督和舆论监督缺乏针对性，参保职工无从问责，有关部门也没有提高投资收益率的压力。

（2）医疗保险参保人点缀式参与监督，没有得到物有所值的医疗服务。按国务院规定，城镇职工基本医疗保险缴费占工资总额的8%左右，但是各地实际比例平均高出规定标准3个百分点。另一方面，根据第三次全国卫生服务调查的统计数据，参保者有病不就诊的比例与未参保者不就诊的比例基本没有差别，都在50%左右，并且参保者住院医疗费用的实际报销比例低于制度设计的补偿比20个百分点以上。这意味着参保人多出了钱却没有得到必要的医疗服务，也没有得到切实的经济保障。新型农村合作医疗参合农民的住院费用可以得到30%左右的补偿，但是医疗费用上涨抵消了一部分补偿。与参合农民相比，县乡医疗机构的受益更加普遍和明显。

与养老保险相比，城镇职工基本医疗保险和新型农村合作医疗制度开始重视参保人的知情权和参与权。但是，从有关规定可以看出，参保人代表的人数少、排位低，并且只能参与监督，没有任何决策权。人微言轻，他们难以督促医疗保险经办机构提供物有所值的服务。

（3）民主公示的规定不具体且政府审核不到位，农村低保的错保和漏保现象严重。2005年世界银行在东部一些省份对农村低保制度的调查结果显示（World Bank，2007），农村低保的错保率和漏保率都在50%以上，在筛选过程中基层组织优亲厚友的现象较为普遍。尽管国务院有关通知已经规定了村民会议或村民代表会议的民主评议程序和信息公布制度，但是有关文件在治理方面还是存在一些缺陷。一是没有规定民主公示的形式和地点，基层组织往往在村委会的村务公开栏中公布一下，公示地点远离低保户所在的村民组。二是公示内容的规定较为模糊，没有明确规定公布合格者的资格条件。三是县乡政府过于依赖基层组织，抽查审核范围和力度不够。

（4）医院和学校的自主权基本不受约束，公益性淡化。医疗领域存在看病难、看病贵以及医患纠纷等严重问题，已成为社会共识。但是，对于问题的根源，社会各方面存在着较大的分歧。有人认为，根源在于过度市场化；有人则认为，是由于政府干预过度。但是很少人谈到改善治理，强调医生、患者和社会公众代表参与的重要性。我们认为，改革开放以来，政府对公立医院采取简政、放权、让利的政策，却没有同时建立相应的约束和问责制度，甚至将医疗事故的裁定权交给了中华医学会等专业组织。不受约束的公立医院既不对政府负责，也不对公众和员工负责。新华社记者对哈尔滨天价医药费事件的主要当事人王雪原医生的访谈记录充分说明这一问题①。按照王医生的说法，在现行的管理体制中，各级干部将单位变成了家天下。

当前我国教育领域存在的问题及其根本原因与上述类似。实行校长负责制后，多数学校也未建立相应的制约、问责机制，教育教学评价制度不完善，缺乏相应的监督机制。在这种情况下，校长负责制就很容易变为校长专权制（李立娟，2004）。

2. 在公共服务机构治理方面的试验

从现实的问题出发，受到境外经验的启示，国内一些部门和地区已经开始探索公共服务机构的治理机制。

（1）教育部门在民主测评和治理结构方面的探索。2008年5月，昆明市公布了《关于实行中小学校公开选聘制的指导性意见》，启动了对中小学校长推荐、测评和罢免制度的探索。按照规定，昆明市中小学校长候选人可由个人自荐、本校10人以上或20%以上教职工联名推荐。由全校有选举权的教职工、学生代表、学生家长代表等对竞选人进行民主测评。同时，一所学校只要有30%以上的教职工联名，都可向学校教代会提出罢免校长的要求。

一些经济较为发达的城市在学校治理结构方面进行了一些探索（叶莎莎，2008）。比如，南京市部分学校和幼儿园开展了校务委员会的试验，宁波市海曙区开展了教育议事会建设的试验，成都市青羊区开展了学校民主管理委员会建设的试验。在这三项试验中，南京市的校务委员会和宁波市的教育议事会的作用主要集中在咨询等边缘职能上，未涉及决策和管理等核心职能；相比较而言，成都市的学校管理委员会已经承担了部分决策管理职能。

（2）深圳市建立和完善事业单位法人治理结构的改革。2007年10月深圳市发文，就该市事业单位建立和完善法人治理结构的工作提出改革意

---

① http://www.sina.com.cn，2005年12月05日04：44，原文载于《中国青年报》。

见。改革的目标是在事业单位中建立一套以公益目标为导向、内部激励机制完善、外部监管机制健全的以理事会为核心的法人治理结构。改革的基本原则有三条。一是分权制衡：法人治理结构应主要体现事业单位各利益相关者之间的权力分配与制衡，特别是决策权力机构、管理执行机构、监督约束机构的相互分离、相互制衡。二是运作独立：事业单位享有较大的人事和财务自主权，依法自主管理、办理有关业务，独立承担法律责任。三是信息公开透明：事业单位应当尽可能地向社会公开各种信息，接受社会监督。

作为治理结构的核心，理事会是事业单位的决策权力机构，行使事业单位重大事项决策权。理事会对举办主体负责，由政府部门代表、社会人士、行政执行人等组成，并以社会人士为主，通过选任制或委任制产生。理事长由举办主体提名，按照干部管理权限报批或备案。

深圳市的方案借鉴了新加坡和香港地区的经验，即以特定立法的方式，合理界定事业单位职能和权限，量身定做一套专门的管理办法，建立起政府依法监管、单位依法管理和运作的新机制来确保其公共目标的实现，这是对传统事业单位管理模式的重大突破，有助于实现由行政管理向法治管理模式的转变，促进公共服务水平和质量的整体提高。

三、推进公共服务机构治理改革的政策建议

国内外正反两方面的经验表明，加强公共治理有助于更好地维护公众利益。为此，我们提出如下建议。

1. 基本思路

公共服务机构的治理改革要处理好两个关系，一是国际惯例与中国特色的关系，二是体制机制与实施细节的关系。

（1）遵循国际惯例，吸纳各种利益相关者参与公共服务机构治理。治

理理论强调各方的合作共治。但是，合作共治不等于平等共治，更不是不要政府，政府依然要发挥枢纽、组织者和协调者的作用。治理改革的实质，是在坚持政府干预的基础上，对干预方式进行完善，克服官僚体制的问题，改善公共服务的提供。需要注意的是，实现合作共治的转型取决于社会经济条件，是一个长期的过程。在民主基础较为薄弱的国家和地区，公众平等参与的范围较窄，一般只承担咨询和监督等边缘性的职能；而在民主较为发达的国家和地区，转型会快一些，民众参与的范围较为宽广，可以更加平等地参与决策等核心职能。当然，社会治理的发展也有利于推动经济民主和政治民主的进程，以促进民主化的良性循环。

（2）按照中国国情，积极稳妥有序地推进社会事业的民主化管理。十七大提出的"健全党委领导、政府负责、社会协同、公众参与的社会管理格局"，为推进社会事务民主化管理奠定了政治基础。另外，一些部门和地区已经开始了治理改革的试验。但是，面对公民社会不发达、经济民主化（经济组织的治理结构）不健全的社会经济条件，对社会事业法人治理结构的建立不能过于乐观。并且，由于治理改革的利益格局调整较大、技术复杂，试点的面不能铺得太宽，步伐也不能迈得太快。否则，试点中出现的问题过多，很容易成为否定改革的口实。在相当长时期内，政府主导—多元参与模式可能是切实可行的政治整合机制和治理策略。随着中产阶级的扩大以及公民民主参与意识、经验和能力的提高，公共服务提供机构就可以走向理事会领导下的相对自治。

（3）试点既要注重制度建设，也要关注关键性技术设计。境外治理的实践表明，细节决定成败。在我国公共服务中引入治理机制还处于起步阶段，更需要精心设计、认真组织。在现有试点的基础上，中央应该抓住事业单位改革的契机，选取若干有条件的地区和部门，试验各种治理机制和技术的成效，不断提高公共服务的绩效。

2. 目标和步骤

在攸关民众切身利益的公共服务决策和管理中，应该更多地发挥公众代表等利益相关者参与治理的作用。在近期，可建立政府主导、社会各利益主体参与有限政策过程的治理模式；在远期，应该建立政府规范、各利益主体平等参与全部政策过程的治理模式。

（1）目前应尽快推行组织考核与公众民主评议相结合的间接治理模式。为了促进公共服务机构向其服务对象和社会公众负责，应该赋予公众民主评议较高的权重。昆明市由学生及其家长和教职工测评校长候选人的做法，值得借鉴和推广。另外，民意调查应该委托社会中介机构包括大专院校开展，调查方法和结果应该公开，便于社会监督。

（2）近期应实行政府主导、各利益主体参与有限政策过程的法人治理模式。可以按照教育部门组织的学校治理结构试点的做法，从咨询、监督等边缘职能起步，逐步过渡到决策管理职能。与传统的政府主导不同，我们建议的政府主导必须对各利益主体的意见和建议进行实质回应，不能停留在形式上的民主咨询。另外，在早期可以参考台湾地区的做法，更多地发挥各利益主体中精英的作用，逐步提高普通公众在政策过程中的代表性。

（3）远期应实行政府规范、各利益主体平等参与全部政策过程的法人治理模式。政府代表在有关自治网络中的份额应该逐步减少，同时更多地依靠法人治理机制进行决策、执行和监管。决策权下放可以从财力和物力管理入手，最后过渡到收入分配权乃至人事否决权。只是在攸关民众切身利益的社会事业上下放权力，并且按照深圳市的做法，坚持由党和政府掌控关键人员的提名和任命权，这种合作制衡机制可能更有利于社会和谐和保证党的领导。

3. 具体政策措施

当前，我国一些公共服务领域已经出台了一些治理规定，但是成效不大。原因有三：一是政府管理存在着缺位、越位和不到位的现象；二是现有规定可操作性不强；三是监督执行力度不够，没有监测评估等配套措施。为此，我们提出以下具体政策建议。

（1）建立和完善法制，理顺政府与提供机构的关系。要制定和完善有关法律，明确公共服务机构的独立法人地位。明确规定公共服务机构的具体职责、服务机构与政府的财务和行政关系、理事会的人员构成及其任命执行人员的权利和规则。应该明确理事会向服务对象负责、交代的方式，包括服务对象和员工参与决策过程的作用和程度以及理事会成员的法律责任、解聘和处罚条件。政府管理部门应该为理事会及其领导的服务机构制定切实可行的目标任务，并且建立相应的问责、考核和奖惩机制。应该建立申诉机构，负责处理政府部门与服务机构理事会之间的冲突。

（2）细化已有的民主公示和民主评议制度。要按照公开公正透明的原则，规范和细化现有的民主公示制度和民主评议制度。应该吸取农村低保的教训，民主公示的地点应该尽可能接近服务对象，公示的内容必须包括关键性的信息。又如，对公共服务提供机构及其管理者的民主评议，除了引进外部民主评议外，内部职员的评议应该严格实行当事人回避制度，应该由上级人事或组织部门或者由理事会来监督执行。

（3）明确规定法人治理结构的一些关键性技术细节。在教育和医疗等专业技术性较强的领域建立法人治理结构，需要明确规定社会公众和非本专业的学者在各类法人治理结构中所占的最低份额。原则上，这两类人员在理事会中的比例应不低于50%。政府应为非专业人员提供履职培训。据此原则，由医学会处理医患纠纷的制度安排必须停止，应该建立由公众代表和医学专家联合组成的医学委员会，承担有关职能。并且，应在试点的基础上，探索较为有效的各类代表的产生方式，以提高委员会的公信力和治理效果。另外，理事会的透明运作十分重要，理事会的工作会议应该尽可能向社会开放，至少有关会议纪要应该向社会公布。

（4）应该指定一个政府部门负责对各种治理机制和技术进行绩效评估。应该授权一个政府部门负责对各种治理机制和技术定期进行监测和评估，不断探索和总结推广。当然，监评技术性工作应该委托社会中介机构开展，有关信息也应该向社会公开。

（5）加强对地方事业单位法人治理结构试点工作的指导和经验总结。

深圳市是"第一个吃螃蟹"的地方，除了政治上的支持以外，中央有关部门应该加强技术支持，组织专家学者进行全程跟踪研究和指导，争取让这项制度在我国早日生根发芽，切实维护公众的利益。

（很多同仁提供了有益的评论、意见、建议和资料，我们特别感谢国务院发展研究中心发展战略和区域经济研究部的高世楫研究员、英国路敦大学的 C. K. Chan 副教授、香港中文大学的王卓祺教授和台湾学者施世骏助理教授。）

贡　森　钟东波（北京市卫生局）　执笔

参考文献

[1] 俞可平. 治理与善治. 北京：社会科学文献出版社，2000

[2] 李立娟. 欧美学校治理机制的借鉴意义. 中国教育先锋网，2004 年 4 月 20 日

[3] 陈孝平，刘宜君，郑文辉. 全民健康保险的决策与治理. 社会政策与社会工作学刊，2003 年第八卷第一期

[4] 郝凤鸣. 简论全民健保监理制度民主化. 中正大学法学集刊，2003 年第十四期

[5] 叶莎莎. 现代学校制度建设的着力点在哪里. 中国教育报，2008 - 03 - 04

[6] Commission on Global Governance, 1995, Our Global Neighborhood. Oxford University Press

[7] The European Observatory of Health Systems and Policies, 2004, Health Care Systems in Transition: The German Profile, pp. 4554

[8] World Bank: An Evaluation Report on the Rural Dibao Program in China (an internal consultation paper), 2007

公立医院监管的国际经验和完善
我国监管体制的政策建议

公立医院改革是本轮医药卫生体制改革的重点任务之一。2010 年 2 月出台的《关于公立医院改革试点的指导意见》，就公立医院管理体制、公立医院法人治理机制、公立医院监管机制等提出了改革试点意见，针对公立医院监管机制提出了实行全行业监管、加强医疗服务安全质量监管、加强医院建设、大型设备配置、财务等运行过程监管等原则性意见。但需要研究和解决的问题仍然很多。

当前我国公立医院监管面临的主要问题是，如何在从计划经济向市场经济转型的条件下，建立起既让公立医院拥有一定自主性，又能保证公立医院公益性的监管体制。在计划经济时期，我国的公立医院是政府的附属部门，在财务上实行的是预算管理，投资、人事、工资等业务决策权也由政府主管部门直接掌控。这种体制有效地保证了政府公益性目标的实现，但也存在管理僵化、效率不高、供给不足等问题。改革开放以来，在政府投入不断减少的背景下，政府部门向公立医院放权让利，医院的自主权不断扩大，在刺激医疗服务供给和医疗服务质量提高的同时，出现了政府整体上监管不足的问题，公立医院的趋利行为日益严重，越来越偏离公益目标。具体表现为：公立医院无序建设和扩张，盲目购置大型高新设备；诊疗和处方行为不规范，过度服务行为明显，服务质量和反应性不尽如人意；财务和收入分配不规范，医疗费用攀升，医患关系紧张，老百姓不满情绪强烈。

在新的经济社会条件下，公立医院再回到计划经济时期政府全面、直接控制的模式已无可能，也缺乏效率。政府跟公立医院的关系，已经从直接的行政控制转向间接的控制，这对政府提出了更大挑战。如何建立起权威、有效的公立医院监管体制，保证公立医院的规范运营和公共服务职能的实现，维护公立医院的公益性质，是当前公立医院体制改革的重大任务。

有鉴于此，本研究试图以分析当前我国公立医院监管领域存在的问题为切入点，总结国内外公立医院监管的实践并分析其成功或失败的原因，同时借鉴中国其他领域监管体制的经验教训，在此基础上提出公立医院监管体制改革和相关技术手段设计的政策建议。

一、公立医院监管的基础理论

1. 监管的概念

监管也称管制或规制，均对应于英文 regulation 一词，基本上可以通用。在行政法学的意义上，政府的行政监管是一种外部行政行为，是发生在特定行政主体和具体行政相对人之间的一种直接的行政法律关系。在经济学家看来，政府的行政监管则是政府针对微观经济层面上的部分市场失灵（不完全竞争、自然垄断、外部不经济和非价值物品、信息不对称和内部不经济）而制定的公共政策和行政法律制度，是行政机构通过法律授权，制定并执行的直接干预市场配置机制或间接改变企业和消费者供需决策的一般规则或特殊行为，最终目的是要增进公共利益或合法私人利益，并使之避免或减少由个体经济决策（生产、销售及价格行为）带来的损害（余晖，2008）。

从管制的概念可以看出：政府管制的主体一般是政府行政机关，这些行政机关通过立法或其他形式被授予管制权；政府管制的客体是各种经济主体；政府管制的主要依据和手段是各种规则，明确规定限制被管制者的哪些决策、如何限制以及被管制者违反规则将受到的各种制裁。在以上的构成要素中，最关键的是作为政府管制依据和手段的各种规则（或制度）。

2. 监管的一般性框架

监管制度的构成应该包括监管机构（谁来管）、监管对象（管谁）、监管内容（管什么）、发现问题的手段以及处理问题的方式等主要要素。

（1）监管主体。一般而言，监管主体包括政府部门、授权机构和公众，最终责任属于政府。政府部门是公众利益的代表，承担机构的行业准入、有关法规的制定、行政监督和奖惩等职能。在可能的情况下，政府部门可以将部分监管职能和责任委托给授权机构代理，但依然负有政策上指导和协调的责任。公众参与监管的途径：一是通过舆论影响决策，二是通过公众代表直接参与政府部门和授权机构的监管工作。

（2）监管对象。从经济学角度讲，监管的对象是交易合同双方的履约行为。

（3）监管内容。从监管目的来分，监管内容可以划分为经济和社会两方面。经济性管制主要包括价格管制、进入和退出市场管制（也可以称为"资格管制"）、投资/分配管制和质量管制。价格管制是政府管制的核心内容，进入和退出市场管制包括对被监管者资质的管制。

社会性管制主要包括目标管制、标准管制、信息管制等。目标管制即设定管制所应实现的目标；标准管制即制定行业标准；信息管制即要求行业公开行业标准等相关信息。

从监管过程来看，监管内容包括事前的投入和准入监管、事中的过程监管和事后的结果监管。

（4）发现问题的手段。监管机构对监管对象行为的问题发现机制包括定期的巡视、检查、评比，对举报和投诉的集中调查，以及定期或不定期的问卷调查。计算机信息网络的出现，使得连续性监测成为可能。在经合组织国家，信息系统监测的应用越来越普遍。

（5）处理问题的方式。在发现问题以后，监管者一般采取劝说、信息公开（公示）、经济处罚、停业整顿和吊销执照等方式来处理。

3. 医疗服务监管的框架

医疗管制（Medical Regulation）是以解决医疗市场信息不对称、道德风险和外部性等市场失灵问题，促进社会福利，保证医疗质量与安全，保护患者生命健康权益和财产权益为目的，政府或中介组织依照法律和规章，通过法律、经济、行政手段，对各类市场主体医疗行为进行的引导、干预和限制。

成熟市场经济国家往往从建立市场交易的基础条件、矫正市场失灵、保证基本医疗服务的均等化和公平性以及更好地维护各方面的利益这四个方面来界定管制的内容和具体的操作方式。监管手段包括通过建立行业准入、执业规则、质量管理、运行监管、信息发布、患者权益保障等法律制度，对医疗行为主体资格、执业行为进行监管控制，保证医疗质量与安全，纠正信息不对称，保护患者生命健康权。详细情况见表1。

表1　　　　　　成熟市场经济国家的医疗服务监管及我国的做法

规制类型		成熟的市场经济国家	我国的做法
建立机构行为规范	供方的诚信公开	保证医院业务和财务活动的透明度和可交代性	笼统规定院务信息公开：潍坊等地试行总会计师制度，有一定作用
		详细规定治理机构的广泛代表性	在治理机构上缺乏社会、患者和职工代表参与的实质性规定：在试点建立社会多方参与的监管制度，成效不大
	供方的公平性、非营利性	要求选派医务人员到落后地区工作	类似（万名医师下基层、职称晋升前要在基层锻炼半年）
		强制医疗机构必须向病人无条件提供紧急医疗服务	类似，但难以执行：不愿意承担欠费风险和法律责任风险
		不得向控制人分配剩余	相反，1980年代以来明确支持公立医院结余留用
		业务活动服务公众的情况确认	没有公益性活动的确认：在试点建立以公益性为核心的公立医院绩效考核管理制度，进展缓慢

续表

规制类型			成熟的市场经济国家	我国的做法
矫正市场失灵	买方无法判断质量	对过程的规制	诊疗指南	规定很粗略，难于执行：中华医学会陆续制订和修订了多种疾病的诊疗规范；临床路径管理在试点中
			病人对临床程序的报告和对服务态度的评价	不常见
		对结果的规制	有关医生和医院单项或综合服务结果的标准化的报告	职能部门每年进行专项检查，但无信息发布
			临床审计和同行评议	《处方管理办法》执行不到位，医保部门审核处方，只能处罚机构
			纪律委员会负责对医师的投诉	医学会鉴定诊疗质量，医政部门管服务态度，处罚归医政；医患纠纷第三方调解机制在试点中，有一定作用
	供方诱导需求	对人力的规划	限制培训名额和拨款数额	相反，医学大专院校在扩招
			披露利益冲突	没有
		对资本投入的规制	限制新技术的应用和新机构的建设	有审批要求，但执行不力，同时经济政策鼓励高新技术的使用
	垄断和不正当竞争	价格的规制	制定医疗服务收费表	类似，但是收费标准不合理且执法不严
			制定药物参考价格（最高报销限额）	类似
		不正当竞争	打击虚假违法广告	类似，但多头管理，政策协调和执行难
			打击商业贿赂	类似，但难以执行："以药养医"；"运动式"、走过场

二、我国公立医院监管的现状及需要解决的关键问题

与成熟的市场经济国家相比，我国现行的医疗监管体制还很不完善（见表1），造成医疗服务市场秩序混乱、价格失控，医疗机构行为严重背离公益目标。具体问题主要表现为：有法不依、无法可依、立法过粗、立法不当以及执法不严。

1. 医疗服务行为失范，"大检查"、"大处方"问题已经成为医院通病

在成熟市场经济国家，临床诊疗指南（包括护理规范和用药常规等）不仅用于指导医疗服务行为，还要公开并接受社会的监督。为了鼓励医务人员遵从指南，服务购买者制定了支付办法上的优惠措施，监管者还出台了医疗事故处理问题上遵从指南者的免责规定。近年来，卫生部委托中华医学会等专业机构制订和修订了一系列临床诊疗规范，但由于各种原因，在实践中并未得到广泛的认可。由于缺乏明确的、权威性的诊疗指南，在"以药养医"、"以械养医"等不当机制的引导下，超常规诊疗的各种检查和多开药品被当作医院创收的捷径，这成为"看病贵、看病难"的根源。

为了解决"大处方"问题，卫生部门规定对医疗机构实行药品收支两条线，并对药品收入占医院总收入的百分比进行考核，只有合理用药的收入才能得到返还。如果比例超标，超过部分的药品收入就由卫生行政部门进行再分配，以奖励那些在药品费用控制方面较好的医院。但这种办法有明显的缺陷。由于信息不对称，医疗机构只需通过"大检查"做大收入基数，药品收入比例就会自然降下来。2007年初卫生部发布了《处方管理办法》，要求建立处方点评制度，对处方实施动态监测及超常预警，登记并通报不合理处方，对不合理用药予以及时干预；对超常处方的医师进行处理。当前，各医院都建立了内部处方点评制度，卫生行政部门的综合检查和专项检查中，也将合理用药情况作为检查重点，但"大处方"的问题并没有从根本上得到解决。

2. 公立医院基础设施建设和大型诊疗设备配置管制不力，医院盲目扩张、无序竞争

目前，公立医院已经成为独立经营的经济实体，医疗机构之间相互协作的关系被打破，追求经济效益成为各个医院实质性的目标。为此，各医院千方百计加强基础设施建设，即使得不到政府财政支持，也要通过贷

款、内部集资等方式建高楼、加病床、购置大型诊疗设备、开设豪华病房。美其名曰"改善医疗条件、满足患者就诊需求",实质上是为了扩大市场份额,在竞争中处于有利地位。尽管我国有《区域卫生规划》、《医疗机构设置规划》、《大型医疗设备配置规划》等约束性的规定,但由于法律地位低、约束力差、操作性不强等原因,都没能对公立医院的扩张行为产生实质性的约束。

造成的结果是,几千张病床的"巨无霸"医院屡见不鲜,诸如"八星级"高干病房之类的超标准配置被陆续曝光,大型诊疗设备重复购置、利用率低的问题长期得不到纠正。据2005年卫生部的不完全统计,我国每百万人口有1台核磁共振仪和5台CT,人均配置水平高于泰国和墨西哥等人均国民收入高于我国的国家,但实际利用率很低。即使不扣掉"大检查"等诱导因素增加的利用率,设备能力也存在50%～60%的浪费(雷海潮、毛阿燕,2002)。而在加拿大和英国等发达国家,大型诊疗设备的使用还需要排队。这些都成为诱导需求、加重患者医疗负担的直接原因。

3. 服务价格管制不当,医院财务纪律荡然无存

20世纪90年代中期的一项调查显示(Liu, XZ, Liu, YL and Chen, NS., 2000):由于价格管制标准滞后于市场物价水平,当时多数医疗服务项目的政府定价低于成本;迫使被调查的医院通过自立项目、分解项目、超标准收费、重复收费等手段违规收取费用,结果是在一半以上的服务项目中,患者实际支付的费用大大高于成本。近年来,有关部门提高了医疗服务(劳务)价格标准,降低了大型诊疗设备的检查费用标准。但是,医院乱收费的局面并没有改变,金额也大得惊人,上百万、几百万"天价医疗费"事件被陆续曝光;卫生总费用也呈现持续、快速上涨的趋势,引起社会公众和舆论的强烈不满(见图1、图2)。

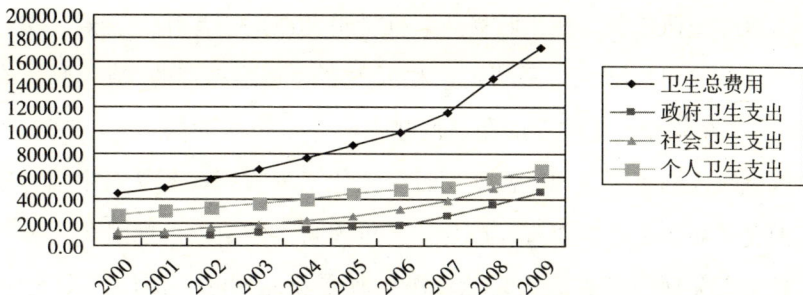

图1　卫生总费用及构成（2000～2009年）

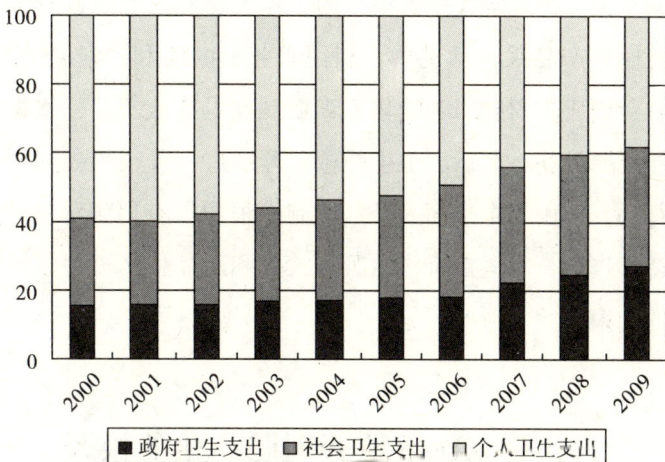

图2　2000～2009年卫生总费用负担比例（%）

数据显示，2000年至今，政府卫生投入绝对值和相对值增加较快，但个人医疗费用的绝对值也在持续增加，医疗费用持续上涨的趋势没有得到有效遏制。尽管个人卫生支出占卫生总费用的比重明显下降，但个人支出仍占卫生总费用的38.2%，且老百姓个人卫生支出的绝对数仍在上升。

4. 药品回扣屡禁不止，腐败问题严重

尽管"医药分开"、回归公益性等已经成为公立医院改革的主导方向和基本原则，但有效的政策措施一直没有出台。在"以药养医"① 的大背

① "以药养医"即"药品加成"政策是1954年制定的，目前还没有彻底废除——作者注。

景下，医疗纪律松弛，医生收受药品推销员贿赂的现象十分普遍，按药品处方数量领取回扣已成为医药企业和医生之间心照不宣的"行规"。有调查显示[①]，医院和医生收受的药品回扣占药品价格总额的40%，回扣收入成为医生收入的重要来源，甚至超过合法的工资收入。药品集中招标采购环节的腐败问题也不容忽视，成为"药价虚高"的重要助推因素。

虽然有关部门三令五申，禁止医生收受药品回扣，例如，2008 年 11 月最高人民法院、最高人民检察院《关于办理商业贿赂刑事案件适用法律若干问题的意见》曾规定医疗机构中的工作人员在药品、医疗器械、医用卫生材料等医药产品采购活动中，利用职务上的便利，索取销售方财物，或者非法收受销售方财物，为销售方谋取利益，构成犯罪的将按照相关规定以受贿罪定罪处罚；其后，卫生领域曾开展过一段"轰轰烈烈"的打击商业贿赂行动。但由于牵扯面太广、体制性根源没有得到解决等原因，该行动没能持续进行，对医疗机构、医务人员和药品生产流通领域都没有产生实质性的约束。

三、公立医院监管问题产生的根源

公立医院面临的问题是多方面的。首先是政府投入等相关职能履行不到位，造成激励机制扭曲，医疗机构和医务人员行为失范；其次是监管体制不健全，对医疗机构和医务人员的行为缺乏有效的约束，进一步加剧了行为的扭曲；同时，长期的行为失范，造成医疗机构和医务人员成为独立的既得利益群体，千方百计抵制监管，使原本脆弱的监管体系更难发挥效用。

---

① "聚焦高药价产生原因"，2011 年 11 月 13 日 CCTV 新闻频道《每周质量报告》。

1. 政府投入等相关职能履行不到位，造成公立医院行为扭曲

计划经济时期，我国的公立医院具有典型的"计划"特征。公立医院是政府的附属部门，财务上实行严格的预算管理，投资、人事、工资等业务决策权也由政府主管部门直接掌控，公立医院的行为严格遵循政府的行政指令，医疗卫生服务公益性的目标得到了很好的贯彻。改革开放以来，为了改变过去效率低下、平均主义、"吃大锅饭"的弊端，以及缓解财政压力，同时增加医疗资源的有效供给，政府不断向公立医院"放权让利"。基本做法是简单套用了经济领域改革和企业改革的做法，忽视了医疗卫生服务的公益性，过度强调微观效率，甚至鼓励用经济手段解决体制、机制僵化的问题，科室承包、独立核算、鼓励竞争等措施被广泛采用。20世纪90年代末至21世纪初的改革中，一些地方政府为了减轻财政负担，甚至出现了公开拍卖公立医院的做法，进一步强化了公立医院和医务人员的经济意识。市场化改革使得公立医院微观运行效率明显提高，医疗资源总量增加，技术水平明显提升，医疗服务供给增加，"住院难、手术难"等问题得以缓解，医务人员的收入水平明显增加，但也造成公立医院和医务人员激励机制出现偏差，过分注重经济效益，逐渐偏离公益性目标等问题。

随着改革的不断推进，政府与公立医院的关系发生了深刻的变化，科层制的行政隶属关系被显著削弱，公立医院在人、财、物管理和日常运行管理方面的自主权不断增加，传统的行政管理方式开始失效。公立医院的性质从政府行政附属机构转变为独立运行的经济实体，在经济利益的驱动下开始不断扩大规模，医院间的协作关系开始被无序的竞争所打破。医务人员开始追求个人的经济利益，药品回扣、开单提成、诱导消费等问题日趋严重。面对这些变化，政府的监管机制没能及时有效地建立起来，进一步加剧了公立医院行为的异化。

2. 政府监管职能分散、权责不对等、缺乏联动机制

当前，我国对公立医院的监管职能分散在多个部门。公立医院的监管

涉及多个层面。其一，是对医疗服务行业的专门监管，如机构、人员和技术的准入，对药品、医疗服务质量及安全的监管等。其二，是对公立医疗机构（包括公立医院）特有的监管，如人员编制、干部任免、价格标准、收入分配、资产处置等。其三，是一些经政府授权的部门，如工商、税务、环保、消防、质监、城管等，在各自职权范围内对所有医院的一般性监管。

其中，前两个层面的监管影响并决定着公立医院的行为模式，而第三个层面的监管并非专门针对公立医院，对公立医院的行为模式也没有实质性的影响。因此，本文对监管问题的探讨仅集中在前两个层面，对于一般性监管不做过多赘述。表2对公立医院监管涉及的主要监管主体及各自的职权范围进行了梳理。

表 2 公立医院监管主体及各自的职能范围

监管主体		职能范围
财政局		①公立医院财政补助的核拨；②公立医院固定资产的处置
发改委		①医院建设项目规划审批；②公立医院规模的控制
物价局		市级物价部门负责药品、医疗服务价格的检查；省级物价部门负责制定药品、医疗服务的价格
编办		①公立医院人员编制的初始设置；②公立医院人员编制的使用
人社局	人事处	①公立医院人员的公开招聘；②公立医院绩效工资管理
	医保处	①医疗保险定点医疗机构资格的确认；②医保病人医疗费用的结算
组织部		公立医院领导的任命、考核
卫生局	规财处	①医疗卫生整体规划；②监督医疗服务价格的执行；③大型医疗设备准入的管理；④医院基本建设和国外贷款项目的应用管理；⑤根据医院财务报表监管医院经济运行
	医政处	①医疗机构、人员、技术准入；②医疗机构的校验；③医疗质量管理
药监局		药品的审批管理、药品使用的监管
招标办、纠风办等		公立医院药品的集中招标采购

通过梳理可以看出：对医疗卫生服务的行业性监管主要集中体现在卫生行政部门，具体体现在医政部门和药品监督管理部门。医疗保险经办机构通过医保定点资格的认定（相当于一种"准入"）对所有医疗机构施加

影响，并主要通过医保费用的结算这一经济手段达到控制目标。区别于对私立医疗机构的监管，对公立医院特有的监管职能主要归属于发改、财政、人事、组织、编办、卫生、物价、招标办等政府职能部门，处于分散管理的状态。

多部门、多级管理加大了政策协调和执行的难度。卫生部门对公立医院的管辖以业务管理为主，对人、财、物等事项几乎没有管理权限。卫生部门反映对公立医院的监管缺乏有效抓手，目前只能以行业内的通报批评为主，用"评比"代替"监督"。同时，由于财政补助不足，卫生行政部门缺乏监管信心，又往往同情公立医院，强化公立医院监管的意愿不足。

发改委、组织部、人事局、财政局等部门分别掌握着公立医院建设项目规划审批、领导干部任免、人事编制调配、财政经费拨付及资产处置等重大事项，即"管事、管人、管资产"，原本应该能够对公立医院的行为进行强有力的约束。然而在现实中，受人员数量、专业背景等限制，这些部门无法对公立医院的运行过程和结果进行科学的评价，监管意愿不强，监管能力也较弱。

各职能部门对公立医院的监管权责不对等，同时，对公立医院进行检查、监督和考核的信息也未能实行有效汇总，各部门间信息和资源不能共享，没能形成监管合力。在制定具体的政策措施时，甚至还存在部门间意见相左、行动相互掣肘等问题。

此外，由于举办主体的不同，同一区域内的公立医院可能隶属于不同级别、不同性质的管理部门，造成管理层级、管理主体更加复杂和分散，从而进一步增加了监管部门间协调的难度。

3. 政府部门监管信心不足、监管意愿不强

从行政管理的角度来看，政府部门没有及时实现从所有者到监管者角色的转变，造成监管意愿不强、监管信心不足等问题。传统计划体制下，政府对公立医院的监管是基于所有权的监管。医疗市场开放以后，政府对所有医疗服务机构的监管是基于公益性的监管。两者之间有很大

的区别，政府本身存在一个角色转变问题。目前政府部门往往存在两个认识误区。

一是没有投入，监管信心不足。一部分省级卫生行政管理人员认为：公立医院自己养自己的政策也已经实行了多年，政府基本上没有什么投入。"手里没有米，叫鸡鸡不来"，即使想管也管不了。这些同志监管信心不足的原因，是思想还停留在传统计划时期，没有完成从所有者监管到公益性监管的转变。出于维护公众利益的责任，政府应该理直气壮地对公众就医的质量、价格、安全和公平性进行严格监督。同时，对那些享受政府税收优惠和财政补贴的医疗服务机构，还要按照非营利机构的要求进行监管。

二是监管者同情监管对象。一方面，作为医疗服务的监管者，政府不是不想干预"大检查"、"大处方"、非法药品回扣等问题。另一方面，作为公立机构的所有者，基于医疗卫生投入不足以及不少卫生官员来自公立医院的事实，政府完全了解公立医院的困难处境，又不忍心去认真监管。在缺乏对公权力有效监管的条件下，监管部门往往倾向于同情、照顾被监管者，甚至被监管对象俘获。

4. 监管法规政策本身很不完善

监管的本质是依据相应的规则对监管对象的行为进行约束。然而，我国卫生领域的法律法规和政策体系一直不完善。

一是不合理的法规政策长期得不到纠正或者调整。例如：1954 年在国家财政非常紧张、国民经济也非常困难的背景下制定的以药养医政策；改革初期引入的放权让利政策，即不给投入、只给政策，让医院能够自行处理盈余。在特殊的背景条件下，这些政策有一定的合理性。但在当前的经济社会条件下，这些政策加剧了"看病贵"问题。

二是在很多方面无法可依。虽然我国早在 20 世纪 90 年代就发布了《职业医师法》、《医疗机构管理条例》，2000 年以后又对一些法规进行了修订，如《传染病防治法》、《药品管理法》等，但是由于立法质量不高、医疗技术和药品更新速度快等多方面原因，一些法律法规滞后于形势变化，使得医疗监管机构还是经常面临无法可依的尴尬局面。

三是很多法规缺乏可操作性，执法部门的自由裁量权非常大。例如，政府主要通过区域卫生规划和医疗机构设置规划来指导公立医院的设置、控制医院总量和规模。但在实际中，《区域卫生规划》往往缺乏可操作性，《医疗机构设置规划》也仅对新建医院有约束力，对现有医院的改、扩建几乎没有实质性的影响。在公立医院大型设备的购置方面，存在"先斩后奏"的现象，因为购置设备资金均为医院自筹，政府几乎没有投入，卫生行政部门只能采取姑息态度，进一步弱化了监管的效力。部分地方政府职能部门在监管时缺乏明确的规范，自由裁量权过大，腐败问题滋生。有些医院反映，物价部门在检查中往往对公立医院处罚过重，动辄给公立医院开出 100 万～200 万元的罚单，经医院多方协调处理后，罚款额度可减至50 万～60 万元。

5. 政府监管机构及人员能力不足，监管手段单一

各职能部门普遍存在人员不足问题。由于缺乏有效的信息管理系统，仅能坐等公立医院自行上报相关数据。同时，受专业背景限制，除卫生行政部门外，其他部门很难及时发现公立医院服务提供中存在的问题；即使是卫生行政部门，人员配置也往往捉襟见肘，在与数量众多的监管对象相互博弈的过程中，难免顾此失彼。如对医院财务的监管，卫生行政部门只能坐等医院上报财务报表，并依据财务报表对医院经济运行情况进行分析；财政部门对公立医院实行预算管理，不介入医院日常财务监管，对公立医院经济运行的实际控制力不足。

信息的公开透明是实现有效监管的基础，但目前公立医院信息公开以机构及人员资质、药品及服务价格、每日医疗费用为主，缺乏与医疗费用直接相关的诊疗项目的公布。由于信息不对称，诱导消费的现象难以避免，导致"大处方、大检查"现象屡禁不止。公立医院认为如果财政补偿足额到位，可以对医院的财务状况进行全面公开，但在财政补偿不到位的

情况下进行财务公开，可能也会引起公众误解，加重医患矛盾。

在具体的监管手段方面，目前各职能部门对公立医院的监管主要有两种形式，一是各类专项检查，二是举报的查处，缺乏常规性、日常性的管理。专项检查需要经过审批，举报查处需要备案。而在对违规行为的处理方面，仍以经济处罚为主，缺乏行政处置手段，这进一步强化了公立医院的"经济"意识。

6. 公众监督渠道狭窄、行业自律基础差，多元化监督体系没有形成

除政府监管外，社会监管、行业自律也是监管体系中的重要方面。当前国内的监管体系中，除了上述政府监管存在的种种问题外，还面临社会监督机制不健全、行业自律基础薄弱等问题。

公共部门提供的服务理应接受社会的监督。然而，我国公民社会和社会组织发育不完善，公共服务机构主动发布信息的意识不强，公众参与公共事务决策的渠道一直非常狭窄。具体到医疗服务领域，公众几乎无法对公立医院的行为进行监督。尽管近年来病人满意度已经成为医院管理和评价中的重要维度，但由于大多数评价都是医院自行组织，并且大多数调查是在门诊就诊病人和住院病人中开展，结果的真实性势必大打折扣，调查结果对医院的行为和卫生部门的决策也都没有产生实质性的影响。此外，虽然不少地方也在开展公立医院法人治理结构的探索，试图吸引多方利益主体参与到医院的决策中来，但从目前推行的效果来看，也仅仅是部分地解决了医院内部职工、政府各职能部门参与医院决策的问题，还没有为社会公众、社区居民甚至患者参与医院的决策和监督提供途径。

在成熟的市场经济国家中，医疗服务行业的自律性监管是政府监管和第三方监管的基础。而在我国，自律性监管的基础却很薄弱，缺乏有约束力的"诊疗指南"，缺少同行评议机制。近年来，卫生部委托中华医学会等专业组织制定和更新了多种疾病的诊疗规范，并积极推行临床路径试点。然而，实践中由于不同地区医务人员诊疗习惯等方面的差异，各类诊疗规范、指南等仅起着指导作用，临床路径也还处于起步阶段，实施范围

非常有限。此外，在医疗系统内部尚未建立起经常性的服务质量同行评议机制，缺乏透明度。

四、公立医院及相关领域监管的经验借鉴

1. 公立医院监管的国际经验

国际经验表明，绝大多数国家都设立了公立医院，直接生产医疗服务产品，以达到维护医疗服务公平性、可及性等政策目标。尽管由于各国经济、社会、文化背景不同，公立医院的数量、规模和管理方式存在较大差异，但总体而言，政府都会对公立医院提供直接的财政投入，并对医院的行为进行严格的控制，以确保政策目标的实现。本文重点对澳大利亚公立医院的管理体制进行了研究和总结，同时，结合对法国、英国等国家公立医院管理体制的文献研究，总结出公立医院监管体系的几个典型特征，为完善我国公立医院监管体制提供参考。

（1）澳大利亚公立医院管理体制的启示。

本研究对澳大利亚公立医院的管理体制进行了深入研究，澳大利亚卫生服务体系中政府职能的落实到位、完善的法律体系、畅通的公众决策和监督渠道，为我国公立医院管理体制的改革提供了有益的借鉴。

①澳大利亚政府在医疗服务提供中起主导作用。澳大利亚明确了医疗服务的公共产品属性，联邦政府制定卫生服务的总体政策、州政府负责区域医疗卫生规划，两级政府在公共筹资中承担近70%的职责，公立医院数量占医院总数的72%，公立医院的床位占所有床位总数的80%。这些都是政府在医疗服务领域主导作用的明确体现。医疗服务体系追求的三大基本目标是公平（付费和服务利用的公平）、效率（经费的有效利用）和质量（高的医疗标准和好的健康产出）。国民在任何医疗机构就医都有相应的保障制度，基本实现了免费医疗。

②公立医院的基础设施建设和设备购置由政府全额负担，确保了政府

对公立医院有足够的控制力。公立医院由州政府负责投入和运营，是早在1946年的医院权益法案（Hospital Benefits Act 1946）里就已经明确的，其主要目的是为了避免病人由于经济原因而无法享受医院服务。1953年的国家健康法案（National Health Act 1953）中重新强调了这一点。2000年澳大利亚共有1040家医院，其中公立医院748家（占72%），病床占总床位数的80%。在严格的预算控制下，公立医院完全没有扩张的冲动。

③公立医院的运行经费采取预付制，在总额约束下，医院的财务安排享有充分的自主权。澳大利亚自1985年起开始实行病历组合和疾病诊断相关分类（DRGs）的付费方式，按照上一年度医院提供的经费额度，考虑物价增长等因素，综合测算当年的经费总额，实行预付制。医院在预算框架内组织运营，有控制成本的动力。公立医院每年向管理机构提交财务预算报告，获得审批后，在不超出既定框架的前提下享有高度的自主权。公立医院可以自主决定医院的日常运营，自主决定聘用医生、护士的数量，没有"编制"限制。公立医院的工作人员90%以上为护理人员和管理人员，其余为低年资的住院医师以及少量的高年资医师。护理人员和管理人员拿固定工资，工资水平由行业协会与医院协商确定。医院的财务管理中，为员工工资设立专门账户，医院即使亏损也不会影响人员工资的正常发放，医务人员没有主动营利的动机。

同时，由于经费总额的测算非常科学，医院的经费也没有太多结余的空间，政府对医院结余的使用方向又进行了严格的控制，即只能用于技术创新和改进医疗质量，不能用于增加人员工资和扩大医院规模。因此，可以说，公立医院既没有营利的动力，又没有营利的能力。

④以董事会为特征的治理结构拓宽了公众参与公立医院管理的途径。澳大利亚医疗体系中，若干家医院和一些专业护理机构等组成区域性的医疗集团，集团由董事会负责管理。董事会主席由州卫生部长任命并向部长负责。董事会成员来源广泛，包括经营管理、法律、会计、医疗等多方面的专业人才，也包括所服务社区的社会贤达。董事会成员任期三年，竞选产生，上岗前都要经过相关的专业培训以具备做出判断的能力。城市地区

公共服务类的董事会成员可以拿到少量的补贴，农村地区的董事会成员则没有补助。澳大利亚公民具有较高的奉献精神，以及很强的参与公共事务的意识。董事会机制的设计，为社会各界参与卫生领域事务创造了条件。

⑤信息技术的广泛应用和医疗服务的公开透明。澳大利亚非常注重信息手段在医疗服务管理中的应用，由政府出资，为每个全科医生配备了软件系统，用于指导医生行为、收集居民健康状况信息、监督医生处方行为等。政府还要求每个医院定期上报医院运营、医疗质量相关的数据，由专门的机构进行分析，形成书面报告，定期给医院反馈，并向社会公开发布。对于绩效表现不理想的医疗机构，政府建立了对董事会成员或医院首席执行官的约谈机制，并有专门机构协助这些医院制定整改措施，既起到了监管医疗机构行为的目的，也成为促进医疗机构不断完善的手段。

关于澳大利亚公立医院管理体制的详细资料请参见本书专题报告《澳大利亚公立医院管理体制的启示》。

（2）国际上公立医院管理模式的典型特征。

对澳大利亚、英国、法国等主要国家公立医院管理体制进行综合分析，可发现，国际上公立医院的管理模式有如下四个显著特征。①政府严格落实履行投入责任，在公立医院基础设施建设和设备购置上给予足额保障，对公立医院的结余使用进行严格的限制，从根本上消除了公立医院扩张营利的动机和可能。②在大多数国家，医生都属于高收入群体，享有很高的社会地位，行业自律性强。医生的收入主要来源于诊疗服务的收费，与药品、检查收入完全脱钩，没有"大处方"、"大检查"的动力。此外，医疗行业和相关领域法律法规体系完善，执行力度强，医生一旦出现违规行为就要付出高昂的代价。③公立医院的行为公开透明，医院需要将财务、医疗质量的主要数据对外公布，便于政府和公众的监督。④许多国家都有类似董事会的机构，确保除了政府参与公立医院的管理外，公众也能够参与到公立医院的决策中来，而参与决策是比事后监督更高层次的监管机制。

2. 其他公共服务领域监管经验的借鉴

计划经济时期，中国的经济组织（国有、集体企业等）和公共服务机构（卫生、教育、科技等事业单位）都是政府的直接附属机构。政府对这些机构实行的是科层化的行政控制，财务、人事、生产/服务计划都由其主管政府部门直接决定。这是一种命令型的控制方式。由于在当时，政府和这些机构的利益是高度一致的，再加上相对高压的政治和社会环境，这些机构的行为得到了较好的规范。

改革开放以后，随着经济体制改革的推进，中国的经济社会组织方式发生了很大变化。20 世纪 80 年代后期，"放权让利"的改革思路运用到了事业单位领域，政府减少了对事业单位的财政投入，鼓励它们自己创收。改革的结果是企业和事业单位逐渐成为相对独立的利益主体。原有的科层化行政控制或者效能降低，或者无法实施，如何对这些机构的行为加以规范成为巨大的挑战，公共服务领域监管的问题也随之产生。然而，不同领域虽然都进行了相应的改革，但改革的力度和方式有所不同，政府与各领域服务主体之间关系的密切程度不一样，监管体制的设计和面临的问题也有很大区别。

通过对教育、食品、药品、市政公用事业等领域管理体制和监管方式改革历程的梳理，我们得出以下几个基本结论。

（1）政府与服务主体关系的密切程度决定监管体制的总体架构。从紧密程度看，基础教育领域市场化程度是最低的，因而与政府部门的关系也最密切；公立的中小学校占据绝对主体，政府的意愿得到了很好的执行，公益性得到了较好的体现，面临的监管难度较小。公用事业领域基本实现了政企分开，企业享有充分的自主权，原来的行业主管部门由所有者转变为监管者，形式上基本实现了监管与被监管的关系。但由于水、电、燃气等行业自然垄断的特性，企业与原来的主管部门之间还保留着复杂的联系，监管体制面临的核心问题是如何真正实现政企分开，保持监管机构的独立性。食品和药品行业市场化程度比较高，政府主要通过监管来发挥作用。但由于生产分散等特点，监管难度比较大，近几年的改革力度也比较大。

就服务性质而言，医疗卫生服务与基础教育最接近，政府在医疗卫生领域也应当承担主要责任，政府与公立医院之间也应当保持紧密的关系。然而，在"放权让利"思想的影响下，前一阶段公立医院的改革走了过度市场化的道路，政府与公立医院间的密切联系（尤其表现在财政投入上）被切断，原有的行政控制能力严重削弱。在这样的背景下，一方面应当效仿基础教育领域，以加大财政投入为突破口，切实履行政府主导责任，减少公立医院的经济压力和趋利动机；另一方面，对于已经实现了较高程度市场化的医疗领域，完全回到原有的行政管理体制是不现实的，需要通过科学的监管手段，约束公立医院及医务人员的行为，维护医疗卫生服务的公益性。

（2）监管机构权威性是监管能够发挥作用的前提。对多个领域监管体制的比较可以发现，当前监管体制改革的主要趋势之一是强调监管机构的权威性。药监领域省以下垂直管理体制改革的初衷，就是为了尽量避免地方政府的干预，提高监管机构的权威，改革中曾取得了良好的效果。食品监管领域分段管理的体制，虽然各职能部门法定责任明确，但食品生产环节的复杂性和连续性造成监管机构间实质上责任不清、相互推诿甚至掣肘，不利于监管机构权威性的建立。公用事业领域监管的权威性遭到质疑，是由于监管机构本身与监管对象距离太近，代表行业和企业的利益，容易被企业"俘获"，从而损害群众的利益。经验表明，要充分发挥监管效力，就必须维护监管机构的相对独立性和权威性，应当在法律上给予监管机构充分的授权和相应的地位，同时要有足够的财政投入来保障监管机构人、财、物的独立性。

（3）产品或服务的价格和质量、服务提供主体的资质是监管的核心内容。在具有典型外部效应、信息不对称、容易产生市场失灵的公共领域，政府监管的重点在于服务或产品的价格以及质量和安全性。在基础教育领域，义务教育实现了免费，但各种名义的乱收费现象还普遍存在，这成为教育领域价格监管的重点；教育督导团设立的初衷就是为了监管各学校的教学质量，这也是当前教育部门监管的最重要内容。在药品领域，各地普遍实行药品集中招标采购制度，对药品的价格、质量、流通渠道进行严格控制。在食品领域，食品价格虽然是放开的，但食品安全是政府严格监管的。公用事业领域也还存在一定范围内的价格管制，各主管部门对产品和服务质量也进行严格监管。此外，各领域对服务提供主体的准入资格也实行严格的监管，民办学校的办学资格、食品及药品生产和流通企业的资质都要经过严格的行政审批，而公用事业领域则采取相对垄断的方式维持准入限制。

（4）法律法规体系的完善是监管体制的重要基础。监管的实质是依据相应的规则对监管对象实行间接的控制。监管规则是监管的三个基本要件之一。只有将监管对象的行为约束在既定的框架内，外部的监管才能发挥应有的约束和惩戒作用。考察的各个领域都有一系列的法律法规框架来为监管提供依据。如《教育法》及《义务教育法》、《食品安全法》、《药品管理法》、《电力法》、《城市供水条例》等各项法律及其配套措施，都明确界定了各相关主体的行为，这是监管工作能够有效发挥作用的重要依据。尽管各领域的法律法规都还处在不断完善之中，但"有法可依"、"有章可循"的基本原则是需要始终坚持的。

五、对改革和完善公立医院监管体制及监管技术的建议

在对公立医院的行为模式和监管现状进行全面分析的基础上，我们认为，公立医院公益性淡化、逐利倾向严重，是激励机制扭曲和监管体系失效两个因素综合作用的结果，并且激励机制的扭曲是更为重要的因素。解决这些问题有两条路径：一是改革公立医院内部的激励机制，约束医务人员的逐利行为，重塑公立医院的基本行为秩序；二是加强政府的外部监管，约束公立医院的行为，使公立医院真正履行"公立"职能。

监管是政府各项管理职能中的最末一环，监管体系改革属于外部性的改革措施，重点在"堵"，是"治标"的手段。激励机制改革是内部性的改革手段，目的在"疏"，是"治本"的措施。外部监管可以校正严重失常的医疗服务行为，而整体有序的行为是各类监管手段发挥作用的前提。在改革实践中，应当优先解决治本之道，即要求政府职能履行到位以消除公立医院的逐利动机，在此基础上完善监管体制，"疏"、"堵"结合、标本兼治，最终从根本上解决公立医院当前存在的问题。

1. 政府所有者职能履行到位，使公立医院的行为回归正常轨道

改革前的公立医院作为政府的附属机构，是没有任何营利动机的。然而，在改革过程中，由于政府的财政投入责任长期缺位，加之放权让利的做法赋予了公立医院更大的自主权，公立医院逐渐从被迫追求经济利益转变为主动追求经济利益。公立医院追求营利有两个主要目的，一是提高医务人员的待遇，二是改善医院硬件条件、提高竞争力。国际经验表明，公立医院基础设施建设都是由政府承担主要投入责任的。同时，维护体面、独立于医院的员工工资，也是政府的职责。因此，落实政府在这两方面的投入责任，是减少并最终消除公立医院逐利动机的根本措施。

（1）从提高医务人员合法待遇着手，重塑医务人员的激励机制。公立医院的行为最终要归结到每个医务人员的行为，要扭转公立医院的行为、纠正其趋利倾向，关键是改变医务人员的激励机制，消除其趋利动机。应当利用绩效工资改革的契机，规范医务人员的待遇。

首先，应当确定医务人员收入标准的适当范围。确定合理水平可参照两个标准：一是国际上的相对水平。与国际水平相比，我国医务人员的实际相对收入处于偏低但可接受的水平。从收入与人均 GDP 的比率看，OECD 国家专科医生中这一比例为 1.67～4.75，全科医生为 1.74～3.52，美国专科医生和全科医生工资相对于人均 GDP 的比率分别是 6.63 和 4.18。根据估计的真实收入，我国公立部门医务人员收入相对于人均 GDP 的比率为 1.7 左右，与 OECD 比率最低国家相当。与社会平均工资相比，在

OECD 国家，医生收入一般是社会平均工资的 2～4.5 倍。我国医生的全部收入约为社会平均工资的 2.06 倍，也基本处于 OECD 国家的下限。考虑到我国是一个发展中国家，我们可以取其下限或均值，定在 2.5～3 左右是比较合适的。二是不能低于当前的全部收入。既得利益是很难触犯的，不然改革会有很大阻力。法国公立医院医务人员激励机制相关资料参见附件《法国公立医院人力资源的介绍》。

其次，应当重新调整收入结构。尽管主管部门一再强调医务人员的收入要与工作量脱钩，但事实上，当前的各种核算办法都是变相的将收入与工作量挂钩，体现多劳多得的理念。在新的绩效工资方案中，应当着重体现岗位职能、技术含量、服务质量所占的比重，逐步减少工作量的比重。同时，还应当制定合理的绩效考核标准，包括工作量、服务质量的最低要求，在完成最低标准的情况下才能获得基本工资，避免出现"养懒汉"的问题。

第三，应严格规范和打击灰色收入。一方面要严厉打击药品回扣、开单提成、收受红包的违规行为；另一方面，在完成本职工作、达到基本绩效标准的前提下，对于通过合法途径、多点执业获得的正当收入，应当予以承认，纳入征税范围统一管理。

此外，对于医院管理人员、特别是高层管理人员的收入，应该逐步推广年薪制，并制定严格的绩效考核目标。高管人员的工资与医务人员的工资要保持恰当的比例，与医院整体的运营效果、公益性目标相联系，不能与经济效益挂钩。

（2）以落实公立医院基本建设投入责任为前提，消除公立医院的扩张动机。公立医院是按照政府意愿向老百姓提供医疗卫生服务的机构，基础设施建设和大型医疗设备的配置，理应由政府承担主要的投入责任。我国绝大多数的公立医院都是在计划经济时期开办的，初始的硬件投入都是政府承担的，在当时的体制下，政府对于医院的规模有绝对的控制能力。然而，经过几十年的发展，也为了顺应老百姓改善诊疗环境的要求，各个医院都在努力改善硬件设施。这部分的资金投入，政府仅承担很少的部分，大多数靠医院自筹、甚至负债来解决。由于我国的区域卫生规划、医疗机构设置规划、大型设备准入及技术准入标准等制度都缺乏实质性的约束力，也由于医院建设资金中政府投入所占的份额很小，政府没有信心、能力和意愿去控制医院的规模扩张，造成公立医院盲目扩张、重复建设、无序竞争的局面长期得不到纠正。

通过落实公立医院基础设施建设、大型设备配置及人员工资等方面的财政投入责任，不但可以直接减轻公立医院的负担、弱化逐利倾向，也可以增强政府部门加大相关规划和制度执行力度的信心，提高监管意愿，这对于进一步纠正公立医院的行为将起到事半功倍的效果。这方面，澳大利亚在落实公立医院硬件投入、严格控制医院规模方面的经验值得很好地总结和借鉴。

2. 充分发挥政府部门、行业组织、公众的监督作用，形成多元监管的体系

（1）完善与医疗卫生监管有关的法律和法规。监管的本质是基于规则进行的控制或调节，因此完备的监管规则是实施有效监管的基础。应当建立一整套规则体系，并保证规则能够得以遵从。医疗行业的政府管制体制，应该包括一个行政法法律法规体系、若干重要的政府管制制度、政府管制制度的执行机制以及治理机制，包括行业准入制度、执业规则制度、信息披露与管制制度、行政监督制度、质量管理制度、行政救济制度等（钟东波，2003）。我国已经有相应的规则框架，但很多法规，如区域卫生规划、医疗机构设置规划等，弹性很大；应当制定可操作性的实施细则，增强约束力。在我国民间医疗机构已经出现、医药生产流通企业大量增加的情况下，要扭转医疗监管部门面临的困难局面，就必须认真借鉴国外经验，尽快完善有关的法律、法规。包括出台我国自己的民法典，明确非营利机构的财团法人地位；制定非营利机构的登记办法、会计准则、有关税则和财务管理办法；制定与药品研制、生产、流通、报废有关的法规。另一方面，体制转轨以后，公立医疗服务机构的生存环境已经发生了巨大变

化，与公立医疗机构有关的法律、法规也需要修订和完善，以适应公立医院自身发展和医疗服务市场平等竞争的需要。

（2）政府相关部门间建立有效的联动机制，形成监管合力。公立医院的管理权限分散在多个职能部门，其中最重要的几项包括：组织部门管干部，财政部门管资产，编制和人事部门管人员，卫生部门管业务，物价部门和医保部门管价格和费用。这样的分工是由我国的行政管理体制决定的，也符合专业化的要求。然而，监管职能过度分散不利于监管措施的落实，特别是在各部门间缺乏有效的沟通、没有建立联动机制的情况下，"有权的不懂业务、懂业务的没有权"，容易造成监管机构监管积极性不高、互相推诿甚至相互掣肘。

近年来，国内外公共服务领域监管的理论研究和实践经验都在不断强调监管机构的独立性，要求监管机构既独立于被监管者，也独立于政策制定者。经合组织在过去30年间一个重要的发展趋势是独立监管机构的出现。这与近年来国内公立医院改革中反复强调的"政事分开、管办分开"原则相契合。本轮改革中，在这一原则的指导下，公立医院管理机构的调整呈现多种模式，如管委会模式、医院集团模式、医院管理机构模式、医院发展（投资）中心模式、卫生行政部门自主管理模式、医院自主管理模式等（马安宁，2010）。然而，各种管理模式的调整并不是以加强监管为出发点或者是为唯一出发点，不同模式大都还存在重机构建设、轻职能调整等问题，对强化公立医院监管的效果不佳。

现阶段，建立一个新的、独立于政策制定者的机构来承担公立医院的监管职能不太现实，也不符合我国行政管理体制的特点，将不同职能部门的监管职能整合到同一个部门也没有必要。考虑到当前我国医疗服务管理体系的现实状况，在明确当前各部门职能分工的基础上，建立部门间信息共享、沟通协调的机制，是比较可行的改革路径。可以考虑在当前医保信息平台的基础上，整合其他相关部门监督检查的信息，为各部门制定决策提供依据。

（3）修订完善"诊疗指南"，建立同行评议机制，强化行业自律。在医疗机构中，最昂贵的"医疗设备"是医生手中的笔。为了管住这支笔，在克服部门利益冲突和扩大公众参与的前提下，应尽快修订完善一部有约束力的"诊疗指南"，包括诊疗规范和用药常规。同时，要建立医疗服务结果同行评议机制，对"诊疗指南"实施情况进行经常性的检查和评比，以提高医疗服务系统的自律性监管水平。在此基础之上，政府监管部门才能够逐步建立起医疗服务结果的统计和公布制度，提高自己的经常性监管能力，大大减少日常监管的工作量，把注意力集中在服务质量较差的医疗机构身上。同时，还可以把医院的资质鉴定与其服务的安全和质量记录联系起来，以形成医疗服务机构之间公平竞争的环境。

（4）强化公立医院信息公开透明，扩大公众监督范围。信息的公开透明是实现有效监管的基础。一方面，公立医院应当主动将药品和服务价格、医疗收费项目等与患者利益直接相关的事项向患者及家属公示，将医院的基本运行状况向全社会公示。另一方面，由于医疗服务的复杂性和综合性，政府部门应当通过专业性的评估来发布医疗机构的相关信息；政府部门或其委托的专业机构应该定期监测医疗机构执业情况，如医疗质量、费用、服务态度、投诉情况等，并向社会公布。为了避免医疗机构和医生向患者提供虚假信息，诱导和欺诈患者，侵犯患者的合法利益，或者利用信息发布进行不正当的竞争，政府还应对医疗机构和医生向市场传递信息的行为进行管制，例如建立信息发布制度，对广告进行监管。

应当逐步扩大监督主体的范围，逐步形成包括专业化的部门监管、行业组织自律、消费者权益保护和公众监督在内的现代监管体系。特别是为公众监督提供更为畅通的渠道。这方面可以借鉴澳大利亚维多利亚州公立医院董事会制度的经验。董事会成员来源广泛，包括经营管理、法律、会计、医疗等多方面的专业人才，也包括其所服务社区的社会贤达。所有人员上岗前都要经过相关的专业培训以具备做出判断的能力。董事会负责制定每家医院的战略方向，核定医院的预算及执行情况，并对医院的绩效进行考核，但不干预医院内部的具体运营。这种机制设计为社会各界参与公立医院的管理创造了条件。

3. 重点对公立医院的财务分配、医疗质量和安全进行监管

（1）加强对公立医院资产处置权和剩余分配权的控制。"放权让利"过程中，投入不足导致政府放松了对公立医院资产处置和剩余分配的控制，这是造成公立医院行为失控的主要原因。公立医院的规模应该适度，不能一味地强调做大做强。近年来，医院建立超级、豪华病房的现象陆续曝光。如吉林大学第一医院花费巨资建立"八星级"的豪华干部病房，专为局级以上干部服务；郑州人民医院特需豪华病房长期专供领导疗养休闲，还配有秘书房，等等。医院盲目扩大规模的成本最终会转嫁到患者头上，加重患者医疗费用负担。制定并严格遵循各类规划是调整资源的基本措施。然而，长期以来，由于政府投入不足等原因，各地的区域卫生规划、医疗机构设置规划、医疗设备准入标准等制度都缺乏实质性的控制力，没能起到约束和限制公立医院无序扩张的目的。

政府落实投入责任的同时，应该将公立医院的资产处置权和剩余分配权两项权力重新回收，严格限制公立医院购买和处置固定资产的权力。要对医院实行严格的预算控制，加强审计和监察力度，对医院的财务运行状况进行更加严格的监管。即使是医院自筹资金的项目，也必须严格遵循各类规划的要求，否则坚决不予审批。要加强审计和监察力度，对医院的财务运行状况进行更加严格的监管。同时要改变过去被动等待公立医院上报财务报表的方式，定期对公立医院的财务运行状况进行审查，公示相关信息，严厉查处违规行为，对公立医院形成实质性的约束。通过严格限制医院盲目扩大规模，进行粗放式的发展，引导公立医院转变服务方式，通过提高技术水平、改善服务态度、加强与基层医疗机构的合作等方式来吸引病源。

（2）加强医疗安全和质量的常规性监管。医疗安全和质量是医疗服务的核心，也一直都是卫生行政部门监管医疗机构的关键指标。近年来，卫生行政部门更进一步加强了对医疗质量的监管力度。每年一次的"医疗质量管理年"活动都确定了主题，引导医疗机构不断提高医疗质量。此外，

护理质量评比及其他专项检查中，也都将医疗安全和医疗质量作为重点考核内容。可以说，近年来，随着医疗技术水平和医院管理水平的提高、政府管理力度的强化，医疗质量有了显著的提高。然而，对医疗质量的管理手段大都还是采用专项检查的形式，常规性、连续性的监测体系尚不完善。例如，负性医疗事件报告系统、药品不良反应监测体系等常规报告体系都还处于初建阶段，没能发挥实质性的作用。

研究表明，很多负性医疗事件的发生并非主要源于医务人员的过错，而是具有更多深层次的、制度性的原因。从负性事件和不良反应中发现制度设计方面的问题，进行相应的调整，比单纯处罚医务人员个人更能促进整体医疗质量的改进。为此，澳大利亚倡导无追究的医疗文化，鼓励医务人员主动上报医疗问题，从制度层面加以改进，对提升医疗绩效起到了积极作用。我国应当借鉴这种思路，倡导无追究的医疗文化，并建立医疗安全和医疗质量的常规监测体系，加强对安全和质量的常规性监督。

4. 综合运用多种监管手段，特别要重视信息技术的应用

（1）综合运用行政管理、经济调控等多种手段。就监管手段的运用而言，各主管部门应当综合运用多种监管手段。资产管理部门应该采取严格行政审批制度和预算管理制度，做好固定资产的登记、转让、销毁等工作。物价部门应定期调整医疗服务定价，使医疗服务的价格真正反映成本、体现医务人员的劳动价值。医保部门应加快探索和推进支付制度改革，探索通过 DRGs、单病种付费等方式严格控制医疗费用；借助先进的信息化手段，对医务人员的诊疗行为进行严格监控，对处方量、用药量、设备检查量等显著超出平均水平的机构和个人要采取严厉的惩罚措施。卫生行政部门应制定医疗质量规范、医务人员行为规范，综合发挥信息技术的辅助作用，加强对医疗安全和医院行为的监管；建立科学的退出机制，对严重违规的医务人员将暂扣或吊销执业许可证。

监管的手段应当以行政问责和制度管理为主，切忌简单的经济处罚。对特定的行业和领域进行监管是政府的责任。政府部门发挥作用的手段应

该是制度规范和行政问责。然而，当前由于监管主体权责不对等，造成监管部门对公立医院进行监管时缺乏实质性的、强有力的抓手，进而导致部分监管部门在对公立医院的监管中简单套用企业管理的经验，对公立医院的违规行为进行经济处罚。这种方式加重了公立医院的经济负担，进一步强化了公立医院的经济意识，迫使公立医院将成本向患者转嫁，最终损害了患者的利益。今后在调整监管手段时，应当坚持以行政问责及规范化的制度管理为主，逐步取消简单的经济处罚措施。

（2）搭建卫生领域经常性监管的网络信息共享平台，促进公立医院行为的公开透明。连续性监管离不开计算机网络信息系统。可以充分利用信息技术，建立公立医院监管信息平台，各职能部门将公立医院管理相关的信息在平台实现共享。如：卫生行政部门和医保部门"懂业务"，可以将公立医院日常运行状况在平台上共享，内容包括医疗质量、医疗费用、患者满意度等，供组织部门、财政部门等"有权力"的机构作为管理的主要依据。这种联动机制的建立，必然会对公立医院构成压力，可以对公立医院的行为起到有效的约束作用。

为了节省投入和管理费用，可以考虑在部门协商的基础上，利用医疗保险经办机构已经建立的计算机网络信息系统。目前在城市地区，保险经办机构已实现了与医院和药店的联网，可以对定点医疗机构和药店实行24小时不间断的监控。在目前处方信息库的基础上，卫生监管部门可以开发出自己的《处方管理办法》监测软件，进而建立起服务结果监管的日常统计和公布系统，形成一个综合性的信息服务平台。

5. 推进综合配套改革，为公立医院发展创造良好环境

（1）强化基层医疗机构能力建设，尽快建立分级诊疗制度，重塑诊疗秩序。我国医疗资源总量不足，其中优质资源短缺问题较为突出。基层医疗机构人才短缺，群众信任度不高，是造成当前公立医院不断扩张的外在动力。应当从稳定和提高基层医疗机构人员素质入手，提高基层医疗机构的诊疗能力，减轻公立医院的就诊压力。同时，应当加快建立分级诊疗制

度，引导患者理性就医，提高医疗资源的利用效率。在医疗资源丰富、社区医疗机构发展基础较好的大城市，可以加快推进社区首诊、双向转诊、分级诊疗制度的建立和实施。应当加大医疗保险报销比例向基层医疗机构、基本药物的倾斜力度，扩大与大医院就诊和非基本药物使用之间的差距；在基层医疗资源较丰富的区域，可以试行家庭医生（团队）签约制度，引导患者提高基层医疗机构的利用和基本药物的使用。

（2）扩大医疗保险覆盖面，发挥医保基金对医疗机构和医务人员行为的约束和引导作用。医疗保障的作用有两个，一是减轻患者的经济负担，二是控制医疗机构的行为。近年来，基本医疗保障制度的扩面工作取得了明显的进展。城镇职工基本医疗保险、城镇居民基本医疗保险、新型农村合作医疗三项主要基本保障制度已经覆盖了90%以上的人口，医疗保障基金支付占医疗业务收入的比例显著提高，部分地区已经达到了60%以上。医疗保险机构具备了越来越强的谈判能力，对医疗机构和医务人员行为的影响力越来越大。应当充分利用这一有利契机，继续扩大医疗保险覆盖面，提高经办机构的谈判能力，同时加快推进支付制度改革，推动按项目付费向按服务单元付费、按病种付费的转变，扩大总额预付制的实施范围，进一步加强医保基金监督医疗机构医疗行为和控制医疗费用的力度。

6. 近期需要重点采取的一些政策措施

（1）整治腐败，严厉惩治严重违规行为。应当看到，药品回扣、医生红包、商业贿赂已经严重地败坏了医疗服务领域的正常工作秩序，大大降低了老百姓对医疗服务机构和政府监管能力的信任度。近年来政府重点打击药监部门腐败的做法，得到了全国人民的坚决拥护，开创了药品监管领域的新局面。这种做法应当推广到整个医疗卫生领域。只有这样做，才能恢复医疗服务领域正常的工作秩序，以及老百姓对政府监管机构的信任。在此基础上，才有可能发挥专业组织的作用，扩大公众参与，改进和完善医疗服务监管体系。

（2）废止不合理的制度和政策。不合理的制度和政策主要有：有关公立机构和非营利机构基本上自行处置所有财务盈余的管理规定；医疗服务低于成本定价、药品加成定价等造成"以药养医"问题的政策规定；医学院校扩招的政策等。此外，随着多层次医疗保障制度的逐步完善，住院预付款（押金）制度也应同时废止。

（3）提高监管队伍的素质，增加财政投入。为了解决监管队伍的人员结构矛盾，除引进一部分会计、法律和社会学方面的专业人才外，对现有人员必须进行必要的专业培训和纪律教育，以适应当前加强医疗服务监管工作的需要。监管是为了医疗服务系统健康运行必须付出的成本，也是为了节省系统总费用的必要投资。各国医疗保险系统的经验表明，医疗费用监管的成本是能够承受的。要实现对卫生领域的全方位监管，不仅要对医疗服务过程和结果，以及药品生产、销售、使用的各个环节进行日常性监管，而且在必要时还应进行一定范围的随机抽样调查，增加一部分财政投入是必需的。

张佳慧　执笔

参考文献

［1］余晖．医疗机构政府监管体制改革框架．http：//www. chinahealthreform. org/index. php/report/10 - researchreport/56 - 2008 - 03 - 23 - 01 - 38 - 08. html

［2］雷海潮，毛阿燕．全国大型医用设备技术效率分析．医疗装备，2002（1）

［3］Liu, XZ, Liu, YL and Chen, NS. （2000）．"The Chinese experience of hospital price regulation", Health Policy and Planning；15（2）：157 - 163

［4］钟东波．我国医疗行业政府管制的制度框架．中国卫生经济，2003（1）

［5］马安宁．试点城市公立医院改革评价．第二期公立医院改革与管理论坛材料汇编（内部资料）

［6］萨缪尔森．经济学．北京：中国发展出版社，1992

［7］王雄元，严艳．强制性信息披露的适度问题．会计研究，2003（3）

［8］郑大喜．试论市场机制和政府调节在卫生服务领域的作用．中华医院管理杂志，2003（9）

［9］刘继同．政府监管公立医院的含义、主体、范围与基本形式．中国医院管理，2008（9）

[10] 保罗·J·费尔德斯坦．卫生保健经济学．费朝晖译．北京：经济科学出版社，1998

[11] 薛义，崔占荣，魏丽等．医疗需求市场规模和市场类型研究．中国卫生经济，2003（5）

[12] 孙国梅，吴晓红，李荣艳．新型农村合作医疗定点医疗机构监管研究．安徽卫生职业技术学院学报，2009（8）

[13] 吉琳，田军章等．公立医院管理体制、运行机制的制度再设计．中国医院，2008（9）

[14] 田侃，李勇，孙红，王艳晖，吴颖雄等．公立医院"管办分离"改革的实践与思考，中国卫生事业管理．2008（7）

[15] 李敬伟，王霞，郑雪倩，梁铭会，迟宝兰，刘凯．公立医院法人治理结构改革的原则及其外部约束机制．中国医院，2007（5）

[16] 黄云鹏．公共服务监管研究：以中国教育、医疗监管为例．北京：经济科学出版社，2008

[17] 程方平．中国教育问题报告．北京：中国社会科学出版社，2002

[18] 王秋菊，郭洋．公共服务市场化中的政府监管问题研究．理论界，2010（1）

[19] 李光德．经济转型期中国食品药品安全的社会性管制研究．北京：经济科学出版社，2008

[20] 宋华琳，傅蔚冈．规制研究：食品与药品安全的政府监管（第2辑）．上海：上海人民出版社，2009

[21] 宋华琳．政府规制改革的成因与动力—以晚近中国药品安全规制为中心的观察．管理世界，2008（8）

[22] 王俊豪．政府管制经济学导论：基本理论及其在政府管制实践中的应用．北京．商务印书馆，2006

[23] 王广起．公用事业的市场运营与政府规制．北京：中国社会科学出版社，2008

附件

法国公立医院人力资源介绍

Karim OULD – KACI

概要

法国公立医院的医生是"公职人员"，而不是"公务员"，他们的地位和薪金是由国家规定的。包括护士在内的非医务人员是公务员，他们的地位和薪酬也由国家规定。在法国的所有公共机构中，医务人员和非医务人员的地位和薪酬都是相同的，工资标准都是由国家规定的。法国任何地方的任何一家医院，其医生的薪金级别都是相同的。

众所周知，只凭薪金并不能够提高员工的积极性，但是可以通过一些方法间接地激励员工（包括医务人员）：①以活动为基础的支付办法；②对于特殊活动的补贴；③通过合约约定进行医院的内部和外部管理；④采用现代化的管理工具，如标杆管理；⑤采取提高卫生保健质量的方法（认证、专业实践的评估、指标、大学医院）。

提供高薪金的理由是，我们重视知识型人才。此外，研究表明，要成为一名医生需要9~11年的时间，是具有高度淘汰性的，也需要相当长的时间。并且在成为执业医师之前，一般需要做2~4年的医生助理。这个职业也非常辛苦（责任重，压力大……），工作时间也比其他职业长。再次强调，医生是公职人员，而不是公务员。

一、引言

法国的医院作为一种服务性的机构，具有非常高的"附加值"：外部采购（医疗产品、能源、食品……）费用受限制（约为公立医院年度预算的30%），因此，人事费用约等于预算的70%。

公立医院的人员要遵守公共服务的法规，非营利性的私立医院要遵守私立医院和援助机构联合会（FEHAP）的集体协议，而营利性私立医院要遵守私立医院联合会（FHP）的集体协议。

机构和人员还有很多需要遵守的协议，以下只简单列出几种。如，最近癌症治疗中心正在实施一项重新谈判的集体协议；这份国家联合会协议的目的是为了对抗癌症（FNCLCC）。最后，由本机构人员管理的社会机构（特别是养老院）中的人员，要遵守私立医院及社会团体和组织的国家内部联盟的集体协议（UNIOPS）。

医院的医生可以是国家教育部的公务员（针对在大学中具有职位者）；但是，医院中大多数的医生（PH），是根据公法契约工作的。在"开放式诊所"中工作的人，也可以是独立执业人员。一般的规则是，公共机构中的医生是受薪雇员，大多独立在私立机构中工作。独立的服务费用由患者支付，执业行为受到所在机构的独立合同的约束。这项一般规则也有例外：在非营利的私立机构中可以有独立执业的医生，在私立机构中也可以有受薪医生。

二、公立医院的医务人员

1. 医务人员的地位

医院的公共职能，是在公共职能法的基础上，区分公职人员、公务员、实习生与合同制员工。非医务人员需要遵守"一般公务员法第四章"的内容；与之不同，医务人员不是公务员，但如果是在医学院中工作，就是隶属于教育部的公务员。

（1）医院公务员（包括护士）。医院公共服务人员在职位数量和地位上都是不同的。医院中的公共服务涉及 5 个专业领域（卫生保健、社会教育心理学、后勤、基础设施和技术维护、管理指导和决策援助），共有 22 种职业类型的 183 种职业。除了医院公务员法之外，还有 24 条法令规定具体的地位。因此，除了公务员地位（在公共职能中唯一的铁饭碗），医院的公共服务中也存在合同就业的情况（实习合同、公法合同和私法合同）。

由于公务员的职位是终身任期，因此法国允许公务员雇员登记行政级别：终身任期保证了全职和兼职雇员的永久性就业。

医院工作人员的社会保障是由社会保障性条款保证的，包括"一般养老金计划"或者"特殊养老金计划"。医院公务员和实习生可享受一种特殊的养老金计划。此外，医院工作人员可以获得免费的医疗保健服务。公务员每年享有 25 个工作日（或 5 个星期）的年假。

公务员的义务：服务、服从上级管理、保密、谨慎和机密、公正。

（2）医务人员。医院的医务人员不是医院的公务员，他们是医院的"公职人员"，地位由国家规定。医院的医生均享有社会保障的一般养老基金，享有工会代表权以及每年 25 个工作日的年假。

医院的医生有以下几种类型：①全职和兼职的医院的医生；②合同制医务人员（附属从业人员、合同制医生、助手）；③住院实习生（第三个周期的医学、药剂学、牙科学的学生）；④特殊岗位的合同制医生：2009年7月21日颁布的法律允许医院更加灵活地招聘医生，也能够以更好的薪酬吸引医生。签订这种合同的医师被称为"医院临床医师"。这些医生的合约酬金包括一些可变因素，取决于具体的工作和符合他们职业道德守则的定量和定性成绩。内科医生、牙医或者药剂师职位的数量、性质以及专业，可以通过与公共卫生保健机构签订长期目标和资源合同（CPOM）来规定。这种合同一般由医院和区域卫生机构（ARS）之间签订。⑤履行大学职能的大学医疗中心（CHU）的医务人员（大学教授兼任医院医师、高级讲师兼任医院医师）具有特殊的地位：除了是医院的医生之外，从其职能来看，他们也属于公务员范畴（作为公务员，他们缴纳社会保障金）。他们获得来自大学和医院的双份工资。在国家委员会（CNU）举办职称（硕士、博士……）考试之前，他们就已经被医院选择吸纳。

2. 招聘

（1）医生的招聘。国家管理中心（CNG）负责管理和招聘全职和兼职医生。

招聘全职和兼职医生以及在大学中任教的医生，首先要以通过一年一次的国家性竞争考试为基础。医务人员临时合同的竞争要以合格证书为基础。

这种竞争考试由国家管理中心举办：每年都会按照学科和专业分类给出公开竞争的职位列表。在本次考试结束后，合格的考生将被登记在按照学科建立的合格人员的名单中。这些考生在之后的四年内，可以申请兼职或全职医生的空缺职位。

医院部门的负责人，在听取CME（医院的医疗委员会）主席的意见之后，会向医院的行政总监建议职位，行政总监再通过区域卫生机构向国家管理中心递交职位申请。在这些建议的基础上，国家管理中心会公布一张空缺职位的列表。

医院的招聘将会以国家管理中心公布的这些空缺职位为主。每当有一个职位空缺时，部门负责人就会听取CME主席的意见并提出建议，之后医院的行政总监就会给出职位描述。

国家管理中心每年举办两次招聘。

医生的任命，是听取医院医疗委员会（CME）主席、用人部门负责人或与这一职位相关的负责人的意见后，由医院的行政总监向国家管理中心的主任进行推荐的。

在听取部门负责人及医院的医疗委员会主席的建议后，医院的行政总监将对指定的候选人进行职位分配。

必须指出的是，国家管理中心还为公共卫生保健机构提供志愿服务医生的名单，职位是"医院临床医师"（hospital clinicians）。

这个复杂的医疗人力资源管理过程，加强了医务人员相对于医院管理的独立性，医务人员认为独立性来源于这种管理。

（2）非医务人员的招聘（包括护士）。医院公务员的招聘在本质上是以医院公共职能岗位的竞争为基础的。这种招聘通常可以由单个机构、几个机构联合或通过监察机关来组织。

其他招聘方法，是通过合同的具体规定来进行的。

3. 晋升

职务变更或员工升职的所有相关事宜必须征求平等代表管理委员会意见。因为公共服务体系的特点和雇员在医院的公务员身份，医院内的升职需要靠资历，或者靠竞争，使有关雇员改变职能或部门。和出色完成本职工作相比，雇员对竞争更感兴趣。由于规章条例很复杂，人事管理特别受到限制。"人力资源管理"在医院里常常就是对一套异常复杂的制度进行管理。医疗机构只有很少的方法（包括经济激励）来激励员工。

但是我们将会看到一些有助于间接激励员工的因素。

4. 薪酬

（1）非医务人员的薪酬：由国家规定。非医务人员的薪酬是在三种公共服务通用的级别的基础上确定的，其中包括人员的级别分类和职位。

（2）医务人员的薪酬：由国家规定。医生的月薪，根据不同的级别（有13个级别）和每周工作时间的长短而定。

法国任何地方的任何一家医院的医生工资等级都是相同的。

薪酬之外的其他额外补贴：①对持续护理或超出每周服务义务（例如晚上、星期六下午、星期日、节假日）的补贴。②对参加竞赛评委会、教学和培训的补贴。③对重要职位从业者的补贴。④对开发工作网络的补贴。⑤与基本薪酬的可变部分相应的补贴（上限为 15%），要求必须服从合同中承诺的质量和业务目标，这些要根据规定的参数来进行衡量。这种补贴实际上是一种由法律规定的绩效工资，但也尚未被真正使用。虽然我们进行了尝试，但是仍然面临着体系本身的复杂性以及一些思想认识上的问题。⑥除了上述这些补贴，还有对承诺只从事公共服务，保证不私下行医的医生的额外补贴。

事实上，管制医院医务人员的法令，在原则上禁止全职受薪医生接受额外的工作：医生应该"把所有的专业活动奉献给医院"，兼任教学和医院工作的人员应该"把所有的专业活动奉献给大学和医院"。尽管如此，还是允许医生提供专业意见，以及开展部分独立执业活动（指在公共医院中工作的医生提供私人咨询和保健服务），但独立执业的时间不能超过服务保证时间的 20%。

1999 年 7 月 27 日颁布的法律，为这类私人诊所设置了三个条件：医生必须亲自执业，重要的是，医生必须从事与在公立医院部门中性质相同的工作；医生在私人诊所花费的时间，不得超过医生每周为医院提供服务的最低保证时间的 20%；私人诊所的咨询量和治疗量必须低于公共服务中的咨询量和治疗量。

这些补贴的总量是不容忽视的：2005 年底，34000 位医院医师中的 4293 位（比例超过 12%）拥有私人诊所。这种制度被视为一种解决方案，可以留住被独立执业吸引的医生。而事实上，公立医院和私人诊所的薪金差异是很大的。

（3）以活动为基础的支付办法。法国医院的融资主要是以活动为基础的支付办法。

以活动为基础的支付办法是一种融资模式，目的是以所从事活动的性质和数量为基础，向公立和私立卫生机构分配资源。以活动为基础的支付办法（T2A）创建了医疗业务与机构资源之间的直接联系。这个系统可能具有自我膨胀性。

T2A 系统鼓励机构通过增加业务来创造额外收入并减少成本支出。因为 T2A 系统，医院的各项服务实际上带来了庞大的财政赤字，这将威胁到医院的生存。同时，医生也不想看到他们的工作被迫停止。

法国医院联合会认为，如果医院达到每年进行 4000 例手术的最低要求（至少每年 1000 例分娩），那么其手术操作就是稳定的。

这方面的考虑与卫生保健质量的考虑是一致的：国家外科中心认为，如果医院每年进行的手术达不到 2000 例，那么其手术治疗的质量和安全就不能得到保证。

每个医院都拥有医疗信息部（DIM）。有些医生仅在这个部门工作（他们不接触患者）。这些医生控制其他医生的 DRG 编码。他们为信息的生成提供指导，并通过与医疗记录和行政档案进行对比来确保数据的准确性。他们为医疗委员会及医院行政总监提交业务分析所必需的信息。

三、公立医院的管理体制

通过合同约定的方式来进行医院内部和外部的管理：这种方式控制着医院的各种医疗活动。

1. 外部合同：区域卫生机构（ARS）对所有医疗保健机构的监督

法国各个地区的区域卫生机构的使命是，确定和实施一系列协调的方案和活动，帮助在区域内和区域间实现以下目标：①国家卫生政策的目标；②社会和社会医疗活动的原则；③区域卫生机构调节、引导和组织提供卫生和社会医疗保健，并保证卫生保健系统的效率。

区域卫生机构有助于实现医疗保险费用的国家目标。

区域卫生机构由负责协调医院体制发展的总负责人（DGARS）管理，主要是为了：①适应人们的需求；②保证卫生保健的质量和安全；③完善卫生保健组织，提高其有效性并控制成本；④提高某一研究领域内的区域合作；⑤发出授权。

区域卫生机构是公法下的法人实体（拥有行政和财政自主权），接受主管卫生、医疗保险、老年人和残疾人事务的部长们的监督。每一个区域卫生机构都由部长委员会直接任命的总负责人主管。区域卫生机构制定所有的公共或私立医疗机构的相关政策。

（1）区域卫生机构制定卫生保健服务的区域组织结构图。区域卫生保健组织结构图的目标是，规划医疗体系的发展，以便能够响应人们对卫生保健的需求以及对效率和地理可及性的要求。卫生保健组织图中详述的卫生保健的量化目标，将卫生保健活动和大型材料设备按照区域进行量化。它详述了所提供的卫生保健的适应性、互补性和协作性，而卫生保健机构、区域医院团体、社会医疗机构、医疗保健中心以及私立卫生保健组织之间的协作是显而易见的。它也考虑到人口的出行困难和医疗运输方面的需求（尤其是当遇到突发事件时）。出于这个目的，它确定了卫生保健的适应性需求，并同时把权限下放给该地区的社区；确定了不同区域卫生保健服务的需求和设施；负责协调各种卫生保健服务和机构之间的关系，确保能够在既定区域内在住所为患者提供医疗服务。

卫生部长制定了一份设备和业务清单，一些地区必须为此建立一个共同的规划。

（2）区域卫生机构与医疗服务提供者签订合同。区域卫生机构和各个机构签订长期目标和资源合同（CPOM）。这些合同制定了以区域卫生保健组织结构图为基础的机构战略路线。

合同确定了姑息治疗的范围，并且规定了在每一个项目中，应该培训的姑息治疗工作者的数量，以及必须规定为姑息治疗床位的床位数量。

合同详细说明了与国家医药创新政策相关的承诺和其他承诺，特别是通过分配资金来恢复财政平衡的承诺。

合同详述了卫生保健机构或权力持有者关于修改活动内容和合作方式的义务。

合同通过附加条款的方式（如果可以），规定有关公共服务的任务和特殊的卫生保健相关机构的基本准则，以及由区域卫生机构分配给卫生保健机构或者权力持有者的公共服务任务。合同还设定了医疗保健活动和使用经过授权的大型设备的量化目标，同时，还规定了实施作业的条件。

涉及目标和方法的长期合同，规定了有关卫生保健质量和安全的目标，并且给出了认证程序要求的提高卫生保健质量和安全性的承诺。

合同把医疗成本的合理控制和实践的改进及目标的提高结合在一起。

公共卫生保健机构的合同描述了与其组织和管理相关的转变，其中涉及社会和文化的内容。

这些合同的有效期最长可达五年。如果卫生保健机构无法履行合同规定的义务，区域卫生机构可以取消合同。

另一方面，区域卫生机构可以向卫生部门和卫生医疗机构建议，商定不同于长期目标和资源合同的合同，以改善卫生保健的质量和协调性。

（3）负责协调医院体制发展的总负责人（DGARS）可以"要求"一个或多个公共卫生保健机构进行合作：①建立合作协议；②创建区域医院团体；③通过合并一些有影响的公共卫生保健机构，来创建一个新的卫生保健机构。

如果 DGARS 发起的合作请求被拒绝，DGARS 可以采取"适当措施"，尤其是减少财政拨款的措施。

（4）医疗机构的业务活动和计划由区域卫生机构（ARS）控制。机构计划，是在医疗计划的基础上，为了确定医疗机构的总体政策而制定的，同时机构计划必须符合 SROS'（卫生机构的区域图表）的目标。同样，这个计划也适用于业务活动的所有变更。所有与业务活动的创造、转变或者合并相关的计划，以及大型设备安装的计划都必须要提交给机构负责人批准。除了满足安装条件和技术的运作条件之外，为了获得批准，计划必须要和图表上规定的卫生需求相一致，另外，它必须和图表和附录中制定的目标相一致。

监督委员会的决策和行政长官的行为，要服从区域卫生机构总负责人在公共卫生准则中给出的条件。

如果区域卫生机构的总负责人没有在规定的时间内提出反对意见，那么根据法律规定，收入和支出的预算（不包括初步报告和附录）以及长期融资计划，就被视为已获得批准。

区域卫生机构要不断地组织公共医疗服务。

区域卫生机构的总负责人可以要求公共卫生保健机构提供整改计划，也可以临时管理不提交整改计划的公共卫生保健机构。

医院内部的各部门要尊重由区域卫生机构和医院签订的合同条款。因此，不尊重业务目标的部门可能使医院利益受损。医院可能因此被置于临时管制之下，甚至被取消一部分业务授权（如对存在困难的部门的管理）。业务量非常低的医院或者在各种激励措施下均没有起色的医院可能会被区域卫生机构关闭。

2. 内部合同：部门内部的组织结构

在 2005 年之前，法国医院各自独立地提供服务。这些医院由专门人员负责管理，管理者被称为"老板"。所有其他医生与辅助人员都要向"老板"进行汇报。这些医院被划分成不同的"功能单位"，这种划分以核算、组织、建筑格局（同一楼层的不同部分具有不同的功能）为基础。但最重要的是，要以治疗团队对患者提供的治疗方案为基础。

在医学仍然非常专科化的时代，这个组织结构是顺应时代的：在那个时代服务机构的规模相当于一个大型的私人诊所；然而，医院的服务已经随着医学的普遍发展而发展：医院越专科化，他们的专业领域就会越窄。当一项服务变得专科化时，其规模就会变小，能够治疗的病症种类就会减少，而招聘职位就会增加。就像我们看到的一样，实际上，几乎所有的患者都需要几个专家来共同救治。因此，医疗工作之间的分工增加了；这种分工对于理解医院问题是非常关键的：医院问题就是医疗工作的划分。

如果专家之间缺乏协调，患者可能会承受很严重的后果。出于这个原因，早在 25 年前，这些服务就被整合到一起并成为更大的实体，即"部门"，而这种做法似乎很有效。

一个或多个具有共同或互补性业务的服务组成一个部门，这些部门组织起来构成公共机构。因此，可以想象，一家医院可能拥有一个结合了内科、外科、复苏和功能测试的"心脏病科"，而另一家医院可能拥有一个结合了腹外科、胸外科、心脏外科和泌尿系统外科的"大外科"；部门也可以由单一服务的科室组成，如医疗影像……

在与医院的医疗计划保持一致的前提下，医院的行政总监听取了CME主席和医疗培训与科研单位（UFR）主管的意见，制定了医院业务部门和大学医院（CHU）的组织结构。

业务部门包括由医疗、护理、或者医疗技术人员组成的"患者治疗团队"，以及与之相关的医疗技术团队。但可以自由选择部门内部的组织结构（服务、部门……），医院的行政总监在听取CME主席的建议以及部门主管的推荐后，任命部门内部的组织结构负责人。

这些部门由各部门主管负责。临床部门或者医疗技术部门的医疗主管执行医院的政策，以满足该部门设定的目标。医院具有医疗、护理、行政以及部门管理团队，他们根据部门的需求和目标，组织该部门的运作并进行人力资源的分配。同时，他们尊重每个医生的职业道德，也遵守部门计划中制定的组织、服务或职能部门的任务和责任规定。部门主管有广泛的管理授权，这在与医院的行政总监签订的部门合同中有所规定，该合同根据各部门分配到的物质资源和人力资源设定了目标。这些部门主管对部门中的全体医务人员和非医务人员均拥有管理权限，监督医疗计划的实施。他们可以向行政总监建议任命一个或多个合作者，来协助执行其职能。如果该部门包括产科，那么这些合作者之一必须是助产人员。部门主管可以改动部门内部员工的分配，也可以对患者的入院安排进行临时管理。所有医务人员，不论是什么职位，都可以在医疗和临床技术活动方面行使部门主管的职能。

部门主管的职责包括管理、医院绩效以及医疗和经济核算。

他们得到的补贴金包括，每月的固定酬金（400欧元）和与部门绩效相关的年度可变酬金（2400欧元）。

如果提供的活动具有比较好的绩效，部门可以得到更多收入。这部分收入可以用于招聘非医务人员、员工培训、旅费、医疗和非医疗设备的维修。

企业管理中将机构之间互相比较的方式称为"标杆管理"，这样做的目的是为了了解与其他机构相比，本机构的绩效如何。

3. 控制工具

医院中的所有活动和资源都必须进行成本核算。①公共或私立卫生保健机构都有义务对自身的业务进行分析。②在遵守医疗保密性原则和尊重患者权利的同时，还必须实现基于病理学和管理学的信息系统，从而增加知识并加强业务和成本的评估，促进护理工作的优化。因此，医院的所有活动都将受到监督。③可追溯性工具的例子：病例组合成本表（TCCM）：人力资源部公布了一个以机构实验为基础的成本核算方法指南，目的在于向医院提供成本参考，作为基准并用于比较。该文件最近已经更新，可以扩展到对每一点进行分析。

这些比较应该以某种特定方法，通过创建模拟来实现控制。

四、提高卫生保健质量的方法

提高卫生保健质量的方法对医生医疗实践的影响。

1. 认证

对卫生机构进行认证的目的是"帮助改善全法国公立和私立医院承担患者责任的情况。这是由卫生机构带来的对于服务质量的独立评定"。

1996 年 4 月 24 日颁布的 96 - 346 号法令提出了"认证"这一术语，但直到 2004 年 8 月 13 日颁布的法令才有有关"认证"的条款，并规定所有医疗卫生机构都必须通过认证。

获得认证的程序包括使用高级卫生管理局（HAS）制定的文件和分析方法和进行自我评估，以及独立于该机构及其监督机构的外部评估过程：由高级卫生管理局指派专业人员根据管理局编写的手册组织进行认证考察。然后设立一个后续行动计划，旨在使机构中的专业人员参与到这个持久的认证过程中。

为了适应人们对于医疗质量和安全方面的要求，认证程序也在不断地完善。自 2010 年 1 月起，已经开始首次使用第三版认证程序"V2010"进行考察。

HAS 认证是对机构的总体运营情况（整体框架、样本考察、全科医生、访问专家）颁发的认证，而不是对于组成卫生机构的各个业务部门的认证。同一时间进行评估的有：①机构控制体系的设置，包括卫生保健质量和安全的改进过程；②在可衡量和可重复的评价方法（"实践优先"）的基础上，达到标准的质量水平是至关重要的。

认证相当于强化了对重要领域（例如：医院操作区、医疗责任和风险管理功能）质量和安全的要求。实践优先的目的在于，尊重患者权利和承担医疗过程中的责任。

认证手册以两个章节为基础：机构的管理和对患者责任的承担。

HAS 收到专家的考察报告后，根据以下等级给出机构认证水平：认证、后续审核认证、条件认证或未通过认证。只有在条件认证的后续措施失败后，才可以判定为未通过认证。据我们所知，在 V2 - V2007 程序发布后，还没有未通过认证的机构，HAS 为医疗机构提供详细的改进意见。

认证程序促成了对质量改善问题的保证，在机构和区域卫生机构之间签订的有关目标和方法的长期合同中有所规定。

认证报告可以公布在高级卫生管理局的网站上。

人们对质量数据的可及性可能是改善卫生保健的一个主要因素。这些数据可以明确地显示出哪些是"不良部门"（在未来可能会对人们产生危害），从而降低这些部门的使用率，使其业务量和收益减少。

2. 专业实践的评估

所有医院的医生都必须履行最长期限为 5 年的专业实践评估（EPP）的法律义务。

专业实践的评估包括使用高级卫生管理局开发和验证的方法对专业实践进行分析。其中包括实施和监控改进措施。EPP 具有影响发展的作用。

医院的医疗委员会将参与这一评估过程。

医院的医生可以通过两种方式实现他们的专业实践评估：①成为医院的内部组织结构（部门）中的一员；②得到由高级卫生管理局承认的外部组织的帮助。

3. 高级卫生管理局

1991 年 7 月颁布的法令责成高级卫生管理局评估卫生保健质量的改善。通过创建 ANDEM，这项改善卫生保健的研究在全国范围内引起了共鸣，并被委以建立评估所必需的相关框架、研究和方法的重任。ANDEM 将被国家卫生认证和评估机构（ANAES）代替，而根据 2004 年 8 月 13 日颁布的法令，该机构本身也将被高级卫生管理局（HAS）所取代。它相当于一个研究学术问题的独立公共机构，不受行政监管，但具有法人实体和财政自主权。HAS 的成员由共和国总统法令指定。法令的目的是为了支持该机构的独立性。HAS 的目的在于：①按照科学的方法在药品、医疗器械和专业治疗方面对医疗价值进行评估，并根据医疗保险给出是否进行再融资的建议；②促进相关从业人员正确地进行专业实践和护理；③提高医疗卫生机构和医疗服务的质量；④监管已发布的医疗信息的质量；⑤将医疗信息通报给卫生保健从业人员和广大公众，并改善医疗信息的质量；⑥在法国内外发展与卫生系统的利益相关者的对话与合作。

4. 指标

（1）卫生保健质量和安全改进的指标（IPAQSS）。V2010 中使用了由卫生主管部门和 HAS 推广的国家指标。在法国，这是一种强制性指标，目的在于改进质量和支持认证标准。

自 2006 年以来，HAS 和卫生部开始普及与预防院内感染相关的指标：预防院内感染工作的综合指数（ICALIN）。自 2007 年以来，卫生部开设了一个关于卫生机构的信息平台："白金"（Platinum）网。该网站阐明了内科、外科或妇产科卫生机构的特点（普及卫生保健质量指标、预防院内感染、设备认证程序的结果、机构活动、特殊性……）。严格来说，阐明的这些特点并没有将重点放在质量上。

总体来说，法国用于衡量质量的指标数目有限；特别是与盎格鲁—撒克逊国家相比，法国是相对落后的。为了尽量弥补这个差距，法国已经推出"绩效测量和医院质量改善协调"（COMPQH）项目，该项目由国家卫生和医学研究机构（INSERM）控制。另外还出台了一项名为"路径（PATH）"的欧洲方案。

卫生保健和社会医疗机构绩效的支持机构（ANAP）由 2009 年 7 月 21 日颁布的法令创建，用来设计和分配工具，促使卫生和社会医疗机构改善绩效，尤其是提高对患者和群众的服务质量。

2009 年 7 月 21 日颁布的法令，有助于将提高效率和质量的机构、权力部门和卫生保健组织合并，也就是将支持医院投资的国家机构（MAINH）、支持医院鉴定和审计的国家机构（MeaH）和支持医院信息系统现代化的机构（GMSIH）进行合并，成为一个单独的权力机构：卫生保健和社会医疗机构绩效的国家支持机构（ANAP）。

ANAP 的任务是，找到合适的方法，通过区域卫生机构（ARS）帮助这些机构提高管理、组织、信息系统，特别是不动产政策方面的绩效。ANAP 的任务有：①工具和服务的设计与分配；②对机构的支持和后续跟踪（内部重组、改善、不动产管理、医院或社会医疗的重建）；③评估、审计和项目鉴定；④试点和审计引导；⑤支持区域卫生机构；⑥支持集中管理卫生保健的战略控制和提供社会医疗。

在上述任务的基础上，ANAP 提供组织模式和方法支持，这样从业人员就可以使用它们来完善操作。

在这些支持中，指标汇编用于帮助机构控制活动和组织。上述内容并非详尽无遗，只是为管理机构的责任承担者提供指引帮助。同时，也产生了一种工具，即"医院—对话"（Hospi - diag）。

（2）"医院—对话"。这项设置是为了给所有相关人员提供一个研究机构绩效的"按钮"工具。对话医院是卫生机构的一种对话支持，结合研究机构绩效的所有指标，给出了卫生机构之间的衡量标准。该工具自 2010 年 5 月起开始测试。

工具的建立依赖于四个指导原则。

①数据的全面性和可用性。a. 工具的适用范围涵盖所有急性护理 T2A 机构，包括 1350 个公立和私立机构。b. 选择数量有限的指标。这些指标可以通过国家数据库中的数据进行计算。

②根据以下五个方面从多个专业视野研究机构绩效：业务、质量、组织、人力资源、财务状况。

③数据的质量和可比性。a. 数据的相关性、可比性。b. 数据的可比性和透明性。每个机构都可以通过名称来辨识，也可以与国家范围及区域内的其他同类和水平相当的机构相比。按照业务内容对相似概况的机构进行分类，以便进行机构之间的比较。

④可用于所有机构。"医院—对话"是机构身份证和上述五个领域的绩效指标（比率）的组合。

请注意，大学医院是医学知识的保证：不符合临床实践指南的陋习，往往会影响不同城市之间在竞争中的服务声誉。

五、医疗行业：高薪酬、声望与困难并存的工作

1. 高薪酬

（1）2009 年法国人口的年度工资收入分布（欧元）。见附表 1。

附表 1　　　　2009 年法国人口的年度工资收入分布（欧元）

按照十分制划分	欧元
第一个十分位数（D1）	4700
第二个十分位数（D2）	9480
第三个十分位数（D3）	12980
第四个十分位数（D4）	15540
中位数（D5）	17710
第五个十分位数（D6）	20000
第六个十分位数（D7）	22930
第七个十分位数	27070
第八个十分位数（D9）	35070
（D9/D1）	746

（2）医生的薪金（无夜班补贴）。最初为每年 40645 欧元（医生的年

龄通常超过 34 岁）。经过 24 年的经验累积，可达到每年 67000 欧元。薪金一般根据工作年限，按 13 个等级增长。

虽然医院里所有医生的地位在法律上是平等的，但是背后隐藏着一个很明显的、独特的薪金等级，薪金由于补贴（特别是技术补贴）和值班而有所差异。

将医生与从事其他职业的人员进行比较是具有误导性的。法国的法定工作时间是每周 35 小时（包括护士）。然而，医生的工作时间要长得多：对于医生来说，没有真正的法定工作时间。他们每周工作 5 天半，但这个工作时间不具有法律约束力。通常情况下，包括夜班工作在内，他们每天的工作时间长达 10～14 个小时。

医生是公职人员，而不是公务员：所以他们不具备与公务员相同的优势。

此外，经过多年的努力学习、考试和极其艰辛的实习之后，医生大概在 34 岁左右时才开始赚取比较高的报酬。

医生长期在高压下工作（不像消防员只在执行任务时才有压力），经常遇到承受病痛之苦的患者的报复性要求。一个失误就可能导致悲剧性的后果。

医生可能会感到不安，这种感觉会影响医疗质量。

高薪对抵制腐败具有重要作用。

我们认为高薪是保存我国智力资源的一种手段，能够防止这些资源流失到制约因素更少的工作领域中。

（3）护士的薪金（由国家规定）。根据专业和资历不同，年薪从 15000 欧元（最初，一般在 22 岁）到 36000 欧元（无补贴）不等。

2. 医生：一份具有高度淘汰性的工作

在法国，智力劳动是受人尊敬的。

医生是非常有声望的职业，只有少数人能够在通过淘汰率极高的入学考试后，从事这份职业。

他们从"健康保健学"（PAES）开始第一年的学习，这是医学、牙科学、药剂学和产科学（有时称作运动疗法）的一门公共学科，而且这门学科会在29所大学医院之一的大学里完成。第二学期考试结束后，将会产生4项排名，计入所有公共课和专业课所取得的成绩中。

在第一年之后，考生必须在他们所选专业中获得极好的名次，才可获得进一步学习医学、药剂学、牙科学或者助产学的资格。法律规定每个专业录取的人数；这个数字是不公开的。就医学来说，2010年在全法国的招生人数为7403人。与考生总数相比，这个数字非常低。药剂学、助产学和牙科学的录取人数分别为3090人、1016人和1154人。

医科学习需要经历三个周期，持续时间分别为2年、4年以及3~5年（根据所选专业而不同）。全国排名考试在第二个周期结束时进行：学生选择他们的大学医院中心（以及城市），并根据他们在这些考试中的全国排名选择专业。以下是2010年11个专业的招生情况（共有6839个名额）：

普通内科：3632个名额；

医学专业：1234个名额；

外科专业：557个名额；

精神病学：367个名额；

麻醉与复苏专业：318个名额；

儿科学：274个名额；

妇产科学：177个名额；

公共卫生专业：80个名额；

医学生物学：86个名额；

职业病学：120个名额；

医学妇产科：24个名额。

医生是一份具有高度淘汰性的职业，需要很多的牺牲。

在第三个周期中，住院实习医生每个月可得到1500~1900欧元的薪金（无补贴）。他们的工作也非常繁忙。

澳大利亚公立医院管理体制的启示

澳大利亚卫生体系的综合绩效在 OECD 国家中处于较为领先的水平，以相对较少的卫生投入获得了较好的健康产出。2007 年，澳大利亚卫生总费用占 GDP 的比重为 8.5%，接近 OECD 国家平均值，在主要发达经济体中处于较低水平，明显低于美国（15.7%）、法国（11.1%）、德国（10.5%），与英国（8.4%）基本持平。2007 年，澳大利亚居民期望寿命为 81.4 岁，在 OECD 国家中排名第四；2008 年平均期望寿命为 81.5 岁，排名第三。1999 年非择期手术的等候时间：澳大利亚平均为 1.6 个月，加拿大为 1.5 个月，新西兰 1.6 个月，英国 2.2 个月，美国 0.9 个月。

澳大利亚卫生体系的核心是：联邦政府通过税收建立国民医疗保障基金（Medicare），用于支付居民的门诊费用；私人开业的全科医生或专科医生提供门诊服务，由 Medicare 支付费用；州政府负责投资和运营的公立医院提供急诊和住院服务，并通过严格的预算制提供医院日常运营经费。在这样的制度安排下，病人只需要负担很少的费用就可以享受到全面的医疗服务。

一、澳大利亚医疗服务体系的典型特征

1. 明确了医疗卫生服务的公共产品属性，政府承担主要的投入职能

澳大利亚医疗服务体系追求的三大基本目标是公平（付费和服务利用

的公平)、效率(经费的有效利用)和质量(高的医疗标准和好的健康产出)。澳大利亚的医疗服务体系主要包括私人开业的全科医生或专科医生、州政府全额投入建设和运营的公立医院、部分营利或非营利性质的私人医院。国民在上述医疗机构就医都有相应的保障制度,基本实现了免费医疗。

门诊服务由国民医疗保健计划(Medicare)支付费用。绝大多数的医院都不设立门诊部,几乎所有的门诊服务都由私人开业的医生来承担,全科医生更是发挥了整个医疗卫生提供系统"守门员"的职能。病人只有经过全科医生的转诊才能到专科医生或者医院继续治疗。医疗保健计划是利用一般税收和一些健康方面的专项税收建立起来的全面医疗保障基金,用于支付病人看全科医生的全部费用。

住院服务由州政府运营管理的公立医院和其他私立医院提供,由联邦政府拨付给州政府的专项资金和州政府获得的税收返还来支付,采取预付制的形式。病人在公立医院住院的全部费用及在私立医院住院75%的费用由政府资金支付。同时,政府鼓励居民参加商业保险,由商业保险支付超出政府补偿范围之外的部分费用。

此外,澳大利亚还实行药品津贴计划(pharmaceutical benefits scheme, PBS),用于补偿居民院外治疗的大部分处方药品费用。社区层面实行严格的医药分开,病人在全科医生处开药,再到社区药店拿药。每种药不超过30澳元需要自付,如果超出30澳元则支付30澳元,超出部分由政府补助。每个家庭当年的药品费用累计超过1000澳元的部分,也由政府补助。

在上述制度安排下,2007年卫生总费用中,政府投入占67.5%,居民自付占18%(包括PBS付费范围以外的药品费用、牙科服务、医疗救助和辅助设施以及其他一些超出Medicare支付范围的医疗服务),以商业医疗保险为主的其他筹资占14.5%。

2. 州政府负责公立医院的投入和运营,实施严格的预算控制,有力地约束了公立医院的行为

在澳大利亚,公立医院由州政府负责投入和运营,这是早在1946年的医院权益法案（Hospital Benefits Act 1946）里就已经明确的，其主要目的是为了避免病人由于经济原因而无法享受医院服务。1953年的国家健康法案（National Health Act 1953）中重新强调了这一点。2000年澳大利亚共有1040家医院，其中公立医院748家（占72%），病床占总床位数的80%。

澳大利亚公立医院的固定资产全部由州政府负责投入，州政府对公立医院的数量、规模进行严格的控制。澳大利亚自1985年起开始实行病历组合和疾病诊断相关分类（DRGs）的付费方式，按照上一年度医院提供的经费额度，考虑物价增长等因素，综合测算当年的经费总额，实行预付制。医院在预算框架内组织运营，有控制成本的动力。

公立医院每年向管理机构提交财务预算报告，获得审批后，在不超出既定框架的前提下享有高度的自主权。公立医院可以自主确定医院的日常运营，自主决定聘用医生、护士的数量，没有"编制"限制。公立医院的基本建设由州政府全额投入，州政府对医院的数量和规模进行严格的控制，医院没有自行扩大规模的权力。在严格的预算约束下，公立医院的运行经费不会有过多的结余，也就没有盲目扩张的动力和能力。公立医院医护人员的工资是定额的，与工作量无关，工资水平由行业协会与医院协商确定。医院的财务管理中，为员工工资设立专门账户，医院即使亏损也不会影响人员工资的正常发放。因此，医院和医生都没有主动营利的动机。

3. 私立机构大都是非营利性质，在医疗服务体系中发挥了重要作用

澳大利亚卫生服务体系中私立机构在提供医疗服务方面发挥着比较大的作用，并承担着一定的卫生服务筹资职能。2002～2003年度，包括商业保险和个人付费在内的私人筹资接近卫生总费用的1/3。2000年，私立医院292家（占28%），病床占总床位数的20%。在私立医院中，40%为非营利性医院，多数为教会医院。虽然都叫"私立医院"，但澳大利亚私立医院的开办主体和经营方式与我国大相径庭，在医疗体系中发挥的作用也有很大差异。其私立医院一般规模较小，承担有限的医疗服务，如很少提

供急诊服务，仅提供一些补充性的择期手术等。

政府鼓励教会、个人开办私立医院，通过税收减免，鼓励有经济能力的公民加入商业医疗保险，对于高收入者不参与商业医疗保险的行为还要征收惩罚性的税收。其基本理念，一是动员各种资源发展医疗卫生事业；二是认为，鼓励有条件的人利用私立资源，可以避免对公立资源的过度占用，让真正的穷人有更多机会享受免费的医疗照顾。

政府通过与私立医院签订合同购买私立医院提供的服务。在商业医疗保险的支持下，病人在入院时可以选择使用商业医疗保险报销，即成为"私立病人"。私立病人拥有选择医生的权利；公立病人入院需要排队，有等候期，而私立病人则没有。私立病人既可以选择私立医院也可以选择公立医院。在公立医院的病人中，约10%为"私立病人"。政府只负担私立病人住院费用的75%，超出部分由商业医疗保险给予部分报销。政府鼓励公民购买商业医疗保险，并制定了一些补助性措施。因此，澳大利亚商业医疗保险购买率较高，约为40%。

近年来，公立医院和私立医院间的界线在逐渐模糊。比如，很多公立医院通过合同让私立医院为病人提供服务，公立医院也接收"私立病人"；有些私立医院在合同约定下代表州政府管理医院；或者一些私立医院与公立医院签订合同为"公立病人"提供服务。

4. 以董事会为特征的治理结构为扩大公众参与提供了保障

澳大利亚是联邦制国家，各州在医疗卫生等公共服务领域享有高度的自治权，在具体的制度安排上存在较大差异。新南威尔士州等由卫生部直接管理公立医院；而维多利亚州广泛实行董事会制度，由董事会负责制定每家医院的战略方向、核定医院的预算及执行情况，并对医院的绩效进行考核，但不干预医院内部的具体运营。董事会为每家医院聘请首席执行官，负责医院内部的管理和运行。

维多利亚州的经验认为，服务提供者最接近社区、最了解需求，应该赋予他们更多的自主权；当公立医院的院长直接面对州卫生部的时候，他们倾向于掩盖问题，而当院长面对董事会时，会更加积极主动地进行沟通，反映问题、争取支持。州卫生部长也鼓励董事会优先在集团内部解决问题，尽量避免矛盾的升级。董事会直接向州卫生部长负责，起到了良好的沟通作用，并很好地化解和缓和了矛盾。此外，董事会还可以在集团范围内有意识地确定各家医院的战略重点，一定程度上实现了资源的整合。

董事会主席由州卫生部长任命并向部长负责。董事会成员来源广泛，包括经营管理、法律、会计、医疗等多方面的专业人才，也包括其所服务社区的社会贤达。董事会成员任期三年，由竞选产生，上岗前都要经过相关的专业培训以具备做出判断的能力。城市地区公共服务类的董事会成员可以拿到少量的补贴，农村地区的董事会成员则没有补助。澳大利亚公民具有较高的奉献精神，以及很强的参与公共事务的意识。董事会机制设计，为社会各界参与卫生领域的事务创造了条件。

5. 购买服务、无追究的医疗文化及信息系统的广泛应用为医院的高效运转提供了保障

政府购买服务是澳大利亚医疗模式的重要经验。医疗服务分别由公立医院、私立医院、全科医生等提供，政府通过合同购买的方式获得服务。对医院提供的住院服务采用预付制，以诊断相关组（DRGs）为付费单元，依据上一年度的医疗费用确定本年度的补偿总额，引导医院合理控制成本。门诊服务方面，与全科医生签订服务合同，按照诊疗的人次数给予补偿，并通过先进的信息系统对医生超出正常范围的行为进行监控。

为了提高医疗质量、保障患者安全，澳大利亚开始倡导无追究的医疗文化，鼓励从系统上寻找差错出现的原因，而不是追究医护人员个人的责任。澳大利亚对医疗质量和病人安全有很高的要求。近年来在澳大利亚逐步取得的一个共识是：医护人员都是有职业道德的，任何医疗差错的发生都不是医护人员故意造成的，更可能是在制度设计中出现了问题，影响了医护人员的行为和判断。因此，政府鼓励医护人员主动上报医疗差错，并从系统中寻找原因，从错误中进行学习，而不追究医护人员个人的责任。

同时，为了让医护人员安心上报这些差错，法律规定在调查中发现的问题，一律不能作为对医护人员个人进行处罚或起诉的依据。在这种医疗文化的影响下，医护人员更愿意主动上报医疗问题，这对改进医疗机构的整体绩效有积极的作用，病人的安全也更加有保障。

澳大利亚注重信息手段的应用。由政府出资，为每个全科医生配备了软件系统，用于指导医生行为、收集居民健康状况信息、监督医生处方行为等。政府还要求每个医院定期上报医院运营、医疗质量相关的数据，由专门的机构进行分析，定期给医院反馈，作为监管医疗机构行为的一种手段。信息技术的广泛应用，在提高医疗质量、保障病人安全、合理控制费用等方面发挥了良好的作用。

二、澳大利亚医疗服务体系对中国的启示

1. 政府在医疗服务提供中要起主导作用

要明确医疗服务的公共产品属性。澳大利亚联邦政府制定卫生服务的总体政策、州政府负责区域医疗卫生规划，两级政府在公共筹资中承担近70%的职责，公立医院数量占医院总数的72%，公立医院床位占所有床位总数的80%。这些都是政府在医疗服务领域起主导作用的明确体现。

2. 政府与公立医院关系明确

在保障足额投入的前提下，严格控制医院的固定资产规模，开设专门账户保障医护人员工资不受医院经济效益的影响。在此基础上，将日常管理的权限充分下放给董事会和首席执行官，保证了医院在日常管理中享有充分的自主权。

3. 要以公立医院为主体，非营利性私立医院为补充

公立医院能够更好的执行政府的意愿，满足国民健康需求，并能够发

挥标杆作用，引导和控制私立医疗机构的服务标准和费用。非营利性的私立医院是医疗服务提供的有益补充。澳大利亚的私立医疗机构大都是非营利性质，有教会背景。私立医疗机构的存在，主要是为了满足部分居民灵活就医的需求，是公立医疗机构的补充。

4. 完善公立医院治理结构，让公众有更多的参与权

社区居民更加了解自己的需求，以董事会为载体扩大居民的参与，形成"自下而上"的治理机制，更有利于提高公立医院对居民需要的反应性。

张佳慧　执笔

养老服务体系发展的国际趋势及对我国的启示

当前，我国面临比较严峻的老龄化形势。第六次全国人口普查数据显示，我国60岁及以上人口为1.78亿，占总人口的13.26%。老龄化面临基数大、增速快、高龄化、空巢化、失能或半失能老人比例高等特点，养老服务的需求量非常大。然而，受人口流动增加、家庭规模变小、工作压力增加等因素影响，家庭承担的养老服务功能正在不断弱化，社会化养老服务的压力急剧增加。我国社会养老服务体系的建设才刚刚起步，还面临结构不合理、功能单一、服务能力不足等问题。因此，需要充分借鉴国际养老服务体系发展的经验和教训，促进我国养老服务体系持续、健康、有序的发展。

一、养老服务体系发展的国际趋势

1. 养老服务模式从家庭养老转向社会养老是必然趋势

生产方式论认为，养老方式由生产方式和经济形态所决定，并随着生产方式和经济形态的发展而发展。农业社会，以家庭为单位的生产方式决定了生产资料为家庭所有，家庭成员共同劳动，劳动者共享劳动所创造的物质财富，家庭成员赡养老年人是责无旁贷的。当农业社会向工业社会过渡，社会化的大生产和分工取代了一家一户为单位的生产和自然分工，养老方式也就由家庭养老为主发展为社会养老为主。可以说，社会养老是经济社会发展的必然趋势。

根据老年人的需求，养老功能可以分为经济或物质支持、生活照料等服务支持及精神慰藉等心理支持三部分。传统的家庭养老模式下，这三种职能都由家庭来承担。社会养老模式下，三种职能都不同程度的实现了社会化。经济和物质支持的社会化职能由社会养老保险制度来承担，服务支持的社会化体现为单一的家庭成员非正式照顾逐步分化为家庭成员的照顾和社会组织有偿或无偿服务两大类，心理支持的部分职能也随服务支持的分离而由家庭之外的社会成员来承担。

当前，在社会福利多元化理念的指导下，发达国家基本都已经形成了比较完善的、连续性的长期照料服务体系，为健康状况差、生活不能自理的人群提供服务。这个服务体系包括居家照料、社区照料和机构照料三个层面，既包括传统的、由家庭成员提供的非正式照顾，也包括由各类社会组织和机构提供的正式照顾。并且，随着社会组织和专业机构的发展，服务对象不论是住在家里还是专业机构，都可以接受到专业化的服务。

2. 养老服务正经历从机构养老向居家和社区养老的回归

在社会化大生产初期，专业的机构照料曾一度得到大规模的发展。工业化大生产打破了家庭作坊式的生产模式，提高了社会成员特别是妇女的劳动参与率，促使家庭在儿童、老年人照顾方面的功能向社会转移。儿童、老人、残疾人、精神病患者被分别集中起来共同生活，专业的照顾机构开始逐步发展壮大。

然而，经过一段时间以后，人们发现这种专业化的机构造成了照顾对象与社会的隔离，使他们的生活"非正常化"，服务质量也不尽如人意，对照顾对象的身心健康不利。于是，二战之后，英国开始了"反机构化"的思潮，有关社区照顾的概念开始在社会福利政策的讨论中出现。当前，"Aging in place"即"就地安养"已经成为英国等国家养老服务的主导性思路，并得到越来越多的认同。1982 年联合国批准的《维也纳老龄问题国际行动计划》开始强调"应设法使年长者能够尽量在自己家里居住和在社区独立生活"。1991 年通过的《联合国老年人原则》再次强调"老年人应尽可能在家里居住"和"老年人应该得到家庭和社区根据每个社会的文化价值体系而给予的照顾和保护"。发达国家在社会保障制度运行 100 多年后再度重视家庭保障的重要功能，美国老人正在发起一场"Go Home"运动，众多老年人从社会养老机构走出，重新回到家庭。

与此同时，20 世纪 70 ~ 80 年代以来，主要福利国家的"福利病"问题开始显现，老龄化程度的加重进一步加剧了公共财政负担，福利国家纷纷开始寻求改革，其中一个改革思路就是寻求社会福利的社会化。研究表明，居家养老的成本效益高于机构养老。瑞典、荷兰等高福利国家纷纷开始改变原有的福利模式。如荷兰专门用于老年人养老服务支出的全面保险之一 AWBZ 计划，最初的主要经费支出为养老福利设施的补贴和养老照料服务的资助。自 1994 年开始，荷兰政府改变了资助方式，将照料服务的补贴经费直接发给老年人个人，由老人自己选择服务方式和服务机构，目的在于鼓励老年人居家养老。有资料显示，荷兰拆除了部分养老机构，机构照料容量降低了 25%（桑永旺，2006）。瑞典过去 10 年老人入住养老机构的比例减少到 34%。

此外，各国也在纷纷采取措施，通过改善人群健康、提高家庭和社区等院外照顾水平等方式，尽量推迟老人入住养老机构的时间，并取得了一定成效。英国养老机构调查发现，1990 年社区照顾法律通过以来，养老机构内体弱多病的老人大幅上升，老人入住的平均年龄由 83 岁增至 85 岁，意味着入住养老机构的老人主要集中在高龄和生活不能自理的人群（张秋霞、宋培军等，2010）。

3. 养老服务提供主体呈现多元化的局面，政府通过各种形式给予支持

在社会化养老服务的提供主体上，尽管各国的发展历程不同，但当前

阶段都呈现多元化的局面。在美国等崇尚自由经济的国家，政府介入社会福利体系的时间较晚，所占的份额也较小。在北欧等高福利国家，政府在社会福利体系中占据较大的份额，但其在1973年石油危机后的反思阶段，也开始注重发挥社会组织的作用。当前，"社会福利社会化"已经成为各国的普遍共识。

大多数国家的养老服务体系都包括公立和私立两部分，不少国家的老年服务机构由营利性或者非营利性的非政府组织来主办。非政府组织是澳大利亚老年服务和照料的主要提供者。其中，私立营利性公司主要举办高成本的护理院，而宗教、慈善和社区组织等私立非营利性组织举办老年公寓和部分社区服务机构。日本养老机构以民营为主。2008年，日本共有老年福利机构4.3万家，其中政府经营的只有3700家，民营的近4万家。此外，除各类营利性和非营利性机构外，大多数国家还积极发展志愿者队伍，为老年人提供正式和非正式的照料服务。

4. 申请获得养老服务需要经过健康状况和经济状况评估

大多数国家对护理服务实行分级管理，机构养老服务的护理等级是最高的。由于公益性养老服务都有政府税收或全民保险经费的支持，因此在享受服务之前都需要经过健康状况评估和收入状况调查，以确保将服务提供给最需要者。基本程序是使用者向相关机构提出申请，由专业机构对申请者的健康状况和收入状况等进行评估和审核，对符合要求的申请者划定护理等级、制定护理计划，再分送至不同类型的养老机构或提供不同类型的护理服务。

日本对老年人护理服务实行分级管理。老年人可以根据自己的需要提出护理申请，由调查员和主治医师以上职称的医生出具健康状况认定书，由保健、医疗和福祉专家组成的护理认定审查会认定申请人需要护理的等级，由轻到重将老年护理分为需要支援（1~2级）和需要护理（1~5级）共7级。申请人得到介护保险的认定后，由一名专业的介护师来帮助申请人制定一份介护服务计划，分别由地区综合支援中心、居家护理支援单位和老人福利服务设施提供相应的护理预防、居家护理和设施护理服务。介护计划实施半年后，再进行一次健康调查和重新评估，根据健康状况改变情况调整介护等级、制定新的介护计划。我国香港地区社会福利署于2000年11月起引入"安老服务统一评估机制"，由专业的评估人员采用一套国际认可的评估工具衡量老年人在护理方面的需要，作为编制长期护理服务及申请安老院、护理安老院、护养院、综合家居照顾等不同类型服务的依据。英国的《全民健康与社区照顾法案》也明确规定地方社会服务局必须承担对服务使用者需求评估的职能，但由于公共资源的有限性，专业人员的评估实际上成了一种变相的把关，即把服务使用者的需求控制在当地政府可以给出的资源以及服务的范围内以有效地节省政府开支，这实际上有悖于真正以服务使用者的需求为本的评估机制。

二、对我国养老服务体系建设和发展的启示

1. 应以居家养老、社区养老作为养老服务体系的主要载体

当前，我国面临比较严峻的老龄化形势，不少地区特别是大中型城市养老床位紧张现象突出，加快养老机构建设成为不少地区发展养老服务的重点任务。然而，机构养老仅仅是养老服务体系的组成部分之一，当前养老床位紧张的状况在很大程度上是由于居家养老、社区养老功能不完善造成的。相关研究显示，机构养老不利于老年人身心健康，成本也高于居家养老。20世纪80年代以来，"就地安养"理念被越来越多的国家所接受，鼓励和扶持老年人居家养老、推迟进入养老机构的时间、减少对养老机构的依赖已经成为许多国家的主导型政策，机构养老在养老服务中所占份额正在缩小。在这样的背景下，如果继续大规模发展养老机构，就是在重复发达国家已经放弃的模式。因此，我们应当转变工作重点，充分借鉴发达国家的经验，加快居家和社区养老服务服务体系的建设，积极为老年人就地安养创造条件。

2. 养老机构应该定位于为最需要的老年群体提供服务

我国养老机构的服务对象与国际普遍做法存在差别。国际上机构养老主要为自理能力差、又不能从家庭和社区获得照顾的老年人提供服务。为了达到这一目标，许多国家对老年护理服务实行分级管理，老年人申请入住养老机构，大都需要进行健康状况和收入状况的评估。我国目前尚缺乏这样的审核制度，养老机构服务目标过于泛化。当前各类养老机构入住对象中自理老人约占80%，失能、半失能老人能够获得机构服务的比例仅为1.87%，机构养老的专业化优势没能充分显现，也造成当前养老机构床位紧张的"假象"。因此，我们应借鉴国际经验，尽快建立入院评估制度和收入调查制度。对申请政府举办或政府补贴床位的老年人进行综合评估，依据健康状况、居住状况、年龄、收入状况等确定服务需求和护理等级，优先为自理能力差、收入水平低的老年人提供服务。

3. 政府应积极鼓励非营利性养老服务组织的发展

受"社会福利社会化"思想的影响，各类社会组织在养老服务体系中都发挥着至关重要的作用，政府大都通过购买服务等形式为机构和组织的发展提供支持。当前，从机构数量上看，我国已经形成了以民办养老机构为主体的格局，非营利性养老机构约占全部养老机构的2/3，政府也出台了税收、用地、用水、用电等多方面政策鼓励非营利性机构发展。然而在现实中，由于各种原因，政策承诺的优惠措施得不到落实，导致非营利性机构在发展中面临诸多问题。应当严格落实各项优惠补偿政策，切实减轻非营利性养老服务组织的负担。积极采取一次性建设补贴、运营补贴以及政府购买服务等方式，扶持非营利性养老服务组织的发展。

张佳慧　执笔

附件

典型国家养老服务体系

社会化养老已经成为国际上的主流趋势，包括两个层面的含义，一是筹资的社会化，二是服务的社会化。从服务的角度讲，各国养老服务体系的变化趋势是一致的，都是从单纯依靠家庭过渡到依靠社会的多方参与。其中，社会化养老服务体系的发展又可以划分为两个阶段，第一阶段是以专业机构集中养老为主，第二阶段是以居家和社区养老为主。尽管不同国家和地区各类机构参与养老服务体系有早有晚，如英国、香港地区等社区照顾发展得较早，日本等社区照顾发展得较晚，但在当前的社会化养老模式下，家庭、社区、机构都是必不可少的要件，只是各自所占的份额不同而已。并且，随着经济社会的发展，各部分所占的份额还处在变化当中。

因此，用养老服务场所这个维度来划分养老服务的模式比较困难，而按照筹资来源对养老服务模式进行划分则相对清晰。按照筹资方式的不同，各国的养老保障体制大致分为四类：一是个人积累式，二是商业保险式，三是社会保险式，四是国家税收式。本报告依据上述四类保障模式，对各国社会化养老服务模式进行了大致梳理。

一、新加坡——个人累积式

新加坡共有 420 万人，60 岁以上的老年人占总人口的 20%，其中超过 65 岁的有 30 万人，占总人口的 8.4%。新加坡是亚洲人口老龄化速度较快的国家之一。

新加坡养老保障的核心是中央公积金制度，是一种强制储蓄的模式。此外，政府还设立了一些津贴制度为有特殊需要的老人提供支持。如"公共援助计划"向没有亲友互助或本身没有生活来源的贫困家庭直接提供现金津贴，其中男性 65 岁以上、女性 60 岁以上没有生活来源的贫困老人都是援助对象。2002 年 9 月，新加坡卫生部设立针对严重残疾老年人的低费保险项目——老年保障计划（Elder Shield），以满足其所需长期照料的经济支出，实质是针对老年人的长期护理保险。所有新加坡国民和永久公民，只要是公积金会员，在 40 岁时就被自动纳入老人保障计划，每年需缴纳一定数额的保费，老年人一旦进入残疾期，就不需要缴纳任何保费。2007 年提高了支付额、延长了最长支付期，并推出了老年保障补充计划，供希望获得更高补助的会员选择。两项计划都对"残疾"有非常明确的界定，只有吃饭、穿衣、如厕、洗澡、上下床、在室内走动这六项基本生活自理能力（ADL）活动中至少有三项不能独立完成，才能定义为"残疾"。参与计划的残疾老年人可将每月收益用于任何合理之处，包括家庭护工服务、日常康复治疗、医药费用、家庭支出或养老院有关费用支出等。新加坡允许老年人实现"以房养老"。一是允许符合条件的组屋拥有者出租全部或部分居室来换取养老收入；二是对一些原来居住面积较大、子女已经搬离的老年夫妇，可以允许将现有组屋置换成面积较小的住房，以大换小后的净收入用作日常开支或投资一些风险小的产品来获益；三是"倒按揭"，即将住房抵押给金融机构，按月从金融机构获得现金收入。政府规定"倒按揭"只限于私人建造的商品住房，组屋不能参加。

　　家庭是养老服务的核心。新加坡家庭养老的传统保持得很好，这与新加坡长期以来积极营造重视家庭、尊老敬老的社会氛围，并大力倡导和鼓励家庭养老模式是分不开的。从李光耀时期开始，新加坡政府就把孝道列为治国之本，把"家庭为根"的观念确定为新加坡人所应奉行的共同价值观，并通过一系列制度化的安排将这种观念贯彻下来。一方面，新加坡政府通过法律形式强化了家庭照顾老年人的责任。新加坡于 1994 年制定了"奉养父母法律"，成为世界上第一个将"赡养父母"立法的国家，1996年还设立了赡养父母仲裁法庭，对歧视老人，不承担养老义务甚至残害、遗弃老人的人予以法律制裁。另一方面，新加坡政府制定了一系列福利政策对家庭养老给予支持，为家庭养老提供了更多的实现途径。如：通过住房政策鼓励子女与父母共同居住；允许中央公积金在家庭成员间发挥互济作用；通过津贴计划减轻赡养老人家庭的经济负担等。新加坡政府 1982 年开始实施"赡养父母及残疾人个人所得税扣除"计划，纳税人赡养父母及残疾兄妹可以享受每人 2500 新元的个人所得税的税务扣除，条件之一是他们必须与赡养的父母或残疾兄妹住在一起。到 1991 年，扣税额已提高至3500 元。

社区层面的养老服务主要运营方是志愿性的福利组织或私营机构，主要提供交友服务、照顾者支持服务、社区个案管理服务、咨询服务、家务助理服务、邻舍联系和老年人（乐龄）活动中心、老年人（乐龄）日间护理中心等。政府对社区服务机构提供资助，并为符合支付能力调查要求的低收入老年人提供津贴，用于到老年人日间护理中心参加活动。

新加坡的养老机构，主要提供过渡性的住宿服务和长期照料服务。对养老机构的扶持，新加坡采取的主要措施有：一是在养老设施的建设上，政府是投资主体，基本上会提供 90% 的建设资金；二是对养老机构各项服务的运作成本提供相应的津贴；三是实行"双倍退税"的鼓励政策，允许国家福利理事会认可的养老机构面向社会募捐等（张善斌，2006）。1999年 2 月，新加坡通过了一项《老人院法令》，对老人院的设立、标准、审核、管理等问题，均作了明确的规定。老龄事业因为有法可依、有章可循，所以在开展工作时减少了障碍或扯皮现象。

养老机构包括社区医院、养老院、临终关怀机构、老年庇护所四类。社区医院为从专科医院出院后的病人提供短期的康复服务。养老院包括政府资助的志愿福利机构养老院、非志愿福利机构养老院、商业运行私营养老院和疗养院。政府资助和非资助养老院都主要为低收入和贫困老年人服务。商业运行的养老院为不需要政府津贴的老人服务，申请者需提供医生体检报告书。疗养院主要是受过专业训练的护士为身体状况较复杂、需要更高级别护理的老年人提供护理服务，护理费用比其他类型养老院高。临终关怀机构旨在为身患绝症的老年人结束治疗后提供临终关怀服务，使其在心理上得到支持，主要有日间临终关怀服务、家庭临终关怀服务和临终关怀机构服务。老年庇护所是为没有亲属，或因为某种原因不能和家人一起居住，且具有自由行动能力的老年人提供的一种居住安排，是建在社区中的养老机构，使老年人尽可能在社区中保持独立。

各种社会团体、宗教组织、志愿团体和社会组织在养老事业中发挥了非常重要的作用。以养老院为例，1996 年底，新加坡公立养老院收养的老人仅占全国收养老人总数的 12.1%，而其他非政府组织建立的养老院收住老人占总数的 87.9%（曹云华，1995、1999）。

二、美国——商业保险式

家庭观对美国民众的影响普遍较小，平等观念深入人心，影响到代际关系。家庭养老在美国并没有发挥像东方国家那样的重要作用，更多地需要社会化的养老保障。美国一贯奉行自由市场经济，在社会化养老方面同样强调市场经济的作用，遵循的是一种私有化养老社会保险的道路。

美国的长期照料服务按提供场所分为三类：一是机构服务，即由长期照料服务专门机构提供服务，主要有护理院、部分生活辅助设施、附设在医院里的护理或康复设施、临床机构；二是社区服务，即在社区的小型服务机构，主要有日间照料中心；三是居家服务。

1991 年数据显示，绝大部分长期照料服务被 65 岁以上老年人使用（超过 91% 是 65 岁及大于 65 岁的人）。随着年龄的增加，入住护理院的比例会增加，85 岁以上的老年人 20% 住在护理院。技术护理照顾型养老院主要收养需要 24 小时精心医疗照顾但又不需要医院提供经常性医疗服务的老人。大约 2/3 的护理院是私人拥有，规模不大。使用护理院的老年人大都为失能老人（86% 的 65 岁以上老人至少需要一项 ADL 的帮助），大都是由于家庭和朋友无法继续提供照顾功能。随着家庭护理等功能的完善、医疗技术的提升，使用护理院的老人的比例可能会下降，但受老龄化影响，总数可能不会下降。入住护理院的费用，60% 为联邦和州政府支出，27% 由个人支付，12% 由第三方私立机构（商业保险公司）支出，1% 由慈善等机构支出。其中联邦和州政府的资助资金来源于 Medicare 和 Medicaid。Medicare 针对所有 65 岁以上老人，每年仅为符合条件的老人支付 100 天以内在护理院居住的费用；Medicaid 专门针对穷人，老年人口袋里的钱用完后就可以申请 Medicaid 的救助。

生活辅助设施主要侧重于日常生活看护服务，规模大小不一，小的只能住很少的人，大的可容纳几百人。服务内容一般包括住宿、集体伙食、24 小时紧急监护、日常生活帮助等。大约 60% 的生活辅助设施与专业护理机构、临终关怀机构建立协约关系。老人入住生活辅助设施的费用大部分自理。

普查数据表明，尽管美国人口日益老龄化，但居住在养老院中的老年人比例却呈下降趋势。2006 年，75 岁以上美国人中约有 7.4% 住在养老院里，而 2000 年和 1990 年的数字分别是 8.1% 和 10.2%（张恺悌，2010）。家庭成员已经成为长期护理美国老人的中坚力量。到 2005 年，约有 2240 万个美国家庭承担 50 岁以上老人的家庭护理照料工作，每 4 个人中就有 1 个承担老人家庭照料护理工作。这一数字还会逐步升高。按照全美护理照料联盟的估测，2007 年美国上班族护理照料人员增长到 15600 万人，相当于每 10 位工作人员中有 1 人在承担护理照料老人的工作。

日间照料机构主要提供看护、康复等专业服务，也提供临时替代照料服务，20 世纪 60 年代开始逐渐增多。随着长期照料服务的发展，人们越来越重视社区照料，日间照料服务作为机构照料的部分替代逐渐发展起来。服务费用大部分需要老人自理。

居家照料包括专业性服务和非专业性服务。非专业性服务主要是由家庭成员、朋友、邻里提供的服务。专业性服务是一种机构服务，提供主体是居家服务机构。约 32% 的专业服务费用通过医疗保险解决，机构一般有报销医疗费用的资格。一般而言，居家服务的成本效益优于传统的机构服务。据统计，75%~80% 的老年人由家庭成员提供非专业的长期照料，家庭成员因照顾老年人而无法参加工作，这也给美国商业造成了巨大的损失。美国为老年人设立了家庭照顾计划（In Home Support Service），由联邦、州、县政府联合负担，为 65 岁以上老人、失明者或残障人士提供家务和非医性的照顾，使老年人能在家安全生活，无需住进养老院。

此外，美国一些地区推广"自然形成退休社区"项目，为恋家的独居老人提供"不出家门的养老院"。该类项目萌芽于20年前，如今已覆盖全美大约300个自然形成的老龄化社区。社区养老项目管理方通过互联网、电话等了解老人需求、提供周到服务。退休社区也分不同类型，为不同目标人群服务，如80岁以上老人是"提供医疗服务为目的"退休社区居民的主力，而60~70岁健康老人是"提供休闲生活为目的"退休社区的主力。位于凤凰城的太阳城中心（Sun City Center）是美国较大的老年社区之一，也是美国社区养老的代表。

目前美国大约有800万人在社区从事各类服务工作，占全国就业人数的10%。此外每年还有9000万人次的志愿者从事社区服务工作。

三、德国、日本、韩国——社会保险制度

1. 德国

德国1994年颁布《护理保险法》，1995年1月1日正式实施，规定"护理保险跟随医疗保险"的原则，凡参加法定医疗保险的人自动参加护理保险。目前护理保险已经覆盖全国90%左右的人口。

德国长期照料服务分为居家服务、机构服务和补充机制。长期照料保险致力于为居家服务创造条件。德国法律规定，只要家庭成员为其亲属每周提供14小时以上的长期照料服务，或者由于照料亲属而不能工作或者导致每周工作时间不足30小时，他们的养老社会保险缴费由长期照料社会保险支付，支付的数量取决于他们为亲属提供长期照料服务时间的长短，同时他们也会被纳入法定工伤社会保险体系。2006年享受长期照料服务的207万失能人群中，1/3选择入住机构，2/3选择居住在家里接受服务。选择居家服务的大都是失能水平较低、家庭成员能够承担照料服务的老年人。2000年Schneekloth等的调查显示，75~79岁、80~84岁、90岁以上老年人入住疗养院的比例分别为3.8%、8.2%和17%。1998年入住养老机构老年人的平均年龄为81岁，而且这个平均年龄还在增长。进入疗养院的最常见原因是：健康状况相当差、家庭照料缺失、出院后无法独立但不

想成为家人负担。

机构服务根据服务时间的长短划分不同的照料等级，长期照料保险按照护理等级支付费用，但食宿费用由入住者自付。如果服务费用特别是机构服务费用超出了法律规定的最高限额，需要的人在提出申请并通过经济收入情况调查后，社会援助就会介入，负担相应的不足部分。

德国 2003 年通过一部新的法律，明确规定各类养老机构都要实行公司化登记，原来由教会等非营利组织举办的各类养老机构也已全部转化为有限公司进行注册登记。实行公司化运营的显著特征是运作的独立性，不依靠政府的直接资助；政府的支持只是体现在税率控制上和将资助资金直接补贴给入住老人。

2. 日本

日本是老龄化最严重的国家之一。2010 年日本人口约 1.27 亿，其中 65 岁以上老年人占 23.1%，平均 2.8 个生产力人口支撑一位老人。截至 2009 年，65 岁以上高龄人口中有 20 万人患有痴呆症，120 万人卧床不起，加上其他原因需要他人护理的共有 280 万人，以后还将以 3.5% 的速度增加。相对于需求，日本的老年护理设施仍显不足。

日本 2000 年推出老人介护保险制度。出台背景为：老龄化日益严重，医疗费用负担增加，社会负担越来越重。《介护保险法》规定：对象主要为 65 岁以上老人，称为第一号被保险者；40 岁以上的国民必须加入并缴纳介护保险金，但 65 岁以上人群缴纳数目根据家庭人口、是否领取老年福利年金及家中是否有缴纳居民税的人等条件的不同而不同；享受介护保险服务必须等到 65 岁以后，但是，参加介护保险但不满 65 岁的中老年人，如患有早期痴呆、脑血管疾病等 15 种疾病，也可以享受介护保险服务（称为第二号被保险者）。

日本养老机构包括老年人护理福利设施、老年人护理保健设施和老年人疗养型医疗设施三类。护理福利设施主要提供生活护理和生活功能训练；护理保健设施主要针对病情稳定老人，在看护和医学管理下接受护理、功能培训等以恢复居家养老为目标的服务；疗养型医疗设施主要为需要长期疗养的人提供护理、功能训练和其他必要的医疗等服务。近年来还发展了与"地区紧密结合型"社区小型护理机构，为失能、失智老人提供夜间上门服务、短期入住服务等。通过社区照顾，就近解决老年人护理需求。设施服务几乎全部由政府、社会福利团体等非营利性机构经营，政府给予资助。居家上门护理服务以及与地区紧密结合的小型设施服务可以由企业参与。

日本的老年社会福利最初是一种国家主导的、自上而下的福利制度，缺乏地方自主性及社会的广泛参与。随着老龄化的急剧发展，老年人社会福利需求快速增加，同时家庭养老的基础变得更加薄弱，以国家为主导的强制性社会福利政策不堪重负，开始转向由家庭、邻里、社区、社会服务设施组成的综合性社会福利体系。社区照料在《黄金计划》之后取得了长足发展，2000年《护理保险法》的实施进一步强化了市町村基层政府和其他社会力量参与养老服务的趋势。《护理保险法》实施之前，护理服务是根据"行政措施"来实行的，行政机构依法执行福利的行政处分权，福利服务的提供主体一般是以政府和公社民营的社会福利法人及部分民间非营利组织为主，老年人是被救助的对象，没有选择权。《护理保险法》实施后，服务的提供机构扩大到各种地方公共团体及民间组织、非营利组织以及医疗法人，政府也鼓励相关营利组织及民间企业进入服务领域。护理保险制度的实施减轻了家人的照料负担，开放了服务领域，能够为老年人提供丰富多样的护理服务；同时改变了以前只针对贫困老人服务的情况，允许各类需要护理的老年人利用服务，并给予他们自由选择的权利，极大地释放了以前被压抑的护理需求。此外，一定程度上实现了老年福利和老年医学领域护理服务的整合，解决了"社会性入院"问题，降低了医疗资源的浪费情况。2009年居家护理服务费占老年护理总费用的57.9%，地区紧密结合的社区小型设施服务费占6.1%，设施护理服务费占36%。老年人在享受护理服务时，原则上必须缴纳护理费用的10%，余下的90%由中央财政和地方财政共同承担一半，护理保险基金承担一半。

老年护理人员分为两类，一类称为介护福祉士（护理员），另一类为社会福祉士（相当于社工）。前者需要 3 年的正规学习，通过国家统一考试及格后才能取得上岗资格，一般在护理设施内从事技术性较强的护理服务。后者需要参加政府出资举办的培训班，接受 50～230 个小时的专门培训，考试合格后获得执业资格证书，到居住所在地的相关部门登记注册等待上岗。老年护理劳动强度大、内容琐碎、收入较低，日本年轻人较少愿意选择这一专业，导致护理人员不足。日本 1987 年制定和实施的《社会福祉士法》和《护理福祉士法》，极大地促进了专业护理人员队伍的壮大和质量的提高。当前，政府也正力图通过签约服务、免除学费等措施加强专业护理人员队伍建设。

3. 韩国

韩国国会于 2007 年通过《老人长期看护保险法》，2008 年 7 月 1 日正式实施。被保险人为全体参加国民健康保险者，保险费与国民健康保险费一同征收，在原健康保险费基础上加收一定比例的看护保险费，目前加收比例为 4.05%。老年人长期看护保险给付资金的来源由保险费、国库负担金及利用者自己负担金三部分组成。总费用中，保险费为 62%，国家和地方政府负担 25%，保险利用者自付 13%。给付对象为 65 岁以上的病患高龄者及未满 65 岁但患有认知障碍症、脑血管疾患等老年性疾病者。65 岁以上高龄者要想成为保险给付对象，首先应当携带医师意见书到健康保险公团申请"需看护认定"。保险公团进行访问式调查，基于调查项目（现有 44 项）所得结果利用计算机进行第一次判定，然后由专业等级判定委员会进行第二次判定，同时确定看护度，根据病情分为三级。

韩国老年福利设施严重不足，能够入住公共老人医疗福利设施的主要是那些患有严重老年疾病的基本生活保障者及低收入者，且人数相当有限。2000 年前，这一人群仅占需要看护老人的 6.7%。

四、英国、瑞典、荷兰、香港——财政税收

1. 英国

英国社会服务和住房补贴费用主要由地方财政解决，1999～2000 年英国地方政府用于社会服务方面的开支总额为93亿英镑，其中49.4%用于老年人照顾。由于社会福利服务的投入增加，且经济发展缓慢导致收支不平衡，英国一直倡导社区化的养老服务模式，《全民健康与社区照顾法案》等有关法令明确指出，要在社区内对老年人提供服务和供养，内容包括生活照料、物质支持、心理支持、整体关怀。

这种社区养老模式起源于第二次世界大战之后。当时，对机构照顾的批评甚嚣尘上。有研究证明，在将患者集中到特定机构内养护治疗的过程中，长期居住将使得病人活动量减少、健康状况不佳、生活自理能力逐步退化、自我认同逐渐丧失、思考贫乏、情感冷漠或忧郁、家庭与社会支持薄弱、工作能力与动机剧减。与此同时，政界、学界等社会各界人士均发起了"去机构化"（de – institutionalization）的倡议，有关社区照顾的概念开始在社会福利政策的讨论中出现。最早的服务对象不是老年群体，而是精神病患者和智障人士，为了使其脱离缺乏人文关怀的机构、回归到正常的生活空间而倡导"去机构化"。70年代后期，由于老龄化严重，老年服务群体占服务的比重加大，社区照顾才几乎成为现阶段英国老人社会服务的代称。社区照顾经历了"在社区照顾"（care in the community）和"由社区照顾"（care by the community）两个阶段。最初的社区照顾只是地理概念上的，是区别于医院这类大型机构而言的，提供照顾的主要来源仍然是安置在社区内的小型养老机构，并没有真正实现让服务对象过上"正常化"生活的目标。进入80年代后，社区照顾开始强调由地方政府、营利组织、志愿组织及非正式支持网络等为服务对象提供支持，从强调环境转为强调照顾的资源。1990年《全民健康与社区照顾法案（the NHS and the Community Care Act 1990)》出台，明确规定由地方政府专款专案地执行社区照顾。

英国社会福利形式主要有四种：一是院居服务，主要为鳏寡孤独、生活自理能力较差、需要长期照顾、缺乏家庭支持的人提供服务；二是日间照顾，包括建立在社区的各种服务中心，有稳定的场地和设施，制度化程度比较高，为老年人提供活动场所、提供午餐、开展娱乐活动；三是社区照顾，老年人待在自己家中，有福利机构上门提供居家帮助，制度化程度不如日间照顾高；四是现场工作服务，由专业的社会工作者、康复师组成工作人员队伍，为一定地段内的全体居民服务，进行登记、评估、提供和安排适当的服务等。英国的社区照顾主要分为健康照护和社会照护两大类，但二者的界限尚不能划分得十分清晰。前者属于中央健康单位即国民健康服务体系（NHS），尤其提供免费的医疗和护理照护；后者为地方政府的社会服务局管辖。随着对"由社区照顾"的不断强调，地方政府承担的责任越来越重，照顾的形态也由健康照护越来越多地转变为社会照护。

20世纪80年代，社会福利多元化（Welfare pluralism）在英国被提出来。20世纪90年代以来，英国社会福利服务的基本政策是在社会福利服务领域建立"准市场"机制，政府尽量少扮演服务提供者的角色，而让私人部门和志愿部门的机构充当直接的服务提供者，通过私营化和市场化将福利国家改造为福利社会。尽管如此，政府在社会服务中依然发挥主要作用，政府是主要出资者、政策法规制定者与监督者。社会服务的支出实际上绝大部分来自政府预算，私人和志愿服务组织的服务依旧在政府的计划之内。

1990年《全民健康与社区照顾法案》还明确提及了地方服务局必须对服务使用者的需求进行评估。然而，由于政府资源的有限性，这种需求评估往往成为一种变相的把关，即把使用者的需求限定在政府可以给出的资源以及服务的范围内，以有效节省政府的开支。接受政府办的社会服务要经过家庭财产调查，而且接受人员数目受到严格控制，由于申请人员太多，要长时间排队等候。2001年护理院地方政府办的占17%，民间志愿组织办的占21%，而私人建立和管理的占63%。私立护理院费用高昂，但设施条件都比国家办的好。

2. 瑞典

瑞典是世界上公民预期寿命最长的国家之一。2010年，60岁及以上老年人口占总人口的比例为24.91%，其中80岁以上者占全部老年人口的21.14%。据预测，这一数据在未来十年内还将急剧攀升。在过去10年里，瑞典政府的政策一直是旨在使老年人尽可能长时间地住在自己家里。目前，大约93%的老人生活在家里，不到迫不得已通常不会选择机构照料。住在养老机构中的老人，70%以上患有老年痴呆症。

为应对不断增加的老龄化压力，瑞典政府对加强和发展老年人照料体系作出了积极的规划，其要点包括以下几方面：一是加强家庭护理，为家庭照料提供更多的医生，并专门制定一个加强痴呆病人照料的计划；二是加强住房和安全居住设施建设，鼓励发展更多的老年专用住房，并有专门团队分析老年人的居住环境和生活设施，方便老年人居住生活；三是强化法律保障、发展技术、加强研究，将建立一个专门机构，研究痴呆病人问题以及配偶和亲属在照料老年人方面所起的作用；四是加强工作人员技能培训，将任命一个专门委员会研究技能认定、专业资格和职称认定等工作，2001年成立瑞典照料研究所，开展针对国内和国外照料人员的培训工作。

3. 荷兰

2010年，荷兰60岁及以上老年人口占总人口的21.79%，其中80岁以上者占老年人口总数的17.87%。荷兰养老福利事业发展也比较快。荷兰的养老照顾体系包括机构照料体系、家居照料体系和社会照料体系三个部分。

目前养老设施有三种形式：一是老年公寓，主要供生活自理的老人居住，向老人提供家务整理、护理服务、送餐服务等；二是老年照料院，主要收住需要日常照料的老人，对老人进行穿衣、洗浴、用餐等各类日常照料；三是老人护理院，主要为那些需要大量护理服务的老年特殊群体服务。住在护理院的老人，90%以上都在那里离开人世。相当长时间以来，荷兰养老福利服务开始了从院内照料向院外照料的转移；以鹿特丹市为例，1997～2001年，鹿特丹市院内照料容量降低了25%。2/3的老人通过居家养老获得照料服务，家居照料组织一般都是跨社区的，提供护理康复、个人照料、日常家务、打扫卫生、临床关怀等多项服务，服务人员以女性为主，大部分是兼职。政府正在研究进一步提高家居照料服务质量的措施，以便更好地为老年人服务。

荷兰政府为老年人设计了多项福利服务保险计划，其中最著名的是"AWBZ 计划"。这是一项全民保险，所有有收入者都必须根据收入缴纳保险金，用于老年人养老福利支出。AWBZ 经费主要支出项目为养老福利设施的补贴和养老照料服务的资助。按照规定，新建养老机构 60% 的经费由 AWBZ 提供，其余由建造者提供。在社会福利机构日常运作中，AWBZ 也给予 60% 的经费支持。同时，AWBZ 也对接受资助的社会福利机构提出具体要求，如规定床位利用率必须达到 98% 以上，其中痴呆老人应占一定比例等。1994 年开始，荷兰政府改变了资助方式，将照料服务的补贴经费直接发给老年人个人，由老人自己选择服务方式和服务机构，目的在于鼓励老年人居家养老。

为了满足生活能够自理又需要照料的老年人的需要，政府按照无障碍设施标准建造适合老年人居住的老年安全公寓，并配有专门管理人员，为老人提供一种看护、安全的社区氛围。一些老年公寓建在老人照料院周围，由养老机构为他们提供各类服务。此外，政府还通过制定带薪假期政策等方式，鼓励子女为老人提供更多的照顾。

4. 香港

香港 1973 年社会福利白皮书提出，老年服务应坚持"社区照顾"的原则，强调老人应尽量在熟悉的环境中安享晚年。为此，政府为在社区居住的老人提供了一系列服务和支援，包括家务助理服务、老人日间护理中心、社康护理服务以及惠及所有老人的长者安居服务。2001 年 4 月开始推行"改善家居及社区照顾服务"为长者提供非住院及全面护理服务，包括家居照顾和 24 小时紧急支援、日间照顾和院舍暂托服务等，给轻度弱老者提供支持，防止衰老速度加快，延缓对院舍照顾的需求。20 世纪 80 年代以前，院舍照顾大都由非营利组织来提供，政府提供相应的资助；80 年代以后开始出现私营安老院。为了缓解非营利机构床位不足的问题，1989 年香港开始试行"买位计划"和"改善买位计划"，对私营安老院提供的床位进行资助。此外，还为居家和院舍养老老人提供平安钟服务，通过平安钟的安装和热线服务，解决突发事件，保障老年人生命安全。

2000 年 11 月起开始实行安老服务统一评估机制，以国际认可的"长者健康及家居护理评估"工具为标准，由评估员对老人身体状况、自理能力、行为及认知能力、情绪稳定状况、家庭状况等进行评估，根据评估结果决定老人应接受何种类型的服务。老年人接受上述各类服务都需要提出申请，经过评估后统一安排。

参考文献

［1］哥斯塔·埃斯平－安德森. 福利资本主义的三个世界. 北京：商务印书馆，2010

［2］苏珊·特斯特. 老年人社区照顾的跨国比较. 北京：中国社会出版社，2002

［3］民政部，全国老龄办. 国外及港澳台地区养老服务情况汇编. 北京：中国社会出版社，2010

［4］王莉莉，郭平. 日本老年社会保障制度. 北京：中国社会出版社，2010

［5］张秋霞，宋培军等. 加拿大养老保障制度. 北京：中国社会出版社，2010

［6］张啸. 德国养老. 北京：中国社会出版社，2010

［7］中国老龄科学研究中心. 美国养老. 北京：中国社会出版社，2010

［8］中国老龄科学研究中心. 香港养老. 北京：中国社会出版社，2010

［9］中国老龄科学研究中心. 英国养老保障. 北京：中国社会出版社，2010

［10］中国老龄科学研究中心. 新加坡养老. 北京：中国社会出版社，2010

［11］张恺悌. 政府养老定位研究. 北京：中国社会出版社，2009

［12］中国养老政策研究. 北京：中国社会出版社，2009

［13］Sunil Kumar Gulati. Best Practices in Managing －"Formal and Informal Care of Elderly" in Developed European Nations and some Lessons for India

［14］International Experience with Long Term Care：Lessons for China's Evolving Policy Framework for an Aging Population Volume 1：Demographic Trends and Design and Implementation Issues in Long Term Care（内部资料，暂未公开发表）

［15］International Experience with Long Term Care：Lessons for China's Evolving Policy Framework for an Aging Population Volume 2：Funding and Governance Arrangements for Long Term Care in Europe，North America and Asia（内部资料，暂未公开发表）

［16］Chui Wing－tak，et al. Elderly Commission's Study on Residential Care Services for the Elderly

［17］World Population Prospects：the 2010 Version

[18] Stephane Jacobzone. Ageing and Care for Frail Elderly Persons – an overview of international perspectives. OECD Labour Market and Social Policy Occasional Papers No. 38

[19] 张善斌. 新加坡老年人照料经验及其启示. 中国民政, 2006 (6)

[20] 曹云华. 新加坡的社会保障制度初探. 社会学研究, 1995 (3)

[21] 曹云华. 试分析亚洲"四小龙"的老人问题. 东南亚研究, 1999 (5)

[22] 桑永旺. 国外养老服务经验可鉴. 社会福利, 2006 (11)

英国非营利组织发展状况及对我国非营利组织发展的启示

2010 年 12 月 7 日至 12 日，由国家发改委社会发展司组织的"英国非营利组织发展考察团"一行 6 人，赴英国进行了为期 6 天的访问交流。考察团成员由国家发改委、民政部、国务院发展研究中心、国家行政学院、上海市发改委和南京市民政局的业务干部组成。在英期间，考察团分别访问了伦敦市政府、格拉斯哥市政府等政府部门，以及伦敦政治经济学院、格拉斯哥人学等研究部门，还参观了全国志愿组织联合会（NCVO）。通过考察交流，代表团对于英国非营利组织①的发展历史、现状、政府政策、未来趋势等有了直观和深入的了解，主要收获如下。

---

① 在英国对于非营利组织有几个不同的概念。统称的概念有"公民社会""第三部门"，它包括所有除政府和营利性企业之外的组织，包括慈善组织、社区组织、合作社、大学等等。我们所考察研究的对象，即提供公共服务的非营利类组织，在英国有慈善组织（Charity Organization）、志愿组织（Voluntary Organization）、非政府组织（NGOs）、社区组织（Community Organization）等几种不同的称谓。这几个概念各有侧重，并非是完全排他的。慈善组织必须按照《慈善法》在慈善委员会登记注册，登记后方可享受税收优惠，其活动一般在教育、卫生等领域。志愿组织和社区组织指那些广泛存在的非营利性的社会组织，它们可能不一定注册为慈善组织，或者根本不注册。NGOs 在英国一般是指那些国际性的非政府组织，如联合国、世界银行等。在本文中，使用"志愿组织"代表广义的非营利性公共服务组织，使用"慈善组织"特指那些注册为慈善组织的机构。

一、英国发展非营利组织的主要做法

1. 非营利部门在英国经济和社会中占有重要地位

进入 20 世纪，英国的经济社会发展很快，特别是二战以后，英国步入后工业化时代，社会财富集中度提高，社会矛盾逐步加深。为缓和社会矛盾，英国政府建立了一整套福利制度，同时，民间的慈善公益事业也得到了长足发展。慈善组织数量越来越多，涉及的领域也越来越广。慈善组织和其他志愿组织，已经成为独立于政府和企业的第三部门。它们的存在和活动，深刻且广泛地影响了英国社会以及普通民众的日常生活。目前，英国有 100 多万家志愿组织，其中有 17 万家慈善组织。志愿组织拥有约 160 万名带薪雇员，占英国总就业人数的 5%；总市值约 1570 亿英镑，占英国 GDP 的 2%，超过英国农业部门所占的比例①。

英国有从事志愿活动的传统，这是英国志愿组织成长发育的社会基础。调查显示英国有 75% 的人在过去的一个月中曾经给慈善组织捐款；29% 的人至少每月进行一次志愿活动②。一些雇主还鼓励雇员从事志愿活动，比如伦敦市政府就给其雇员每年三天的带薪假期从事志愿活动。

2. 制定完善相关的法律法规，为志愿部门发展提供法律依据

慈善法是规范英国慈善组织活动及处理政府与慈善组织关系最重要的法律。英国是最早制定慈善法的国家，1601 年就制定了《慈善用途法》，在其序言中第一次明确了慈善事业的范围。后随着慈善组织的发展，有关慈善活动的法律经过了多次补充和修改；1954 年制定了《慈善信托法》，1958 年制定《娱乐慈善法》。《2006 年慈善法》首次以法律条文的形式对慈善事业进行了界定，并具体列出了慈善事业领域，包括：扶助贫困，发

---

①② National Council for Voluntary Organizations, UK Civil Society Almanac 2010.

展教育，宗教推广，维护人权，解决由于宗教、种族引起的争端冲突，保护环境，促进健康，社区发展，振兴文化艺术，保护文化遗产等。只有从事这些活动的组织才有资格注册为慈善组织。该法还对慈善组织的注册条件进行了规定，并首次明确了政府主管部门——慈善委员会（Charity Commission）的法律地位和职能。慈善委员会是具有特殊独立性的主管民间公益性事业的政府机关，具有准司法的权力，不隶属于内阁，只对议会负责。其职能包括：第一，对符合条件的慈善组织进行注册；第二，对在慈善委员会登记或者没有登记的、需要帮助的慈善组织提供信息、技术、法律政策咨询等方面的支持；第三，对在慈善委员会登记的慈善组织按照不同规模进行相应的监管；第四，对在管理或公共资源使用上有违反法律嫌疑的慈善组织进行调查，将被发现的违法者移交法院处理。

在英国，《公司法》对社会组织也具有约束作用，因为许多志愿组织注册为非营利公司。还有很多慈善组织为了有效利用市场资源，采取了"双重注册"的做法：在注册为慈善组织的同时，又依照《公司法》注册为有限责任公司。其商业行为的部分——包括利润和股息的再投资以及董事的职权等，受到《公司法》约束。

3. 对志愿组织实行严格监管，注重发挥自律在监管中的作用

英国对志愿组织的登记注册采取比较宽松的政策。一般志愿组织都可在地方政府注册为"非营利公司"性质的组织，即其法人性质是公司，但利润不能分红。要开展慈善募捐等活动或享受税收优惠，则必须在慈善委员会注册为慈善组织。

对于注册的慈善组织，特别是一些大型慈善组织，由慈善委员会对其进行监管，主要检查五个方面：一是宗旨、目的，即这个组织成立是否为个人谋取私利；二是管理是否混乱；三是是否参加政治活动；四是是否滥用筹集来的款项；五是是否正确使用政府免税的款项。慈善法要求所有的慈善组织在运作上高度透明和公开，由慈善委员会监督慈善组织运作上的透明与公开程度，并随时接受公民举报。慈善委员会要求慈善组织每年提

交两份报告：理事会的年度报告和财务管理报告。年度报告要提供明确的证据说明组织的成就和计划；在资产方面要明确资产保留、投资和资金发放的情况；在风险方面，要明确陈述情况，并提出减少重大风险的措施。财务管理报告要在开支方面有明确的分类，特别是对募集资金的成本有清楚的记录，记账要合规等。同时，慈善委员会定期对大型民间组织进行风险评估、资产评估和财务评估，并与其他相关的政府部门密切配合进行相关调查和联合执法。在监管中，若发现慈善组织有违规操作或违法行为，慈善委员会有权取消该组织的法律地位、要求其改变章程、免去理事会成员职务并限期组建新的理事会、冻结银行资金、要求警方或检察官提起诉讼等。除慈善委员会外，政府各部门在相应的外包服务领域对提供服务的组织进行监管，例如教育标准部门、国家卫生部门等。

除了严格的行政监管外，英国慈善组织公益性的基本保障在于内部自律机制。慈善组织的内部治理结构一般是董事会（Charity Trustees）和执行官，类似于公司的治理结构。董事会指导志愿服务机构的运作、重大事件的决策和财务管理监督。董事对于慈善组织的行为和资产负有完全责任，他们有责任保障公共资产的延续、组织的恰当管理、非营利性、有效运作、公益目的的实现等。慈善组织的董事多是已经有一定经济基础和社会声望的人士，包括有声望的社区成员、专家或商界人士，董事通常不领取报酬，是一种荣耀和身份的象征。这种公开组建和切实负责的治理结构，在保障慈善组织的公益性和防止资产被滥用方面，发挥了重要作用。

4. 政府和志愿部门签订协议，建立正式合作伙伴关系

布莱尔的新工党政府执政以来，英国政府非常强调与志愿部门的合作伙伴关系。1998 年，英国政府和志愿组织签订了著名的 COMPACT，即《英国政府和志愿及社会部门关系的协议》。该协议确定了政府和志愿部门之间的合作伙伴关系，为二者在各级地区层面上的合作创造了良好的环境。这个协议并没有法律效力，更类似于政府和志愿部门之间相互的承

诺，但一些条款也受到法律的保护。例如，政府对志愿组织的资助要不少于 3 年，而且要事前支付，并保证所有的成本得到补偿。如果资助有所变化，需提前 3 个月通知志愿组织。COMPACT 还赋予了志愿组织开展倡导活动的权利。总之，COMPACT 的原则集中在三个方面：鼓励志愿组织参与政策制定，更有效的分配资源和提高平等性。COMPACT 在国家层面上，由 NCVO 代表志愿组织与中央政府签订；在地方层面上，由各地政府与志愿组织代表签订。

2010 年联合政府上台，提出了"大社会"计划，COMPACT 也做了修订，刚刚于 12 月 7 日通过。新的 COMPACT 在核心原则方面没有变化，其修订主要是引入了更加严格的问责机制。即加强了对政府职责履行状况的检查力度，并强化了对政府违反协议行为的责任追究。

在政府与志愿组织的合作关系方面，苏格兰地区则更进一步。在对格拉斯哥市的考察中我们了解到，该市将采取一项加强政府与志愿组织合作的计划，名为 Interface。在这项计划下，政府将在制定与志愿组织相关的政策中，吸收志愿组织的代表参与政策讨论起草的过程，这将进一步增强二者之间的合作伙伴关系。

5. 政府购买志愿组织的服务，为志愿组织提供资金支持

英国政府把推动志愿部门的发展作为政府的一项基本职能，每年都向志愿组织提供大量财政资金。提供资金的途径主要有：面向慈善组织的政府采购；政府基金（每年博彩收益的16.7%通过文化部下设的两个政府基金分配给全国的各类慈善组织）；面向公益活动的财政部专项资金。联合政府上台后还提出了一些新的筹资方式，例如大社会银行（Big Society Bank），它将银行的一些"休眠"账户里面剩余的小笔存款集中起来，为志愿组织提供资金。很多资金是通过"购买服务"的方式向志愿组织提供的，即政府与志愿组织签订合同，购买其提供的公共服务，例如托儿、住房、卫生和教育等。通过这种方式，既获得了具有高成本收益的服务，又支持了志愿组织的发展。英国政府 2007～2008 年度对志愿组织的投入为

128 亿英镑，占英国政府财政支出的 1% 左右，而实际获得了这些组织向社会提供的三倍于政府支出的公益服务。在格拉斯哥市，我们了解到其市政府每年对志愿组织的资助为 2000 万英镑，占其财政收入（约 25 亿英镑）的 0.8%。

不同规模志愿组织的收入来源结构有所不同。中等规模志愿组织的收入来源于政府的比例最大。因为大型组织拥有比较广泛的收入来源，如向服务对象收费、慈善捐款等，政府对其的资助尽管数额较大，但所占比例较小；而一些小型组织，获取政府资助的难度较大，通常依靠募捐或志愿者活动维持收入。

6. 注重发挥伞形社会组织在公共治理中的作用

在英国的志愿组织中，有一类特别的组织——伞形组织。这些组织是志愿组织的联盟组织，通常采取会员制，能够代表成员组织的利益诉求，并向成员组织提供一定的服务和资源。我们访问了最大的伞形组织——全国志愿组织联合会（NCVO），了解了其历史、功能、运作方式。NCVO 创立于 1919 年，是覆盖英格兰地区的伞形组织，目前已成为英格兰志愿组织的"代言人"，积极提高了志愿部门在英格兰社会中的地位。NCVO 现有 8300 多个会员组织，雇员为 120 人，年收入 1200 万英镑。NCVO 的主要功能是向会员组织提供咨询、顾问服务。为实现这个功能，NCVO 为会员组织提供三个方面的支持。一是为志愿组织提供建议、信息和教育、培训。例如 NCVO 面向会员组织，举办一些会议、论坛及其他形式的网络交流活动，设立求助平台（Helpdesk）和网站，发行出版物，开展培训课程等。二是开展部门研究和分析，如 NCVO 有专门的部门撰写并出版《英国公民社会年鉴》。这一年鉴汇集了大量有关公民社会组织的信息，是了解和分析英国公民社会发展状况的重要文献。三是开展一些游说和倡导活动，对与志愿部门相关的政策施加影响。如 NCVO 在签订 COMPACT 的过程中发挥了重要的协调代表作用。在英国，类似这样的伞形组织对志愿组织的发展具有重要意义。通过伞形组织，大量志愿组织形成网络，不断加强能力建设，完善组织结构，与政府、企业形成良好的合作伙伴关系，积极参与公共政策，能够为志愿部门的发展创造良好的政策环境，提高了治理绩效。

二、促进我国公共服务类非营利组织发展的建议

1. 非营利部门在改善治理结构、提供公共服务、创造就业等方面发挥着重要作用，应大力发展

在以往高度集中的计划经济体制和行政管理体制下，我国政府与社会的关系严重失衡，政府包揽过多，限制了企业和社会组织的发展。英国的经验表明，非营利组织是"小政府、大社会"格局的重要组织基础，在保护弱势群体利益、沟通政府与民众之间的联系、缓解社会冲突方面起着重要的作用。要改善我国的社会治理，应重视发展非营利组织，将原本政府越位去做的事交由民间来做，从而更好地调动社会力量，化解社会矛盾，促进社会和谐。

随着我国经济的发展和市场体制改革的深入，为居民提供优质的公共服务成为政府的一项重要职责。但是，政府不一定直接提供公共服务，而是可以通过合同的方式让政府以外的主体来承担，政府主要负责监督合同的履行，并支付报酬。英国的经验表明，由非营利组织承担公共服务的提供，既能够提高服务效率，更好的满足居民需求，也提高了社会主体对公共事务的参与程度，体现了民主和法治精神。我国在未来公共服务提供方面，应重视发挥非营利组织的作用，政府可以通过"购买服务"的方式来履行其公共服务职能。

另外，英国的经验表明，非营利部门作为一个经济部门，在扩大就业、创造国民生产总值方面也发挥了积极的作用。我国目前正处于经济结构调整和转型时期，非营利组织特别是公共服务类非营利组织集中在服务性行业，能够吸纳较多劳动力，对于未来我国产业结构转型、扩大就业、

促进经济增长等都有带动作用，值得积极发展。

2. 降低非营利组织的准入门槛，着力加强监管

英国对志愿组织实行的是"宽准入、严监管"的模式，在扶持志愿部门成长的同时，又保证了其行为的规范性。而我国目前对非营利组织实行的"双重管理"制度，在非营利组织的登记注册方面设置了很高的门槛，使得很多草根性组织难以注册成为正式的非营利机构，发展受到很大的抑制。在监管方面，我国目前主要通过设在民政部下的民间组织管理局承担这种监督管理职责，这种二级局本身难以协调与其他政府部门之间的关系，加上部门利益导致相互推诿扯皮，使得现行体制做不到对非营利组织的有效监督管理。

应该逐步改革由业务主管单位前审、民政部门后置登记的现行双重登记管理体制。建议降低准入门槛，可参照公司登记方式，对非政府组织实行分类登记管理，即除法律、行政法规规定需要前置审批的，举办者都可直接到民政登记机关申请登记。在监管方面，应进一步强化政府登记部门的监管责任，加强监管力量，有效履行监管职能。行业主管部门要加强指导和监督，确保非营利机构提供符合行业标准的服务。

3. 政府与非营利组织之间通过协议的方式明确合作伙伴关系

在志愿组织的发展中，政府在资金、能力建设、参与机会等方面发挥着关键的支持作用。英国在 COMPACT 协议下，加强与志愿部门的合作成为政府的一项责任，并且受到问责，这对于各级政府支持志愿组织的发展起到了促进作用。我国可以借鉴英国的经验，探索在政府与非营利组织之间确立一些基本的准则，并将这些准则以协议或其他具有约束力的形式固定下来，强化政府责任，切实促进非营利组织发展。

4. 政府通过各种形式为非营利组织提供更多的资金支持

英国政府通过每年对慈善组织 100 多亿英镑的支出，实际获得这些组

织向社会提供的三倍于政府支出的公益服务，表明动员民间公益具有极大的社会效益。我国的非营利组织普遍面临资金困难、政府实际提供的资金极为有限且不规范的问题。建议一方面借鉴英国的经验，将社会公益性彩票收入作为政府公益支出的财源，另一方面动用一定的财政资金，通过制度化的政府采购，以公开竞争的形式向非营利组织提供支持。

5. 积极发展枢纽型社会组织，提高公共部门治理绩效

在英国，伞形组织一类的志愿组织联盟在志愿部门中处于核心地位，它们在提高志愿组织的运作效率、保持志愿组织的独立性、增加志愿组织的多样性，以及表达组织意愿、帮助志愿组织有效地计划未来等方面均起到了积极作用。我国也可充分借鉴这一经验，积极发挥枢纽型社会组织在社会组织管理和服务方面的作用。

考察团成员名单

国家发改委社会发展司　郝福庆

民政部民间组织管理局　李露寒

国务院发展研究中心社会发展研究部　张佳慧

国家行政学院决策咨询部　胡琳琳

上海市发改委　陈锡琦

南京市民政局　石德华